现代汉语词汇学理论探索

苏新春　陈长书◎主编

厦门大学出版社　XIAMEN UNIVERSITY PRESS
国家一级出版社
全国百佳图书出版单位

图书在版编目(CIP)数据

现代汉语词汇学理论探索/苏新春,陈长书主编.—厦门:厦门大学出版社,2020.12

ISBN 978-7-5615-7925-1

Ⅰ.①现… Ⅱ.①苏… ②陈… Ⅲ.①现代汉语—词汇学—研究 Ⅳ.①H136

中国版本图书馆 CIP 数据核字(2020)第 193806 号

出 版 人 郑文礼
责任编辑 曾妍妍
封面设计 李夏凌
技术编辑 朱 楷

出版发行 厦门大学出版社
社 址 厦门市软件园二期望海路 39 号
邮政编码 361008
总 机 0592-2181111 0592-2181406(传真)
营销中心 0592-2184458 0592-2181365
网 址 http://www.xmupress.com
邮 箱 xmup@xmupress.com
印 刷 厦门市金凯龙印刷有限公司

开本 720 mm×1 000 mm 1/16
印张 21.75
字数 390 千字
版次 2020 年 12 月第 1 版
印次 2020 年 12 月第 1 次印刷
定价 88.00 元

厦门大学出版社
微信二维码

厦门大学出版社
微博二维码

现代汉语词汇理论的精耕师（代序）

——谨以此文、此书献给著名词汇学家葛本仪教授

本书所有作者，包括责任编者，都是葛本仪教授的弟子或再传弟子。他们都受惠于先生，跟从先生进了词汇学之门，踏上了探究词汇奥秘之路，再到拾阶、登堂、入屋，在这里寻求到了事业的全部。

葛本仪教授温文尔雅、风轻云淡，可做人做学问却极其认真、执着、缜密、精细。几十年来弟子们追随左右，受益良多，也感恩良多。每次返回母校或是在某地的学术会议，弟子们都会团聚于先生周围，重沐师风，重获师教。正是在2018年11月的那次聚会上有了编辑此书的动议，具体情形长书弟在“后记”有周到而温馨的回忆。席间说到第13届全国汉语词汇学研讨会两年后将在山东师范大学举行，这是词汇学的盛会，再度返鲁举行。葛先生是参加了首届会议的老一代学者，时隔19年后先生在80岁高龄时又亲自操办了第9届会议，而第13届由长书操办，完成了师徒间极有意义的传接交递。这时出版一本反映葛门弟子的成果献给大会，独具意义。动议得到大家的赞同，故有了后来迅速而顺利的组稿、编稿、校对、出版。

遗憾的是天不假人十美，先生未能等到书墨的溢香。稍可宽慰的是先生在离开我们前审读了全部样稿，对弟子们取得的成果感到十分欣慰，还亲自敲定了全书的编排。得到先生的首肯与同门手足的推荐，下面就以发表在2013年第2期《江西科技师范大学学报》的小文《从〈现代汉语词汇〉到〈现代汉语词汇学〉——回顾葛本仪先生的词汇学思想与成就》列于此，以为本书之序。

*　　　　*　　　　*

重温先生在汉语词汇学领域从未停息的辛勤耕耘，目睹那一摞后出转精、日渐丰富完善的著作，读着悉心培养出来的众多弟子们那些源于师说又发扬光大卓有

创见的新著，就更能体会到先生在我国现代汉语词汇理论的建设和发展中所付出的努力和取得的成就。

一、致力于现代汉语词汇学理论体系的建立与完善

葛先生最重要的学术代表作当属那几部现代汉语词汇概论性著作。最早的是《现代汉语词汇》(1961 年)，之后有《汉语词汇研究》(1985 年)、《汉语词汇论》(1997 年)，晚起的是《现代汉语词汇学》(2001 年初版，2004 年修订版)，前后相距超过 40 年。20 世纪 50 年代现代汉语词汇学的三部开创性著作相续问世，即孙常叙的《汉语词汇》(1956 年)、周祖谟的《现代汉语词汇》(1957 年)、张世禄的《普通话词汇》(1958 年)，它们功在开创，各自带上了明显不同的特色。孙书明显受到苏联词汇学的影响，流行一时的基本词汇理论在该书占了近 1/3 的篇幅。周书、张书都是服务于当时的语言规范大潮，为提高大众百姓使用汉语的水平，致力于纠偏正讹立范，皆先以单篇散论连载于一北一南的两种普及性语文刊物，而后才结集出版。三书中周本学理较为周密，在学界的影响延续了较长时间；张本也是一时之作，只是篇幅较小，事显而功未著；孙本篇幅最巨，对苏联的词汇理论学说借鉴较多，所囿也较为明显，故后不久就有了他的学生王勤、武占坤所著《现代汉语词汇》(1959 年)问世，追求着现代汉语词汇理论整体建构所需要的周全与平衡。

葛先生的《现代汉语词汇》，1961 年山东人民出版社初版，1975 年稍作修订后再版。共七章，分别论述了“一、词和词汇”“二、词义”“三、多义词、同音词、同义词、反义词”“四、现代汉语词汇的形成与发展”“五、现代汉语词义的修辞色彩”“六、成语、谚语、歇后语”“七、现代汉语词汇的规范问题”。2004 年出版的《二十世纪汉语词汇学著作提要与论文索引》对该书作了这样的评说：“篇幅不大，但对现代汉语词汇的基本问题都作了简明扼要的正面论述。普及性教材特点明显，阐释通俗易懂，对普及现代汉语词汇基本知识发挥过积极作用。”①

如果说《现代汉语词汇》还只是以词汇的“具体问题”为全书的表层框架，这样的架构反映了当时现代汉语词汇研究刚刚开始起步阶段的基本面貌，那么到《汉语词汇研究》(山东教育出版社，1985)则在全书架构上明显有了整体架构的“理论”色彩。如《现代汉语词汇》的七章其实是七个词汇问题或曰词汇现象，但这七者之间

① 苏新春.二十世纪汉语词汇学著作提要与论文索引[M].上海：上海辞书出版社，2004.

是何种关系并没有作严格的定位。第三章将多义词、同音词、同义词、反义词合而论之，并列为章名，其实这四者性质相差甚远。多义词反映的是一个词的内部意义状况，后三者反映的是词与词之间的意义关系；后三者之间的层次亦有不同，同义词与反义词属意义有联系的类型，同音词却在意义联系之外。而在《汉语词汇研究》全书框架的理论关系就明晰多了。全书四章："壹 词、词素、词汇""贰 造词与构词""叁 词义""肆 词汇的发展"，反映出了词汇理论的四个基本板块，即"词汇单位""词语生成与结构""词义内容""词汇发展"。在这里"具体问题"隐退了，"理论架构"突出了，其理论的完善与严密是显而易见的。后者将单义词与多义词相邻，将同义词与反义词相邻，并列于"词义"章下的"词义的类聚"，与"什么是词义""词义的演变与发展"相邻，而把"同音词"排除在外。又如前书单独成章的"六、成语、谚语、歇后语"在后书中归入"壹 词、词素、词汇"中的"词汇"之下，成为"词汇"的一种结构成分。前后两书的知识体系变化显示作者对现代汉语词汇总体理论架构思考的推进。殷焕先老先生在序文中言道："这是根据前人研究所得而写成的一种比较全面地论述词汇好些方面的综述性的书，这也是根据作者自己研究所得而写成的一部对某些问题作深入讨论的专论性的书。"[①]其言善哉。

葛先生在《汉语词汇研究》中的重要调整在她后来的著作中得到了延续和进一步完善。十二年后的《汉语词汇论》（1997，山东大学出版社）是由其领导的团队共同完成的集成性著作，统辖22个专题的理论框就是"词汇""词义""词汇应用"三大板块。再后的《现代汉语词汇学》（2001，山东人民出版社）更是有继承，有创新。它共七章，"第一章 对词汇的再认识""第二章 词和词素""第三章 词的形成及其结构形式""第四章 词义""第五章 词义的类聚""第六章 词义的演变及其规律""第七章 词汇的动态形式探索"。继承的是这七章仍保留了四大理论板块的基本布局，即第一至二章、第三章、第四至六章、第七章的四个基本部分。创新的是对"词汇"的整体认识更加深入，在有了系统的论述后独立出来成为第一章为全书统领之首；又如对"词义"作了更丰富、深入、完整的论述后分立为第五、六、七章。这些恰恰反映出了我国当代汉语词汇研究由形式到意义、由结构到关系、由微观问题到宏观把握的总体研究趋势。

从《现代汉语词汇》到《汉语词汇研究》，再到《现代汉语词汇学》，可以看到葛先生在现代汉语词汇理论体系研究中锲而不舍的探索。她是最初投入现代汉语词汇理论建构的学者之一，始终将教学与研究紧密结合，几十年如一日。将先生的这几

---

① 殷焕先.序[M]//葛本仪.汉语词汇研究.济南：山东教育出版社，1985：2.

部著作串联起来，可以清楚看到前修未密，后出转精，殚思竭虑，追求至善的努力和成功。这几部跨度逾40年的著作是各自不同的独立著作，其实又何尝不可以看作是作者为了现代汉语词汇理论体系的建立而不断改进、不断完善的一部著作。学术史上不难见到一个人能有极大勇气投入一个新领域的研究，却少有能如此长时间地持续在一个领域进行着不断深入、不断完善的不懈探究。可以说《现代汉语词汇学》的出现，标志着现代汉语词汇理论体系的建设达到一个相当的高度。

《现代汉语词汇学》可以作教材来学，全书章目有序，首尾要衔，条分缕析，表现出内在的严密逻辑性；又可以作专著来读，细细读来，处处可领会到作者的睿智与深刻。从20世纪50年代开始的现代汉语词汇理论，一直把极大的精力放在词汇本体的研究上，放在词汇单位的研究上。它的出版，不能说是这一研究的终结，但却可以说是这一研究带有总结意义的成果。①

二、结构关系清楚、层次分明、结构与意义并重的词汇学思想

葛先生所致力于建设的词汇学理论体系有着鲜明的结构词汇学特点。结构主义思想是20世纪世界语言研究的主流，它对词汇的研究特别强调词汇单位的存在，对“词”“词素”“词汇”“短语”“固定短语”“自由短语”“语”做了精细的定位与定义；特别重视词汇单位的层级性，对每一种、每一层单位与左右上下关系的辨析，以“词”为中心视点，对其下的“词素”，对其上的“短语”都作了细微的区分；强调“词”与“词汇”的联系与区分；强调“词”与“字”的区分。即使是许多看上去似乎不相关的词汇问题，其实也都是立足于“结构”“单位”之上来展开论述的，如“离合词”相对于“固定词”而言，“轻声”相对于重读而言，“儿化”相对于非儿化而言。浸润在这样的理论体系中葛先生对许多重要的基础问题都做出了相当严密而周详的论述。如对什么是“词”许多学者就表示过关注，我在《汉语词义学》中曾引述了十多家的观点，大都是从是否表达了完整概念，是否能独立运用两点上来加以识别，而葛先生则先是概括出“词必须具有语音形式”“词必须表示一定的意义”“词是可以独立运

---

① 苏新春.平实见深刻，雅洁蕴丰富——评葛本仪的《现代汉语词汇学》[J].世界汉语教学，2003(6).

用的""词是一种最小的单位""词是造句材料的单位"五点,[①]后又增加了"词是一种定型的结构"的判断标准。[②] 还进一步从"辨认与划分"的角度来对什么是词做出了是否式的判断,归纳出十种方法,实际上是把词的十种类型摆在了人们的面前:

(1)单音节,有意义,能独立运用造句的成分是词。

(2)两个或两个以上不表示意义的音节的组合,能表示特定的意义,并可独立地用来造句的结构是词。

(3)一个或一个以上不表示意义的音节,和一个表示意义的音节组合在一起,表示着特定的意义,并可独立地用来造句的结构是词。

(4)表意的成分和已虚化的成分相结合,表示特定的意义,并可独立用来造句的结构是词。

(5)一个不能独立运用造句的表意成分,重叠后可以独立用来造句了,这一重叠后的新结构是词。

(6)一个表示意义的成分重叠以后,表示了新的意义,可以独立运用造句,这样的重叠结构是词。

(7)两个表示意义但不能独立运用造句的成分相结合,形成一个新的结构,表示新的意义,并能独立运用造句的是词。

(8)一个表示意义又可独立运用造句的成分,和一个表示意义但不能独立运用造句的成分组合在一起,形成了新的结构,表示新的意义,并能独立运用造句的是词。

(9)一个表意但不独立运用的成分,在具体的语境中,如果被独立运用造句时,也应视为词。

(10)两个或两个以上表示意义的又可独立运用的成分相组合,形成新的结构,表示新的意义,并能独立用来造句的是词。

如此精细的辨析,反映出了作者对语言层级单位的重视与认真,而女性学者特有的缜密与细腻使得她对词汇核心单位的研究达到了一个相当细密的程度。

葛先生的贡献不仅仅体现在对重要基础问题的细密化论述上,对一些关键问题的解决也做出了重要贡献。如对词素,人们历来是从"语音形式""语言功能""语言结构"三个方面来分析,归纳出了单音词素与多音词素、成词词素与非成词词素、

---

① 葛本仪.汉语词汇研究[M].济南:山东教育出版社,1985.

② 葛本仪.现代汉语词汇学[M].济南:山东人民出版社,2001.

词根词素与附加词素的分类。但随着现代汉语中长音节复合词、多重组合成词的现象越来越多，对"一个复合词能构成一个新的复合词""一个复合词能在一个更大的词中充当构词成分"这样充满矛盾的说法也就显得特别刺耳。葛先生为此撰写了《合成词素问题》(1997 年)，[①]对合成词素的性质、地位、特点、形成、作用做出了清晰论述，得出了"合成词素在语言词汇中的形成和存在，不仅是必然的，而且也是完全必要的"结论。[②] 从而在《现代汉语词汇学》中将词素的三大分类扩展为四大分类，增加了"内部结构"类，下分单纯词素与合成词素，从而稳妥地解决了复合结构构词在理论上合理归类的问题。

基于同样的目标追求，对一切容易引起混淆的术语不屑接受也就是很自然的了。如"语素"在语法学界甚至是整个语言界都是普遍接受的术语，它因是"语言中音义结合的最小单位"而在注重结构、注重层次的二分法理论体系中获得了极为重要的地位。但在词汇学看来它却横跨在泾渭分明、性质截然不同的词与词素这两级单位之间，使得它远不如只运用"词"与"词素"来划分词汇内部层级那样来得清晰。因此在语言理论界、语法学界必谈语素的同时，词汇学界出现了两派，一派是亦步亦趋，结果是在谈"语素"与"词""词素"的关系时不得不绕来绕去"绕"得极其辛苦，一派则是坚守"词"与"词素"二分法，不引进语素之说。葛先生从没有把"语素"掺杂在她的词汇结构体系中。在她的笔下，词与词素之间的关系是清清楚楚的。"词是由它的组成成分组成的，词的组成成分就是词素"，"词素和词除了充当的单位不同之外，其他的特点都是完全一样的。"[③]另一位著名词汇学家刘叔新先生也是这样的一位坚守者，他在多篇论文中对语素予以了明确排斥。这是一种基于研究对象的学术坚持，在语法学界处于左右其他语言分支学科的时代，这也是一种"不跟风"的难得品格。

三、重点突破，建立理论高地

如果说对"词汇结构体系"的论证还是在作理论体系的完善、精密化工作，那么葛先生对下面问题的探索则体现为对"词汇结构体系"研究范式的整体思考与突破，站在了一个新的理论高地来思考着整个词汇问题。这就是在词汇体系的结构、

① 葛本仪.汉语词汇论[M].济南：山东大学出版社，1997：11.

② 葛本仪.现代汉语词汇学[M].济南：山东人民出版社，2001：55.

③ 葛本仪.现代汉语词汇学[M].济南：山东人民出版社，2001：49.

静态、共时研究范式中引进了语用研究、动态研究、历时研究的新视角。

葛先生的早期著作已经能见到这方面的端倪,如《现代汉语词汇》(1961 年)第五章论述了"现代汉语词义的修辞色彩",《汉语词汇研究》(1985 年)第四章论述了"词汇的发展",只是那时的语用观还主要表现为单纯的语言使用与语用效果,而没有将之与语言本体的互动结合起来;那时的历时观还主要表现为语言存在环境的社会学观点,也没有将历时与共时、动态变化与静态结构综合起来。这种端倪在葛先生 90 年代的论著中有了明显突破,集中表现在《词义的语用研究》《论动态词义》两篇重要论文上。[①]

《词义的语用研究》论述了词的静态义是如何在语用中发生变化的。"当这种静态存在的定型结构——词,一旦进入到言语中去,处于动态应用时,社会为其约定的内容则是除认可其静态存在,并以此为基础之外,还要增加它在动态应用中的变化情况,并进而形成为具体应用中的动态词义和词的语用义内容。"基于这样的认识,详细分析了"静态词义变为语言义和表层义""静态词义变为言语义和表层义""静态词义变为语言义或言语义加深层义"的相互影响、演变的关系,进一步梳理了"明确义与模糊义""语法意义和语用问题""色彩意义和语用问题"之间的关系。论文分析的都是日常用例,却能独辟蹊径,别开生面,引出了新话题、新思考、新疆域,把词汇的静态结构与动态使用之间发生的互生、互成、互动、共变的状况摆在了我们的面前。

《论动态词义》论述了动态词义的产生机理、特征及作用。"由于'语言'和'言语'不同,从而使语言的存在形式有了'静态'和'动态'之分","静态的存在形式是'语言',动态的存在形式则是'言语'。另一方面的理解,这种交际工具既包括语言,也包括言语,也就是说,无论语言或言语,都是人们用来进行交际,交流思想的工具","动态词义一般可分为语言义、言语义、表层义和深层义几种类型",并详细论证了动态词义的灵活性、规约性、共识性、短暂性、与静态词义属性的差异性。动态词义具有三大功能:实现语言的交际职能;使语言表达生动、准确、细致、含蓄;促使语言的发展,任何语言成分的形成都是言语成分在长期运用中约定俗成的。

葛先生毕生在词汇学领域思考着、探索着,不断地提出新问题,做出新观察,总结新观点。这正是一直保持着"学术青春"锐气、"与时俱进"的体现。正因为此才

---

① 《词义的语用研究》收入《汉语词汇论》(山东大学出版社 1997 年版),《论动态词义》刊于《文史哲》(1994 年第 1 期)。后与刘中富作了进一步论述,以《动态词义分析》为题收入《汉语词汇论》。

会使得同一系列的概论性著作常写常新，不断融入新思想、新认识、新观点。如早期著作中已经有了对汉语外来词的论述，但2001年的著作仍继续着对外来词的思考："现代汉语中的外来词是很丰富的，特别是80年代以后，外来词更是大量地涌现，其数量之多，涉及范围之广，形成方式之多样化，都是空前的。"概括出了两种新的外来词形式，一种是"直接借用了外语中的简缩形式"，如CT、CD、DVD；一种是字母加汉字语素的复合式，如BP机、B超。又如"词的义聚"在《现代汉语词汇学》中增加了对"同位词""类属词""亲属词"的思考。有着开阔的眼野和与时俱进的探索精神，所带来的一定是在语言世界里时见时新的研究课题。

四、理论研究与育人相结合

葛先生治学以来一直在高校任教，她的词汇学研究与人才培养紧密地结合在一起。其研究论著总是首先作为教材在课堂上得到传播，她培养出来的学生可以说是科研成果的另一种展现形式。国内高校词汇学人才的培养点不少，但作为独立申报成功、独立培养博士研究生的学科点葛先生这要算是第一个。近20年的时间里她培养了十多位博士生，不少已成为所在高校的学科带头人，而他们的处女作、成名作——博士学位论文，明显受到葛先生学术思想的影响。他们的研究表现出两种明显不同的类型：

一类是对词汇本体的深入研究。如孙银新的《语素研究》、王军的《汉语词义系统研究》、叶军的《现代汉语色彩词研究》、刘兰民的《汉语修辞法造词研究》、唐子恒的《汉大赋复音词研究》，都对词汇结构词汇体系中的某一种成分做出了更加深入、系统的研究。另一类是注重词汇演变与语用的动态研究，如郭伏良的《新中国成立以来汉语词汇发展变化研究》、魏慧萍的《汉语词义发展演变研究》、张小平的《当代汉语词汇发展变化研究》。这两种类型，静态与动态、共时与历时、本体与演变，并存兼美。单看其一，可以专精名世；合而观之，则周全而辩证，尽显词汇的丰富内涵。这种研究眼光的周密而通转在其弟子杨振兰的前后两篇学位论文中体现得尤为清晰。杨的硕士学位论文《现代汉语词彩学》出版后，词汇学界一时间"词彩学"不绝于耳。能以硕士学位论文立起一个学科的颇为少见。10多年后杨完成了博士学位论文《动态词彩研究》，动态词彩研究的完成使得前者的静态特征得到了自然彰显。一静一动，一本体一语用；由静转动，由本体转入语用，由语用再反转影响到本体，这种开拓与转移，正是在导师的动态语用观的影响下完成的。卞成林的《汉语工程词论》具有领域开拓的启迪意义。就其词汇形式来看，"工程词"属于词汇本体研究的一种，只是其结构性质和特征与传统上以人的体会和感悟来展现词的认知习惯很不一样，但“工程词”本身的提出又是在中文信息处理中，在汉语计算词汇学的形成过程中才会出现的。没有重视语用的思想，没有中文信息处理的科研实践，是提不出这一问题的。葛先生及其领导的团队所从事的“信息处理用现代汉语三万词语集”研究，[①]正是培孕出了如此有创意课题的肥沃土壤。导师的高明自然有其高深研究所在，而其高远的眼光却能俯瞰着更为广阔的学术领域，带领更大的队伍行进在学术田野的不断拓荒之中。

*　　　　　　　　*　　　　　　　　*

上面是当年回顾葛先生词汇学研究生涯、学习葛先生词汇学理论的心得，不觉已过八年，今天读来仍恍如昨日。在此，对先生为汉语词汇学界做出的贡献，对先生为培养学生付出的殚精竭虑，也为全书作者的及时供稿，一并表示感谢。

苏新春

2020 年 3 月 27 日

于厦门湾南岸海悦品斋

① 《〈信息处理用现代汉语三万词语集〉简介》，载《科学技术研究成果公报》，中华人民共和国科学技术委员会，1988 年第 8 期。又载《山东大学百年学术集萃文学卷》(下册)，山东大学出版社，2001 年。

目 录

词汇结构与单位

词汇意义与色彩

词汇应用

词汇结构与单位

现代汉语词的标准词长

广西民族大学　卞成林

词长的问题来源于语言符号的线条性，索绪尔认为，语言的“能指属于听觉的性质，只在时间上展开，而且具有借自时间的特征：(a)它体现为一个长度，(b)这长度只能在一个向度上测定，它是一条线”[①]。索绪尔进而认为；这是一个似乎为常人所忽视的基本原则，它的后果是数之不尽的，它的重要性与符号的任意性规律不相上下，语言的整个机构都取决于它。基于作为语言单位的词的线条性，本文讨论现代汉语词的长度问题。

一、关于现代汉语词长的集体无意识与计量词长的标准

(一)关于词长的集体无意识

“词是什么”，或者“什么是词”，一直是困扰语言学家们的问题，无论是汉语，还是普通语言学里，这个问题至今未有定论。尤其是以汉字作为书写形式的汉语，词、词素、字一直难以给出一个明确的界限。但是，对汉语社会来说，回答不了“词是什么”的问题，并不影响我们每时每刻运用汉语包括汉语中的词来进行交际、表达思想，而且，每个人对汉语中的词都有一个大致的标准，这个大致的标准并不是纯粹个人的东西，而是客观的、普遍的、社会的。这种存在于个人大脑中的关于词的标准，我们可以将其理解为一种“集体无意识”。

1.集体无意识—原型

“集体无意识”的说法来源于西方精神分析美学。首次提出这一概念的是瑞士心理学家和精神病学家卡尔·古斯塔夫·荣格(Carl Gustav Jung，1875—1961)，

① 费尔迪南·德·索绪尔.普通语言学教程[M].北京：商务印书馆，1980：105.

在其《心理学与文学》中，荣格指出：“我们所说的集体无意识，是指由各种遗传力量形成的一定的心理倾向”[①]，它是集体的、普遍的、非个人的。在荣格看来，集体无意识并不是人的主观意识的产物，而是一种永恒存在的客体，它容纳着祖先留下的丰富财富，掌握着人类一二百万年的经验，超越了一切时间的变化，“它是彻头彻尾的客观性，它与世界一样宽广，它向整个世界开放”[②]，与它相比，意识是渺小的、短暂易逝的、从属的。

荣格认为集体无意识的内容是由原型来表现的，在他看来原型是一切心理反应的普遍一致的先验形式，这种先验形式是同一种经验的无数过程的凝缩和结晶，是通过大脑遗传下来的先天的心理模式。

从来源看，集体无意识是某个民族或社团经验的长期积淀的结果。集体无意识的内容，对该社会或民族的所有成员都能引发某种共同的情感或认识上的体验，但它本身又是只可意会，无法言说的。

从存在形式看，集体无意识存在于社会成员的潜意识当中。集体无意识并非来源于个人经验，并非从后天中获得，而是先天地存在的。它与个性心理相反，具备了所有地方和所有个人皆有的大体相似的内容和行为方式。换言之，由于它在所有人身上都是相同的，因此它组成了一种超个性的心理基础，并且普遍地存在于我们每一个人身上。日常生活中，同一民族或同一社团的成员无须约定，对同一事物、现象往往会产生相同的心理反应，产生相同的价值判断，进而引起相同的情感，所有这些都是潜意识的心理作用。

从作用看，集体无意识产生的是一种象征，通过原型能够引起人们产生相同的情感、态度或认识。比如“松”“竹”“梅”在汉语社会被称为“岁寒三友”，象征的是坚韧不拔、高风亮节的人格。

荣格关于集体无意识和原型的理论与汉语社会对词的理解有着相当的可比性，尽管在荣格那里，集体无意识更多的是原始思维对现代思维的影响，但在同样由古老的语言演变成的现代汉语中，集体无意识也不可避免地存在着。

2.原型—标准词长

汉语社会对词的长度存在着集体无意识，其中，由语言社会长期“凝缩”和“结晶”的汉语标准词长，构成了集体无意识的原型。

汉语社会对词长也存在着原型思维，其原因有两个：

---

① 卡尔·古斯塔夫·荣格.心理学与文学[M].上海：三联书店，1987：137.

② 卡尔·古斯塔夫·荣格.心理学与文学[M].上海：三联书店，1987：72.

第一是汉语自身发展的特点。古代汉语到现代汉语的发展，语音形式、结构规则都是朝着简化的方向演变的。语音形式上的浊辅音、入声等特征在现代汉语中或者减少，或者消失，这种变化使得具体语言单位的区别性特征变得越来越少，同一个语音形式负载信息过多，语言中进而产生了大量的同形同音单位，其必然的结果是造成语言单位的不敷使用，如过多的同音词，造成了言语理解的困难。为确保词汇单位表义的明确，唯一的办法就是加强区别性特征，现代汉语没有屈折变化形式，加强词汇单位的区别性特征的最行之有效的手段就是增加单位的长度。因此，语音形式、语法规则简化的结果，在现代汉语词汇系统中首先就是词汇单位长度的增加，古汉语基本上是字、音节、词素、词四个单位有相当程度的一致性，而现代汉语则以双词素词和三词素词为主体，词素和词在形式上有了很大的分别。

词汇单位长度的增加对词义的表达是很有好处的，最理想的词汇单位是一词、一形、一音、一义，这样的词汇单位不存在歧义，不存在不能理解的成分，因而，对语言的自动化理解最为有利：语言研究只要提供一部词典就行了。事实上，这种近乎乌托邦的词汇系统，是以牺牲自然语言自身的经济、适时、生动等特性为条件的，语言社会永远也不能达到这样“理想的境界”。那么，词汇单位就必须在两个方面满足语言作为交际工具和思维工具的作用，一方面扩大词汇量，一方面增加词汇单位的长度。新词每天都在产生，这是量的增加；词的长度是对所有词汇单位而言的，无限扩展的词汇长度在现代汉语中无可避免地受到语言经济性的制约，同时还要受到语言社会习惯势力的制约，这种习惯势力就是语言文化心理。从语言经济性角度思考，词长的标准就是既有足够的形式标记，又恰好是最短的。

第二是汉语社会偏好偶数的文化心理。偶数思维也是汉族人一种重要的原型思维方式，这种民族心理集中地表现在人们对对称、整齐的和谐美感的追求，进而将自己这种追求外化在文学、绘画、音乐、建筑等多种艺术门类之中，作为负载多种文化信息的重要媒介的汉语，长期受这种民族心理的浸淫，也必然打上民族心理的印记。民族心理对汉语语言形式的影响，表现在句上是对偶和对仗，表现在语（成语）上是四字格占优势，表现在词上则是双词素词占优势。

双词素词既有语言的现实性，也有社会心理的可接受性，因而它必然地成为汉语社会关于词形长度的原型。汉语词长的原型思维在语言生活中的表现是潜意识的，一旦我们将词长的标准摆到讨论的桌面上，词长和原型的关系就形成了一种循环：究竟是标准词长的原型思维决定了现代汉语中的词普遍采用两个词素，还是现代汉语中占压倒多数的双词素词，决定了词的原型形式。纵观汉语的发展，我们认为，标准词长的原型造成了现代汉语的实际，而现代汉语的实际又强化了原型对于新词产生和规范的模式化作用。词汇学关于现代汉语词长的研究恰恰就是要研究词汇系统中这种具有发生学意义的模式作用。

(二)计算现代汉语词长的标准

现代汉语的词长究竟是怎样一种情况，语言社会还没有一个比较清楚的认识，这表现为两个方面；

第一，汉语词长到底有多少，其分布情况、标准词的长度等等在人们的心目中未能形成一致的看法，过去的认识往往是一种从纯粹经验出发的无意识状态。这就需要我们对汉语通用词进行统计分析，从具体的词汇系统中给出准确的关于词长的统计数据以及由此而来的统计特征。

第二，计算汉语词长用什么样的标准。

简单地说，词长就是一个词所包含的最直接的构成成分的数量。我们这里强调的是以“最直接的构成成分”来度量词的长度，词最直接的构成成分就是词素，因此对汉语词长的统计也应以词素为统计单位。

以往的研究中，计算词长曾经用过音素、音节、字等不同的标准，由于汉语词、字和词素在形式和意义上具有相当的一致性，这样的统计，虽然能够得出关于汉语词语长度的接近实际的数据，但毕竟词是由词素构成的，一个词所含汉字的数量不可能完全符合汉语词的实际。

表音文字一般以字母来计算词长，这是从表音文字的特点出发的；以往的汉语研究中，计算词长的单位多数也是从语音入手，计算词的音节数量，或者从字数入手，计算词包含汉字的数量。这类标准在理论上有矛盾的地方，因为既然我们研究的是词的长度，那么就应该以词的构成要素为统计单位，词的构成要素当然是词素，不可能是音素、音节，也不可能是字，即使汉字在很大程度上与词素存在着对等关系，毕竟词素是词素，汉字是汉字，有许多汉字必须与其他汉字结合才能成为构词单位，如“蹒”“跚”“蜻”“蜓”等等。

在实践上，不以词素为计量单位所带来的问题最突出的是专用领域的词长与通用词频统计的词长差别太大。如王懋江先生以《英日汉工业技术大词典》中的27万余个汉语名词[组]为对象所作的统计，得出汉语工业技术词的平均词长是4.59个汉字；并由此得出结论：“在科技工业领域中，三字词、四字词和五字词是主要的。……分别占18.00％、29.10％、16.30％，而二字词只占10.50％，这和通用词频统计中以二字词为主有显著差别。”[①]我们认为，通用词和专用词的长度差别肯定是存在的，但是科技工业领域内的词多数是外语译名，很多词的字数都在五个左右，但仍是单纯词，词素只有一个；相反，通用词以汉语固有词为主，往往一个字就是一个词素。因此，以字为单位来比较专用词和通用词的长度，是不同质对象的比较，不能反映汉语词本身的构成状况，甚至于比较本身就是错误的。

总之，词长是词的构成单位的数量统计，词的构成单位是词素，正如计算音节长度以音素为标准、计算字长以字素（笔画、偏旁等）为标准一样，计算词长也应该以词素为标准。

（三）标准词长与信息处理中对“词”的处理

信息处理中对“词”的处理，不同的人有不同的意见，争论的焦点就是：中文信息处理中所定的词是否要与语言学中所定的词取得一致？换句话说，面向计算机的词表是否要与面向人的（或语言学的）词表取得一致？

台湾黄居仁等先生和清华大学黄昌宁先生是持肯定态度的，黄居仁等先生说，在制订分词规范时“必须符合语言学理论要求”。黄昌宁先生也表示“不同意在词表上也要分成面向计算机和面向人（或语言学）的两种类型”。

相反，20 世纪 80 年代末产生的《信息处理用现代汉语分词规范（中华人民共和国国家标准 GB 13715）》（下称《规范》）则明确提出信息处理不能以词典中所收的词为主要依据，因为信息处理用的“词”和语言学中的“词”不可能完全是一回事，视具体用途的不同，会有所变化。《规范》用了一个新的术语——“分词单位”，来取代词汇学中的“词”。“分词单位”指“汉语信息处理使用的、具有确定的语义或语法功能的基本单位。它包括本规则限定的词和词组”。

事实上，现代汉语中的词是一个永远也无法规定的语言单位，由词所构成的词汇系统只能是一个边界模糊、中心稳定并且始终处于运动状态的系统。造成这一系统边界模糊的原因不是定义的问题，而是词汇系统的不断变化性和与社会系统的不断约定性密切相关协同运作的结果。边界模糊的表现即是词汇系统随着社会的发展，其构成成员也在不断新陈代谢中，我们不可能运用一个标准，去分析或限定每一个新出现的成员，指出它是词或不是词，是规范词还是生造词。而只能以某一数据量或某一模式来比照，然后说明某一新成员接近于汉语的词，而另一新成员与汉语固有的词的形式相去甚远，因此不可能进入词汇系统中。

---

① 葛本仪.汉语词汇研究[M].济南.山东教育出版社，1985:27.

用来比照的标准对绝大多数人来说，不是语言学家们在语言学著作中所提供的逻辑严密、字斟句酌的定义，最直接也是最行之有效的方法是关于词长的集体无意识。人们在处理某一语言单位时，不是首先问它是不是词，而是看它像不像词，像与不像的依据就是现代汉语中标准的词的长度。因此，词长是判断新单位归属的第一个标准，也是为语言社会普遍接受的标准，至于进一步的确认工作则还需联系现代汉语的词素组合限制词素构词能力等因素。

信息处理在计算机已经高度发达的今天，其基本的运算已经不是过去那样简单的模式匹配了，而是一个基于若干模式的自学习过程。计算机的语言信息处理过程既是结果也是手段，是对语言特点不断学习、不断熟悉并进而用到以后的处理当中的过程。就汉语来说，这种自学习过程更加关键，因为汉语的词以汉字书写，书面上词的标记很不明显，自然语言理解又只能是基于词的，那么繁无定数的现代汉语词汇，即使就是有了高速度、大容量的计算机也不可能完全穷尽，自然语言理解当然也就不可能获得一部穷尽了现代汉语所有词的超大词典。因此，信息处理所要关心的不仅是“词是什么”的问题，还要同时立足于汉语标准的词长，并通过词素的生成能力和生成模式，一方面接纳那些暂时还不是标准词的语言单位，并将之作为一个完整的单位来处理，另一方面，又能同时对那些还未来得及收入词典的新的词汇单位作出价值判断，即哪些是合乎现代汉语词语生成规律的单位，哪些不是。

二、现代汉语通用词的词长

人们对语言的使用归结起来总是在日常生活和工作两种情况下进行的，因而语言可以分为工作语体和生活语体两个方面，语言中的词语最明显地反映了语言的这两个分野，每一个词语对于环境的适应能力都是不同的：有些词只能用于日常生活，有些词只能用于专业领域，有些词通用于日常生活和专业两个领域。

每一个具体的使用者不可能涉及所有专业领域，而领域的种类和知识范围又是极其庞杂的。除非你能建立一个覆盖了人类所有领域知识的超级词语库（目前，这实际上近乎不可能，也没必要），否则，任何关于词语的调查和研究都是挂一漏万的。本研究重在提出汉语词长的普遍适用的标准，因而我们立足于通用词进行分析。

(一)通用词的确定

通用词是相对于专用词来说的,它不只是服务于某一专业领域,而是人们日常生活中经常使用的词的总和。

标准的语文词典以语言的一般使用为对象,因而所收词条多是通用词。由于新产生的词多数还处在定型过程中,为慎重起见不作通用词分析;从统计和分析的前后一贯考虑,我们选用《现代汉语词典》(1996 年版,下同)为依据,来确定现代汉语的通用词。以《现代汉语词典》为蓝本,我们选择了其中由 GB2312－8080 的 6763 个汉字范围内的 58593 个词,对这 58593 个词在统计时我们作了如下处理;

1.人名、地名按一个词长单位来处理,记为 1。如:

李自成　陈胜　吴广　毛泽东　马列　摄氏

东北　北京　河北　西安　卢沟桥

2.朝代、年号按一个词长单位来处理,记为 1,如:

西周　东汉　后汉　南宋

嘉靖　景泰　乾隆　隆庆

3.词语中出现的标点符号不作统计单位。如:

"一二·九运动"中的"·"

"'左'倾机会主义"中的"''"

"只许州官放火,不许百姓点灯"中的","

4.所有的重叠形式都作一个词素处理,词长单位记为 1。如:

蒙蒙(亮)　(空)荡荡　念念(不忘)　家家(户户)(家家)户户

5.词典中所收的语言单位包括词和相当于词的固定结构,如成语、谚语、惯用语等,均作为词汇单位参与统计,其构成单位一律按词素对待。如:

胸/有/成/竹　冷/嘲/热/讽　两/全/其/美　美/中/不/足

和/稀/泥　吹/冷/风　马/大/哈　墙/倒/众/人/推

6.本研究对词长的统计以词素为对象,但没有将词的构成的层级性放入统计当中,采取的办法是:凡是有意义的最小单位都看作是一个统计单位,记为"1"。如"核武器"是三个计算单位。

按照上述原则,我们统计了《现代汉语词典》中的 58593 个词,表 1 举出了七个词的词长计算方法和计算结果:

表 1 现代汉语词长分析举例

词条	词素切分	词长
工具书	工/具/书	3
越来越	越/来/越	3
第二次国内革命战争	第/二/次/国/内/革/命/战/争	9
丁是丁，卯是卯	丁/是/丁，/卯/是/卯	6
陈胜吴广起义	陈胜/吴广/起/义	4
盎格鲁撒克逊人	盎格鲁撒克逊/人	2
尼格罗—澳大利亚人种	尼格罗—澳大利亚/人/种	3

(二)通用词的标准词长

1.词长分布与优势词长

对 58593 个词词长的统计工作是按人工切分、标注、统计的步骤进行的。第一，将所有的词语切分到词素为止，词素与词素之间以“/”隔开；第二，在词条的末尾注上该词所含词素的数目，即词的长度；第三，在数据库系统中建立现代汉语词长信息库，包含词条、词号、词长等信息；第四，统计各类词长的分布及具体的数据，并按词长顺序排列。表 2 所提供的是现代汉语通用词的词长分布。

表 2 现代汉语通用词词长分布

词长	数量	占全部词的百分比
单词素词	15489	26.435
双词素词	33431	57.057
三词素词	4956	8.458
四词素词	4313	7.360
五词素词	198	0.338
六词素词	105	0.179
七词素词	47	0.080
八词素词	45	0.077
九词素词	5	0.009
十词素词	2	0.003
十一词素词	1	0.002
十二词素词	1	0.002

统计结果表明，双词素词占了现代汉语通用词的 57.057%，单词素词则占了 26.435%，而其他 10 种长度类型的词一共却只占 15.996%。可见，现代汉语中，双词素词是通用词的主体，其次是单词素词。这与我们一般理解的现代汉语中双音词占优势也是吻合的，因为，汉语的实际是一字一音，一个词素往往是一个汉字，多音节的词素在现代汉语中并不是主要的，因此，说双音词和单音词在现代汉语中占优势并没有违背语言实际，但确切的说法应该是：双词素词和单词素词是现代汉语词的主体。换用词长的数据来说，则是：两个词素长度和一个词素长度是现代汉语通用词的优势词长。这里需要注意的是，词长的数据并不是永远静止的，《现代汉语词典》中，词长为 1 的词还有相当的优势，随着大量新词的产生，这种优势呈现出减弱的趋向。为证实这一点，我们又统计了李行健等先生主编的《新词新语词典》（语文出版社，1989 年 4 月第 1 版），该词典收录了 1949—1988 年近四十年所产生的新词新语 5300 余条，其中单词素词共 32 个，约占全部词的 0.604%，与《现代汉语词典》相比，这一比例已经是大大下降，并且没有什么优势可言了。

需要明确的是，我们以词汇的定义来选择统计单位，词汇系统包括词和“所有的相当于词的作用的固定结构”[5]，所以我们无法回避九个词素以上的语言单位，而九个词素以上的单位能否作为一个“词”来看待，语言社会肯定存在着不同的看法。事实上，这几个单位一共只占了全部词的 0.16‰，它们的存在对最终的统计结果并没有很大的影响，从统计学的角度讲：只占总数千分之五以下的单位是可以忽略不计的。

2.现代汉语通用词的平均词长

平均词长以所有的词为统计对象，它的数据说明全部词语平均所有的词素的数目。平均词长的计算公式是：

$s=a/b$

其中，s 是平均词长，a 是总词长，b 是词的总数。

现代汉语 58593 个通用词，一共使用了 9725 个词素，这些词素共出现 114211 次，也就是通用词的总词长一共是 114211 个单位，因此，

$s=a/b=114211/58593\approx1.949$

可见，就现代汉语全部的通用词来说，其平均长度为 1.949 个单位，这个数字约等于 2。据此，我们可以说：现代汉语通用词的平均词长约等于两个词素。

3.现代汉语通用词的标准词长

表 2 从分布的角度说明，在现代汉语中，双词素是词汇系统的主体，是优势词长；而就所有的词来说，其平均词长都明显地趋向或者说接近于“2”。这种倾向性

是很突出的，当我们不单纯地说出"2"这个数据，而将现代汉语词长的分布表示为"2±1"，那么，在现代汉语词汇系统中，"2±1"个词长占了全部词的91.95%。这样一个百分比，使得我们对这种倾向性的表述可以更加明确：现代汉语词长的分布是围绕着两个词素长度进行的，两个词素，是现代汉语词的标准词长。语言社会对词的理解和使用，都自觉或不自觉地接受了这个长期形成的关于词长的统计特征。

（三）通用词的极限词长

标准词长涵盖了占绝对多数的现代汉语词语，但标准词长并不能限制非标准以外的其他长度的词语的存在，而且，社会生活的纷繁复杂，大千世界林林总总，仅仅属于标准词长内的词，肯定难以完成语言作为交际工具的任务。语言社会要准确严密地表情达义，难免要通过增加词的长度的方式来达到目的。

但是，增加词的长度却是一个相当冒险的方式，因为，词的长度每增加一个单位，词汇系统成员的数量都以几何级数猛增。例如，"肉"是一个长度单位的词，这个词难以满足我们的需要，于是我们又将"羊肉"作为一个词来对待，这时，词的长度增加一个单位，词长变成2，那么，词汇系统就没有理由拒绝诸如"鸭肉、马肉、天鹅肉"等单位。如此递推下去，任何一部词典的数量都是一个天文数字，实践中也是不可能甚至没有必要的。长度的延伸必然导致关于词长的两种相互矛盾的态度：一方面增加词长，以强化词汇单位的标记性；另一方面要减少词长，以控制词汇系统成员的总数。

我们认为，控制词长是必要的，这种控制有两个含义：一是强化标准词长的标准性，"2±1"长度的词是现代汉语词的主体，也是新词规范的标准；二是控制具体词语的长度。言语交际中，词语长度的无限延伸一定有一个限度，这个限度不能是人为的规定，而应该以人的认知心理为依据，我们暂且把这个限度称作极限词长。

1.言语认知与短时记忆

言语交际是一个包含着发生和接受两个方面的完整过程，接受过程是言语的理解过程，这与人的认知心理一致。

人对话语的接受，词汇分析是最基本的过程，完整的言语理解过程分为四个步骤：知觉分析→词汇分析→关系分析→语义分析。在知觉信息转变为语义信息的过程中，主体接受视觉或听觉符号的刺激，接受的单位只能是词，而绝不能是音节、字或词素。词作为一个接受单位，本身的构成又不是简单的，就汉语的词来说，它是由词素构成的，词汇单位的长度必然影响到接受主体的接受水平。就语言系统来说，词汇单位的长度问题无须特别规定，甚至越长越好，但是人的认知心理决定了一次接受必须有一个度，否则，认知行为将无法进行，这个度就是认知中的短时记忆容量。

认知心理学认为，记忆不是一个单一的东西，存在着短时记忆和长时记忆两种不同的记忆，它们彼此独立而又互相联系，形成一个统一的记忆系统。长时记忆是一个庞大的信息库，可以长期贮存大量信息，而且它能贮存的信息在理论上可以说是无限的。外部信息经过感觉通道先进入短时记忆，短时记忆是信息进入长时记忆的一个容量有限的缓冲器和加工器。容量以内的信息在短时记忆中可短暂地保持，利用默默地重复即复述可避免迅速地遗忘。短时记忆只能保持少数几个项目，其数量根本无法与长时记忆相比，容量有限是短时记忆的一个突出特点。早在 19 世纪中叶，爱尔兰哲学家 William Hamilton 据说曾观察到，如果将一把弹子撒在地板上，人很难一下子看到超过 6～7 个弹子。1887 年，Jacobs 做过一个实验，他给被试者大声念出一系列无特定顺序的数字，然后要他们立即写下他们能回忆出的全部数字。结果发现，被试者能够回忆出的数字的最大数量为 7 个。德国学者 Ebbinggaus 发现，在阅读一次后，可记住约 7 个无意义音节。从 20 世纪 50 年代开始，许多心理学家应用字母、音节、字词等各种不同材料进行过类似的实验，所得结果是一致的，即短时记忆的容量约为 7。1956 年，美国心理学家 George A. Miller 发表了题为“神奇数 7 加减 2：我们加工信息的能力的某些限制”的论文，明确提出短时记忆容量为 7±2，即一般为 7 并可在 5～9 之间波动。这个看法为大量实验所证实。

2.极限词长

知觉的信息加工受到短时记忆容量的限制，作为加工单位的词，也必然受到由同样原因产生的长度限制。超过人的短时记忆容量的认知单位，人在认知过程会自觉或不自觉地将其切分开，作为几个不同的认知单位来进行信息的加工。来自主体能动性的积极活动，使得超过短时记忆容量的单位没有心理现实性，实际上，这样的单位除了人曾经在纸上写下过以外，实际的言语活动中从来也未曾存在过。对机器来说，一方面长度没有限制的单位，数量也是没有限度的，这无疑使计算机存储系统所作的开销特别巨大，说到底，这种巨大开销还是没有必要的，而且仅仅是记忆词汇单位，任何一部先进的机器也都无法胜任；另一方面，机器即使有了超大规模的词典、数据库，也有了基于大数据和人工智能的自学习能力，实际工作中也仍然无所适从——新的词语每日每时都在产生，并且，新词语的产生很多并不是基于规则的。

机器的智能活动就是对人的主体能动作用的模仿，因此，无论是面向人的还是供机器使用的词典，在词条的长度上都应该与人的认知心理，与人的短时记忆容量相一致。事实上，人们在词典编纂时虽然没有论证选择词条时对词长的理论思考，但实际所选的词条却与人的短时记忆容量暗合。

《现代汉语词典》所收的61000余个词中，“7±2”个单位的词长是一个标准，我们统计的58593个词条中，7个词素以上的词只有75个，如果对这75个词再作进一步的分析的话，其“语”的特征要比“词”的特征强得多，以词汇词为研究对象的汉语词汇学一般倾向于将其作为专名或熟语来对待，如：

七词素的：第二次世界大战/国际日期变更线/社会主义所有制/牵一发而动全身

八词素的：和平共处五项原则/百尺竿头，更进一步/巧妇难为无米之炊

九词素的：第二次国内革命战争

十二词素的：只许州官放火，不许百姓点灯。

因而，词条的长度仍然围绕7±2个词素展开。

北京航空航天大学主持编制的《信息处理用现代汉语常用词词表》，“词表编排格式说明”中说明该词表中“用汉字给出的词条。最短为一字词，最长为七字词”①。词表明确规定了词条选择的范围是1～7，七字词如“不管三七二十一”“大规模集成电路”等，与我们所说的七词素词基本一致，就是说，“词表”所收词条的极限长度也是7个词素。

从人的短时记忆容量出发，联系汉语词汇系统的实际，我们认为，现代汉语词的极限词长是“7±2”。一般来说，七词素词已经达到了极限值，由于交际的需要，可以在短时记忆容量内作有限的延长，延长的幅度只能是两个词素，即最大词长是9个词素。

这里，我们讨论了现代汉语的词长问题，词长以词的组成成分——词素作为计算单位，由此得出了现代汉语的优势词长、平均词长、标准词长和极限词长。优势词长是现代汉语词的分布特征，平均词长则是词的统计特征，从优势词长和平均词长出发，我们认为现代汉语中，两个词素长度是词的标准词长，标准词长来源于分布和统计两个特征，标准词长与现代汉民族社会对语言词汇系统的原型思维完全一致。当然，标准词长的存在不可能完全涵盖现代汉语中的所有词，词的长度可以有所增加，如三词素词、四词素词、五词素词乃至九词素词，无限地延长是不可能

---

① 刘源，梁南元，沈旭昆.信息处理用现代汉语分词规范及自动分词方法[M].北京：清华大学出版社/南宁：广西科学技术出版社，1994：65.

的,7±2 是现代汉语词的长度的心理极限。

三、词长在现代汉语词汇系统中的调控作用

标准词长对现代汉语词汇系统的调控作用表现为两个方面:对具体的词来说,词长影响到词的形式规范;对整个系统来说,标准词长维持着优势词长在词表中的占有量。极限词长则为自然语言理解中的词汇分析提供了心理依据。

(一)标准词长对汉语工程词词形规范的影响

标准词长的"原型"作用,使得汉语社会对于词的认识有了一个习惯形式,这个习惯形式就是双词素词,而且最好还是双音节、双汉字、双词素的词。如果某一词形不符合这一习惯,人的积极能动作用会自觉地对词的形式施加影响。如果这样的影响不破坏词的意义表达,那么,新的词形规范就会产生。汉语中词的形式规范主要表现为三个方面:合、减、换。

合,就是在原有词的基础上增加一个词素,这个新增加的词素可能是一个虚义词素,如:

桌—桌子　花—花儿　看—看头

可能是一个同义词素,如:

民—人民　学—学习　静—寂静

也可能是合并两个同义词素,如:

道/路—道路　依/靠—依靠　更/改—理发

合的目的是增加词汇单位的长度。

减,就是在原有词的基础上减去若干词素,减的方法可以是一个长的语言单位通过简缩的方式成为一个简缩词,如:

土地改革→土改
人民代表大会→人大
奥林匹克运动会→奥运会

可以是两个以上的词素,减掉其中的一个词素,如:

火轮船→轮船
摩擦音→擦音
餐巾纸→餐纸

有些刚引进的外来词，为了表意的明确，往往加上一个表示意义的词素，随着该外来词的使用频度的增加，其意义已经逐渐为语言社会所接受，表义的成分自然“脱落”，因而，本来是由两个词素构成的词，变成了由一个双音节词素所构成，如：

芭蕾舞→芭蕾　　吉普车→吉普

桑拿浴→桑拿　　摩托车→摩托

换，是用一个接近标准词长的词来替换原来离标准词长远的词，如：

目→眼睛　碣→石碑

粕→渣滓　枵→空虚

词形的这三种运动变化形式，归结起来无非是长度的增减，而这种增减行为都自觉或不自觉地围绕着某一数值变化，这就是我们所说的标准词长。可以说，词长的变化，始终是围绕由标准词长所规定的“轴”进行的，超过标准词长的则“减”或者“换”，不足标准词长的则“合”。

(二)标准词长对信息处理用词表收词数量的限制

有了标准词长等于“2”、极限词长是“7±2”的认识以后，那么，信息处理用词表的建立就有了词长依据。收词的范围可以既充分利用现代大容量、高速度计算机的优势，又以词长来限制词表的无限膨胀。收词的原则是：放松双词素词，严格多词素词。

放松双词素词就是双词素词可以多收，收与不收的条件有：

第一，符合词素的组合条件，以现代汉语词素组合限制和词素构词能力为依据。

第二，属于生成能力强的结构模式。现代汉语合成词的结构模式有复合和派生两种。派生式是现代汉语中构词能力强，但生成能力不太强的模式。虽然现代汉语中词缀附加词根而成的词占相当比例，但新产生的词中这一比例明显减少。现代汉语中，复合词是生成能力最强的结构模式，而复合式结构模式中，又以偏正和动宾两种子模式最为突出。汉语信息处理用词表中，比照这一规律，对双词素合成单位可以优先作为一个单位来处理。

第三，有一定的复呈性。词素的组合往往是随机的，组合后的单位有些被固定下来了，我们称之为新词；有些只是偶发因素，我们称之为偶发词或者生造词。什么是偶发的，什么将能被凝固下来，很难作出准确的判断，在对当代汉语大量新组合单位进行考察以后，我们对词形的规范甚至产生了怀疑：新词与生造词之间没有一条理性的标准被我们拿来作为标尺使用。唯一可以有理可言的就是组合单位的反复出现,即复呈。复呈的条件则以真实文本中出现的次数为依据:同一组合单位在真实文本中多次(?)出现的应被视作一个词汇单位来处理。当然,这里的"多次"又是一个模糊概念,在没有经过大量的调查研究之前,我们还无法提出一个准确的量的概念,但至少词素的组合能够维持一个相当的时间而不是转瞬即逝的孤例,才可以作为一个词来处理。

限制多词素词则是严格四个词素以上的词语进入现代汉语信息处理用词汇系统,除相当于词的作用的熟语以外,多数四词素以上的组合可以通过词语的组合规则和结构模式推导出来,因而可以将研究的重点放在词素、词的生成能力上,而不是简单地将它们罗列出来。

(三)极限词长与词汇分析中的模块切分

词汇分析是自然语言理解中的一个重要环节。人所具有的关于自己母语的知识,使得人们能够基于知识背景和理解来进行词汇分析。机器则不行,机器的词汇分析是基于机械切分的,它是按照人所提供的机器词典来与语流中的字符进行对照(匹配)的。词典中有,机器就作一个词来处理;词典中没有,机器就无法处理,当然,机器无法处理并不是不去处理,而是作错误的处理。如果语流中的字符序列能作多种切分,那么要想获得正确的切分结果,就已经不是词典所能胜任的了,如"发展中国家的人口问题"一句,机器可以切成:

a.发展/中国/家/的/人口/问题

b.发展/中/国家/的/人口/问题

这就是机器自动分词中的歧义切分,要使机器得出正确的切分结果,必须有人工干预,或者再附加许多规则系统以及语境判断条件。

需要人工干预当然还是不彻底的自动分词系统,语言学研究就是要尽可能地为完全的分词系统提供充足的切分依据和判断条件。书面上不实行分词连写的汉语连续语流,一个个的方块汉字应该是最好的切分标记,由于众所周知的语言常识,汉字不可能是词汇分析的标准,否则有音无义的字必然产生理解上的错误;句子以标点符号作结束标志,标点符号是很好的切分记号,但句子可长可短,一个只含三四个词的句子还好说,长达十几词、几十词的句子,显然是计算机也无法胜任的;以词来切分是最科学的,但汉语的词间界限又在哪里呢?

正是这样一些理论和实践上的问题,使得汉语自然语言的理解不可能立即进入词汇分析,而首先要对连续语流进行模块切分,就是将长字符串切分为可以相对独立的短字符串。这些模块是进一步切分到词的依据,而不是理解的依据。在切分出来的模块还没有被理解之前，回答“什么样的模块是正确的”之类的问题是没有多大意义的，而只能说多长的模块是合理的。既然计算机智能是对人类智能的模拟，而且计算机自身的一些硬件特性，也都与人的心理有关，那么，在现代汉语词汇系统中，这样的模块不能超出 7±2 这个极限。太短，无法消除歧义；太长，切分出来的模块没有心理现实性，对理解也没有多大帮助。

可见，词汇分析中的模块切分必须以极限词长为依据。切分出来的模块最长应该不超过 9 个词素的长度；而对绝大多数模块来说，还应控制在 7 个词素长度的范围以内。

卞成林，1987 年 9 月至 1990 年 6 月师从葛本仪先生攻读汉语言文字学专业词汇学方向硕士研究生；1995 年 9 月至 1998 年 7 月师从葛本仪先生攻读汉语言文字学专业词汇学方向博士研究生。

异形词语研究的发展历程与仍需解决的问题*

中国海洋大学　刘中富

异形词语包括异形词和异形语（主要是异形成语），指的是读音和意义完全相同、书写形式在构形上部分不同或完全不同的词语。学界多用“异形词”统称异形词和异形语。本文使用“异形词语”，意在从概念名称上标明研究对象的范围，也借此呼吁增强未被学界充分重视的异形成语的研究。从概念的使用看，20 世纪 90 年代之前多用“异体词”，20 世纪 90 年代之后多用“异形词”。异形词语作为一种语言文字事实古已有之，常被提及的古汉语联绵词“书写无定字”，说的就是异形词现象。但是，对异形词语的理论研究和系统整理却是比较晚近的事，一般认为 20 世纪 60 年代初期是异形词研究的开端，主要标志是殷焕先在《谈词语书面形式的规范》一文中首次明确提出“异体词”概念，并指出异体词整理和规范的必要性。

半个多世纪以来，异形词语研究大致经历了三个阶段。

从 20 世纪 60 年代初至 80 年代末是第一个阶段。此阶段的研究成果相对较少，主要是从实际运用出发讨论对异形词语的规范问题，当然也涉及对异形词语的性质范围、形成原因等问题的初步研究。代表性成果有：刘捷的《异体词也需要精简》、高更生的《谈异体词整理》和《“走头无路”还是“走投无路”——要正确对待异体词》、周诗惠的《异体词需要规范化》、傅永和的《关于异形词的规范问题》、陈亚川的《异形词的规范可与多音字的精简相结合》、王建华的《关于老舍小说中的“异形词”》、刘永耕的《关于异体词的几个问题》等。总体而言，此阶段的研究对异形词的认识还不够清晰，缺乏有深度的理论思考和有系统的归纳整理。

从 20 世纪 90 年代初至 2001 年《第一批异形词整理表》发布前是第二个阶段。

* 本文系山东省社科规划优势学科项目“汉语异形词语属性研究”（项目编号 19BYSJ49）的阶段成果。

从研究内容看，此阶段的研究主要有以下两个方面：

其一，异形词语的整理与规范依然是研究的中心问题，与上一阶段不同的是较为充分地认识到异形词语构成的复杂性，对异形词语整理与规范的原则和方法进行了比较深入的探讨，也注意到了异形词语分类规范、异形词语规范与相关语言文字问题的关联性研究。这方面的研究成果较多，代表性成果有：刘永耕的《论异体词内部形音义的复杂关系》、侯敏的《异体词的规范问题》、周荐的《异形词的性质、特点和类别》、孟庆章的《异形词规范的范围》、孙光贵等的《异形词的定义及词形规范的范围和原则》、马彪的《从定量分析的角度看异体词的规范》、黎新第的《多音字统读与异形词规范》、徐昌火的《异形词规范的操作原则》、张绍麒和张志毅的《异形词的规范》、杨剑桥的《关于汉语多音节异形词的几个问题》、施春宏的《试论语义关系对异体词显隐和使用的制约》、邹玉华的《异形词规范中的"形简"原则》等。

其二，以《现代汉语词典》为中心，考察词典对异形词语的整理实践，梳理其对异形词语处理的经验、成就与不足。代表性成果有：李晓静的《〈现汉〉对异体词的修订》、张万起的《〈现代汉语词典〉修订本对异形词的处理》、姚鹏慈等的《它们是同一条成语的不同书面形式吗？——与〈现代汉语词典〉商榷》、高更生的《〈现汉〉修订本的异体词整理》、刘云汉的《〈现代汉语词典〉中异形词的处理》、薛克谬的《谈〈现代汉语词典〉对通假异形词的处理》、苏新春的《〈现代汉语词典〉对异形词的整理及对当前词汇规范的启示》、黎良军的《论词义在异体词整理中的核心地位——兼谈〈现汉〉的异体词规范思想》等。

综观此阶段的研究，虽然取得了一些有学术含量和有启发意义的成果，但在异形词语的性质范围、整理和规范的原则方法等方面仍存在意见分歧，甚至存在错误认识。

从《第一批异形词整理表》发布至今是第三个阶段。这一阶段最受关注的是《第一批异形词整理表》的发布和《第一批异形词整理表说明》的出版。该表对338组异形词的词典收释情况、词频、词源等逐一作了说明。正是《第一批异形词整理表》的发布、《现代汉语词典》第4版至第7版的连续修订出版、《现代汉语规范词典》和《现代汉语异形词规范词典》的出版以及《现代汉语常用词表(草案)》的发布等，促成该阶段对异形词语的研究成为汉语言文字研究的热点之一。此阶段的研究既有对此前研究主题的延续和深化，也有对研究内容与方法的拓展与创新，具体表现主要体现在以下几个主要方面：

其一，围绕《第一批异形词整理表》开展异形词语的整理、规范与应用研究，研究的重点是整理与规范的原则方法、整理与规范工作的成绩与问题以及《第一批异形词整理表》在实际语文工作中实施的情况等。代表性成果有：苏新春的《异形词规范的三个基本原则——评〈第一批异形词整理表(草案)〉》和《再论异形词规范的俗成性原则——谈异形词规范中的三个问题》、苏宝荣的《关于异形词整理和规范的理论思考》、晁继周的《论异形词整理的原则》、余克强的《系统性原则在异形词规范中的应用》、陈小燕的《中小学语文教材对〈第一批异形词整理表〉的实施》、朱力的《应正确使用异形词——基于〈第一批异形词整理表〉试行10年来报刊标题使用异形词情况的调查分析》等。

其二，对异形词语的性质、范围、成因、类型有了更为深入的理论探讨，开始关注异形词语跟相关词语的区分与辨析、异形词语的变异与分化等问题。代表性成果有：张绍麒和张志毅的《异形词是词位的无值变体》、黎良军的《论异体词的名称和范围》、曹炜的《异形词的界定及其与同义词的区别》、余志鸿的《异形词定义的学术思考》、邹玉华的《异形词的语用值即标示值分析》、刘中富的《汉语同义成语和异形成语的区别与释义问题》、孟祥英和刘中富的《包孕异形词探析——以"视域"和"视阈"为中心》、黄城烟的《规范中的变异——异形词分化的实证及其启示》、郑岚心和杨文全的《广告语言中"巨惠"和"钜惠"的变异与规范》等。

其三，以《现代汉语词典》处理异形词语的研究为中心，旁及其他重要语文工具书和词表，从纵向和横向两个维度比较工具书和词表处理异形词的得失，并开始研讨异形词语与工具书编纂的理论问题，有了较为鲜明的历史观和系统观。代表性成果有：李志江的《〈现代汉语词典〉异形词处理的层次》、温昌衍的《〈现代汉语词典〉异形词处理上的几个问题》、崔达送的《论"词""辞"类异形词的历史与现状——兼评〈现代汉语词典〉与〈现代汉语规范词典〉的规范化处理》、白云的《两种版本〈现代汉语词典〉对异形词整理之比较研究——兼及对异形词规范问题的一些思考》、黄启庆和尹海良的《语文工具书的一致性与异形词规范——以异形词"执着"和"执著"为例》、刘中富的《论〈现代汉语常用词表(草案)〉处理异形词的得失》、赵翠阳的《异形词社会使用调查与研究——以〈现代汉语词典〉五、六两版整理规范为例》、张永伟的《〈新华字典〉中异形词收录和使用情况分析》、卢烈红的《〈现代汉语词典〉(第7版)词形处理献疑》、汪银峰和张渊的《或然语气副词"约摸"的来源及词汇化——兼论在汉语词典辞书中的词形标注》等。

其四，开始有人研究断代和专书异形词语，一定程度上拓宽了异形词语研究的视野和范围，为今后异形词语的历时研究提供了路径和方法上的参考，也为历时辞书的编纂与修订提出了新要求。代表性成果有：曾昭聪的《古汉语异形词与词语释义》《近代汉语异形词的来源》《近代汉语异形词理据研究论略》《中古近代汉语异形词及其整理与研究价值》《从文献角度看近代汉语异形词的来源》《近代汉语异形词理据探讨》《黄侃〈《通俗编》笺识〉中的异形词研究》、李建廷的《魏晋南北朝碑刻连绵词同词异形现象研究》、冯冬雪的《汉语异形词历时研究与大型语文辞书编纂》、刘玉红的《中古道经异形词研究价值刍议——以〈抱朴子内篇〉异形词为例》、凌丽君的《从寅集“宀”部看〈辞源〉(第三版)对异形词的相关修订——兼论异形词的辞书编纂》等。

其五,出版了比《第一批异形词整理表》收词量更大,解释更详尽的现代汉语异形词语专门词典,也有了侧重现代汉语异形词语研究的有一定理论色彩的专著,标志着对现代汉语异形词语的研究已进入系统整理与综合探究的阶段。代表性成果有:李行健的《现代汉语异形词规范词典》、杨春的《现代汉语中的异形词》、李行健和余志鸿的《现代汉语异形词研究》等。

与上一阶段相比,虽然此阶段的研究成果更加丰富多样,研究领域也有所拓展,但是由于研究者学缘背景不同,认识问题的角度有差异,在某些理论问题和具体操作上仍然存在各说各话、各行其是的情况。

尽管异形词语研究已经取得不小成绩,但是依然存在一些分歧和模糊认识,甚至还存在一些错误认识。理论研究与应用研究、历时研究与共时研究还不平衡,许多关系还没有梳理得很清楚。因此,异形词语研究还有一些问题需要明确并加以解决。今后的研究方向应该是:加强异形词语理论研究,改变单纯从共时应用角度把异形词语视为规范对象的观念,改变以对异形词语的整理和规范为唯一研究重点和研究目的的研究路径,全面深入地研究异形词语的各种属性,尽可能地消除对异形词语性质范围的认识分歧,在此基础上加强历时层面的研究,探寻异形词语的生成与分化的规律,挖掘由异形词语反映出来的汉语言文字的特点。

笔者认为推进异形词语研究需要进一步明确以下问题并逐步达成共识。

第一,异形词语是一个语言符号,几个不同的书写形式(即文字符号)。符号性质是异形词语的基本性质。异形词语的符号性跟其他词语的符号性有着根本不同,其他词语从语言的角度看是一个语言符号,从文字的角度看是一个文字符号,语言符号和文字符号具有一致性。异形词语不管有几种不同的书写形式,从语言的角度看都只是一个语词符号,从文字的角度看却是不同的文字符号,语言符号的数量跟文字符号的数量不一致。用符号学的视角看异形词语,就解决了异形词语到底是一个词语还是多个词语的理论问题。把不同书写形式的异形词语称作词位变体的理论是值得商榷的,词位变体是语言要素发生变化形成的,或是语音变体,或是语义变体,或是语法变体,而不是单纯书写文字的变化形成的。

第二，异形词语研究隶属多种学科，应作综合性研究。有人认为异形词语是纯粹的书写问题，应该由文字学来研究，异形词语研究隶属于文字学或汉字学。有人认为异形词语是汉语的一种词汇类别，应该是词汇学研究的对象，异形词语研究隶属于汉语词汇学。其实，异形词语研究有语音问题，有语义问题，有语源问题，有语用问题，当然也有文字问题，具有跨学科性质。应该用语音学或音韵学的理论方法研究异形词语的语音问题；用词汇语义学的理论方法研究异形词语的语义和词际关系问题；用语源学的理论方法研究异形词语的形成过程和理据问题；用语用学的理论方法研究异形词语的运用、规范与分化问题；用汉字学的理论方法研究异形词语的文字理据和字际关系问题。

第三，异形词语具有形式和类型上的多样性。要打破已有研究固守复音或多音全等异形词语的格局，在异形词语的构成上从汉字记写汉语的功能出发，只要音义完全相同、汉字书写完全或部分不同的词语都是异形词语。应该把用能独立记写词的异体字等书写的单音词纳入异形词语范畴，也就是客观存在单音节的异形词。同时应该以一音一义作为判定异形词语的单位，把由多义词和多音字交叉选配形成的部分异形词语（含包孕异形词语、交叉异形词语）也纳入异形词语范畴。

第四，异形词语的成因情况复杂。书写形式的不同不能简单地归于异体字的存在，也就说书写不同的部分并非只是异体字关系。其实书写不同部分的字际关系很复杂，至少包括异体字、古今字（分化字）、正俗字、同源字、通用字、假借字等不同情形。当然，也不排除有的异形词语是因为同音误书或附会理据造成的。就异形成语而言，其形成的基础还可能是因为异形词的存在，如：孤苦伶仃——孤苦零丁；辗转反侧——展转反侧；唏嘘不已——欷歔不已；愤愤不平——忿忿不平。

第五，异形词语既具有共时性，又具有历时性。学界一直重视共时层面的异形词语研究而不太重视历时层面的异形词语研究。事实上，异形词语是历史地形成的，尽管在实际运用的呈现上表现为共时性。从历时层面看，汉语异形词语表现为演变性和替代性。在这样一种新认识的基础上，应通过历时异形词语语料库的建构，深入考察汉语异形词语在汉语发展不同阶段上表现出来的特点，概括汉语异形词语的历史演变及其规律。从共时的层面看，汉语异形词语表现为同用性和共现性。当前对汉语异形词语的整理与规范都应该基于这种认识来开展工作，否则就会把不同层面的东西掺杂在一起，把本来已不在共时层面同用的词语当作异形词语来处理。应该从历时和共时不同层面多角度分析异形词语的表现，探索历时研究与共时研究的不同路径与内容。

第六，严格区分异形词语与非异形词语。最值得注意的是异形词语跟全等同义词语、逆序词语、同音词语等的异同辨析。常常有人误把某些全等同义词语、逆序词语、同音词语视为异形词语，混淆了词语之间的词际关系，无谓扩大了异形词语的范围，并通过所谓的整理规范，造成了对汉语词汇多样性和复杂性的消减。

参考文献：

[1]殷焕先.谈词语书面形式的规范[J].中国语文,1962 (6).

[2]刘捷.异体词也需要精简[J].文字改革,1966(2).

[3]高更生.谈异体词整理[J].中国语文,1966(1).

[4]高更生."走头无路"还是"走投无路"——要正确对待异体词[J].山东师院学报(社会科学版),1977(6).

[5]高更生.《现汉》修订本的异体词整理[J].语文建设,1999(1).

[6]周诗惠.异体词需要规范化[J].辞书研究,1982(4).

[7]傅永和.关于异形词的规范问题[J].文字改革,1985(1).

[8]陈亚川.异形词的规范可与多音字的精简相结合[J].语言教学与研究,1986(1).

[9]王建华.关于老舍小说中的"异形词"[J].语文建设,1989(1).

[10]刘永耕.关于异体词的几个问题[J].新疆大学学报(哲学社会科学版),1989(4).

[11]刘永耕.论异体词内部形音义的复杂关系[J].新疆大学学报(哲学社会科学版),1990(4).

[12]侯敏.异体词的规范问题[J].语文建设,1992(3).

[13]周荐.异形词的性质、特点和类别[J].南开学报(哲学社会科学版),1993(5).

[14]孟庆章.异形词规范的范围[J].语文建设,1993(6).

[15]孙光贵,钱宗武,汤淑琴,等.异形词的定义及词形规范的范围和原则[J].语文建设,1994(11).

[16]马彪.从定量分析的角度看异体词的规范[J].语文建设,1994(11).

[17]黎新第.多音字统读与异形词规范[J].语文建设,1995(12).

[18]徐昌火.异形词规范的操作原则[J].语文建设,1997(1).

[19]张绍麒,张志毅.异形词的规范[J].语文建设,1998(4).

[20]张绍麒,张志毅.异形词是词位的无值变体[J].语言文字应用,2003(3).

[21]杨剑桥.关于汉语多音节异形词的几个问题[J].复旦学报(社会科学版),2000(6).

[22]施春宏.试论语义关系对异体词显隐和使用的制约[J].语言文字应用,2001(1).

[23]邹玉华.异形词规范中的“形简”原则[J].语文建设,2001(8).

[24]邹玉华.异形词的语用值即标示值分析[J].语言文字应用,2005(1).

[25]李晓静.《现汉》对异体词的修订[J].辞书研究,1997(1).

[26]张万起.《现代汉语词典》修订本对异形词的处理[J].辞书研究,1998(2).

[27]姚鹏慈,赵建刚.它们是同一条成语的不同书面形式吗?——与《现代汉语词典》商榷[J].语文建设,1998(9).

[28]刘云汉.《现代汉语词典》中异形词的处理[J].语文建设,1999(2).

[29]薛克谬.谈《现代汉语词典》对通假异形词的处理[J].河北大学学报(哲学社会科学版),2000(1).

[30]苏新春.《现代汉语词典》对异形词的整理及对当前词汇规范的启示[J].语言文字应用,2001(3).

[31]苏新春.异形词规范的三个基本原则——评《第一批异形词整理表(草案)》[J].厦门大学学报(哲学社会科学版),2002(2).

[32]苏新春.再论异形词规范的俗成性原则——谈异形词规范中的三个问题[J].语言文字应用,2002(2).

[33]黎良军.论词义在异体词整理中的核心地位——兼谈《现汉》的异体词规范思想[J].辞书研究,2001(4).

[34]黎良军.论异体词的名称和范围[J].广西师范大学学报(哲学社会科学版),2003(4).

[35]苏宝荣.关于异形词整理和规范的理论思考[J].辞书研究,2002(4).

[36]晁继周.论异形词整理的原则[J].中国语文,2004(1).

[37]余克强.系统性原则在异形词规范中的应用[J].语言文字应用,2005(4).

[38]陈小燕.中小学语文教材对《第一批异形词整理表》的实施[J].语文建设,2006(12).

[39]朱力.应正确使用异形词——基于《第一批异形词整理表》试行10年来报刊标题使用异形词情况的调查分析[J].编辑之友,2013(4).

[40]曹炜.异形词的界定及其与同义词的区别[J].汉语学习,2004(1).

[41]余志鸿.异形词定义的学术思考[J].汉语学习,2004(3).

[42]刘中富.论《现代汉语常用词表(草案)》处理异形词的得失[J].中国海洋大学学报(社会科学版),2011(4).

[43]刘中富.汉语同义成语和异形成语的区别与释义问题[J].辞书研究,2012(6).

[44]孟祥英,刘中富.包孕异形词探析——以"视域"和"视阈"为中心[J].中国文字研究,2015(1).

[45]黄城烟.规范中的变异——异形词分化的实证及其启示[J].语言文字应用,2017(4).

[46]郑岚心,杨文全.广告语言中"巨惠"和"钜惠"的变异与规范[J].语言文字应用,2018(4).

[47]李志江.《现代汉语词典》异形词处理的层次[J].辞书研究,2002(6).

[48]温昌衍.《现代汉语词典》异形词处理上的几个问题[J].语言科学,2005(4).

[49]崔达送.论"词""辞"类异形词的历史与现状——兼评《现代汉语词典》与《现代汉语规范词典》的规范化处理[J].中国语文,2007(4).

[50]白云.两种版本《现代汉语词典》对异形词整理之比较研究——兼及对异形词规范问题的一些思考[J].内蒙古大学学报(人文社会科学版),2007(3).

[51]黄启庆,尹海良.语文工具书的一致性与异形词规范——以异形词"执着"和"执著"为例[J].语言文字应用,2011(3).

[52]赵翠阳.异形词社会使用调查与研究——以《现代汉语词典》五、六两版整理规范为例[J].语言文字应用,2017(3).

[53]张永伟.《新华字典》中异形词收录和使用情况分析[J].辞书研究,2018(2).

[54]卢烈红.《现代汉语词典》(第7版)词形处理献疑[J].人文论丛,2018(2).

[55]汪银峰,张渊.或然语气副词"约摸"的来源及词汇化——兼论在汉语词典辞书中的词形标注[J].语言研究,2019(3).

[56]曾昭聪.古汉语异形词与词语释义[J].中国语文,2013(3).

[57]曾昭聪.近代汉语异形词的来源[J].安徽理工大学学报(社会科学版),2013(2).

[58]曾昭聪.近代汉语异形词理据研究论略[J].绵阳师范学院学报,2014(7).

[59]曾昭聪.中古近代汉语异形词及其整理与研究价值[J].绵阳师范学院学报,2014(7).

[60]曾昭聪.从文献角度看近代汉语异形词的来源[J].贺州学院学报,2014(3).

[61]曾昭聪.近代汉语异形词理据探讨[J].贺州学院学报.2015(1).

[62]曾昭聪.黄侃《〈通俗编〉笺识》中的异形词研究[J].岭南师范学院学报,2019(1).

[63]李建廷.魏晋南北朝碑刻连绵词同词异形现象研究[J].兰州学刊,2013(5).

[64]冯冬雪.汉语异形词历时研究与大型语文辞书编纂[J].学术交流,2013(5).

[65]刘玉红.中古道经异形词研究价值刍议——以《抱朴子内篇》异形词为例[J].广西民族师范学院学报,2014(5).

[66]凌丽君.从寅集"宀"部看《辞源》(第三版)对异形词的相关修订——兼论异形词的辞书编纂[J].民俗典籍文字研究,2016(2).

[67]李行健.现代汉语异形词规范词典[M].上海:上海辞书出版社,2002.

[68]李行健.现代汉语异形词规范词典[M].第2版.上海:上海辞书出版社,2011.

[69]杨春.现代汉语中的异形词[M].北京:华夏出版社,2004.

[70]李行健,余志鸿.现代汉语异形词研究[M].上海:上海辞书出版社,2005.

刘中富,1984年9月至1987年6月师从葛本仪先生攻读现代汉语专业词汇学方向硕士研究生。

从人民网日本版看当代汉语中的日语借词*

河北大学　郭伏良

改革开放以来当代汉语对日语词语的借用和吸收，是汉语外来词研究的一个重要方面。本文以人民网日本版作为基本语料对这一课题作初步探讨。人民网是人民日报社主办的网上权威性中文媒体，它用中文报道日本的政治、经济、科技、社会、生活等信息受到广大读者的欢迎。由于报道对象和内容的特殊性，人民网日本版比较多地借用和吸收日语中的用词。严格地说，借用和吸收是有区别的，借用只是偶尔或因特殊需要在汉语中使用日语借词，吸收则指日语借词实质上进入汉语成为汉语词汇中的成员。然而，为了比较全面地考察当代汉语对日语词语的借用和吸收情况，也由于在短时期内对某些词语的身份不易判别是借用还是吸收，所以本文对二者并不严格区分，暂且都以日语借词称之。

一、日语借词的分类

在人民网日本版2001年(人民网日本版首创于2001年1月1日)的版面内容中，借用或吸收的日语借词有数十个之多(本文对《汉语外来词词典》已收录的词语一般不计，但有个别日语借词属于在改革开放后重新使用的，酌情计入)。本文以考察普通用语为主，一般不包括人名、地名、政府机构等专名。这些日语借词按照借用的特点可以分为以下四种类型。

1.音译类。日语原词一般是用片假名或平假名书写，汉语根据日语词的读音用相应的汉字表示出来，这种类型的日语借词有：斯纳库(スナック)、扒金宫(パチンコ)、坦普拉(てんぷら)等。

2.意译类。日语原词用汉字或假名书写，汉语根据表达的意义内容用适当的

* 原文发表于《汉语学习》2002年第5期。

汉语表示出来。我们认为，意译词跟音译词一样同样是受到外语的影响而产生的，是异文化的“使者”，可以看作隐性外来词。这种类型的日语借词有：校园节（学園祭）、早安少女组（morning 娘）、便利店（コンビン）、酱汤（味噌汁）、生鱼片（刺身）、清酒（お酒）、博彩店（パチンコ）等。

3.借形类。日语原词用汉字书写，汉语基本上是照原样转写（有些字形稍有变动），读音则以现代汉语为准，这种类型的日语借词最多：刺身、寿司、回转寿司、纳豆、发泡酒、料理、茶道、花道、居酒屋、商店街、自动贩卖机、法人、人气、大人气、变人、面接、助成金、就学生、短期大学、会社、株式会社、民宿、社会人、物语、女优、出演、放送、演艺、艺能、入籍、新干线、写真、写真集、新登场、研修、配送、便当、忘年会等。

4.混合类。指不能归入以上三类或兼有音译和意译性质的日语借词，这种混合类的日语借词有：卡拉 OK（カラオケ）、morning 娘（由少女组成的日本偶像歌队）、金婆婆（金さん）、银婆婆（銀さん）等。

以上所列词语中，由于借用方式不同而造成等义情况的有“扒金宫”与“博彩店”、“少女早安组”与“morning 娘”、“刺身”与“生鱼片”三组。

二、使用日语借词的作用和影响

1.许多日语借词代表着日本社会特有的事物和制度或者是对事物特有的命名，是我们了解当代日本的一个个微型“窗口”。这些词大都属于史有为先生所说的“介绍性应用”。例如：

校园节：学生们自己组织的每年一度的校庆活动。

就学生：指在日本的日语学校学习语言的外国学生，不算正式的“留学生”。

大学院：攻读硕士和博士学位的研究生院。

坦普拉：裹上面后油炸的鱼和虾，是日本料理中代表性食品之一。

暴走族：指驾驶摩托车等机动车，成群结队地在大街和道路上横冲直撞、扰乱交通的人。

斯纳库：一种设有陪酒女郎的带色情的小酒店。

扒金宫：一种赌博性游戏，利用弹簧弹小钢球，如小钢球进入特定的小孔，则滚出许多球，以此换取奖品。

新干线：日本的高速化铁路，如“东海岛新干线”等。

短期大学：两年或三年制大学，也简称为“短大”。

援助交际：初中、高中里的女学生与成年男子间的钱色交易，也简称为“援交”。

金婆婆、银婆婆：日本著名的长寿孪生姐妹，是长寿老人的象征。

2.有些日语借词所反映的事物现象，在汉语中虽有相应或相近的表达方式，但使用日语借词更为简明准确，能够表现出事物间的细微差异以及民族特有情调，因而具有特殊的表达作用和效果。例如：

(1) 片尾主题歌将起用人气歌手仓木麻衣。(人民网日本版，2001-11-19)

(2)现在身为社会人的宇多田表示，班上也有那种已经抱孙子的爷爷奶奶，所以她觉得老一点再攻读学位也没有关系。(人民网日本版，2001-2-20)

(3)代表日本当代电影的高仓健，曾主演过《幸福的黄手巾》……今年70岁，仍积极从事演艺工作。(人民网日本版，2001-5-24)

(4)在日本人家民宿过的中国学生都有这样的体验：……(人民网日本版，2001-2-15)

例(1)中的“人气”是“有人缘、受欢迎”之意，含义简洁而有褒义色彩；例(2)中的“社会人”与“在校生”相对，指“从学校毕业后走入社会成为社会一员”，表义确切而简明；例(3)中的“演艺”是指“电影、曲艺、音乐、舞蹈等表演艺术”的意思，比“表演艺术”减少两个音节，而且概括力强；例(4)中“民宿”意思是“寄宿于普通百姓家庭体验生活”，相比之下，如果换用“住宿”一词，则语义稍嫌平淡。以上(一)和(二)中的日语借词，有可能随着所表示的事物在中国的出现，或随着使用频率的增加逐渐进入汉语词汇系统。根据笔者对人民日报网络版(1995—2001年)的检索，“卡拉OK、人气、写真、放送、新登场、出演、民宿、物语、早安少女组、纳豆、寿司、酱汤、新干线、料理(表示菜肴义)、便利店(24小时营业的小型超市)”等都已有使用，有的甚至使用得较广泛，可以说这些借词已经进入汉语或汉语的边界地带。

另据查阅，“研修、忍者、开发、法人”等作为日语外来词收录到《新词新语词典》(增订本)，(李行健等主编，语文出版社1993年)；“卡拉OK、料理(表示菜肴义)”等作为日语外来词收录到《汉语新词新义词典》(闵家骥等主编，中国社会科学出版社1991年)；特别是“卡拉OK、放送、出演”收录到《现代汉语词典》(修订本)，可见这些日语借词已经或正在转化为“引进性应用”。

三、日语借词使用规范问题

1.一般认为,如果某些事物在汉语里已经有适当的词语表示,而相对应的借词形式在意义、色彩、音节上又无特别优势,就不必再借用别的语言的成分了。根据这点考虑,我们以为"女优、居酒屋、艺能、面接考试"等日语借词没有太大的借用价值。例如:

(5)每年九月开始,日本女优便会展开"月历争霸战",争相推出挑战性感极限的写真集连月历……(人民网日本版,2001-9-28)

(6)千香子毕业后加入艺能界,跟深田恭子及优香属同一事务所。(人民网日本版,2001-8-7)

(7)而对日本年轻人来说,休闲娱乐的去处更是多种多样,有咖啡店、居酒屋、博彩店、拉OK、温泉等等。(人民网日本版,2001-5-9)

(8)作中介机构是根本插不上手的。日本新改变的招生方法是,考生在海外指定中介机构办理申请留学手续后,领取面接考试通知书……(人民网日本版,2001-10-10)

以上四例中,"女优、艺能、居酒屋、面接考试",与汉语中已有的词语"女演员、艺术、小酒馆、面试"的词义等值,似乎没有必要使用。不过,判断有无必要使用并非简单的事情,有时要综合考虑语言环境、语用心理、表达效果等诸多因素,因而规范起来不宜操之过急,应留有一定余地。比如日语借词"料理",不少人认为汉语中有与其词义相当的"菜""菜肴"等词,不应该再借用,然而事实上"料理"的使用仍呈有增无减的态势。现在想来,"料理"一词是双音节,便于和双音节单位组合,如"日本料理、中华料理、西洋料理"等,而且同书卷气较浓的"菜肴"相比具有中性色彩,便于口语使用,这大概是国人喜欢日本"料理"的原因之一吧。因此,我们在判断外语借词和汉语已有词是否等值的问题上,应采取更谨慎的态度,进行更细致的研究。

2.有些日语借词的词形存在分歧,比如原形借用的"morning娘"和意译的"少女早安组"并存;"スナック"的音译形式除了"斯纳库"外还有"思那窟""斯那窟";"パチンコ"除了音译形式的"扒金宫""扒金库""扒筋苦"外,还有意译的"博彩店";"回転寿司"的汉译写法有"回转寿司""转盘寿司";"てんぷら"的汉译写法有"坦普拉""天妇罗"。这些分歧现象尽管难以完全避免,但是应倡导、推荐通用范围广的译法，力求达到词形上的统一。

3.有些属于“介绍性应用”的日语借词，尽管在一定场合有必要使用，但如果不被人们所熟悉或一时没有合适的借用形式，这时最好加上注解或者标上引号以示读者。例如：

(9)曾被新外相田中真纪子喻为“变人”(怪人)的日本新首相小泉纯一郎已经走马上任。(人民网日本版，2001-8-1)

(10)……因此在日本有是“会社人”不是“社会人”的说法。(日文里“会社”即公司)(人民网日本版，2001-02-12)

(11)大学毕业后，进入东京大学医学系大学院(研究生院)继续深造，学习医学。(人民网日本版，2001-7-21)

(12)最近，像E字型生产线一样在客人身边不间断转动的回转寿司店在日本非常流行。(人民网日本版，2001-6-6)

以上四例中，“变人、会社、大学院、回转寿司”因为有各种各样的注释而不太难理解，与此相对，下例：“去年底，我打工的那家料理店举办忘年会，地点选在了位于市中心的一家河豚鱼餐厅。”(人民网日本版，2001-3-1)中的“忘年会”，由于缺少必要的注解则令不懂日语的一般读者不知所云。其实“忘年会”就是“年终联欢会”，是每年12月日本各阶层、各单位普遍举行的一项年事活动，其寓意在于忘掉一年的烦恼和痛苦，以轻松愉快的心情迎接新的一年。

对日语借词加以规范，目的不在于限制使用日语借词包括未被汉语吸收的日语借词，尤其在人民网日本版中，为了及时而全面地向国内读者传送日本的各种最新信息，适当地运用日语借词是完全可以，也是必要的。日语借词的恰当运用，既能发挥它们特定的表达效果，又可以为当代汉语外来词的吸收提供丰富的原材料。

四、结语

在中国近代史上曾出现通过日语借词吸收西方外来词的一个高潮，彼时日语借词使用的频率和数量甚至超过了汉语本身直接吸收的外来词，对此学术界已进行了非常深入的研究。由于社会、教育、国际影响等种种原因，当代汉语对日语借词的吸收未再出现那样的局面。然而，由于中日两国密切的经济联系(日本为中国第一大贸易伙伴)、中国在日留学生的数量之多(加上“就学生”已近8万人)、日本影视文化(尤以卡通片为甚)对中国青少年的影响等因素，日语借词的使用仍然是外来词研究中不应忽视的一个方面。本文只是当代汉语对日语词语的借用和吸收的初步探讨，冀此抛砖引玉，期待这方面的研究进一步丰富和深化。

参考文献：

[1]苏新春.词义文化的钩沉探赜[M].广州：广州出版社，1997.

[2]大连外国语学院.新日汉辞典[M].沈阳：辽宁人民出版社，1983.

[3]刘正埮，高名凯，麦永乾等.汉语外来词词典[M].上海：上海辞书出版社，1984.

[4]葛本仪.现代汉语词汇学[M].济南：山东人民出版社，2001.

[5]武占坤，王勤.现代汉语词汇概要[M].呼和浩特：内蒙古人民出版社，1983.

郭伏良，1995 年至 1998 年师从葛本仪先生攻读汉语词汇学博士。

汉语外来词素初探

澳门科技大学　魏慧萍

一、引言

语言是文化的载体。当不同民族的文化进行交流与碰撞时，语言始终站在冲击最为强烈的前沿。因此，文化交流与融合总会在语言中留下深刻的痕迹。而语言的诸要素中，最能凸现这种痕迹的，莫过于词汇。

汉语词汇在其漫长的发展过程中，一面通过自身的演变日益充实，一面从其他语言中吸收外来成分。有些外来词经过历史的沉淀，已经难以辨认其“外来身份”。同时，绝大多数外来词经过“汉化”后，成为汉语的成分。

前人对于各历史时期的汉语外来词早有论述，但对外语词进入汉语，成为汉语成分的过程及发展情况鲜有关注。本文试图对此做初步的探讨，以期推进汉语外来词研究。

二、外来词素的提出

外来词在进入汉语词汇系统时已经经过一番改造和创制，而不再是外语中原来的词。从外语词到外来词，其间有一个“汉化”的过程。基于外语词被汉语改造的程度不同，产生了不同类型的外来词。

在完全音译或含有音译成分的外来词中，外语词带着汉语化了的语音形式直接参与了外来词的创制。这种情况下，外语词在进入汉语词汇时，转化成了一种以汉语化语音形式承担外语词全部或部分意义的“外来词素”。这种词素独立创制或与汉语固有的词素相结合，依照汉语组词规则共同创制出外来词，如“咖啡”、“幽默”、“啤酒”的“啤”、“酒吧”的“吧”等。这种外来词素并不完全静止在外来词的形式中，当外来词获得较为稳定的地位后，外来词素就会逐渐脱离原先的造词环境，参与新的造词活动，如“咖啡壶”“幽默感”“扎啤”“网吧”。这意味着外语词在被“移植”进汉语后，获得了新的生命力。

意译词的情况有所不同。这类词是汉化最为彻底的外来词，由汉语固有的词素创制而成。这种外来词在创制的过程中最大限度地消磨了外来色彩，因而人们常常意识不到它的外来性。意译词与音译词的区别在于语音形式是否模仿外语词以及是否体现汉语的构词规律，这只能说明两者汉化程度不同，音兼意译词正是对二者的中和。当意译词成为汉语词汇家族的成员，并以词素身份参与新的造词活动时，意译词本身就成为一种特殊的“外来词素”，其特殊性在于它是由汉语词素合成的外来词素。这种外来词素在结构上具有可分析性，分析的结果是由汉语固有词素构成，但它的意义是不可分割的，它在作为词素参与造词时是一个意义整体。也就是说，意译词以外来词的整体意义而不是以构成它的汉语固有词素的意义参与造词，因此它是一种合成式的外来词素。如“民主”“科学”“电话”等是由汉语固有词素构成的意译外来词，又以合成式外来词素的身份参与“民主化”“伪科学”“电话线”的造词。

与意译词恰好形成鲜明对比的是近年来日渐增多的字母词。这类词可以说是汉化程度最弱的外来词，用外语词的字母书写形式直接入词。尽管外语字母在字母词中的书写形式与原来没什么两样，但它作为词素参与字母词的造词时，语音形式已经因受到汉语语音习惯的影响而发生了或多或少的变化，它在保留汉字成分的字母词中的位置也受汉语组词规则的制约。如“CD”“X 光”“B 超”等。字母词的出现改变了只用汉语语言材料创制外来词的局面，直接借用外语字母作为词素。但这种字母词素出现在汉语中时，显然已和原外语字母有所不同。因此，字母词素也是外语词进入汉语时经汉语改造而转化成的外来词素。

人们最初造词的时候，并不是先造出一个词素，而是词一产生就在理论上具有了词素的资格，这种资格的实现要在语言实践中完成。但外来词的创制与最初造词的情形不同。外来词不是凭空创制的，而是用汉语的语言材料或借用外语字母书写形式对已经存在的外语词进行“二次造词”的结果，即给外语词更换语音形式，并在意义方面做相应调整。这与汉语利用现成的固有词素创制新词相似，不同的是，外来词素是从别的语言中“拿来”的，经过一番改造，变得更为适用后才用于汉语造词的一种词素。

可见,外语词经过“汉化”,直接以词素身份参与造词或逐渐脱离原来的造词环境参与新的造词活动,就成为汉语中的外来词素。与此相对应的汉语本身所固有的词素可以称为固有词素。这是从词素来源的角度对汉语词素进行的一种新的分类。

三、外来词素的类型

根据外来词素在汉语词中表现出来的不同情况,可以从不同角度对外来词素做如下分类:

(一)语音形式方面

从语音形式方面分析,可分为单音外来词素和多音外来词素。只有一个音节的外来词素是单音外来词素,如“酒吧”中的“吧”、“一打”中的“打”、“卡片”中的“卡”。有两个或两个以上音节的是多音外来词素,如“逻辑”“巧克力”“形而上学”等。

(二)书写形式方面

从书写形式方面看,可分为汉字型外来词素和字母型外来词素,以汉字作为书写符号的外来词素是汉字型外来词素。到目前为止绝大多数外来词素都是汉字型,如“葡萄”“霓虹”“卡通”等。直接以外语字母作为书写符号的外来词素是字母型外来词素。这是近年来随着社会发展和国际交流的增多而出现的一种新兴外来词素,语言实践证明这种词素在汉语中是有生命力的。来自英文的字母词素占有绝对优势,如“T 恤”中的“T”、“BP 机”中的“BP”、“AA 制”中的“AA”。有个别字母词素来自希腊文,如“β 射线”中的“β”,“γ 射线”中的“γ”。

(三)语言功能方面

从语言功能方面分析,可分为可成词外来词素、非词外来词素和简称型外来词素。可成词外来词素是指既可充当词素,又可单独构成一个外来词的词素。这种外来词素在孤立状态时,词素与词的身份合一,在参与新的造词时以词素身份出现。如“咖啡”是一个音译外来词,在“咖啡杯”“咖啡壶”“咖啡伴侣”等词中是一个外来词素。“电视”是一个意译外来词,在“电视台”“电视剧”“电视节”等词中是一个外来词素。“SOS”是一个字母词，在“SOS 儿童村”中是一个字母型的外来词素。非词外来词素是指不能单独成词，而只能和汉语固有词素组合成词的外来词素，如“卡车”中的“卡”、“布达拉宫”中的“布达拉”、“B 超”中的“B”等。非词外来词素多出现在音译加类名词的外来词中，有的可能会脱离音译部分后面的类名词，向可成词外来词素转化，如“芭蕾舞”中的“芭蕾”、“高尔夫球”中的“高尔夫”、“保龄球”中的“保龄”等。有些在古代汉语中可以成词的外来词素在现代汉语里成了非词词素，如来自印度佛教梵文的“相”“魔”等。因此，确认外来词素是否可以成词，也需要从共时角度进行界定。简称型外来词素是指由可成词外来词素的一部分转化而来的一种词素。例：“咖啡”被简称为“咖”，在“热咖”“冷咖”“黑咖”“黄咖”中充当词素；“巴士”被简称为“巴”，在“大巴”“中巴”中充当词素；“的士”被简称为“的”，在“面的”“轿的”“打的”“的哥”中充当词素。其中“的”约定俗成的程度最高，“打个的”这一形式中已显得相对独立。这种简称型外来词素目前仍处在语言的“临时变化”状态，它能否被正式接纳，尚不能确定，在此仅作为一种语言现象提出。

（四）词素构成方面

从词素本身的构成情况来看，可以分为单纯外来词素和合成外来词素。内部结构不可再分析的外来词素，可以称之为单纯外来词索，如“巴黎”“布尔什维克”“吉他”等。内部结构可以分析，但意义不可分割的外来词素，可称之为合成外来词素，如“民主”“进化”“俱乐部”等。内部结构不可再分析是指词素的每一个单独的音节在孤立状态时没有意义或将原有的意义暂时搁置，只是用来记音，各音节之间不存在意义的组合关系。只有当一个或几个汉语音节模仿出外语词的声音时，才以整体形式承载外语词的意义。因此，单纯外来词素中用汉字记录的音节只具备汉语的声音形式，而没有汉语的意义内容，不是汉语的固有词素。字母型外来词素都是单纯外来词素。内部结构可以分析则是指词素的各音节之间有意义组合关系，组合后成为新的意义整体，即合成词素的意义。在合成词素内部，可以分析出更小的语音语义结合体，但合成词素的整体意义是不可分割的，并以这种整体意义和整体形式参与新的造词。合成外来词素是用汉语的固有词素依照汉语的构词规则，描摹外语词的意义或在描摹意义的同时兼顾到模仿外语词的声音。这就使得合成外来词素内部存在汉语固有的单纯词素以及它们的结构关系。但当合成外来词素参与新的造词活动时，是以它所描摹的外语词的整体意义出现，而不是以构成它的各个汉语固有词素的意义出现。

四、外来词素的特点

外来词素和汉语固有词素共同组成了汉语词素家族，它们都是汉语中最小的音义结合体，是最小的可以独立运用的造词单位。来源于外语词的外来词素除了具有汉语词素的一般特征之外，还具有以下特点。

（一）随着外来接触的增多，大众对外来文化的认同感日益增强

不同民族间的文化交流为外来词素的产生提供了契机。外来事物的引进与普及、大众对外来文化的认同是促使外来词素在汉语中"落地生根"的必要条件。这就需要一个能够保持较多外来接触的社会环境，以形成外来词素"生长"的良好外因。外来词素的使用频率取决于外来事物的普及程度。外来词素的造词能力则与大众对外来文化的认同程度有关。如现在在年轻人中流行的"酷"这个词，它是美式英语口语词"cool"的音兼意译，义为"极好的、最棒的"。"酷"获得了年轻人普遍的心理认同，使用频率越来越高，成为流行语。后来又出现了"扮酷"，在这个词中"酷"已经作为词素参与新的造词了。虽然"酷"尚未被规范的现代汉语所吸收，但它正在各种媒体及人们的口语中越来越多地出现。这是一个处在"进行时"的"准外来词素"的生动例证，其"完成时"的结果如何，有待于语言实践来证明。

（二）进入汉语后，外来色彩逐渐淡化（字母型外来词素除外）

外来词素的外来色彩会随着时间的推移和它融入汉语的程度而逐渐淡化，有些历史较长的外来词素如果不进行追本溯源的考察，甚至难以辨认其外来身份了。尤其是意译外来词中的外来词素，浓重的汉化色彩常使人忽略其外来性。如汉代佛教传入中国时引进佛教的意译外来词"相""结果""庄严"等，其中"相"在现代汉语中已经不能作为词来使用，只能作为一个非词外来词素出现在"照相"等词中。再如近代来自英语的意译外来词"单位""邮票""企业"等，当它们作为词素参与"单位制""邮票夹""企业化"的创制时，已很难感觉到它们的外来性。音译词中的外来词素由于在一定程度上保存了外语词的语音形式，往往容易辨认。字母型外来词素则始终保持着鲜明的外来色彩。

(三)"汉化"特征

外来词素是汉语对外语词进行"汉化"的结果,这种"汉化"特征主要表现在语音、语义、语法方面。语音方面,所有外来词素的语音形式都是汉语音节化的,就连汉化程度最弱的字母词素也带有汉语特有的语音特征。如"UFO"在汉语中读作"you aif ou",三个音节,而在英语中读作"[ju:fou]",两个音节。语义方面,有些外来词素的词素义与原外语词的词义基本对应,如"咖啡""沙发""巧克力"等;有些外来词素的词素义则只与原外语词的部分词义相对应,如"幽默"在汉语中只有"有趣可笑而意味深长"这一个意义,但它的原英语词"humor"除了有"幽默"的义项外,还有"素质、性质、幻想、迎合、适应、让步"等诸多义项。有些外来词素的词素义还会在汉语中得到进一步的发展,如来自佛教梵文的外来词素"魔",原义为"一种使人迷惑烦恼、不易摆脱、妨碍修行的东西",在汉语中又发展出"不平常、奇异""嗜好成癖"的词素义,出现在"魔力""魔术""着魔"等词中。语法方面,外来词素受到汉语造词法和构词规则的影响和制约,主要体现为单纯外来词素独立创制或与汉语固有词素共同创制外来词时要符合汉语的语法规律,对合成外来词素来说,则是汉语造词法及构词规则决定了合成外来词素的内部结构。字母型外来词素在语法上失去了原外语词的各种形态特点,它在"字母一汉字"复合型的字母词中的位置也受汉语构词规则的制约。

(四)逐渐脱离原造词环境,获得更大的自由度

作为从其他民族语言中"移植"来的成分,外来词素不仅接受汉语的改造,而且能"入乡随俗",渐渐摆脱原来的造词环境,随着社会和语言的发展、自由参与新的造词,变得越来越像土生土长的汉语固有词素。这种现象在古今汉语中都能找到,如"葡萄"是上古时期来自西域语的可成词单纯外来词素,后参与"葡萄酒""葡萄糖"等词的造词。脱离原造词环境在非词外来词素上表现得更为明显。如"啤酒"中的"啤",是现代汉语中来自英语的非词外来词素,后参与"扎啤""干啤""黑啤""红啤"等词的造词,显得相对独立。再如"酒吧"的"吧",现在又参与了"网吧""吧台""静吧""动吧"等词的创制。这是外来词素富有生命力的表现。

五、外来词素对汉语的影响

外来词素最初是以新生事物的面貌出现在汉语中的,人们对待它的态度也不尽相同,然而,语言自有超越人们主观意愿之上的自身发展规律。外来词素在汉语中不断得以充实、发展的语言事实说明,这种经过汉化后以一种稳定形式被汉语接纳的外来成分是有益于汉语词汇发展,有益于满足不断出现新事物的社会交际需要的。外来词素对汉语的影响可以综述如下。

首先,外来词素为汉语提供了新鲜的造词材料。与其他民族的交流与接触势必带来大量的外来事物和外来观念,如何准确、简明地表达这些事物和概念成为社会对语言提出的一个重要课题。对外语词进行一番汉语化的改造,使其成为符合汉语习惯的外来词素,这无疑丰富了汉语词汇的造词材料,同时也保持了汉语的特色。

其次,外来词素引起了汉语词汇系统的相应调整。这不仅表现为外来词素参与创制的大量外来词进入汉语,还表现为因为外来词素参与造词产生大量新词,从而引起汉语词汇系统的调整与更新。

此外,外来词素特有的外来色彩为汉语词汇增添了一种异域风格色彩。虽然这种色彩可能会随着时间的湮灭而逐渐淡化,可当我们说起"民主制""进化论""摩登女郎"等词的时候,仍能感到近代"西学东渐"之风的余绪,就像青少年们说起"网吧""MTV""扮酷"等词时所体会到的那种国际化生活时尚色彩一样。

最后需要指出的是,外来词素是汉语与其他民族语言融合的结果,与语言融合过程中出现的"混合语"现象有本质不同。混合语是能够用来勉强应付交际需要的不同语言临时性的并用现象,而外来词素则是外语词经汉化后,以固定形式进入汉语的造词单位,它一旦被汉语接纳就成为汉语的成分。

六、结语

语言的融合可以超越国界、民族的限制,从这个意义上来说,语言是人类社会中最不具世俗功利性的事物,一切都是为了满足表达自我及与他人交际的需要,而且只是为了这种需要去实现自身的发展。汉语外来词素的产生和发展为此做了恰当的注脚。当然，语言仍需要一定的外力来规范，才能更好地实现其交际职能，但这种规范必须顺应语言发展的内部规律，才能经得起语言实践的考验。近年来，随着社会、科技的发展，汉语中出现了越来越多的外来成分，本文旨在关注外来词素在汉语中的存在形式、特点及影响，权充引玉之谈。

参考文献

[1]葛本仪.汉语词汇研究[M].济南：山东教育出版社，1985.

[2]舒化龙.汉语发展史略[M].呼和浩特：内蒙古教育出版社，1983.

[3]郭伏良.字母词问题[C]//葛本仪.汉语词汇论.济南：山东大学出版社，1997.

[4]贯宝书.汉语词素的运动规律[C]//葛本仪.汉语词汇论.济南：山东大学出版社，1997.

魏慧萍，1999年至2002年跟随葛本仪教授攻读汉语言文字学专业词汇字方向博士研究生。

谈汉语单音节词的双音节化问题*

——以十二生肖词为例

青岛大学　戚晓杰

伴随着汉语音系的简化，汉语词从古至今音节结构发生了很大变化，单音节词可以双音节化，双音节化是汉语词汇音节结构发展的主要倾向。[①] 然而，汉语单音节词的双音节化，并非整齐划一，而是呈现出错综复杂的对应关系。本文从最具常用性的十二生肖词入手，探讨汉语单音节词的双音节化问题，从中可以折射出汉语单音节词双音节化的某些特性。

汉语中的十二生肖，是由十一种自然界的动物鼠、牛、虎、兔、蛇、马、羊、猴、鸡、狗、猪与传说中的龙构成，均为单音节词，体现了古汉语词的特点。随着汉语的发展，单音节的十二生肖词可以双音节化。从单音节与双音节化的对应关系看，十二生肖词可以划分为以下三种类型。

一、单音节、双音节同现

从双音节化方式的不同，可分为两种情况。一种是生肖加前缀“老”：

鼠——老鼠：属鼠、属老鼠

虎——老虎：属虎、属老虎

“动物的名称上加词头‘老’字，唐代也已经有了。朱揆《谐噱录》：‘大虫[②]老鼠，俱为十二属”，“‘鼠’称‘老鼠’起于唐代”，“到了宋代，‘虎’也可以称‘老虎’”。[③] 从现代汉语看，“鼠”“虎”，其音节的韵母均为 u，属姑苏辙，声音细微，比较暗淡，且

---

* 本文曾刊于《澳门语言学刊》2013 年第 3 期，本次发表稍做修改，特此说明。

① 黄伯荣，廖序东.现代汉语：上册[M].北京：高等教育出版社，2007：7.

② 即老虎。《现代汉语词典》解释作：“〈方〉老虎。”

③ 王力.汉语史稿[M].北京：中华书局，1980：224.

与生肖相配搭的动词“属”相关联时，因其韵母相同，前后音节语音差别不明显，易于含混不清；增加“老”音节，线性扩展为“老鼠”“老虎”，不仅声音上可以响亮一些，因“老”韵母为 ao，属遥条辙，收音比较柔和；并且与生肖动词“属”相关联，也可以增添语音上的变化，拉开前后音节音差距离，增强区别性。同时，生肖上单双音节词同现，也为人们丰富语义表达提供了可供选择的同义手段，人们可依据上下文灵活加以选择。

一种是生肖前加用修饰成分“大”“小”：

龙——大龙：属龙、属大龙

蛇——小龙：属蛇、属小龙

“大龙”与“小龙”相对，而“小龙”的出现则源于人们对龙文化的喜爱，所以要攀龙附凤，且“龙”与“蛇”也存有形体上的相似，故而把“蛇”别称为“小龙”。[①] “大龙”与“小龙”既有区别意义的作用，也体现一定的文化内涵。

二、单音节不自足，儿化或加后缀“子”

在现代汉语中，作为生肖的“兔、猴”不能独立成词，其成词方式有两种。一种是儿化，使 tù(兔)、hóu(猴)成为卷舌音节 tùr(兔儿)、hóur(猴儿)：

兔儿：*属兔、属兔儿

猴儿：*属猴、属猴儿

汉语中的儿化具有构词的功用，正因如此，所以当留学生自称自己属兔(tù)、属猴(hóu)时，因没有儿化，我们就会觉得奇怪，听着别扭。

当然，儿化音节严格意义上说仍为一个音节，但它又有别于单纯的单音节，所以我们姑且把它单列一类，加以说明。不过，在汉语单音节词双音节化的过程中，儿化究竟处于一种什么样的地位，其产生的深层驱动是什么，这些问题尚需作进一步的梳理。在现今汉语中，“儿”有三种不同的用法：作词或词根，注音作 ér，如“我儿”wǒ′ér 、“男儿”nán′ér；作词缀或曰词尾，读作轻声音节，如“马儿”mǎ′er；作儿化韵尾，不自成音节，只使前一个音节的韵母变为儿化韵，注音作 r，如“鸟儿”niǎor。[②]

① 在印度语中，“龙”与“蛇”合而为一个词，概念外延与汉语存异，体现了不同民族对客观世界的认知差异。

② 戚晓杰.轻声音节“儿”的入围条件限制与表达功能[J].语言文字应用，2003(3).

这三种不同用法的“儿”，是相互关联的，并非各自独立无涉。作词缀的“儿”由作词或词根的“儿”虚化演变而来，这已为学界所认可。“儿”的本义为“小儿”。《说文解字》：“儿，孺子也。”“‘儿’字的用为词尾，是从‘小儿’的意义发展来的。”“如果作一个比较谨慎的说法，应该说词尾‘儿’字是从唐代才开始产生的”[①]。至于儿化，则是从词缀“儿”发展演变而来，由词缀“儿”与前一音节快速连读合音而成。[②] 也就是说，在汉语词单双音节的演变过程中，既存有双音节化的倾向，同时也存有双音节单音化的情况。[③] 这种双音节的单音节化，有时甚至可以在文字上得以体现。如：

之于、之乎→诸　不用→甭

勿要→覅　不好→孬

了啊→啦了哟→喽

吧欸→呗　嘿啊→嘛

与此有异曲同工之妙，在现今网络语言中，“这样子”“那样子”“不要”“知道”也被快速连读，书面上记录为“酱紫”“酿紫”“表”“造”，语言表达非常俏皮，有一种别样的语感。

陈长书曾对《老乞大》四种版本中的“儿”尾作了穷尽性分析描写，发现《原本老乞大》（约 1346 年，简称《原本》）、《老乞大谚解》（约 1483 年，简称《谚解》）中“儿”尾都有 130 多例（《谚解》131 例，《原本》中的“儿”尾略多一点）。而到了《老乞大新释》（1761 年，简称《新释》）、《重刊老乞大》（约 1795 年，简称《重刊》），“儿”尾大大

---

① 王力.汉语史稿[M].北京：中华书局，1980：227.

② 从 20 世纪 80 年代的调查情况看，由轻声“儿”演变为儿化韵的过程尚未完结。新派北京话里的儿化词在老牌北京话里“儿”读轻声、自成音节的词还有不少，如“样儿、取灯儿”中的“儿”。见林焘《北京话儿化韵个人读音差异问题》，《语文研究》1982 年第 2 期，林涛，沈炯《北京话儿化韵的语音分歧》，《中国语文》1995 年第 3 期。在现今不少方言中，如四川话，普通话“子”尾词如“耗子、裤子、帽子”读为“儿”为轻声音节的“耗儿、裤儿、帽儿”，尚未实现儿化，这也使我们受到某种启发。汉语中大部分儿化词是由词缀“儿”通过快速连读演变而来，但并不尽然，尚有例外。如：今日 jīnrì→今儿 jīnr 明日 míngrì→明儿 míngr 昨日 zuórì→昨儿 zuór 其构成条件是第二个音节都含有卷舌的 r 声母，单纯由音变而形成，数量有限。关于儿化韵产生的年代，学界并未达成共识。大致有三种观点：宋代说（见季永海《汉语儿化音的产生和发展——兼与李思敬先生商榷》，《民族语文》1995 年第 5 期）、元末明初说（李立成《“儿”化性质新探》，《杭州大学学报》1994 年第 4 期）和明代中期说（李思敬《从〈金瓶梅〉考察十六世纪中叶北方话中的儿化现象》，《语言学论丛》1984 年第 12 期）。此问题有待于进一步求证。

③ 在山东威海话中，“棉袄”合音连读为 miao。

减少，都不足40例。个中原因，很可能缘于明清之交，儿化韵的出现使得大量的儿尾音变为儿化韵，故而“儿”尾骤减，构词能力减弱。① 此种结论也为儿化由轻声音节“儿”快速连读合音而成的观点提供了佐证。针对此，在陈文研究基础上，我们还曾与青岛大学韩国研究生权恩珠、孙仁道一起对《谚解》《重刊》中的韩文注音做了考证(《原本》《新释》都不存有韩文注音，《原本》时代，韩文尚未创立)，发现这两本书中的“儿”尾均音节独立，非儿化，只是读音上有所变化，《重刊》中的读音更接近“儿”的现代读音 er。由《原本》《谚解》至《新释》《重刊》，大量“儿”尾消失，推究其原因，可能源于外国人对儿化不敏感，所以不标注。

由词缀“儿”到儿化，既是一种音变现象，同时又具有一定的区别性。在现代汉语中，词缀“儿”与儿化在语法分布、语义表达上呈互补态势：(1)词缀“儿”必须出现于单音节成分之后，这是轻声音节“儿”对其所依附的音节结构的数量限制；儿化两可。(2)词缀“儿”所依附的单音节成分不能带有单音节定语“小”，这是词缀“儿”与儿化韵尾“儿”的重要区别。② (3)轻声音节“儿”所依附的单音节成分常常不能成为儿化音节。(4)轻声音节“儿”可以赋予词语一种鲜明的拟人化倾向，也可以使语言表达具有一种书面语色彩，儿化则不具有此种特性。③ 语言中没有冗余的形式。儿化是汉语中一种重要的语音现象，对汉语表达起有重要作用。④ 从现代汉语看，起改变词性作用的儿化可以在不增加汉字的情况下，使语法词数量上有所增加，是语言经济的绝好体现。如此看来，儿化的产生必然是由我们汉语内部的原因而形成，而非外来。即使受到阿尔泰语系的影响，也只是在一定程度上起有一定的催化作用。汉语具有很强的排外性，在与少数民族的接触中，汉语对少数民族语言的影响远远高于对方对汉语的影响。征服汉民族者，无不为汉文化所征服。

需要指明的是，标记儿化音节的“儿”是否为语素，学界也并没有统一的认识。张斌先生《汉语语法学》明确指出：“儿化的单位一个音节用两个汉字记录”，“这里

---

① 陈长书.从《老乞大》诸版本看14至18世纪汉语“儿”尾的发展[J].古汉语研究，2012(1).

② 生肖词前加用修饰成分“小”，基本上都可以儿化：小牛儿、小兔儿、小龙儿、小蛇儿、小马儿、小羊儿、小猴儿、小鸡儿、小狗儿、小猪儿。例外的只有“鼠、虎”两个，必须加上前缀“老”双音节化后，方可受定语成分“小”的修饰：“小老鼠儿、小老虎儿”。由此也体现出“鼠”和“老鼠”、“虎”和“老虎”在语法分布上的差异之处。“小兔儿、小猴儿”亦可称为“小兔子、小猴子”。两者语感有异，体现出儿化与后缀“子”的不同。

③ 戚晓杰.轻声音节“儿”的入围条件限制与表达功能[J].语言文字应用，2003(3).

④ 刘照雄.说儿化[J].语言文字应用，2003(3).

的‘儿’(r)只表示音节末尾附加卷舌的动作，不能看作单独的表意单位。也就是说，‘花’是一个语素，‘花儿’是另一个语素”。[①] 而任学良《汉语造词法》则把儿化的“儿”视为词尾：“现代汉语的词尾‘儿’，不是一个独立的音节，如‘碗儿 wǎnr’不读‘碗—儿’，是读成一个音节，所以注音也只标‘r’，不注成‘er’，表示它仅仅是整个音节的尾音，并使前一韵母成为卷舌韵母。”[②]黄伯荣、廖序东先生《现代汉语》也把表儿化的“儿”视为词缀，但同时也指明其特殊性：“词缀‘儿’和‘子、头’有所不同。它同词根结合后，儿化时一般不能自成音节，而是使前一音节韵母带有卷舌色彩。词缀‘子、头’自成音节。”[③]由此看来，作为儿化标志的“儿”是否为语素，是存有争议的，即使是把它视为“词尾”或“词缀”，也是大打折扣的。我们赞成张斌先生的观点，标记儿化音节的“儿”不能归属于语素。语素是音义的结合体，“儿”作为儿化音节的标记，既没有独立的语音形式，书写上常常用小“儿”表示，《现代汉语词典》等词典表儿化标记的“儿”通常都用比前一汉字小两字号的方式来显示，如“今儿 jīnr、明儿 míngr、昨儿 zuór、这儿 zhèr、哪儿 nǎr”，当然它也就无法独立负载一定的语义内容。“小”“喜爱”“随意”等附加意义是由整个儿化音节传递而出，而非儿化标记“儿”自身所表语义。汉字是表意体系的文字，在音形义的关系上，它着重的是形与义的联系，迥异于重视音与义联系的表音文字，表儿化的“儿”可以说是汉语唯一能体现语音形式的文字标记。

单音节不自足的另一种构词方式为“兔、猴”加后缀“子”，后缀“子”也具有构词功用：

兔子：*属兔、属兔子

猴子：*属猴、属猴子

相比较而言，“兔、猴”儿化的出现频率远高于其后加后缀“子”。普通话生肖“兔子”“猴子”还可以含有某种特殊的含义，其语境为“属……的”(“属兔子的”“属猴子的”)，表示的是具有兔子、猴子的某种属性，含有一定的贬义色彩；且非生肖词也可以进入此框架：

(1)这孩子属兔子的，整天蹦蹦跳跳的。

(2)这姑娘是属猴子的，窜上窜下的。

(3)他属驴的，脾气一点也不好。

---

① 张斌.汉语语法学[M].上海：上海教育出版社，2003:11.

② 任学良.汉语造词法[M].北京：中国社会科学出版社，1981:56.

③ 黄伯荣，廖序东.现代汉语：上册[M].北京：高等教育出版社，2007:224.

三、保持单音节，不存有双音节化形式

这种类型有以下六个：牛、马、羊、鸡、狗、猪。

汉语中十二生肖单音节的双音节化除“大龙”“小龙”为复合式外，余者均为附加式合成词。汉语的附加式合成词，加用前缀还是后缀，加用什么样的前缀、后缀，并非简单、随意，而是受汉语构词规律的制约，可从语音、语义、语法等方面加以解释，具有一定的可释性。“词头‘老’字来源于形容词‘老’字，最初是表示年老或年长的意思。后来由这种形容词‘老’字逐渐虚化成词头。词头‘老’字可以用于人和动物两方面。这两种‘老’字都是在唐代产生的。”[①]根据语法化理论，实词的意义特点对它语法化的发展具有一定的制约作用，虚化的实词的语义与其原意之间总是存有千丝万缕的联系。这是语法化过程中语义相关性的体现。形容词“老”虚化为词头“老”，它的词汇意义并没有完全消失，以“老”为词头的人或动物往往含有年长、地位重要之义。鼠，十二属相之首；虎，森林之王，所以要加用前缀“老”。后缀“子”产生得比较早。王力先生认为：“我们至少可以说在上古时代‘子’字已经有了词尾化的迹象”，“《释名释形体》说：‘瞳子，子，小称也’。小称就是它的词尾化的基础”，“魏晋以后，到了中古期，词尾‘子’字逐渐普遍应用起来了”。[②]“子”表“小称”，有小化的倾向，“猴、兔”均非大的物象，所以加用后缀“子”。“儿”的本义是“小儿”。“词尾‘儿’字的起源比词尾‘子’字晚些”，“‘儿’字的用为词尾，是从‘小儿’的意义发展来的”。[③]儿化则是词缀“儿”的进一步发展，因其语义的相关性，儿化音节往往具有小巧、可爱的特性。“小称容易发展为爱称。但是就普通话来说，只有‘儿’字发展为爱称，‘子’字没有发展为爱称。”[④]“猴儿、兔儿”语感上有别于“猴子、兔子”。“猴、兔”加用后缀“子”还是儿化，要随着人们感情表达的需要而灵活加以选择。

汉语的十二生肖词使用频率高，属于决定语言面貌的基本词汇，不仅具有稳固性、为全民族所共同理解，而且生成性强，具有很强的构词能力。与十二生肖单音

---

① 王力.汉语史稿[M].北京：中华书局，1980：222-223.

② 王力.汉语史稿[M].北京：中华书局，1980：225-226.

③ 王力.汉语史稿[M].北京：中华书局，1980：227.

④ 王力.汉语史稿[M].北京：中华书局，1980：229.

节的双音节化相关，更多的则表现为十二生肖作构词语素，构成双音节词：[①]

鼠辈、鼠标、鼠窜、鼠疫

牛犊、牛毛、牛腩、牛饮、吹牛

虎步、虎口、虎穴、虎威、虾虎

兔唇、兔毫、兔脱

龙灯、龙宫、龙头、龙王、龙虾

蛇胆、蛇瓜、蛇毒、蛇行

马鞍、马车、马店、马夫、牛马

羊羔、羊倌、羊毫、羊毛、羊绒

猴急、猴精、猴头、猴戏

鸡雏、鸡冠、鸡肋、鸡瘟、鸡胸

狗宝、狗屁、狗熊

猪倌、猪猡、猪排、猪鬃

汉语不同历史时期概念表达的方式不同。古汉语由一个词表达的概念，后来可以由两个词的语法组合来实现。如“吃饭、穿衣”，古汉语用“食、衣”来表示，也就是用包含在一个词的语义构成中的方式来表达。[②] 汉语单音节词的双音节化，体现的是汉语概念表达方式的发展演变，而非简单的词汇替换，由此不仅可以区音别义，且由于不同称说方式的同现还可以丰富汉语表达手段，此乃为汉语单音节词双音节化的本质之所在。

戚晓杰，山东师范大学中文系七八级学生，曾跟随葛老师学习“语言学概论”课程。

---

① 当然也存有三音节复音词与成语的情况，如：狗腿子、兔儿爷、贼眉鼠眼、狐假虎威。

② 蒋绍愚.词汇、语法和认知的表达[J].语言教学与研究，2011(4).

试论现代汉语词根的定位性

山东师范大学　陈长书

一、引论

词素的定位与不定位，是研究现代汉语词素无法回避的问题，比如词素的“自由”与“粘着”、词缀的界定乃至确定词素时用的“双项替换法”等，都涉及这一问题。然而，前人对词素定位问题却存在较大的争议，这主要体现在：

1.对词素“定位”的理解。大体有两种对词素“定位”的看法：一种是词法位置的“定位”，即一个词素只在与其他词素结合时位置固定，或只在前，或只在中，或只在后；另一种是句法位置的“定位”，即词素可以出现在句子中，如果其在句中的位置固定，或只出现于句末，或只出现于句中。这两种定位性均首见于朱德熙《语法讲义》[①]，其中学术界普遍接受的是“词法定位性”，持“句法定位性”的学者数量较少，仅有陈光磊[②]、张斌[③]等。这种分歧主要是由于学术界对“词素”的认识不同造成的，本文认为词素是构词成分，而不是构语成分，词素的“定位性”即词素“词法的定位性”。

2.“定位词素”的提法。这也是朱德熙首先提出来的，后来陈光磊[④]、陆俭明[⑤]、钱玉莲[⑥]、黄伯荣[⑦]中都把它作为一种独立的词素类型单列出来；与此相对，大部分

① 朱德熙.语法讲义[M].北京：商务印书馆，1982.

② 陈光磊.汉语词法论[M].北京：学林出版社，1994.

③ 张斌.新编现代汉语[M].上海：复旦大学出版社，2002.

④ 陈光磊.汉语词法论[M].北京：学林出版社，1994.

⑤ 陆俭明.现代汉语语法研究教程[M].第三版.北京：北京大学出版社，2005.

⑥ 钱玉莲.现代汉语词汇讲义[M].北京：北京大学出版社，2006.

⑦ 黄伯荣，廖序东.现代汉语[M].增订三版.北京：高等教育出版社，2002.

学者并未将其作为一种词素类型，如武占坤、王勤[1]，符淮青[2]，葛本仪[3]，刘叔新[4]等，他们仅仅把“定位”看作是部分词素具有的特点。

3.“词素定位”的范围。这主要涉及目前学术界提出的四类词素：词缀、不自由词素、粘着词素、定位词素。其中词缀、不自由词素一般是定位的；部分粘着词素定位（如“子”），另一部分粘着词素不定位（如“习”），这一般也是没有争议的；至于“定位词素”，学术界看似对其界定较为清楚，实际上并没有明确说明“定位词素”的范围，最多举例时用词缀来说明定位词素；也有少数学者更明确提出“不自由的定位语素称为‘词缀’”[5]，“定位的不成词语素是词缀”[6]，但是一些学者指出定位词素“也应该包括诸如‘菠菜’中的‘菠’，‘包袱’中的‘袱’这样一些在构词时位置固定的语素”[7]。可见，语言学界一致认同的是词缀的定位性，至于除词缀以外的词素（词根）是否具有定位性问题，还没有明确的回答。本文拟从词根的定位性入手，专门就词素“定位”的内涵、外延等有争议的问题予以论述，以期为相关研究开拓出一片空地。

二、从词根的位置类型看词根的定位性

词素在合成词中的位置分为前位、后位和中位，即合成词的开始、中间和最后的位置。只出现在前位、中位或后位的词根，相应可以分为前位词根、中位词根[8]和后位词根，既在前位又在后位的是前后位词根，相应的还有前中位词根、中后位词根、前中后位词根等类型。需要说明的是，本文对词根定位性的研究，主要以《现代汉语词典》（第 5 版）中的双音节合成词为对象，三音节以及三音节以上的合成词的情况另文讨论，本文主要研究前位词根、后位词根和前后位词根三种位置类型。

---

① 武占坤，王勤.现代汉语词汇概要[M].呼和浩特：内蒙古人民出版社，1986.

② 符淮青.现代汉语词汇[M].北京：北京大学出版社，1985.

③ 葛本仪.汉语词汇研究[M].济南：山东人民出版社，1985.

④ 刘叔新.汉语描写词汇学[M].北京：商务印书馆，1990.

⑤ 钱玉莲.现代汉语词汇讲义[M].北京：北京大学出版社，2006：48.

⑥ 黄伯荣，廖序东.现代汉语[M].增订三版.北京：高等教育出版社，2002：252.

⑦ 李晓华.关于《语法讲义》中语素分类问题的思考[J].雁北师范学院学报，2006(3)：46.

⑧ 汉语中没有只出现于中位的词根，所以“中位词根”只是一种理论上的词根类型，实际上没有所谓的“中位词根”。

词根的定位性首先表现在前位词根和后位词根上。

从构词能力来看(本文统计的词素的构词能力主要依据是《现代汉语词典》①,另外参考了《现代汉语规范词典》②《现代汉语逆序词目》③《逆序现代汉语词典》④,并在北大 ccl 语料库里进行了检索验证,但并不包括一些临时性的言语词的构词词素),前位词根和后位词根既有都是构词能力较弱的词素,如所谓的"一用词素",即构词能力为 1,只与一个词素结合的词根,也有构词能力较强的词根,即可以与多个词素结合的词根,例如(例词后括号内的数字代表构词能力值。下文同):

前位词根:

菠菜、豌豆、馒头、椭圆、鲫鱼、泔水、蟒蛇、拇指、讴歌、渤海(1)

泗水、泅渡(2)

窒:窒息、窒闷、窒碍(3)

奢:奢侈、奢华、奢靡、奢念、奢求、奢谈、奢望、奢想(8)

滋:滋补、滋长、滋蔓、滋润、滋生、滋事、滋味、滋芽、滋养(9)

抛:抛费、抛光、抛荒、抛脸、抛锚、抛弃、抛却、抛射、抛售、抛掷(10)

后位词根:

商榷、怜悯、恐怖、吞噬、眼眶(1)

汰:淘汰、裁汰(2)

窦:狗窦、疑窦、鼻窦、额窦(4)

伍:退伍、行伍、队伍、为伍、落伍、配伍、入伍(7)

率:倍率、比率、扁率、费率、概率、功率、汇率、几率、利率、频率、曲率、胜率、税率、速率、效率、斜率、心率、祖率(18)

根据前人的统计,"语素在成词时大多数是任意的,但仍有 1166 个语素在成词时处于前位,占总数的 15.0%,有 689 个语素在成词时处于后位,占总数的 8.9%"⑤。这项统计虽然也包括词缀,但是也有相当数量的词根,仅从这一点来说,具有定位性的词根在汉语词素中是占有一定的比重的。

---

① 中国社会科学院语言研究所词典编辑室.现代汉语词典[M].修订本.北京:商务印书馆,1998.

② 李行健.现代汉语规范词典[M].北京:外语教育与研究出版社、语文出版社,2004.

③ 杨升初.现代汉语逆序词目[M].成都:四川人民出版社,1984.

④ 江天,李建唐,张红星.逆序现代汉语词典[M].沈阳:辽宁大学出版社,1986.

⑤ 苑春法,黄昌宁.基于语素数据库的汉语语素及构词研究[J].语言文字应用,1998(3):84.

除此以外，汉语中大多数的词根都是前后位词根，这一点前人也做了较为细致的统计："能单独成词且在成词时位置任意的占大多数共 2407 个，占总数的 31.0%，其次是不能单独成词且在成词时位置任意的共 1735 个，占总数的 22.4%。"[①]应该说，前后位词根既可在前位，又可在后位的特点，决定了大部分前后位词根都是不定位的，这无疑是这类词根的主要特点之一；但另一方面，一定数量的这类词根在前、后位分布不均衡，当它们在前位的次数远远超过在后位的次数，或者在后位的次数远远超过在前位的次数时，这些词根就会在整体的不定位性基础上表现出一定的局部定位性。这种局部定位性首先体现在一些前后位词根的偏前位或偏后位的特点上。

根据词根出现在前位和后位的比重，前后位词根可以分为偏前位词根、偏后位词根和前后位均衡的词根。偏前位词根是指一个词根出现在前位的次数要远远大于出现在后位的次数，例如：

汽：前位——汽车、汽船、汽锤、汽灯、汽笛、汽缸、汽化、汽机、汽酒、汽碾、汽艇、汽油(12) 后位——蒸汽(1)

凝：前位——凝固、凝集、凝结、凝聚、凝练、凝眸、凝神、凝视、凝思、凝脂、凝滞(11) 后位——冷凝(1)

偏后位词根是指一个词根出现在后位的次数要远远大于出现在前位的次数，例如：

镯：前位——镯子(1) 后位——手镯、脚镯、玉镯(3)

券：前位——券商(1) 后位——证券、国库券、优待券(3)

这两类词根在前后位的分布上侧重其中一方，因此可视为一种局部的定型性。

前后位均衡的词根是指一个词根在前后位的构词能力基本均衡，出现在前位和后位的次数基本相等的情况，不是绝对的相等。实际上大多数前后位词素，出现在前位和后位时的次数一般都是不均等的，它们或者出现在前位时多一些，或者出现在后位时多一些。可以说，大多数词根都是前后位均衡的词素。例如：

鸷：前位——阴鸷(1) 后位——鸷鸟(1)

僻：前位——僻静、僻壤、僻陋、僻巷、僻远(5) 后位——孤僻、怪癖、荒僻、冷僻、偏僻、生僻、乡僻(7)

前后位均衡的词根，单从其分布来看，并没有表现出定位性，但是如果一个前

---

① 苑春法，黄昌宁.基于语素数据库的汉语语素及构词研究[J].语言文字应用，1998(3)：84.

后位均衡的词根有多个意义，那么在某一个意义上，这个词根可能又会表现出一定的定位性。这一点我们将在下面详述。

需要说明的是，由于词汇变化较快，随着新词的产生，词根的构词能力也会变动，定位性也会随之变化。本文主要着眼于语言词词根的构词能力，言语词的构词能力一般不在考察范围，在对词根的构词能力进行量化时，主要以《现汉》中词根的构词能力为主要研究对象，同时，适当考察那些没有收入《现汉》的语言词，这又分两种情况：一种是《现汉》基本反映了这些词根的构词能力，那么依据《现汉》统计数据得到的前位、后位和前后位词根就是现代汉语中的前位、后位和前后位词根，以上列举大多数例子都是如此。另一种是《现汉》只是部分反映了这些词根的构词能力，这就需要在考察《现汉》的基础上，再考察它在语言运用中的实际情况，如"券"构成的词除了收入《现汉》的以外，还有如"购物券、代币券、国库券"等，其中的"券"仍然是偏后位的，两种情况都考察后才能断定它们是偏后位的。

因此，前位词根和后位词根不管其构词能力是否具有开放性，只要它们只出现在前位或者后位就可以判定其属于前位还是后位了；但是对于偏前位词根或偏后位词根来说，偏前位词根在后位和偏后位词根在前位的构词能力都必须是封闭性的，同时它们在这一位置上的构词能力必须非常弱；而偏前位词根在前位和偏后位词根在后位的构词能力既可以是开放的，也可以是封闭的，只要其构词达到一定的数量，大大超过它在另一侧的构词数量就可以了。因此，一方面考虑到词根构词能力开放性的特点，另一方面也为了区分清楚这三类词根，在实际分析中，我们主张对偏前位词根在后位和偏后位词根在前位的情况进行严格的界定，只有极少出现在这两个位置上时，一个词根才可以判定为偏前位和偏后位。而对于词根前后位均衡、偏前位词根在前位和偏后位词根在后位的情况则采取较为宽松的判断标准，即只要一个词根在一个位置上达到一定数量即可视为该词根在这个位置上构词能力强，具体说来，对于前后位均衡词根来说，只要是词根同时在前后位同时超过了一定的数量，即使二者数量仍不均等，也仍然被视为前后位均衡；同样地，偏前位词根在前位或偏后位词根在后位也只需要超过一定数量即可。根据以上"一严一宽"两项标准，我们在判断时以 2 次(≧3)，同时在另一侧的构词能力低于 2 次(≦2)的词根，都算成偏前位或偏后位词根。把在两侧的构词数量都超过了 2 次或都低于 2 次的词根，都算成前后位均衡的词根。

三、从词根意义的位置类型看词根的定位性

词根意义的位置类型也和词根的定位性有密切关系。词根意义在词义中的轻重程度、位置分布和表达意图会影响到词根的定位性，如前面所举的“奢”有两个义项：①奢侈；②过分的，过高的。它们分别可以构成“奢侈、奢华、奢靡”和“奢念、奢求、奢谈、奢望、奢想”，均只出现于前位，这两个义项影响到了“奢”这个词根的定位性；然而，如果一个前后位词根是多义的，虽然其词根的位置可前可后，并不固定，但是其不同的义项有的是定位的，有的是不定位的，或者是局部定位的，总之，义项的定位性和词根的定位性表现得不一致。

和词根的位置类型相同，词根意义从其在合成词中的位置可以分为前位义项、后位义项和前后位义项。其中，前位词根和后位词根不管是单义的，还是多义的，它们的义项也都应该分别是前位义项和后位义项，这时义项和词根的定位性是一致的；另一方面，前后位词根的义项却不一定都是前后位义项，义项和词根的定位性可能是一致的，也可能是不一致的，其对应关系比较复杂，下面以具有两个义项的前后位词根为例予以说明，这共有以下三种类型：

1.两个义项中只有一个是前后位义项，其余是前位义项或后位义项，例如：

“洪”在《现汉》中有两个义项：

①大。前位——洪大、洪福、洪荒、洪亮、洪量、洪流、洪炉、洪水、洪钟(9)

②指洪水。前位——洪魔、洪灾、洪峰、洪涝(4) 后位——防洪、抗洪、暴洪、分洪、山洪、蓄洪、滞红(8)

“豆”在《现汉》中有两个义项：

①豆子。前位——豆包、豆饼、豆瓣儿、豆腐、豆花儿、豆荚、豆浆、豆角儿、豆秸、豆蔻、豆绿、豆奶、豆萁、豆青、豆蓉、豆乳、豆沙、豆薯、豆芽儿、豆油、豆渣、豆汁、豆猪、豆子、豆嘴儿(25) 后位——巴豆、扁豆、菜豆、蚕豆、赤豆、大豆、黑豆、荷兰豆、红豆、胡豆、黄豆、罗汉豆、绿豆、毛豆、木豆、青豆、蛇豆、四季豆、小豆、芽豆、芸豆(19)

②形状像豆粒的东西。后位——土豆儿、花生豆儿(2)

“洪”的第②个义项和“豆”的第①个义项都是前后位义项，而且是前后位均衡的义项，就分布而言，它们并不具有定位性；“洪”的第①个义项是前位义项，“豆”的

第②个义项是后位词根义，它们都具有明显的定位性。

2.两个义项都是前后位义项，例如：

“锦”在《现汉》中有两个义项：

①有彩色花纹的丝织品。前位——锦标、锦旗(2) 后位——蜀锦、壮锦、方锦、织锦、集锦(5)

②色彩鲜明华丽的。前位——锦缎、锦鸡、锦葵、锦纶、锦绣(5) 后位——什锦(1)

“锦”的第①个义项是偏后位义项，第②个义项是偏前位义项，都表现出了一定的定位性。

当然，更为常见的一种情况是，前后位词根的两个义项都是前后位均衡义项，例如：

“试”在《现汉》中有两个义项：

①试验，尝试。前位——试笔、试表、试播(播种)[1]、试播(播放)[2]、试车、试点、试飞、试岗、试工、试管、试航、试机、试剂、试镜、试看、试手、试水、试探(探索)[1]、试探(发现)[2]、试图、试问、试想、试销、试行、试验、试用、试纸、试制(28) 后位——调试、比试、测试、尝试、皮试(5)

②考试。前位——试场、试卷、试题(3) 后位——笔试、初试、春试、殿试、复试、会试、考试、口试、免试、面试、秋试、乡试、应试(13)

3.两个义项中一个是前位义项，另一个是后位义项，例如：

“届”，在《现汉》中有两个义项：

①到(时候)。前位——届满、届期、届时(3)

②量略同于“次”，用于定期的会议或毕业的班级等。后位——老三届、历届、首届、往届、应届、换届。(6)

“届”的这两个义项都是定位义项，所以“届”虽然是前后位均衡的词根，但是其义项却具有明确的定位性。

总之，前后位词根和其义项之间，有时其位置类型是相同的，二者都是前后位的；有时其位置类型又是不同的，最常见的是其中一个义项是前后位的，另一个是前位或后位的，比较少见的是其一个义项是前位的，另一个义项是后位的情况。可见，在这种错综复杂的对应关系中也隐藏着一定数量的定位性。

从判断而言，前位义项和后位义项的定位性是比较明显的，前后位义项如果偏前位或者偏后位，也可以看作是词根的一种局部的定位性，这同样也要看这些义项在前位和后位上的封闭性和开放性以及它们在这些位置上的构词能力，然后才能完成相应的判断工作，这和词根定位性的判断是完全相同的。

以上主要是从位置分布来看词根和词根义项的定位性，通过对其位置类型的描写，我们发现现代汉语中的确存在一定数量的只处于前位的词根与词根义和只处于后位的词根与词根义，它们具有明显的定位性；也有的词根和词根义在可前可后的基础上又偏重前位或后位，这可看作是在整体的不定位性基础上表现出的局部的定位性。当然，汉语中还有大量的词根和词根义，位置自由且在前后位均有一定数量的分布，就位置分布而言，它们并没有体现出定位性来。

四、从逻辑认知规律看词根的定位性

词根和词根意义的位置，还只是处于合成词表层结构中，既要受到表层因素（语音、构词法等）的影响，又要受到深层认知规律的制约，后者更是起着主要的作用。因此，要想认识清楚词根的定位性，就要和认知规律联系起来，把词根的定位性看成是认知规律起作用的结果，反过来说，人的认知规律也可以在词根的定位性上有所反映，体现为词根的定位性。这一点主要表现在词根的定位性和逻辑认知受汉族人逻辑规律的制约上。

我们知道合成词在构造时往往要在一定的逻辑关系基础上形成，这些逻辑关系有支配关系、判断关系、限定关系、注释关系、时间先后关系、同一关系、对立关系、重合关系、同位关系等。其中，有些关系往往要求代表它的某一关系项的词素在造词时位置相对固定，这些关系有：

1.支配关系

支配关系由表支配行为的概念和表支配对象或涉及情况的概念构成，体现在构词词素上一般是表支配行为的概念在前位，表支配对象或涉及情况的概念在后位，例如“整风、推翻”等。

2. 判断关系

判断关系由表主项的概念和表谓项的概念构成，体现在构词词素上一般是表主项的概念在前位，表谓项的在后位，例如“地震、法定”等。

3. 限定关系

限定关系由限定的概念和被限定的概念构成，体现在构词词素上一般是表限定的概念在前位，被限定的概念在后位，例如“雪白、黑板”等。

4. 注释关系

注释关系由用来注释的概念和被注释的概念构成，体现在构词词素上一般是用来注释的概念在前位，被注释的概念在后位，例如“松树、信封”等。

5. 时间先后关系

时间先后关系由发生在前的概念和发生在后的概念构成，体现在构词词素上一般是发生在前的概念在前位，发生在后的概念在后位，例如“拆洗、割据”等。

这些逻辑关系是全人类共同的，不同民族的人们对它们的认识也是基本一致的，而这些逻辑关系项在词素上表现出很强的定位性，则是在这种思维的全人类共同性的基础上，受汉族人逻辑认知规律制约形成的，比如后位词根“率”构造的合成词“利率、曲率、税率、速率、效率、斜率”和“嘴”的后位词根意义“形状或作用像嘴的东西”构造的合成词“豆嘴、蜡嘴、笼嘴、奶嘴、山嘴、烟嘴”，全部是在限定关系上形成的，“率”和“嘴”代表其中被限定的关系项。

当然，还有一些逻辑关系的关系项在词素上只表现出了一定的定位性，比如有的同一关系、对立关系和同位关系，只会形成一种顺序的词，其中的词素是在前位，还是在后位是确定的，例如“美丽”“反正”等；同位关系，比如“窗户、豺狼”等。另外，与词缀搭配构词的词根，位置也是固定的，例如“孩子、老师”等。我们认为，影响这些词素位置的因素除了逻辑语义外，语音以及习惯等方面因素更为重要，这种词素的定位性与认知规律的定位性关系不大。因为很多时候这种关系形成的词的顺序并不固定，比如以同一关系和对立关系为基础形成的同素逆序词，其中的词素位置往往是不固定的，例如“健康——康健”“往来——来往”等。

由于语言和思维的不同，这也决定了词根的定位性和认知规律体现出来的定位性决不是一一对应的，而是有着错综复杂的对应关系，具体情况如下：

1.定位的词根和词根意义，有的代表同一逻辑关系的同一关系项，比如前面提到的“率”和“嘴”。其实所有的构词能力为 1 的词根和词根意义都是这种情况；有的则代表不同逻辑关系的关系项，比如前位词根“奢”，它构造的合成词“奢侈、奢华、奢靡”是在同一关系上形成，“奢”代表其中一个联合项，而“奢念、奢求、奢谈、奢望、奢想”是在限定关系上形成，“奢”表示被限定的关系项。再如“旷”的前位义项“荒废；耽误”，它构造合成词“旷废、旷费”是在同一关系上形成，“旷夫、旷男”是在限定关系上形成，“旷工、旷课、旷职”是在支配关系上形成，“旷”在其中分别代表联合项、限定项和支配项，它们一般都处于前位。

2. 前面提到一部分不定位的词根和词根意义，它们偏前位和偏后位时也会表现出局部定位性。这和逻辑关系的对应情况有两种：第一，一个词根代表同一逻辑关系的不同关系项时，代表其中一个关系项的次数要多些，代表另一个关系项的次数要少些；第二，一个词根代表不同逻辑关系的关系项，由于不同的逻辑关系对词根的构词能力的制约有轻有重，有多有少，这使得同一词根或词根意义在表示不同的逻辑关系时构词能力不均衡，在其中一种关系上形成的词多一些，在另一种关系上形成的词少一些。

这两种情况都会造成词根或词根义的偏前位或偏后位，比如偏前位词根“蒸”，它有两个义项：

①蒸发。前位：蒸发、蒸馏、蒸气、蒸汽、蒸腾(5)　后位：熏蒸(1)

②利用水蒸气的热力使食物变熟、变热。前位：蒸饼、蒸饺、蒸锅、蒸笼、蒸食(5)　后位：清蒸(1)

其中“蒸”在义项①中“蒸发、蒸馏”是在同一关系上形成的，“蒸”代表其中的一个联合项，“蒸气、蒸汽”是在限定关系上形成，“蒸”代表其中的限定项，“蒸腾”是在时间先后关系上形成，“蒸”表示发生在前的项。同一关系、限定关系和时间先后关系三种逻辑关系制约着这个义项的构词能力，其中只有“熏蒸”中的“蒸”代表限定关系的被限定项，出现在了后位，其余五个“蒸”在三种关系制约下只出现在了前位，这造成这个义项的偏前位。

“蒸”在义项②中“蒸饼、蒸饺、蒸锅、蒸笼、蒸食”是在限定关系上形成的，“蒸”代表其中的限定项，“清蒸”也是在限定关系上形成，“蒸”代表其中的被限定项，代表限定项5次，要大大超过代表被限定项的1次，虽然都是在限定关系上形成，但是也造成了这个义项的偏前位。

五、余论

与词缀定位性相比，词根的定位性也是词素定位问题的重要内容，现代汉语中不仅存在着一定数量的定位词根，而且它们形成了自身的特点和规律，尤其能够反映出汉语构词和造词时的一些逻辑认知规律，而这一问题长期为语言学界所忽视，这显然是很不应该的。此外，定位的词根和词缀除了在位置固定这一点上相同外，在结构特点、表义功能以及认知规律方面都有很大不同，即使在词根内部，除了词根的定位性外,不定位词根的义项也可以表现出一定的定位性,因此,所谓“定位词素”和“不定位词素”存在许多交叉和内部性质不一致的情况,把它们作为词素类型并不合适。

陈长书,1999 年 9 月至 2002 年 6 月师从葛本仪先生弟子杨振兰教授攻读现代汉语专业词汇学方向硕士研究生。

汉韩拟声词比较研究

鲁东大学　全香兰

拟声词是模拟事物或动作发生的声音的词。在韩国语叫“拟声语”，在汉语又叫“象声词”“模声词”。由于每个语言的语音系统不一样，即便是模拟同样的声音，在不同语言中描写出来的拟声词之间会表现出很大的差异来。比如，公鸡打鸣的声音，汉语为“喔喔喔”，韩国语叫“꼬끼오[kko kki o]([ ]内的标注采用韩国的“韩文罗马字母标记法”，下同)”，下雨的声音，汉语为“哗哗”，韩国语为“주룩주룩[ju ruk ju ruk]”。可见，不同语言对声音的表达是不同的，它进而影响母语者对声音的感知。因此不同母语者对拟声词的感知和表达是不同的，对第二语言学习者来说，学习和掌握其他语言的拟声词是一个不小的挑战。而且在翻译的时候如何处理拟声词也是值得我们关注的问题。

一、拟声词在汉韩语言系统中的特殊性

拟声词在汉韩两种语言系统中都是一个比较特殊的词类。拟声词在汉语中的特殊性从中国语言学界对这个词类的争论可见一斑。学界关于拟声词的争论，主要集中在两个方面，一是拟声词的词类归属问题，二是拟声词的性质及其符号的任意性问题。

拟声词的词类归属问题在汉语语言学界经历了漫长的探讨过程。一开始拟声词在汉语的词类里面没有一席之地，“从1898年至本世纪40年代的大部分著述只字不提，只有少数基本语法著作注意到了这一词类”[①]。从20世纪50年代起，象声词逐渐受到重视，“1953年—1957年语文刊物上曾展开过两次关于象声词的小

① 史艳岚.汉语象声词研究述评[J].西北民族学院学报(哲社版)，1994(2).

规模讨论，但对相声词的归属、词性等问题的看法始终未能达成一致的意见”[①]。拟声词属于实词还是虚词，持有实词观的人把它归为形容词，持有虚词观的人把它归为副词。而且拟声词和叹词是否同属于一个词类的问题上，语言学界也曾进行过激烈的讨论。目前，学界基本认同把拟声词视为一个独立的一类实词。

拟声词的性质问题是要不要把它看成语言符号的问题，文炼在《与语言符号有关的问题——兼论语法分析中的三个平面》一文中论符号和语言符号的关系时，认为“象声词的声音是第一信号系统的刺激”，故而否定了象声词是语言符号。此文章引起了一些学者的反驳，耿二岭的《与象声词有关的符号问题》驳斥文炼的观点，认为“象声词并不是自然声的镜子式的反映”，是自然声的习俗定性，属于第二信号系统。[②] 继而，很多学者就拟声词的符号任意性问题也展开了热烈的讨论。

总之，之所以大家在拟声词的归类问题以及其性质问题上存在多种分歧，其主要原因实际上源于拟声词本身的特殊性。语言是通过声音来传达信息的，语言符号所连接的不是事物和名称，而是概念和音响形象。而拟声词是用声音来传达声音的词，它的能指与所指之间的相似度比较高，以致人们容易混淆它们二者之间的区别。

韩国语中的拟声词比较完整地保留着韩国语固有词的特点，因此它一直受到语言学家的关注，但其定义、归属问题以及符号任意性问题也是韩国学界争论过的问题。索绪尔的《普通语言学教程》在谈到符号的任意性时，提到“人们可能以拟声词为依据认为能指的选择并不都是任意的。但拟声词从来不是语言系统的有机成分，而且它们的数量比人们所设想的少得多”。[③] 可见，索绪尔认为拟声词的数量并不多，然而韩国语中拟声词相当丰富，由于它的数量庞大，对拟声词的存在一开始就没有受到任何质疑，它在韩国语的词汇系统中一直占据着重要的位置。拟声词在韩国语词汇系统中是唯一一个不受汉字影响的词群。韩国曾经没有自己的文字，借用汉字记录自己的语言，因此韩国语的词汇系统中存在大量的汉字词，而且部分汉字语素跟固有语素结合起来，构成大量的混合词，分布在各个词类当中，但唯独拟声词没有受到汉字的影响。它的这种特点也是源于拟声词的自身特殊性。韩国文字是表音文字，它跟表意的汉字相比显然更便于记录声音。

---

① 赵爱武.近20年汉语象声词研究综述[J].武汉大学学报(人文科学版)，2008(2).

② 耿二岭.与象声词有关的符号问题——兼与文炼先生商榷[J].中国语文，1994(3).

③ 索绪尔.普通语言学教程[M].北京：商务印书馆，1996：104.

二、从语音的角度看汉韩拟声词的不同

1.音节的数量

现代汉语有21个声母,10个单元韵母,13个复韵母,16个鼻韵母。据徐从权的统计,现代汉语普通话音节规模若不计声调,有409个音节形式,若计声调,除去轻声音节,为1205个音节。韩国语是19个辅音,21个元音,音节结构为"初声+中声+终声",初声辅音19个,中声元音21个,终声辅音8个。如果按这个数字计算的话,理论上可能的韩国语音节总数为3192个音节。[①]

从音节数量的比较来看,韩国语的音节数比汉语多得多,记录声音时显然具有更大的优势。据金红莲统计,汉语总数为443千字的作品选用了约46个拟声词,共出现约97次,朝鲜语(韩国语)总字数为238千字的作品,选用了约95个拟声词,共出现约160次。[②] 从这些数据,我们可以看到韩国语的拟声词数量确实比汉语多,使用频率也高。

2.辅音的对立与声音的轻重

汉语的辅音里有送气和不送气的对立,如b—p,d—t,g—k,j—q,z—c,zh—ch,而韩国语除了这两个对立,中间还有一个紧音,因此辅音的对立关系是松音—紧音—送气音,这里的松音相当于汉语里的不送气,如ㄱ[g]—ㄲ[kk]—ㅋ[k],ㄷ[d]—ㄸ[tt]—ㅌ[t],ㅂ[b]—ㅃ[pp]—ㅍ[p],ㅈ[j]—ㅉ[jj]—ㅊ[ch]。

这种辅音上的对立特征会在拟声词中体现出来。比如,汉语中"咣当"和"哐当","叽叽喳喳"和"喊喊喳喳",二者声音的轻重是不同的,但是这种对立在汉语的拟声词中体现的例词并不多,看不出有明显的规律性。

在韩国语中这种对立比汉语明显,而且因为多一个紧音,对立关系更加具有层次,声音的轻重程度依次为送气最大,紧音次之,松音最小,郑寅承把它称之为"辅音加势法则"。但是通过实际例词的考察我们发现,这三种对立齐全的情况比较少,大部分情况是两种音的对立,即松音和紧音的对立、紧音和送气的对立。比如,덜렁[deol reong]—떨렁[tteol reong],똑[ttok]—톡[tok],끙끙[kkeung kkeung]—

① 徐从权.《现代汉语词典》音节表研究[J].汉语学习,2007(3).

② 金红莲.朝汉语拟声词意义及其体现[C]//中国对外语教学学会.中国对外汉语教学学会第五次学术讨论会论文选.北京:北京语言学院出版社,1996:320-327.

킁킁[keung keung]等。

3.元音的对称与声音的轻重

汉语有元音对称现象，比如元音 a 和 e 的对称、a 和 u 的对称、i 和 a 的对称等。比如说“嗒”和“嘚”，二者都表示马蹄声，但前者跟后者相比声音更轻而亮，“叮当”和“叮咚”，明显前者比后者更加亮而轻，感觉碰撞的物体比后者小而轻。类似的还有：

a—e　嘎登——咯噔　嘎吱——咯吱

a—i　当啷——叮铃　乓——乒

a—u　哇哇——呜呜　当当——咚咚

韩国语元音的对称关系规律性很强，在韩国语中元音根据舌位的高低以及前后形成对称关系，被称为“元音相对法则”，韩国语中的高元音和低元音，传统语言学上叫阴性元音和阳性元音，这一说法可以追溯到 15 世纪的《训民正音》，据《训民正音》的解释：“ㅗ,ㅏ,ㅛ,ㅑ,之圆居上与外者，以其出于天而为阳也。ㅜ,ㅓ,ㅠ,ㅕ之圆居下与内者，以其出于地而为阴也。”

韩国元音的这种对称特点体现在拟声词当中，使韩国语拟声词有听觉上的交替对称现象。如：“ㅏ[a]—ㅓ[eo]：깔깔[kkal kkal]—껄껄[kkeol kkeol]”前者表示声音尖而亮，主要用于女人的笑声，后者则表示声音沉重，通常用于男人的笑声。又如“ㅗ[o]—ㅜ[u]：톡[tok]—툭[tuk]”，前者声音亮，通常表示小而轻的东西掉落的声音，后者则声音沉，通常表示大而重的东西掉落的声音。再举类似的例子如下：

ㅏ[a]—ㅓ[eo]：찰싹[chal ssak]－철썩[cheol sseok] 달캉[dal kang]—덜컹[deol keong] 앙앙[an gang]—엉엉[eong eong]

ㅗ[o]—ㅜ[u]：똑똑[ttok ttok]— 뚝뚝[ttuk ttuk] 콩콩[kong kong]—쿵쿵[kung kung] 졸졸[jol jol]－줄줄[jul jul]

ㅐ[ae]—ㅣ[i]：쌩쌩[ssaeng ssaeng]—씽씽[ssing ssing] 깽깽[kkaeng kkaeng]—낑낑[kking kking] 캐드득[kae deu deuk]—키드득[ki deu deuk]

ㅏ[a] — ㅜ[u]：탁탁[tak tak]—툭툭[tuk tuk] 팍팍[pak pak]—푹푹[puk puk] 콱콱[kwak kwak]—쿡쿡[kuk kuk]

4.元音的搭配与谐音

韩国语中的拟声词有谐音搭配习惯，常用的元音谐音搭配，如：

(1) 阳性元音与阳性元音搭配

ㅏ[a] ＋ㅏ[a]：찰랑[chal rang] 딸랑[ttal rang] 달칵[dal kak]딸각[ttal gak]

ㅗ[o] +ㅏ[a]：똑딱[ttok ttak] 촐랑[chol rang] 콩당[kong dang]

ㅗ[o] +ㅗ[o]：콜록[kol rok]

(2)阴性元音与阴性元音搭配

ㅓ[eo] +ㅓ[eo]：철렁[cheol reong] 떨렁[tteol reong] 덜컥[deol keok]떨꺽[tteol kkeok] 철썩[cheol sseok] 텀벙[cheom beong] 첨벙[cheom beong]

ㅜ[u] +ㅓ[eo]：쿨럭[kul reok] 썩둑[sseok duk] 출렁[chul reong] 쿵덩[kung deong]

ㅜ[u] +ㅜ[u]：쿨쿨[kul kul] 쿨룩[kuk ruk] 주룩[ju ruk]

(3)中性元音与阳性、阴性、中性元音的搭配

ㅣ[i] +ㅗ[o]：딩동[ding dong]

ㅣ[i] +ㅓ[eo]：삐걱[ppi geok]

ㅡ[eu] +ㅡ[eu]：스륵[seu reuk] 으흥[eu heung] 끄끙[kkeu kkeung]

ㅣ[i] +ㅡ[eu]:끼륵[kki reuk] 찌륵[jji reuk] 키득[ki deuk]

元音和谐是韩国语拟声词韵母配合中制约性很强的规律。汉语的拟声词没有类似的规律。

总而言之，在辅音和元音方面韩国语中的拟声词规律性更强，语音区别更细致。

三、从文字的角度看汉韩拟声词的不同

文字的产生把听觉的语言转化为视觉的语言，导致文字又反过来影响语言。拟声词是模拟声音的词，声音转换成文字的时候，它的特点自然反映在文字上，同时又受到文字的制约和影响。

1.记录汉语拟声词的汉字当中形声字比较多

尽管拟声词是模拟声音的词，但汉字试图通过字形来表示其意义成分，比较常见的意符有“口”“氵”“金”“玉”等。举例如下：

(1)口：记录汉语拟声词的汉字当中带意符“口”的汉字所占比例最大，这跟拟声词的主要功能有直接关系。拟声词是模拟和记录声音的词，动物及人的声音是用“口”发出来的，因此加注意符“口”是合情合理的。这类汉字有：

哈哈　嘿嘿　哇哇　噗嗤　呼噜　呱呱　嗷嗷　哗啦　咕嘟　咔嚓

喵喵　咩咩　哞哞　嘎嘎　嗡嗡　吱吱　哼哼　嘶嘶　叽叽喳喳

(2)氵:跟水声有关的拟声词,其汉字带意符"氵"。如:

潺潺　淙淙　滴答　淅淅沥沥　汩汩　浅浅

(3)金:跟金属碰撞出的声音有关的,其汉字带"金"。如:

铃铃铃　铛铛　叮铃铃　铮铮　锒铛　铿锵

(4)玉:跟玉石碰撞出的声音有关的,其汉字带"玉"。如:

琤琤　琮琮　丁玲　玎玲　琅琅

除了以上所列拟声词,还有很多拟声词在用字上尽量体现其意义。如:砰砰(石头撞击声)、怦怦(心跳声)、辘辘(车轮声)、飕飕(风声)、踢踏(脚踢出来的声音)等。裘锡圭先生曾经谈到,"最早的形声字不是直接用意符和音符组成,而是通过在假借字上加注意符或在表意字上加注音符而产生的"[①]。看来,这些拟声词当中的形声汉字多数情况是这样形成的。

而韩国的文字 hangul(韩文)是拼音文字,书写符号本身不带有表意的成分,在这一点上跟汉字是不同的。

2.部分汉语拟声词有一词对应多种写法的现象

在汉语中,有些拟声词有好几个写法,也就是说同一个拟声词用不同汉字字形来表示。如:

吧嗒/叭嗒/吧哒/叭哒　　吧唧/叭叽/吧叽

喀嚓/咔嚓/喀喳/咔喳　　咯噔/格登/咯登

丁冬/叮咚/丁咚　　叮铃/丁零　　咣当/光当

这些拟声词实际上所代表的声音是一样的,只是书写上有了异形。这些拟声词有些是因为选择不同的声符而造成的,如"吧"与"叭"、"咔"与"喀"、"格"与"咯"等。还有一部分是由于部分汉字添加意符造成的,如"丁"与"叮"、"冬"与"咚"、"光"与"咣"、"铃"与"零"等。从这些异形词中,我们可以看到汉字为了更好地表达语言的声音和意义在字形上做的一番努力。按经济原则,异形词的存在是多余的,随着时间的流逝,这类异形词将进行自我调整,自然淘汰掉一部分不常用的写法,也需要我们对其进行适当的规范。

前面我们已经提到韩文是拼音文字,因此一个拟声词只有一种书写形式,在韩国语中,如果词的书写形式不同,那便是不同的拟声词了。汉韩语的这种异同正是文字性质的不同所造成的。

① 裘锡圭.文字学概要[M].北京:商务印书馆,2012:151.

3.汉语拟声词存在无文字现象

韩文是拼音文字，基本不存在有音无文字现象。汉语中的有些拟声词只用于口语，没有汉字或者没有恰当的汉字可以表示。如[①]：

bia	pia	biang	piang	piur	bü		
[pia]	[phia]	[pia ŋ]	[phiaŋ]	[phiour]	[py]		
dü	diang	tiang	duang	tuang	mê		
[ty]	[tiaŋ]	[thiaŋ]	[tuanŋ]	[thuaŋ]	[mɛ]		
ber	per	der	ter	mer	niaor	rer	rour
[pər]	[phər]	[tər]	[thər]	[mər]	[niaur]	[rər]	[rour]

鉴于拟声词的这一问题，刘起钦 1954 年曾在《中国语文》发表《拟声词宜用注音字母》一文，“建议应给拟声词注音，以规范、明确拟声词的读音，使人一看便知，一读便上口，还可以避免滥造一些古怪字。而一些无法用汉字写出的方言，可以借助于注音字母表示出来”，揭示了象声词读音复杂，用字有随意的现象。

关于这些无文字的拟声词，有些学者反对把它归为拟声词，如聂仁发认为这些“现代汉语中没有的音位组合，也应该排除在象声词之外”[②]。索绪尔的《普通语言学教程》在谈论文字体系的时候，也曾谈到过“写法和发音发生龃龉”的问题。这类无文字拟声词算不算拟声词，这一问题需要进一步商榷。

如果说这些无文字的拟声词只能用于口语，那么汉语拟声词当中还有一类拟声词则只出现在书面上，是“书面拟声词”。如：(风声)飒飒、(书声)朗朗、(泉水)淙淙、(流水)潺潺等。这些拟声词是一般只出现在书面语里，因此通常是通过书本才能学会。由于这类书面拟声词是脱离口语生活的书面拟声词，因此在生活当中经常发现读错音的现象。比如，“戛然而止”的“戛”是鸟鸣声，读作“jia”，而经常听到有些人误读为“ga”，“呱呱坠地”的“呱呱”是小儿哭声，应读作“gu”而也有人误读为“gua”。这些现象说明，这类拟声词在现代日常生活中已经不拟声了，只出现在书面语中，只有通过书本学习才能得以掌握。

古朝鲜过去借用中国汉字记录自己的语言时，书面语和口语是分离的，书面语是用汉字书写，口语没有书面形式。为了解决这个问题，15 世纪他们创制了自己的文字 hangul，当时 hangul 所记录的就是口语。韩国语的拟声词是纯固有词来构

① 马庆株.拟声词研究[C]//马庆株.汉语语义语法范畴问题.北京：北京语言文化大学出版社，1998.

② 聂仁发.关于象声词的再思考[J].宁波大学学报，2016(1).

成的，是保留固有语特点比较好的词群。因此，韩国的拟声词都是日常使用的，不存在书面拟声词一说。

总而言之，由于文字性质的不同汉韩两种语言中的拟声词在记录方式上表现出不一样的情形。汉字作为表意文字对拟声词的记录跟韩文相比受到更多的限制。

四、从翻译小说看汉韩拟声词的对应

以上我们从语音和文字的角度分析了拟声词在汉韩两种语言中的不同，下面我们进一步考察一下二者的实际使用情况。为了考察汉韩拟声词的对应情况，我们选择韩国小说《늑대의 유혹(狼的诱惑)》[①]，收集了里面出现的拟声词。这部小说里出现的拟声词数量较多，据统计共出现 300 多个拟声词。我们对这些拟声词在中译本中的对应情况进行了比较，以便考察两种语言对拟声词的处理情况。

1.拟声词对应拟声词

通过考察发现，韩国语中的拟声词大部分翻译成汉语拟声词，其中有些是跟韩国语语音相近，还有一些语音不相近。

(1)声音相近的拟声词

这一类拟声词所描绘的声音，在汉韩语言中其语音接近。因为拟声词是对声音的描摹，尽管不同的民族拥有不同语言、不同的语音系统，但人们的生理结构是相同的，因此听到一种声音后的感知是基本相同的，于是即使用不同语言描写出来时，自然会接近自然的客观的声音。如表示笑声时，韩语为“はは[ha ha]”，汉语为“哈哈[hā hā]”，英语为“Ha Ha[ha ha]”，日语为“はは[ha ha]”等。下面所列拟声词是在小说的中译本中挑出来的汉韩语音基本相近的拟声词。如：

表 1　声音相近的汉韩拟声词

	韩语	声音	汉语
1	쾅 [kwang]	关门的声音	哐
2	후우 [hu wu]	叹息的声音	呼
3	하하 [ha ha]	大笑的声音	哈哈

① 귀여니(可爱淘).늑대의 유혹(狼的诱惑)[M].반디출판사,2006.

续表

	韩语	声音	汉语
4	헤헤[he he]	浅笑的声音	嘿嘿
5	허허[heo heo]	一般的笑声	呵呵
6	뚜뚜[ddu ddu]	挂电话后的信号声	嘟嘟
7	띵동[dding dong]	门铃的声音	丁冬
8	빵빵[bbang bbang]	汽车的喇叭声	叭叭
9	찰칵[chal kak]	锁门的声音	喀嚓
10	지지직[ji ji jik]	扩音机的声音	吱吱吱
11	으흐흐흐[eu heu heu heu]	傻笑的声音	呃呵呵呵
12	으하하하[eu ha ha ha]	狂笑的声音	哦哈哈哈

(2)声音不相近的拟声词

下面是小说中出现的汉韩声音并不相近的拟声词。

表 2　声音不同的汉韩拟声词

	韩语	声音	汉语
1	툭[tuk]	东西落下的声音	咚
2	쌩[ssaeng]	快速过去的声音	嗖
3	엉엉[eong eong]	哭的声音	呜呜
4	달캉[dal kang]	开门的声音	乓
5	헉헉[heok heok]	气喘的声音	哈哈
6	쿵쾅[kung kwang]	跑步的声音	扑通
7	찰싹[chal ssak]	拍人背的声音	啪啪
8	따르릉[dda lu leung]	电话的铃声	叮铃铃
9	삐그덕[bbi geu deok]	开生锈的门声	咯吱
10	후두둑[hu du duk]	下骤雨的声音	哗啦啦
11	두근두근[du geun du geun]	心跳的声音	扑通扑通
12	뚜벅뚜벅[ddu beok ddu beok]	脚步的声音	啪嗒啪嗒

2.拟声词对应非拟声词

我们在中译本《狼的诱惑》中发现，一些韩国语中的拟声词译成汉语时并没有采用拟声词，而用其他词语来表示。如：

(1)반해원이 라이터로 **찰칵찰칵**[chal kak chal kak]장난을 치며 장난스럽게 말했다.（开合打火机的声音）

汉译：般君野边说边开开合合玩弄着自己的打火机，一副漫不经心的样子。

(2) 나는 조심스레 문을 잠그고 **콩닥콩닥** [kong dak kong dak] 뛰는 심장과 함께 아까의장면을 회상하였다.（心跳的声音）

汉译：我马上小心翼翼地关上房门，背靠门上，心跳加速地回想起刚才那个令我面红耳赤的场景。

(3)**빵빵**[bbang bbang]! 클락션을 울리며 창문너머 곁눈질로 우릴 보는 태성이.(汽车喇叭的声音)

汉译：英奇更是在经过我们面前时，从窗户的缝隙里斜瞟了我们一眼，接着嚣张地连按两声喇叭。

(4)한심하게도 태성이의 집 앞에 주저앉아 몇 시간을 **엉엉**[eong eong]대며..울어버.（大哭的声音）

汉译：我终于忍不住像傻瓜一样坐在英奇家门口，放声大哭了起来。

(5)마지막 쉬는 시간이 끝날 무렵..드디어 학생과 문이 **드르륵**[deu reu reuk] 열렸다.（推拉门被拉开的声音）

汉译：在最后一个课间休息的时候，主任办公室的门终于缓缓被打开了。

从例句中我们可以看到，译文并没有采用拟声词，其原因应该是多方面的，如译文的表达习惯、修辞效果的不同，以及译者的语言风格等等。这也从另一个侧面告诉我们声音的表达方式是多样的，并不局限在拟声词一种。

3.拟声词没有对应词

除了以上两种情况，还有一种情况是，韩国语中的拟声词翻译到汉语后省略掉了，如果硬把它们翻译过来会显得多余。如：

(6)옆에서 **꿀꺽꿀꺽**[ggul ggeok ggul ggeok] 무서운 속도로 술을 먹는 다름이......（喝酒的声音）

汉译：看看身边喝酒喝得越来越快的忆美。

(7)교문을 향해 저벅저벅 걷고 있노라니.... 핸드폰에 **붕붕**[bung bung] 진동이 왔다.（手机震动的声音）

汉译：就在我一个人凄风苦雨地向小卖部进发的时候，口袋里的手机突然又震动了起来。

通过以上的考察和比较我们发现汉韩两种语言中有些拟声词相似度非常高，而有些拟声词却表现出完全不一样的声音感觉。在翻译文本中，拟声词的情况则表现出更加复杂的情况。众所周知，表达声音的方法是多种多样的，并不限于拟声词，为了体现文章的效果，原文中的拟声词有时候用相应的拟声词来对应，而有些时候用其他的方式表现出来，甚至省略掉。符利民在《汉语表现声音的方法举隅》一文中把汉语表现声音的常见方法归纳为以下四种：第一，用象声词来表现；第二，直接用某个动词来说明或描述；第三，在名词或动词后直接加“声”；第四，通过某种修辞手法，如比喻、移觉来表现声音。[①] 其实这几种表现声音的方法对汉语和韩国语都是适用的，只是在使用频率及使用场合上两种语言呈现出不同的情形来。当然，具体使用比例及倾向还需进一步地考察与分析，尤其是需要以大量语料为前提的大数据统计分析。

五、结语

以上我们对汉韩两种语言中的拟声词进行了大体的比较和分析。拟声词在汉语和韩国语中都属于比较特殊的词群，通过对语音方面的比较，我们可以发现在共时层面上韩国语记录语音方面更有优势，因此拟声词比较丰富，使用率也相对高一些，而且具有比较整齐的谐音搭配规律。了解这些原理和规律无疑对学习和使用拟声词带来举一反三的功效。在文字方面我们可以看到汉语的拟声词由于汉字的特殊性，选字上不固定、书面语与口语有区分等问题，难免给学习者带来一定的困扰。语言表示声音的方式比较多，拟声词只是其中的一种。在实际语言使用过程中，以笔者的经验韩国语拟声词的使用频率相对来说比汉语高，因此韩国语中的拟声词翻译到汉语时，不一定翻译成拟声词，多数情况采用其他方式，因此生搬硬套是禁忌。

拟声词是对声音的模拟而产生的词，因此其理据性比较强，但是毕竟是约定俗成的语言符号，通常不能按自己的母语来判断外语中的拟声词。拟声词对第二语言学习者来说，是学习难度比较大的词群，初级阶段很难真正掌握它。拟声词是需要学习的，而且对拟声词的感知需要长期的沉淀，我们甚至可以以拟声词的掌握情况来衡量一个人对一门外语的音感。拟声词最能反映一种语言的语音特点，所以

---

① 符利民.汉语表现声音的方法举隅[J].新余高专学报，2005(12).

在儿童语言中拟声词的出现率和使用率都比较高，它会让故事更加绘声绘色。然而，面向外国留学生的汉语教学大纲几乎不谈拟声词，这种安排是否合理，值得我们商榷，尤其是汉语国际教育的对象逐渐低龄化的现在，拟声词问题值得我们去关注。

全香兰，1998 年至 2001 年跟从葛本仪先生学习词汇学理论。

含彩词语与色彩词

商务印书馆　叶军

汉语词汇系统是由许多子系统构成的。各子系统之间的关系错综复杂，既有相对的独立性，又有密切的联系。其中含彩词语与色彩词的关系就从一个侧面体现出这种复杂性。

作为汉语词汇系统中两个不同的子系统，含彩词语与色彩词有各自不同的“所指”。含彩词语是指具有某种色彩的事物，反映到语言中就是那些含有色彩词素却不表示色彩概念的词语；而色彩词则集中指向色彩本身。这里，我们没有遵循传统的做法，将表示色彩概念的词称作颜色词，而是将其称作色彩词。原因在于色彩作为客观存在的一种特殊物质形态，必须依附于具体的客体事物。不仅如此，它还要依赖于人的主观世界来感知、感受。因此，色彩的刺激反映就有了客体和主体两方面的内容。而色彩词通过表达相应的色彩概念，把具体的客观事物、色彩、主体三方面联系在一起，这样，色彩词不仅指称了色彩概念所表达的客体方面的特征，如“红”；而且还表达了色彩在人的主体方面所能引起的一切刺激反映的特征，如“喜色”。基于这种认识，我们所说的色彩词的范围要比传统意义上仅表示具体色彩的颜色词的范围宽泛得多，不仅包括反映具体色彩的词，如“红色”“黄色”“绿色”等，还包括了反映抽象色彩的词，如“喜色”“愧色”“怒色”等，后者就是需要通过主体思维对其进行整合才能确定色属的抽象的色彩词。

在此提出“含彩词语”这一概念，并对色彩词进行重新界定，是由于以往一些学者在探讨有关色彩词问题时，多将对含彩词语的讨论混于其中，抹杀了含彩词语与色彩词本质的区别。如谈到色彩词的象征义时，以“绿茵”“黄土”“红旗”“红灯”这些“含彩词语”作为例证将“含彩词语”中的色彩词素与色彩词混淆在一起。① 为了澄清这类错误认识，本文拟深入含彩词语内部来考察含彩词语与色彩词两大类聚之间的本质与区别。

① 谭德姿.色彩词与语言美[J].山东师范大学学报，1984(2).

一

含有色彩词素却不表示色彩概念的词语在汉语中为数甚多，这些词语的“所指”千差万别，如绿林、红茶、压青、赤松、黑店、灰质、红装等等。其中色彩词素的存在作为一种标志，将这些“所指”各不相同的词语聚合在了一起；换句话说，含彩词语是由于其构词上的“含彩”特点而形成的一个特殊的类聚，而色彩词则是由于其所反映对象的特点而形成的类聚。因此与色彩词相比，含彩词语类聚是一种纯粹语言学意义上的类聚，而不是客观世界中自然类聚在语言中的反映。含彩词语在构词上的“含彩”特点，是在造词的过程中获得的，正如《汉语词汇论》一书所指出的：“在为一个事物命名时，人们已经有了关于此事物的概念(不管是完全概念还是不完全概念)。首先，选取这一概念中的某些特征作为‘标示’对象，然后选取表达这些特征的词素进行组合，造出新词，这样，就完成了一次有标记的语义合成，那些词素义便成为人们认识词义的最敏感的触点。在此基础上，再赋予它全部语义特点，这些特点通过无标记的语义合成而进入词义。”[①]含彩词语中的色彩词素正是我们认识含彩词语的一个“最敏感的触点”，对“含彩词语”的讨论势必围绕色彩词素而展开。同时含彩词语也是通过色彩词素才与色彩词发生密切联系的。

色彩词素在含彩词语意义构成中所起的作用不尽相同。以《现代汉语词典》(84 版)中的收词为例，可以归纳出两种情况：

1.色彩词素直接参与含彩词语的意义构成，揭示含彩词语所指事物的色彩特征，如：

白糖、白陶、白头、白醭、白衣战士
绿豆、绿荫、绿洲、绿藻、绿色植物
红叶、红樱桃、口红、红血球、红鱼
紫荆、紫罗兰、紫茉莉、紫药水、紫菜
黄豆、黄花菜、黄骨髓、黄明胶、黄牛
黑板、黑豆、黑洞、黑白片、黑灯瞎火
蓝矾、蓝藻、蓝皮书、蓝宝石、蓝点颏

以上诸例中的色彩词素都反映了该含彩词语所指事物的色彩特征。以其中含

① 葛本仪.汉语词汇论[M].济南：山东大学出版社，1997：138.

有色彩词素“黄”的一组含彩词语为例，词素“黄”分别从反映该事物色彩特征的角度对后面的成分加以限制，从而构成了一组具有“黄色”特征的含彩词语。

2.色彩词素间接参与含彩词语的意义构成，即其在含彩词语的意义构成中起比喻、象征或借代作用，如：

(1)起比喻、象征作用的：

白匪、白军、白旗、白色恐怖

黑帮、黑道、黑地、黑店、黑货

红运、红专、红事、红人、红军

黄口小儿、黄毛丫头、黄色工会、黄道吉日

以上诸例中“白”象征反动、落后、哀悼；“黑”象征隐蔽、不光明；“红”象征革命、喜庆、吉利、进步等；而“黄”则象征不成熟，或不高尚，有时还象征吉祥。

(2)起借代作用的：

踏青、看青、青睐、青黄不接

红颜、披红、剔红、分红

上例的“青”和“红”分别代指具有青、红之色的某事物。

很明显，在这几组例子中，无论是起比喻、象征作用的色彩词素，还是起借代作用的色彩词素，在整个含彩词语的意义构成中，它们的本义都没有出现，相反，参与完成整个含彩词语意义的是这些色彩词素的引申义。

再联系有关义素的理论进行分析，可以看出由于色彩词素在含彩词语中以构词的成分出现，因而由其所体现的义素都是一种“有标记义素”。[①] 不过，因色彩词素在含彩词语意义构成中所起的作用不尽相同，所以它所代表的义素，虽同是“有标记义素”，本质上却又有不同，这种不同正是通过前文归纳出的两种情况而体现出来。在第一种情况下，色彩词素直接参与含彩词语的意义构成，揭示含彩词语所指事物的色彩特征，意即色彩词素所标示的义素在整个词义构成中有直接的反映。如“口红”，其中的“红”与“口”一样同为有标记义素，共同说明一种“化妆品，用来涂在嘴唇上使颜色红润”[②]。两上有标记义素所代表的意义，在词义中直接地反映出来。因而此种义素又被称作“规约义素”[③]。而在第二种情况下，色彩词素间接参与含彩词语的意义构成，意即色彩词素所标示的义素在整个词义构成中不直接体

---

① 葛本仪.汉语词汇论[M].济南：山东大学出版社，1997：139.

② 中国社会科学院语言研究所词典编辑室.现代汉语词典[M].北京：商务印书馆，1984.

③ 葛本仪.汉语词汇论[M].济南：山东大学出版社，1997：139.

现出来，而是“沉淀、潜伏在人们的经验性认识中，构成词义的底层内容”[①]，如“红颜”，其中“红”作为有标记义素，其所代之义在词义“貌美的女子”[②]中没有直接的体现，使用的仅仅是它的引申义，这种义素被称作“隐含义素”[③]；再如“红军”，其中“红”作为有标记义素，其所代表的“以红喻指进步、革命”的象征意义在词义“革命的军队”中虽有一定的体现，但在词义合成中作为喻体的词素“红”不像“口红”中的词素“红”那样，在词义中有着直接的反映，因此我们把这一类义素也视为“隐含义素”。

纵观汉语词汇系统，含彩词语与色彩词是在词的平面上的类聚，而色彩词素则是词素平面上的一个类聚。色彩词素类聚分别为含彩词语与色彩词提供构词成分，这正是含彩词语与色彩词发生联系的基础。从上文对色彩词素在含彩词语意义构成中所起的作用的分析来看：含彩词语与色彩词两大类聚之间的联系，并非简单地表现为含彩词语的构词形式中包含“色彩”的成分，而是更为深刻地体现在含彩词语借助色彩词素所体现的义素与色彩词形成一种意义上的关联。而且，由于色彩词素所标示的义素在整个含彩词语意义构成中直接或间接地反映，使得含彩词语与色彩词的意义关联要通过不同的层面得以实现。如含彩词“红叶”“红人”与色彩词“红色”的构词成分中都有色彩词素“红”，但“红叶”与“红色”的意义联系是借助色彩词素“红”的本义——“像鲜血或石榴花的颜色”[④]得以实现的；而“红人”与“红色”的意义联系则是通过色彩词素“红”的引申义——“象征顺利、成功或受人重视，欢迎”[⑤]得以体现。比较之下，“红叶”与“红色”的意义联系更为直接。

然而，色彩词素并不是含彩词语与色彩词唯一的构词材料库，在含彩词语以及色彩词的构成中，还需要大量的非彩词素的参与。对于含彩词语来说，非彩词素的参与是绝对的，也就是说每一个含彩词语的构成都必须有非彩词素作为主要的成分与色彩词素相配合，这一点从上文所举的例子就可以看出。而对色彩词来说，情况较为复杂，有些色彩词的构成没有非彩词素的参与，如红、黑、紫红、灰白等；有些色彩词由非彩词素与词素“色”配合构成，如米色、肉色、愧色、怒色等；有些则是非彩词素与色彩词素合作构成，如豆青、绿色、桃红、深紫等，在这些词中，非彩词素仍

---

① 葛本仪.汉语词汇论[M].济南：山东大学出版社，1997：139.

② 中国社会科学院语言研究所词典编辑室.现代汉语词典[M].北京：商务印书馆，1984.

③ 葛本仪.汉语词汇论[M].济南：山东大学出版社，1997：139.

④ 中国社会科学院语言研究所词典编辑室.现代汉语词典[M].北京：商务印书馆，1984.

⑤ 中国社会科学院语言研究所词典编辑室.现代汉语词典[M].北京：商务印书馆，1984.

然是次要成分,色彩词素则是主要的成分。

这样看来,作为含彩词语与色彩词之间的“纽带”的色彩词素,在进入含彩词语或色彩词中充当构词成分时,绝不是没有条件的,显然要受某种制约。笔者认为,只有通过制约,色彩词素才能最终完成由一般的构词材料向具体的构词成分的转变。也只有通过制约,含彩词语与色彩词两大类聚的本质区别才能最终得以突显。而能够提供这种制约的,只有语境。

二

这里所谓的“语境”,实际上就是指构词环境。在本文则具体为色彩词素与什么词素组合,组合以后构成什么词。不同的语境,对色彩词素的制约是不同的,这种不同主要是从色彩词素在词的结构中的位置和意义等方面来体现的。鉴于含彩词语与色彩词关系的实际,我们主要考察色彩词素与非彩词素组合构成的语境,对色彩词素与色彩词素组合构成的色彩词语境这里暂不作讨论。

色彩词素与非彩词素组合,既可以构成含彩词语,如红星、红妆、分红、走红;也可以构成色彩词,如桃红、草绿、雪白、天蓝。“红星”一组是为了表示具有某种色彩的事物,而“桃红”一组则是为了以某种事物表示出色彩。可以说,构词目的的不同——是要表示具有色彩的事物还是要表示事物具有的色彩,首先规定了色彩词素与非彩词素意义组合的走向,从而最终导致了上例中构词结果的不同——构成含彩词语或构成色彩词。因此,构词目的其实是我们所谓的“语境”——构词环境形成的先决条件。

而一旦真正深入到语境之中,则其中各种因素都可能对色彩词素的意义起制约的作用。如下列两组词:

(1)绿草、白雪、红桃、红玫瑰、红樱桃(2)草绿、雪白、桃红、玫瑰红、樱桃红

两组词都是偏正式结构,用到的色彩词素与非彩词素又都完全一样,但当非彩词素作为主要成分在偏正式中“正”的位置出现,则色彩词素与其结合构成的是含彩词语,如(1)组;若非彩词素作为修饰成分,在偏正式中“偏”的位置出现,则色彩词素与其结合构成的是色彩词,如(2)组。由于在构词环境中充当了不同的成分,色彩词素的意义相应地受到了不同的制约:在(1)组中色彩词素反映的是色彩特征,在(2)组中反映的则是色彩本身。由此可见,色彩词素的意义在含彩词语中的不同体现更清楚地说明了语境的制约作用。

在色彩词素与非彩词素建构含彩词语的过程中，非彩词素往往确定了该含彩词语大致的意义范围，如红灯、红尘中的“灯”“尘”；黄菜、韭黄中的“菜”“韭”；踏青、青睐中的“踏”“睐”等。色彩词素就在此范围内完成其构词成分的使命。而语境对色彩词素意义的制约则具体表现为：在二者合力营建的“含彩词语”中，色彩词素的色彩指向变得明确。由于上文论及的色彩词素在含彩词语意义构成中“直接”或“间接”两种形式的参与，这种色彩指向的明确也便有了两种不同的含义。

在直接参与的情况下，是指使色彩词素所代表的色彩具体化，如同为“紫”色，则“紫荆”“紫罗兰”“紫茉莉”“紫药水”“紫菜”中的“紫”各不相同——各含彩词语中的非彩词素与色彩词素“紫”组合形成的特定语境对色彩词素“紫”本身进行了制约，使其所代表的“紫”色外延缩小，具体为“紫荆”的“紫”、“紫罗兰”的“紫”、“紫茉莉”的“紫”、“紫药水”的“紫”、“紫菜”的“紫”。含彩词语中色彩的具体化，还为一些色彩词的形成提供了条件，即一些含彩词语有时可以以合成词素的身份与“色”组合构成新的色彩词，如紫罗兰色、蛋黄色、青铜色等；同时对于含有相同色彩词素的含彩词语来说，当它们以合成词素的身份与“色”组合构成色彩词时，这些色彩词所反映的色彩是属于同一色系的，但含彩词语中色彩的具体化又使它们相互区别。如“紫罗兰色”“紫荆色”等。

在间接参与的情况下，是指色彩词素比喻、象征或借代的对象确定化，如同为“红”，但“披红”中的“红”是指“象征喜庆的红布”[①]，“红运”中的“红”“象征顺利、成功或受人重视、欢迎”[②]，而“红军”中的“红”则“象征革命和政治觉悟高”[③]。色彩词素“红”与非彩词素“披”“运”“军”组合形成的特定的语境制约了色彩词素“红”的意义指向：在“披红”中“红”是“披”的对象，在“红运”“红军”中，“运”和“军”需要“红”从不同的角度对其进行修饰。上述语境对色彩词素“红”意义的制约是通过整个构词环境中的多方面因素来实现的，其中色彩词素及非彩词素在语境中充当的构词成分，两者之间形成的结构关系等因素起了非常重要的作用，如从“披红”来看，“披”和“红”分别充当了“动”和“宾”的成分，两者之间存在着一种支配的关系，这就使色彩词素“红”的意义被确定为“披”的对象。

无论是在哪一种情况下，在含彩词语的构词环境中，色彩词素的构词合作者——非彩词素往往最直接地体现出语境对色彩词素意义的制约作用，正如前文

① 中国社会科学院语言研究所词典编辑室.现代汉语词典[M].北京：商务印书馆，1984.

② 中国社会科学院语言研究所词典编辑室.现代汉语词典[M].北京：商务印书馆，1984.

③ 中国社会科学院语言研究所词典编辑室.现代汉语词典[M].北京：商务印书馆，1984.

指出的，非彩词素往往确定了该含彩词语大致的意义范围，其实也就是划定了色彩词素的意义活动空间。然后，构词环境中的其他因素便在这一空间中发挥各自的作用，最终完成语境对色彩词素意义的制约。

至此，我们可以明确：含彩词语与色彩词之间的意义联系，只能是色彩词素的运用以及其意义受到“制约”后所发生的一种联系。而色彩词素的意义一旦受到“制约”，就意味着它已打上特定语境的特定“烙印”，从一般的构词材料变为或是含彩词语或是色彩词中的构词成分了。当色彩词素以构词成分的身份出现在词的平面，成为含彩词语或一部分色彩词的有机组成部分时，其词素义已经具有了“具体事物对应性”[①]。这种词素义的“具体事物对应性”是在一个个具体的构词环境中体现出来的，就从上文举到的例子来看，含彩词语“紫罗兰”中的色彩词素“紫”的意义，不仅表达了“紫”的概念，同时也具有了“具体事物对应性”，具体说明了“紫罗兰”这种花所具有的“紫”色。而色彩词“天蓝”中的色彩词素“蓝”在表达了“蓝色”的概念的同时，也具体说明了这是天空所呈现的一种蓝色，因而也具有了“具体事物对应性”。可以说，色彩词素的意义在构词环境中的“具体事物对应性”正是色彩词素的意义受到语境制约的直接表现。上文有关含彩词语中色彩词素色彩指向变得明确的分析恰恰证明了这一点。不过，在不同的语境中，尤其是在色彩词中，色彩词素义的“具体事物对应性”非常复杂，在“紫罗兰色”“紫荆色”“橄榄绿”“天蓝”“桃红”等类型的色彩词中，色彩词素义的“具体事物对应性”较为清晰，在“浅黄”“亮蓝”“嫩绿”“紫红”等类型的色彩词中，色彩词素义的“具体事物对应性”则较为模糊，至于抽象的色彩词及构词中不包含色彩词素的色彩词，则又是另一种情况。这些复杂情况在本文不作讨论。在此，笔者只想说明，色彩词素的意义在语境中受到“制约”以后，即色彩词素义具有了“具体事物对应性”以后，它们在不同语境中发挥的作用是不同的，有的在含彩词语中是为了用色彩说明事物，如“紫茉莉”“红军”“踏青”等，而在色彩词中则是为了说明色彩本身，如“天蓝”“豆绿”“深紫”“亮蓝”等。归根结底，含彩词语是指含有色彩词素却不表示色彩概念的词语；而色彩词则是反映色彩概念的词。由此可见，含彩词语类聚与色彩词类聚是有本质区别的。

总之，由于自然界中色彩必须依附于具体的客观事物，这就使得人们在认识色彩时，往往将色彩本身与具有此种色彩的事物不加区别地联系起来，从而导致了语言研究中将含彩词语与色彩词两大类聚混为一谈，然而目前对色彩词这一词汇子系统的研究工作，要求我们必须将淹没在色彩词之海的“含彩词语”分离出来，以便

---

① 葛本仪.汉语词汇研究[M].济南：山东教育出版社，1985：108.

客观、真实地反映出色彩词这种语言现象的本质。同时，这种“分离”也将使我们面对又一个新鲜的词汇子系统——含彩词语，对这一系统的性质、特点尤其是它与色彩词之间错综复杂的关系、两个子系统之间的某些特殊的运动规律等等的研究也将丰富对整个汉语词汇系统的研究。这些也正是笔者撰写本文的原因。

叶军，1997 年 9 月至 2000 年 6 月师从葛本仪先生学习现代汉语词汇学，攻读博士。

日本动漫文学与网络热词

中国海洋大学　王颖

纵观当今网络上流行的一些词语，从日语来的一些词语尤为热传。例如"微博控、电视控、手机控、动漫控"，"雷人、雷倒、雷语"，"宅男、宅女、宅人"，"萝莉、正太"，"卖萌、萌萌哒"，"恶搞、吐槽"等等，比比皆是。这些词语不但有相当高的热度，在网络流行语中所占的比例也不低。如果考察这些词的来源，我们不难发现绝大多数日源的网络热词都来自日本的动漫文学，那么日本的动漫文学缘何影响力如此巨大，以致会影响到我们的语言呢？

一、全媒体时代的新的视觉性文学样式——动漫文学

(一)视觉符号时代及视觉性文学样式

当今社会已经进入了包括传统媒体如图书、报纸杂志、广播电视等和非传统媒体如互联网、博客微博等微媒体、自媒体的全媒体时代，进入了全新的视觉符号时代，在这种新的时代背景下，文学样式也突破了传统的主流文学样式，出现了新的视觉性的文学样式——动漫文学。

从认知的角度出发，在我们的大脑里，语言机制的编码和非语言机制的编码是同时起作用的，人们在使用语言的编码机制时，非语言机制的编码如意象会同时出现在大脑中。虽然传统的文学样式主要使用的是语言机制的编码，但我们大脑中会同时出现相关意象，并带给我们想象力，使我们得到满足感和愉悦感。但是想象中的意象是非定型的、模糊的，这就是人们经常说的，一百个人的心中有一百个哈姆雷特，当然这并不仅仅指哈姆雷特的外在形象，还包括哈姆雷特的性格特点及代表的人文精神。非语言机制的编码除了意象以外，还包括声音、味觉、触觉等其他形式的编码。现代的媒体载体和媒体技术都可以实现视觉的甚至包括听觉触觉等

的逼真感受，从而使其与语言机制的编码紧密结合起来，并可以使角色形象具象化、明晰化。

从这个角度来说，视觉符号时代的文学样式十分容易被接受。但与此同时，文学内涵也更表面化了，形象的具象化、明晰化也使得我们的想象的空间消失了，传统文学样式带来的不可言说的美感也或多或少地消失了。

（二）日本动漫文学

在动漫文学作品中，日本的动漫文学作品占据了主要地位。日本的动漫文学主要指来自日本的动画和漫画作品，包括网络游戏。也就是一般所称的Animation、Comic、Game，简称ACG。动画和漫画被看作文学的样式已经没有太大的争议。关于网络游戏，它有角色、有故事、有矛盾冲突，具备了文学的要素，虽然它颠覆了传统的文学样式，在新的时代背景下，也应当看作文学的一种样式。我们把它统称为日本动漫文学。

二、日本动漫文学的市场影响力及对中国青少年的影响

（一）文学作品可能产生的影响

一个时代的文学作品会对那个时代的人和后人产生巨大的影响。我们分析一部文学作品的意义和价值的时候，通常是在这样几个方面进行评价：语言、人物形象、表现手法、人物精神、对后世文学创作的影响等等。其中，语言、人物形象、人物精神等除了影响后人的文学创作，还对读者产生"模范"作用，对读者起到一定的引导作用。

动漫文学作为全媒体时代新的文学样式，也会对它的受众产生指导作用。动漫文学作品也会像传统的文学作品一样，它的人物语言、人物形象和人物精神都会深刻地影响它的受众。同时由于青少年这一特殊群体的特殊个性，这种视觉和影像的影响力大大超过了纯文字符号对青少年的影响。

（二）日本动漫文学作品的市场影响力

日本动漫文学占据了中国市场甚至世界市场的主要份额。"在商业动漫中，日本动漫所占的市场份额是65%。据日本经济产业省的调查，世界上放映的电视动

画片，有60%产自日本，而这一比例在欧洲更是高达80%”[①]。在中国，根据王霖的调查，“在被访问的青少年中，87%的人观看的都是日本动漫，而喜爱国产动漫的只有5.75%”[②]。由此可见日本动漫在中国乃至全世界的影响力。

(三)日本动漫文学对中国青少年及社会的影响

关于日本动漫文学的影响力，这里主要谈到的是对青少年的影响，因为青少年是网络的主流人群，也是网络动漫文学的主要受众，一般动漫文学里来的网络词语最初的使用流行，也主要在漫迷之间。但并不是说其影响力只表现在青少年身上，应该说它影响的不仅仅是青少年的生活，还以青少年为基点，从这个群体出发，向整个社会辐射蔓延。

在张黎的调查问卷中，“关于‘你认为动漫在现实生活中的作用’的调查中，有25%的同学选择了指导教育”[③]；“在关于‘你会因动漫人物或者动漫情节的影响而失去对学习、生活的兴趣吗’的调查中，18.2%的同学选择了经常会，36.6%的同学选择了偶尔会”[④]，从中可以看出在现实生活中，动漫文学对青少年的影响力是非常巨大的。

三、日本动漫文学对青少年产生巨大影响力的原因

(一)题材丰富知识涵盖面广

日本动漫文学题材丰富，知识性强，知识涵盖面广。在日本的动漫文学作品中有包括历史、地理、科学、体育、艺术以及美食等诸多方面的作品。如《哈尔的移动城堡》《中华小当家》等。

(二)题材主要针对青少年

日本动漫文学题材的群体针对性强，主要对象是青少年。少年动漫和少女动

---

① 王霖.动漫文化与当代青少年的成长[J].思想理论教育，2010(14)：32-35.

② 王霖.动漫文化与当代青少年的成长[J].思想理论教育，2010(14)：32-35.

③ 张黎.论动漫文化对青少年价值观的影响[D].昆明：云南财经大学，2010.

④ 张黎.论动漫文化对青少年价值观的影响[D].昆明：云南财经大学，2010.

漫的作品十分丰富，虽然也有幼儿动漫和成人动漫，但最主要集中在少年动漫和少女动漫。

（三）作品追求唯美

从审美的角度来说，日本动漫文学作品画风细腻，场面也非常唯美。此外，日本动漫文学作品中的人物形象也十分唯美，在设计人物形象时，不局限在亚洲人的传统形象上面，结合了亚洲和欧洲的审美，创造出了全新的“脱亚入欧”的动漫形象。如少女萝莉形象：大眼睛、翘鼻子、小嘴巴、瓜子脸、身材修长秀美。这些虚拟的人物形象十分国际化，很容易被接受，风靡亚洲甚至是全世界。

（四）追求体验性并迎合青少年时期的阶段性特征

日本动漫文学作品的体验性强，对青少年的心理研究细致入微，十分迎合青少年时期的阶段性特征。青少年的求知欲强烈，日本动漫文学中关于历史、地理、科学、体育、艺术以及美食等诸多方面的作品可以很好地满足青少年的求知欲；青少年时期有梦想、有理想、渴望友谊，日本动漫文学里的主要元素是友情、努力、胜利、现实和理想；青少年追求时尚、新潮，日本动漫形象帅气漂亮可爱；青少年崇尚自我，追求个性，不喜欢循规蹈矩，日本动漫文学里的角色特有的夸张表演和无厘头的非常人思维的语言，幽默搞笑且不受约束；青少年的性格叛逆，有破坏性，日本动漫文学中不乏恶作剧和暴力的场景，青少年缺少社会经验和实践经验，他们在日本的动漫文学作品中体验了人生，获得了社会知识和游戏规则。如此等等，日本动漫文学全面迎合了青少年的性格和口味，受到青少年的欢迎也是不言而喻的。

（五）塑造了许多形象亲民的逆袭的草根人物

日本动漫文学作品的角色形象亲民，里边不乏草根逆袭的励志故事，这给予了青少年一份对未来的美好希望。如《灌篮高手》中的樱木花道，父母离异，成长在单亲家庭，并且身处家庭暴力之中，从一个打架斗殴的不良少年、新手，最后成长为一个灌篮高手，成功逆袭。再比如，《火影忍者》中的漩涡鸣人，《名侦探柯南》中的工藤新一等。而我们身边像这样的“坏孩子”的典型，哪个班级都有一两个，学习不好，但性格坚强，调皮捣蛋，爱出风头，希望被关注，讲义气，勇敢，爱打抱不平。这样的故事让青少年认识到人不完美，“小坏”不算坏，甚至有点怡情，普通人有理想有追求照样可以成功。如此亲切，接地气，让青少年感到这就是自己，就是自己的故事，增强了故事的体验性，这也符合青少年的心理。

（六）创造了各种全新的覆盖全面的非传统的“模范”类型

日本动漫文学作品不仅题材广泛，所塑造的角色也是形形色色，基本上覆盖了人的各种类型。角色塑造时，一反传统的非好即坏、情感倾向鲜明、高度类型化的特点，角色追求细腻真实，深挖心灵，包罗了人性的各个层面。与此同时，塑造各种人性的典型形象和特征，包括角色的审美取向、外貌特征、语言特征、行为特征、精神特征等方面，使角色形象更加明确真实，塑造出一系列新的人物的“模范”类型。这些“模范”类型颠覆了我们传统的高大形象的模范人物，如雷锋等，使“模范”人物趋于平民化，但又比平民更高端大气上档次，使青少年更愿意去追求模仿。

（七）非说教的“无倾向性”引导更易于对青少年造成更深的潜移默化的影响

对青少年的非说教性的“无倾向性”引导更受青少年欢迎，易于对青少年造成更深的潜移默化的影响。青少年处在青春期，最突出的特点是叛逆、逆反，不想走寻常路，希望张扬个性，想摆脱父母和学校的说教和限制，对各种明确的结论和导向都持怀疑的态度。日本的动漫文学正是抓住了青少年的这种心理特征，塑造角色时注重把人物内心真实的人性展现出来，极尽真实，不管是阳光的还是阴暗的，都展现出来，并不加评判。但这也恰好与青少年的叛逆的、反说教、反传统的特殊时期的性格特征相契合。因此，摆脱了说教方式的日本动漫文学，以亲和的朋友或者虚拟世界的“自己”的形式，出现在青少年的世界里。青少年也在这里获得了“平等”，认为那就是“我”的化身，青少年以自身和角色的相似性找到了认同感，角色和“我”的形象开始混淆，角色像“我”，“我”像角色，角色说的话、做的事就是“我”要说的话、和想做的事，逻辑在这里得到逆转。就这样，在动漫世界里，在青少年的自我认同过程中，潜移默化地接受了角色的一切，包括趣味、审美、格调、价值观，与此同时，青少年的精神需求得到了极大的满足，满足了他们生活、生命、人生的自我实现与价值认同。这种潜移默化摆脱了传统的说教式的教育模式，顺利进入了青少年叛逆的心理空间，它的影响力甚至超过了家庭、学校和社会。

这里我们也能发现问题所在，青少年虽然叛逆，但是心理还没完全成熟，缺少社会经验，缺少对某些事情的正确判断，日本动漫文学的对角色不加评判的“无倾向性”，虽然不会引起青少年的逆反心理，但也在许多本应当是价值明确的事情上，失去了应有的判断。比如，男人到底应该是更坚强一些，还是也可以像女人那样柔弱。在遇到令自己不爽的事情时，是应该控制自己的情感，还是应该采取暴力方式表现出来。

日本的动漫文学给青少年带来感恩教育、人格教育、体验教育和娱乐性教育，如《千与千寻》中的“千”，本来有些任性和娇气，在经历磨难的过程中，学会了忍耐和尊敬，变成了一个诚实的、善待别人的人，并且找到了真爱，救回了父母。这样的作品给青少年带来了许多正能量。但是不可否认的是，它在宣扬了友情、努力、胜利的正能量的同时，也宣扬了人性的另一面。这种“无倾向性”其实就是一种倾向，是一种反标准的倾向，但是大多数情况下善恶还是有标准的，它在某种程度上打破了宣传优秀的传统的价值观，给青少年带来了一些不良影响。

（八）全媒体时代视觉性的获取方式成为普通的常规性方式

当今社会已经进入了全媒体时代，这样一个影像和图文的时代改变了人们特别是青少年获取信息的方式，视觉性的获取方式成为普通的常规性方式，即所谓的“有图有真相”。“青少年对卡通式的视觉符号的熟悉程度相当于前人对文字符号的熟悉程度，卡通式的视觉符号进入了他们的下意识。”①根据涵化理论，“媒介经验会塑造阅听人的人生经验，媒介效果会在阅听人长期暴露于媒体下而达到累积性的全面效果。”②青少年是模仿力非常强的群体，他们在长期接触的媒介物——日本动漫文学的影响下，从中获得的经验会塑造他们的人生经验，这样的影响效果会在长期接触中达到累积性的全面效果，从而深刻影响青少年的全部生活。

四、从日本动漫文学传来的网络热词及其基本类型

因为和日本动漫文学作品中所塑造的角色的象似性，青少年在动漫角色中获得了自我认同感，也因此与角色不断地进行互动，包括与角色对话，模仿角色的言行，慢慢沉浸在动漫的世界，这种互动和认同感慢慢混淆了作品和真实世界，角色和真我也慢慢界限模糊，角色的精神世界变成了真我的精神世界，角色的追求也逐渐成为真我的追求。青少年的语言、生活方式和价值观开始向动漫作品角色靠拢。

通过对网络上流行的从日本动漫文学传播来的网络热词进行梳理，不难发现，这些词语呈现出很强的规律性，主要集中在人物形象词语、角色语言、生活方式词

---

① 姚悦月.日本少年动漫对青少年成长的影响[J].当代青年研究，2010(1)：60-67.

② 姚悦月.日本少年动漫对青少年成长的影响[J].当代青年研究，2010(1)：60-67.

语和价值观词语等方面，这也同上面的分析相吻合。

(一)人物角色类

这类词语主要以动漫文学作品中的某一角色姓名或性格为基础抽取提炼而来，并成为一类人的典型特征。如“正太”一词，来自横山光辉的《铁人 28 号》，里面的男主角就叫金田正太郎，这是一个穿着西装和短裤的可爱小男生，“正太”这个词就从“金田正太郎”这个名字而来，“正太”这个词一出现很快就在青少年中风靡开来，并且成为一类小男生的典型特征。首先是年轻，年龄通常从少年到青年；其次其标准外形装备是西装配短裤；此外，气质一定要可爱。连一些明星也竞相以“正太”的形象出现在公众面前。如“萝莉”，“萝莉”这个名词虽然来自美籍俄裔小说家弗拉基米尔·纳博科夫的小说 Lolita，但却由日本人按照这一角色的特征创造出年纪小、大眼睛、瘦瘦的瓜子脸、翘而小巧的鼻子、小嘴巴又性感的小女生的形象。这一形象一出，很快风靡全球，她改变了年轻女性的审美标准，成为少女们竞相模仿追求的目标。再比如“干物女”，也叫“鱼干女”，《萤之光》中的女主角是 27 岁的都市女性雨宫萤，单身，因为工作和生活的压力，生活慵懒自由闲适，“干物”是对她生活状态的比喻，就像干巴巴的干货一样，没有水分，没有爱情的滋润，失去了勃勃的生机。“干物女”成为一类都市女性的典型特征：二三十岁，单身至上，自由随便，重视享受个人空间。时代的发展让这个层面的女性数量增加，“干物女”就成为她们的人生宣言，也成为他们追求的理想，人活着不一定就为了结婚生子，恋爱观可以是多元的，人们的选择也可以是自由的，传统的只从婚姻感情状态来评价一个女性的成败，对女性是不公平的。

(二)人物形象类

这类词主要以日本动漫文学作品中的一类角色的形象或性格为基础提炼而来，并成为一类人的典型特征。如“伪娘”，源于日语的男の娘，小野敏洋的漫画《光码战士》中的主角有栖川樱、《少女爱上姐姐》中的主角宫小路瑞穗、《玛利亚狂热》中的主角祇堂鞠，他们的相貌形态都有女性化的特点，容貌美丽。这些动漫作品一经流行，这一类男性的典型形象也随之流行起来。“伪娘”成为外貌外形上有女性特征、有女性般美丽的容貌甚至胜于女性的容貌的男性的典型形象。又如“御姐”，源于日语的御姉，是对姐姐的敬称，大姐姐的意思。《我的女神》中的贝露丹迪、《拜托了老师》中的风间瑞穗、《妖精的尾巴》中的艾露莎，她们渊博成熟，自信优雅，善良体贴，非常有吸引力。因此“御姐”很快成为外表身材、个性气质上优雅知性的

16 岁到 30 岁的女性的形象代表。再比如“兄贵”是动漫作品中体魄强健的“肌肉男”的形象，如《海绵宝宝》中的虾霸、《校园大作战》的黄大哥等等；而“姐贵”是动漫作品中成熟妩媚的“肌肉姐”的形象，如《死神》中的四枫院夜一等。

(三)人物语言类

这类词语主要从动漫文学作品所使用的语言而来。如“给力”一词，《西游记：旅程的终点》中文配音版中悟空的一句话“这就是天竺吗，不给力啊老湿”，虽然是中文翻译版，但也是动漫人物的语言。此语一出，很快风靡，受到热捧，并创造出了词语的英语新词“geilivable”(给力)和“ungeilivable”(不给力)。再比如“小宇宙”一词来自《圣斗士星矢》，里面的某些人物常常在被打得满地找牙的时候，力量瞬间爆发，燃烧小宇宙爆发第七感，从而击败对手。“让我的小宇宙爆发吧”很快便成为网络热语。再比如“……的说”，来源于动漫女性角色的语言，在日语中是一句话结尾修饰语气，语气比较婉转可爱，受到年轻女性网迷的喜爱。

(四)审美取向和价值观类

这类词语受到日本动漫作品文化蕴含的影响，反映出新的审美取向和价值观。比如受到日本“耽美”文化的影响，一切唯美浪漫的都可以追求，包括同性间的恋情特别是男同性间的恋情。比如尾崎南的《绝爱》、竹宫惠子的《风与木之诗》、叶芝真己的《美男子的终极爱人》等，受到这些动漫作品的影响，“王道”“耽美”“伪娘”“腐女”“同人女”等词语在网络上流行起来。

(五)女性人物形象类

动漫文学词语中有非常多对女性人物形象的分类。这些词语可以分为不同的类型。表示年龄形象的，萝莉是 12 岁左右的可爱少女；姐贵是指全身肌肉的大姐姐；熟女是指 30 多岁的成熟女性。表示性格特点的，御姐是指外表和个性成熟、博学智慧且体贴人的年轻女性或有主见的独立成熟女性；肉食女是指对意中人勇于追求的女性。表示生活方式的，鱼干女也叫干物女，是指由于生活和工作压力太大而蜗居家中过着慵懒闲适生活的二三十岁的都市女性；败犬女是指 30 岁以上、高收入、高学历、事业成功但无感情归宿的女性。表示兴趣爱好的，腐女是喜欢 BL 动漫、幻想男男爱情的女性；同人女是指喜欢从事同人活动，特别是耽美同人活动的女性，引申后指对男性间恋情有特殊执着的女性；森女是指热衷于及时行乐、生活悠闲、崇尚简单、打扮像是从森林中走出来的女孩，最大的特点就是随身携带相机，喜欢记录美好的时刻；历女就是喜欢历史的女孩。

这些女性人物形象类词语不仅丰富，人物形象也类化得十分丰满，都是年龄、兴趣、爱好、装扮等方面特色分明的人物形象，年轻女性极易对号入座，在对号入座的同时也被这些人物形象中自身没有的特点所引导，从而受到日本动漫文学更为深刻的影响。

（六）次生文化类

由于日本动漫文学的影响，很快在青少年中形成了一些次生文化，并且不同程度地影响到其他人群。

1."控"文化

"……控"本来在日语中表示强烈的嗜好，感情色彩极端，有些贬义，如"萝莉控"。可是现在在汉语中却演变为极度喜欢某一事物或者极度喜欢某一事物的人的意思，词义的色彩也逐渐变得比较中性，最后变为带有褒义的对某事物的热爱。从而逐渐变成一种生活态度。我们生活中不乏"微博控""小说控""电视控""游戏控"等等，由国家语言资源监测与研究中心、商务印书馆、新浪网和《中国青年报》联合发布的《2011 年度中国网络推荐字词》，"控"在年度国内词中排名第一。

2."萌"文化

"萌"是来自日语的借音词，本来应该是"燃え"，动漫爱好者用来形容极端喜爱时热血沸腾的精神状态。因为萌え在日语中与燃え发音 moe 一样，而且日文电脑输入平假名时"萌え"排序在"燃え"前，"萌え"就逐渐有了相同的意思。随动漫传入中国后，由于汉字"萌"有植物的幼年时期"萌芽"的意思，还有事物最初发生的"萌芽"的意思，很快衍生出人的幼年时期的意思，逐渐具有了幼稚、天真、纯美、可爱的属性，加上已经流行的动漫少女"萝莉"的萌人物的影响，以及一般人都很容易留恋自己年轻时的青葱时代，"萌"文化快速流行起来。"萌"成为一种新的审美追求和生活态度。在青春中的人们想尽情展现自己的青春气息和年龄优势，走出青春的人们又想紧紧抓住青春的最后一根稻草，到这里，萌文化从风格化走向了大众化，"卖萌"也成为人们的一种新的表达方式，表现为萌表情、萌装扮乃至萌语言如"表酱紫"等。由国家语言资源监测与研究中心、商务印书馆、新浪网和《中国青年报》联合发布的《2011 年度中国网络推荐字词》，"萌"被提名。

3."宅"文化

"御宅"在日语里用作第二人称或第三人称，相当于阁下或您的意思，《电车男》塑造了典型的御宅族的形象，是沉迷于网络和动漫、"宅"在家里、足不出户的 20 岁到 40 岁的人，曾被认为不能适应社会的人群，但现在却成为新的时尚潮流，受到青少年追捧。2007 年台湾媒体开始使用“宅男”一词，2008 年开始在大陆流行，进而发展成一种生活方式和生活态度。在 2012 年《现代汉语词典（第 6 版）》收录了“宅”的这一新的用法和意义。“宅②（动）待在家里不出门（多指沉迷于上网或玩电子游戏等室内活动）：～男；～女；你也出去走走，别总是～在家里。”“宅男，（名）指整天待在家里很少出门的男子，多沉迷于上网或玩电子游戏等室内活动。”“宅女，（名）指整天待在家里很少出门的女子，多沉迷于上网或玩电子游戏等室内活动。”[①]《现代汉语词典》是中国的权威词典，会及时把社会生活中影响巨大的新词语收录进来，由此可见这种文化对中国人价值观的影响。

4.“恶搞”文化

“恶搞”带着浓重的恶作剧成分，但又不简单是场恶作剧。从字面意义看，恶搞可以是一种手段，也可以是一种结果。搞恶，以幽默为其手段，目的可能是嘲讽、讽刺，也可能是中伤。不可否认，恶搞文化刚刚流行时，嘲讽中伤兼而有之。2006 年“一个馒头引发的血案”对某电影的恶搞，引发了那一年的恶搞风潮，更是让“恶搞”这一词语入选了 2006 年汉字盘点国内第 5 名以及国际词第 18 名。

互联网提供了一个虚拟的民间广场，导致恶搞在民间的泛滥，也引发了对它的口诛笔伐。摧毁规则的反讽也好，哗众取宠的宣泄也好，恶搞确实是一种特殊表情，反映了一种社会心理，甚至渐为某种时尚文化。恶搞，对象既可以是他人，也可以是自己。可以调侃别人，嘲笑别人的缺点，也可以调侃自己，嘲笑自己的缺点。如果说恶搞他人是素质问题，恶搞自己则是一种人生态度。

“恶搞”成为人们渐渐接受的一种幽默的方式和调侃的态度，是一种对传统的颠覆、对权威的挑战方式，一种不恭不敬的态度，一种反讽的技术、一种娱乐的形式。

5.“吐槽”文化

“吐槽”是日本漫才中揭对方老底的行为，以对方言行中的漏洞为切入点，层层发问或调侃，后发展为挑别人的毛病，指责别人的缺点，揭穿别人的秘密，嘲笑抱怨讽刺谩骂。如《银魂》中的坂田银时、志村新八等人物形象。吐槽文化之所以流行，是以人的好奇心为基础，窥探本来属于个人的不用让别人知道的或者不想让别人知道的内幕、隐私和秘密。慢慢地，“吐槽”也由开始的吐槽内幕、隐私、秘密发展为

---

① 中国社会科学院语言研究所词典编辑室.现代汉语词典[M].第 6 版.北京：商务印书馆，2012：1633.

吐槽貌似秘密的夸赞或者小幽默,"吐"出来的也不再只是贬损的,也可能是调侃和褒扬。如同"恶搞"一样,"吐槽"也变成了一种调侃的态度和娱乐的方式。

综上所述,不管接受与否,日本的动漫文学对青少年乃至整个社会已经产生了重大影响,在这个时代里,语言、生活方式和态度、审美标准和审美取向,甚至是人生观价值观都发生了很多改变,社会取向也更加多元化。无可否认的是,这里边有很多正能量的方面,但是也给青少年带来了许多负面的东西。比如有一些消极的生活方式如"宅""伪娘""腐女"等。还有一些观念颠覆了传统的标准,如"草食男""肉食女",抹去了男人和女人之间客观存在的生理角色和社会角色的差异。此外,"恶搞""吐槽"等文化方式,丰富着大众茶余饭后的"道听途说",让大众生活在对某一对象的过度消费的"盛宴",乐此不疲,乐不可支,不知"尊重"为何物,这是精神生活匮乏的表现。根据涵化理论,这一影响还将深远地继续下去。

王颖,1997 年 9 月至 2000 年 6 月师从葛本仪先生攻读现代汉语专业词汇学方向硕士学位。

从词媒体视角探析新兴“X 姐”

山东师范大学 冯红梅　山东大学 杨振兰

新兴“X 姐”伴随互联网技术的飞速发展和论坛、微博、微信等传播媒介的出现而大规模产生，并在短时间内迅速流行开来，甚至在各种形式的媒体中都能看到它们的影子。例如：

(1) 民进党“总统”参选人蔡英文的副手，竟是在一路碰壁、几近难产下出生，透露蔡英文的政治罩门：“对外无法争取财经副手、对内难以摆平派系大佬。”内外交迫下，蔡英文俨然成为政坛“hold 不住姐”。（人民网·台湾频道，2011-09-09）

(2) 几个月前青岛大学出了一位爆红网络的“水壶姐”。近日，又红了一位“寻书哥”。（《金陵晚报》2012-12-04）

之所以称以上各例中的“X 姐”为新兴“X 姐”，原因在于：其一，这类“X 姐”的得名与特定事件或现象有关；其二，核心成分“姐”大多已无关所指对象的年龄大小和亲疏远近；其三，目前它们几乎都为共时平面中的动态性言语成分。

新兴“X 姐”是一种新型的事件命名和传播方式——词媒体。“词媒体”这一概念最早由“互动百科”于 2010 年提出。同年 12 月，人民网舆情监测室发布的《2010 年中国互联网舆情分析报告》中，“词媒体”被确定为其中一个关键词。《中国语言生活状况报告(2011)》中收录了“词媒体”，并详细阐述了其特点：“‘词媒体’——词语事件化与信息浓缩化……当一个事件或一种社会现象出现时，人们不再是四平八稳地用一堆旧有词语去讲述它，而是将之代码化——概括成一个新词，于是就形成这个时代新词语的 3 个特点。”[①]对于“词媒体”及其特点，其他学者也有相关论述。如刘兵、霍晶晶 将“词媒体”定义为：以词汇的形式对特定热点事件或现象进行高度的概括浓缩，来表达对事件或现象的看法或情绪，从而达到炒作，实现传

---

① 教育部语言文字信息管理司.中国语言生活状况报告(2011)[M].北京：商务印书馆，2011：8.

播效果最大化的一种媒体形式。[①]“词媒体”的产生是语言交际的经济原则、以“去权威”“反严肃”为特征的后现代主义文化和颇具中国特色的草根文化综合作用的结果，同时也反映了相关群体或个人趋新求异、趋同从众、围观娱乐的心理。新兴“X姐”即在这种背景下应运而生，几乎每个“X姐”背后都有一道特别的风景，对应特定的社会事件或现象。我们从论坛、贴吧等共搜集到192条语料，以此来探讨新兴“X姐”的命名结构、语义泛化和语用情况，并与“大姐”“张姐”“的姐”等传统“X姐”进行对比。[②]。

一、“X姐”的命名结构

(一)“X姐”中的“姐”

“X姐”重在事件认知而非身份识别，通过凸显参与者“姐”使受众识解整个事件。对此，我们可以借助新闻学的一些原理来阐释。新闻的五大要素为：事件、时间、地点、原因、对象，用英语表示即为以下5个关键词：What(什么)、When(时间)、Where(地点)、Why(原因)、Who(谁)。任一关键词或其组合都能激活我们头脑中关于某特定事件的意象。当然，“Who(谁)”和“What(什么)”无疑是两个最重要的关键词，它们构成事件识解的“某人做某事”这一句法结构，即英语的“Sb do sth”句型。在海量庞杂信息爆炸式涌现、同时又追求表达简洁高效的网络时代，鉴于时间和精力的制约，人们不得不改变认知策略。经过进一步筛选，选择凸显最重要的一个要素，即特定事件的参与者“Who(谁)”来代指整个事件，识解结构也相应地变为“( )某人”这一词语形式。“X姐”彰显的就是事件的参与者，“姐”为整个结构的核心成分，“X”为“姐”的修饰限定成分。

(二)“X姐”中的“X”

1.“X”的词性分布和语义类型

从词性来看，“X”主要由名词性、动词性和形容词性成分充当。其中名词性“X”高达95个，占49.48%，如“床单姐”“蛋糕姐”“发票姐”等；动词性“X”次之，共

---

① 刘兵，霍晶晶.从语词的角度看词媒体的特点、功能和发展[J].湖北社会科学，2014(3).

② 当不涉及与传统“X姐”对比且不会引起歧义时，为方便表述，一般将新兴“X姐”简称为“X姐”。

70 个，占 36.46 %，如“堵门姐”“择菜姐”“遮牌姐”等；形容词性“X”共 27 个，占 14.06%，如“激动姐”“嚣张姐”“执着姐”等。为何“X”呈现上述特点？我们认为，第一，名词、动词、形容词作为汉语的三大类实词，它们有着具体实在的词汇意义，同其他成分搭配组合的能力较强，都能简明形象地描述和突出所指对象的典型特点。第二，从认知习惯来讲，这三类实词在认知过程中最易于被理解和接受，并且人们认识事物现象主要是从名词开始。第三，就三类实词内部而言，名词数量最多，名词性成分再造新词的机会更高，“X 姐”中也体现了这一点。从语义类型来看，由于“姐”具有自然属性和社会属性，因而“X”也主要从这两方面来修饰限定。“X”可以为外貌形象等自然属性，也可以为动作行为及其所凭借的工具等社会属性。

(1)名词性“X”。从语义上看，名词性“X”有的是参与者的外貌或衣着特点，如“丝袜姐”“古装姐”“麻袋姐”“棉袄姐”“内衣姐”“纱布姐”等；有的是动作行为所凭借的工具，如“菜刀姐”“扫把姐”“神刀姐”“纸巾姐”等；有的是动作行为所涉及的客体，如“笔画姐”“DJ 姐”“吊瓶姐”“可乐姐”“语言姐”“字幕姐”等；还有一些“X”直接表明参与者的身份或职业，如“高法姐”“律师姐”“协和姐”“最美护士姐”等。

(2)动词性“X”。动词性“X”多对应参与者的主要动作行为，行为过程本身即从整体上反映了特定事件，如“唱歌姐”“吵架姐”“停车姐”“买菜姐”“演讲姐”“阅读姐”等。以“停车姐”为例，其背景为：北京长安街上有位女车主发明了停车的“好办法”，将事先画好车位线的塑料纸铺在地上，然后将车停在线里面。为确保“万无一失”，她还在路边的电线杆上挂了自制的停车标志“P”。其中，修饰成分“停车”既可代指“女子自制停车标志违规停车”这一完整事件，还可表示女子“停车”这一具体动作。这类“X 姐”也可作倒序理解，此时事件的识解方式变为“某人做某事”这一传统句法结构，如“买菜姐”倒序后可理解为“姐买菜”。倒序后的结构从语义来看与“X 姐”似乎并无本质差别，但却缺少流行元素特有的文化含义和形式意味，显然不如“X 姐”更受欢迎。

(3) 形容词性“X”。形容词性“X”一般表示事件主体的典型个性特征。如“犀利姐”中的“犀利”极其形象地突出了当事人的时尚混搭风格：头戴翠绿色帽子，脖子上挂着亮丽的项链，皮肤古铜色，身穿七彩服饰。“豪放姐”“邋遢姐”“清凉姐”“任性姐”“逍遥姐”“妖娆姐”等也属于此类。

(4) 不同类型“X”所对应“X 姐”的认知方式。上述“X”都是从特定事件中提取出来的修饰性成分，不同“X”的提取反映了人们不同的认知方式。

其一，名词性“X”标记的是事物，而“X 姐”标记的是事件，以某事物为线索来代指整事件，这种认知方式是转喻。除转喻外，个别“X 姐”中隐喻机制也同时起作用，如“冠希姐”和“李刚姐”。以“冠希姐”为例，该事件的主人公由于将个人相机掉在学校内而导致私密裸照流出，在隐喻思维的作用下，人们经过联想，将事件女主角类比于“艳照门”事件的男主角“陈冠希”，从而完成由源域向目标域的投射。而后在转喻机制的作用下，人们通过“冠希姐”来解读整个事件。

其二，动词性“X”标记的是动作行为，行为过程本身就能从整体上反映事件，对于这类“X 姐”，人们大多以整体思维的方式来认知。此外，还有 3 个“X 姐”的认知方式为转喻，它们是“Hold 住姐”“回收姐”“加薪姐”，其中的“X”是从参与者的言语成分中提取而来。

其三，形容词性“X”标记的是性质，而“X 姐”标记的是事件，以某种性质为线索来代指整个事件，这种认知方式为转喻。

2.“X”的书写形式和音节构成

从书写形式来看，“X”包括全汉字型“X”、含英文单词或字母的“X”两大类。全汉字型“X”从音节数量上区分，包括单音节 15 个、双音节 147 个、多音节 21 个。含英文成分的“X”共 9 个，包括纯英文和中英文混合两种情形。每类“X”的具体数量、所占比例及相关例词见表 1。

表 1 “X”的书写形式和音节构成

书写形式	全汉字			含英文单词或字母	
音节构成	单音节	双音节	多音节	纯英文	中英文混合
具体数量（个）	15	147	21	4	5
所占比例（%）①	7.81	76.56	10.94	2.08	2.60
相关例词	房姐 牌姐 钻姐	买菜姐 欲望姐 自助姐	暴走表情姐 内衣上班姐 丝袜技校姐	DJ 姐 Q 姐 U 姐	朝阳 V 姐 High 歌姐 Hold 住姐

以上数据表明，“X”具有如下两个显著特点：

就书写形式而言，“X”以全汉字型成分为主。192 个“X 姐”中，全汉字型“X”共 183 个，所占比例高达 95.31%。此外，也有少量“X”含英文单词或字母，它们或单独修饰限制“姐”，或与其他汉语成分结合共同起修饰限制作用。英文成分的出现，与其本身形式简洁、意蕴丰富且能满足年轻人追求时尚、标新立异的心理需求有关。含英文成分的“X”在传统“X 姐”中基本不存在，这也是新时期网络造词的

① 由于四舍五入，各比例之和为 99.99%，略小于 100%。

鲜明特点之一。

就音节构成而言，“X”以双音节为主。如表1所示，双音节汉字型“X”占比为76.56%，若将含英文成分的“X姐”也计入在内，双音节“X”所占比例将上升至78.13%。“X”以双音节为主的特点与“X姐”的事件现象对应性有关：事件现象包含的信息纷繁复杂，较之于其他音节，双音节“X”对信息的概括浓缩更自由丰富，同时又不失经济简约。

（三）“X姐”的特点

作为一种典型的词媒体，“X姐”从形成到使用，从形式到内容，都呈现出自身的特点。

1.事件对应性

与传统的“事件→新闻→受众”这一经典大众传播路径不同，“X姐”主要有以下两种形成方式：有的是拍摄者上传图片或视频时直接用“X姐”命名；有的是图片或视频被媒体报道或在网络上被频繁关注和转载后，网友们为了娱乐调侃和称说方便而用“X姐”命名。无论哪种形成路径，“X姐”指称事件的性质都毫无疑问。例如：

(3) 以耽误接领导为由对男司机大打出手的淄博“李刚姐”事件，最近成了网友关注的焦点话题。(《鲁中晨刊》2011-06-01)

(4) 一连两天，众多媒体关注的武汉地铁“泼面姐”事件持续在网络上发酵，截至昨晚9时，网络上关于此事的帖子已多达300万条！“泼面姐”一事在大火之余，也在网友中掀起了一场轰轰烈烈的全民大讨论。(《武汉晨报》2013-03-31)

例(3)(4)中的“X姐”后面都紧跟“事件”，构成复指短语，其指称事件的特点显而易见。

2.语义透明度较差

从词媒体的形成不难看出，词媒体具有记录事件现象的功能，其作用和传统新闻报道中的文字、音频、视频等相当。较之于新闻内容的丰富全面，词语作为载体所承载的信息量比较有限。这意味着，人们对事件现象包含的纷繁复杂的信息高度概括浓缩时，不可避免地带有一定的片面性和不平衡性，只能基于网民的关注点和兴趣点，借助事件现象最具传播性的特征来命名。这一方面符合词媒体形式简洁的特点，另一方面也意味着对某些信息内容的遮蔽和忽略。因此，“词媒体借助了词的形式，但是缺少词的魂，即没有形成稳定的概念，词由概念(意义)的载体变成了事件、现象的载体，呈现出重形不重义的特征"[①]。

语料显示，绝大多数"X"和"姐"的结合都不紧密，搭配关系远未定型，这也符合"偶发词在意义上往往缺乏逻辑基础"[②]的特点。"X 姐"的语义透明度较差，我们从字面上很难理解其真正内涵。以"榴梿姐"(因不能将榴梿带上飞机，愤怒地将近 3 公斤重的榴梿当场砸开吃掉）为例，我们根本无法通过"榴梿"和"姐"推知"榴梿姐"的整体意义。而在传统构词法制约下生成的词语，构词成分之间大多都结合得比较紧密，通过构词成分和组合关系一般就能推知词的整体意义。换言之，"绝大多数现代汉语的'词'，其词义都是比较透明或完全透明的。意义比较隐晦或完全隐晦的'词'，在现代汉语中数量有限"[③]。应该指出，"X"为名词性、形容词性成分时，人们的认知方式主要为转喻；"X"为动词性成分时，人们大多以整体思维的方式来认知。因此，动词性"X"所对应"X 姐"的语义透明度要高于名词性、形容词性"X"所对应的"X 姐"。尽管"X 姐"的语义透明度较差，但"X 姐"所对应的事件现象却是趋向透明和公开的，这也从侧面反映出民众关注时事、参与监督的重要性。

3.平民化与个体性的彰显

伴随网络的泛技术化，我们已逐步进入一个不再设有严格意义上的"把关人"的自媒体时代，自媒体最根本的特点就是"平民化"[④]。公众由事件的旁观者转为身处其中的当事人，信息发布和造词的主体也一改"官方发布、官方造词"一统天下的局面，开始更多地向民间过渡和倾斜。可以说，"X 姐"是广大群众创作能力的集中体现，是草根阶层集体智慧的结晶。当然，造词主体的身份、职业、教育背景等个体差异必然会在一定程度上影响他们的关注点和兴趣点，进而影响"X 姐"的面貌。如由于造词主体关注点的不同，"女子在地铁车厢内当众换衣服"这一事件有"淡定姐""地铁换衣姐""豪放姐"等不同命名。在事件场景和造词主体都具有较强随机性和个体性的前提下，"X 姐"不可避免地具有高度专指的特点，大多只能唯一地指向某个对象。新兴"X 姐"在语义上的高度专指性，与表类概念的"的姐"等已有"X 姐"明显不同，与新兴的"X 奴""X 二代"等具有较强概念对应性的指人词族也有显著差异。

---

① 刘兵，霍晶晶.从语词的角度看词媒体的特点、功能和发展[J].湖北社会科学，2014(3).

② 武占坤.谈一种偶发词[J].中国语文，1961(4).

③ 李晋霞.《现代汉语词典》的词义透明度考察[J].汉语学报，2011(3).

④ 龚华玲.自媒体与词媒体：运行表征与制度消解[J].牡丹江大学学报，2012(7).

二、"X姐"的泛化

(一)"X姐"使用场景的扩散

"X姐"产生之初多对应人们纷纷聚焦的敏感事件,蕴含着鲜明的态度和情感。伴随高频使用,"X姐"逐渐用来代指一般事件。

所谓"敏感事件",指事关国计民生的政治、经济、社会等层面的事件。如与政府机构或公职人员的办事态度有关的事件,与传统文化、教育、道德观、价值观等相关的事件。由于事件本身的"敏感性",这类"X姐"往往凝聚着人们或褒或贬的感情倾向。

部分"X姐"因某些可贵品质或独特技能而引人注目,受到褒奖和赞美。如"美丽姐"(对被撞倒的大爷施以援手)和"南宁机智姐"(及时到ATM机上输入骗子账号办理业务,并故意连续多次输错密码以锁住对方账户)等。有些"X姐"因其恶劣品行及对社会的不良影响而被鄙视和唾弃,如"暴力姐""国骂姐""牛逼姐""牌姐"。其中"牛逼姐"(某铁路官员家属不仅带着武警插队买票,而且指使售票员就像孙子一样,还称自己就是牛X)和"牌姐"(某社保局公务员对任何问题都极不耐烦地扔出来一句"看牌子")与公职人员的处事方式和办事态度有关。"暴力姐"(服装店老板怀疑手机被女店员偷走,便不问青红皂白,在短短4分钟内狂扇女店员17记耳光)和"国骂姐"(某美女满嘴"国骂"暴打乞丐)都严重违背了传统道德。

指称敏感事件的"X姐"所折射的社会现象与民众生活普遍相关,人们能够借"X姐"宣泄某种情绪,或表达某些真实感受。因此,民众乐于了解、更乐于传播和命名此类事件,这就为"X姐"的广泛使用和传播提供了社会基础。另外,"X姐"命名方式的别具一格能满足大众求新求异、彰显个性的心理需求,使得它"经常位于思维意识的兴奋中心,时时徘徊在大脑词库的边缘,人们总是千方百计地寻找机会使用它,一旦发现适合它的场景,就会迫不及待地用上去。这个语言项目原本适用的场景要用,不适用的场景也会想方设法努力去用"①。

在本身特有的社会意义、形式韵味以及大众强烈的流行心态的多重驱动下,"X姐"的使用场景越来越多元,从指称敏感事件扩散到一般事件。所谓"一般事

① 辛仪烨.流行语的扩散:从泛化到框填[J].当代修辞学,2010(2).

件”，指不具有敏感意味或反映主体一贯的动作行为、品性特点等信息的事件。如经常利用空闲时间在公交站台和人员密集地宣讲保护城市环境的“公益姐”，拉着10万张1元纸币交宝马订金的“任性姐”等。这类“X姐”大多表现了公众对事件主体的戏谑调侃和揶揄嘲讽。戏谑色彩除了与网络媒体的发展和炒作密不可分，也与语言本身潜在的游戏、娱乐功能有关。

伴随高频使用，“X姐”的使用场景逐渐由敏感事件扩散到一般事件。语言项目本身的表义范围毕竟有限，伴随使用场景的扩散，“X姐”的语义必然发生泛化以适应那些超出其表义范围的对象。一方面，绝大多数“X姐”具有高度的专指性，事件现象和词语形式为“一对一”的关系，“X姐”形成一种框填，其中“姐”为不变的“框”，“X”为从事件现象中提取的“填”。这意味着，“X姐”几乎可以“无往不胜”地附加到任何场景和对象，从而实现千变万化的具体意义。使用场景的不断扩散，也导致该结构的语义变得含混不清甚至无从概括。另一方面，少数“X姐”已突破个体界限，出现类指倾向，并开始重复以类指为特征的直接使用，事件现象和词语形式为“多对一”的关系。以“淡定姐”为例，我们在“读秀网”中共检索到相关的中文报纸470篇，部分类化用法如下：

(5) 报道说，101大楼88层监视画面显示，地震时，有人一脸惊慌失措，有人根本还没反应过来，几名“淡定姐”无视天摇地动，不忘把握机会跟摇晃中的“阻尼器”拍照留念。(《生活报》2015-04-22)

(6) 对于高考，她一直很淡定安静、沉着。也因此，张佳兰在众人眼中不仅是学霸，更是“淡定姐”。(《浏阳日报》2016-06-27)

(二)“姐”语义的泛化

与“X姐”使用场景的扩散互为因果，核心成分“姐”的语义也发生了泛化。其一，“姐”突破了年龄和辈分的限制，某些年纪尚小的女童也可得“姐”之名，如“失控姐”“淘气姐”。其二，就连人们的性别属性也不再是“天然壁垒”，“X姐”出现了性别异化的倾向，个别装扮上或心理上比较女性化的男性也开始得“姐”之名，如网友们戏称“常在青泥洼桥步行街身穿女性化装扮出没的男子”为“青泥姐”。“姐”的语义特征同本义的[＋血缘][＋同辈][＋年长][＋女性]特征相比，出现了不同程度的弱化和脱落。当然，语义特征的弱化和脱落并非同步进行，而是有过程先后和程度强弱的差别，这也符合语言的“渐变性”特点。新兴“X姐”产生前，[血缘]特征已经伴随“姐”的泛化和类化而最早脱落；新兴“X姐”中，“姐”进一步弱化了[年龄]和[辈分]特征，[性别]特征的异化时间最晚，这类“X姐”的数量也最少。

除语义特征的弱化外,“姐”的语义泛化的另一种表现是某些隐含义素的凸显。尽管对于不同亲属称谓隐含义素的理解因人而异,但目前也有一些特征已被社会约定俗成。如“爷”“爸”“哥”等男性称谓所隐含的[＋力量][＋率直][＋豪爽][＋阳刚]等特征;“妈”“嫂”“姐”等女性称谓所隐含的[＋温柔][＋善解人意]等特征;“哥”“嫂”“姐”与同辈分的“弟”“妹”相比,所隐含的[＋资历]等特征;“爸”“妈”作为未成年子女的监护人,所隐含的[＋责任]等特征。新兴“X姐”之所以具备新鲜浓郁的形式意味和有别以往的内涵意义,恰恰在于“姐”的隐含义素由“潜”到“显”。以“牌姐”和“淘气姐”为例,前者指本应温柔耐心、善解人意的女公务员,对任何问题的回答却都是极不耐烦的一句“看牌子”;后者指生性好动、顽皮可爱并且颇具明星相的3岁女童,她在唱歌跳舞方面的“资历”堪比传统意义上的“姐”。二者中“姐”的隐含义素都在很大程度上超越了规约义素,甚至成为意义的主要方面,决定着人们的情感态度。事实上,不仅是“姐”,其他亲属称谓在使用中凸显隐含义素的情况也不时可见。如网友们普遍称呼范冰冰为“范爷”,就是由于其性格、为人处世等特点与“爷”的[＋豪爽][＋力量][＋话语权]等隐含义素高度契合。

三、“X姐”的语用分析

作为一种新兴语言现象,“X姐”的重要特点之一就是流行和使用。主要产生于网络的“X姐”在报刊、电视等传统媒体中的使用情况如何?为此,我们选取读秀网(报刊语料库)和国家语言资源语料库(有声媒体)(以下合称为“传统媒体语料库”)中2010—2014年的语料作为语用调查范围,从共时和历时两个层面统计分析“X姐”的使用频次,以期勾勒其发展概貌。选取这5年时间跨度的原因如下:第一,2010年初,因目光犀利忧郁、着装不伦不类却颇具时尚意味而一夜爆红网络的“犀利哥”事件引发了一场网上网下的大讨论,拉开了词媒体“X哥”的序幕。与“哥”在规约义素上仅有“性别”差异的“姐”也不甘示弱,词媒体“X姐”顺势产生。我们收集的192个“X姐”中,产生于2010年的多达44个,如“传说姐”“吊瓶姐”“钢管姐”“阅读姐”“晕倒姐”“自助姐”等。另外,关于“X姐”的产生年份,其他学者也有相关论述,如侯敏、周荐(2011)曾明确指出“X姐”产生于2010年。[①] 综合语料和学者论述,我们认为,语料调查从2010年开始是合理的。第二,从数据调查的

① 侯敏,周荐.2010汉语新词语[M].北京:商务印书馆,2011.

科学性和惯例来讲，5 年的时间跨度能保证考察结果的有效性和科学性。

共时层面，统计分析“X 姐”在传统媒体语料库（2014 年）中的使用频次分布（见表 2）。

表 2 “X 姐”在传统媒体语料库（2014 年）中的使用频次分布

频次段(次)	数量(个)	比例(%)	例词
≥100	1	0.52	房姐
99～50	1	0.52	Hold 住姐
49～10	5	2.60	草帽姐、淡定姐、励志姐、微笑姐、犀利姐
9～5	0	0.00	
4～1	17	8.85	宝马姐、不爽姐、咆哮姐、清凉姐、丝袜姐、执着姐
0	168	87.50	侧漏姐、合拍姐、泡泡姐、求婚姐、伤心姐、演讲姐
总计	192	99.99*	——

* 由于四舍五入，各比例之和为 99.99%，略小于 100%。

由表 2 可见，有高达 168 个“X 姐”在 2014 年的语言生活中处于隐退状态，语料库中出现的 24 个“X 姐”中只有 7 个能留存下来，年度使用频次在 10 次以上（含 10 次）；其余 17 个年度使用频次在 1～10 次之间。结合历时使用频次来看，24 个“X 姐”中自产生后一直使用的只有 15 个，但它们的使用频次都不高，使用情况极不稳定。

历时层面，综合考察“X 姐”2010—2014 年的使用情况，将“X 姐”分为低稳型、下降型、起伏型、偶现型和未现型五类，以此来考察其产生、发展、隐退等变化。

低稳型，指使用频次不高，自产生后每年都在传统媒体中出现。语料中仅“宝马姐”和“坚强姐”的逐年使用频次稳定在 1～10 次之间。

下降型，指刚产生时具有一定使用频次，有的甚至高达几百或几千次，随后使用频次逐年下降，有些词语甚至最终从传统媒体中隐退。这类“X 姐”共 26 个，除“不爽姐”“蛋糕姐”“房姐”“Hold 住姐”“丝袜姐”“微笑姐”外，其余 20 个“X 姐”都只在产生的当年或其后一两年使用，并且最终都从传统媒体中隐退了。以“房姐”为例，2013 年初使用频次高达 5050 次，2014 年大幅度下降，仅为 127 次。

起伏型，指使用情况不稳定，使用频次伴随社会关注程度的变化而有升有降，有些年份的使用频次甚至降为 0 次，处于潜隐状态。这类“X 姐”共 29 个，如“车祸姐”“哭泣姐”“流泪姐”“吐槽姐”“喂奶姐”“晕倒姐”等。

偶现型，指仅在产生的当年使用，随后就在传统媒体中完全隐退了。这类“X姐”数量最多，共69个，如“炒房姐”“发票姐”“号牌姐”“裸卖姐”“求婚姐”“体操姐”“欲望姐”等。

未现型，指从未在报刊、广播、电视等传统媒体中出现。这类“X姐”共66个，它们的使用非常受限，极具小众性。如“传说姐”“挑逗姐”“旺夫姐”“炫爱姐”“诱惑姐”等。

以上统计结果表明，“X姐”的共时使用频次不高，历时使用频次以“偶现型”和“未现型”为主。无论从共时层面还是历时层面，“X姐”在传统媒体中的整体使用频次都不高，被全体社会成员知晓的程度较低，使用情况极不稳定。事实上，“X姐”在网络上的生命周期也相当短暂，往往伴随事件现象的结束和人们关注点的转移而“过气”。这些使用特点与它的“词媒体”身份和使用场景的高度扩散有关。

词媒体是“微文化”“速食网络文化”的衍生品，其传播一般是阶段性的。所对应的事件现象是否具有代表性，能否在专指基础上升华为类化意义，能否在较长一段时间内反映社会现实并契合大众心理，都是影响词媒体生命力的重要因素。作为典型的词媒体，“X姐”具有产生快、传播快、消亡快、生命周期短暂的特点：大多是伴随特定事件现象的出现而临时产生，或由潜在状态临时显现；伴随特定事件现象的结束，这些词语也随之处于潜隐状态并逐渐被人们淡忘。网络、报刊、词典的例句中，往往用引号对这些“X姐”特别标识，以此来表示一定的“异感性”[①]。它们最终能否进入静态的语言系统，目前尚是未知。

任何事物都具有两面性，“X姐”使用场景的高度扩散在不断满足人们标新立异、趋同从众、猎奇娱乐等心理需求的同时，其新鲜度和流行性也明显下降，很容易使大众产生审美疲劳，进而将兴趣点转移来制造新的热点和轰动效应，这也是大多数流行语不可逃避的命运。正如辛仪烨所说：“人们使用话语流行语的热情高涨到了顶点，它们的扩散也就到了极限。一旦在它们上面难以再咀嚼出浓郁、新鲜的流行意蕴和形式韵味来，流行语距离退出历史舞台的时间已经不远了。”[②]

尽管绝大多数“X姐”难以长久存在于语言生活中，有的在传统媒体中甚至于昙花一现，成为“即红即逝”的历史词语，但它们不仅在短时间内爆发性地凸显了当下的事态民情，甚至还成为民众宣泄情绪、针砭时弊、表达诉求的“扩音器”。可以说，“X姐”不仅是不容忽视的语言现象，更是一种社会现象，构成我们社会发展历

① 邢福义.词类辨难[M].修订本.北京：商务印书馆，2003：201.

② 辛仪烨.流行语的扩散：从泛化到框填[J].当代修辞学，2010(2).

程的一部分，起到了为历史存照的作用，应该被研究和记录下来。如“淡定姐”“钢管姐”“微笑姐”“犀利姐”都已被收录到《2010 汉语新词语》①中，“扫帚姐”已被收录到《2011 汉语新词语》②中。另外，作为一个开放框架，只要交际和扩散的动因继续存在，“X 姐”就会不断涌现新成员。因此，无论从语言学本身还是从社会发展视角，“X 姐”都值得被关注和研究。

四、新兴“X 姐”与传统“X 姐”的异同

传统“X 姐”指静态语言系统中相对稳定存在的、指称人的类别的“X 姐”，如“大姐”“张姐”“的姐”等。这类“X 姐”与新兴“X 姐”既有共性，又有差异。

（一）新兴“X 姐”与传统“X 姐”的共性

共性主要表现为命名结构和“姐”的语义泛化。

从命名结构来看，两类“X 姐”中，“姐”都是结构的核心成分，“X”为修饰性框填成分。在交际需求推动下，“X 姐”可以通过框填不断产生新成员。以传统“X 姐”为例，“姓氏＋姐”可以通过框填产生“李姐”“王姐”“张姐”等一系列词语；“职业性质＋姐”也可以通过框填产生一系列词语，如“巴姐”“的姐”“高姐”等。

从语义来看，两类“X 姐”中“姐”的语义都发生了泛化。传统“X 姐”中，“姐”的[血缘]特征弱化甚至脱落，[同辈]和[年长]特征趋向模糊，[女性]特征仍然保留。如“的姐”中“姐”的语义特征为[－血缘][±同辈][±年长][＋女性]。新兴“X 姐”中，“姐”的[血缘]特征已经完全脱落，[同辈]和[年长]特征趋向模糊，[女性]特征绝大多数都仍然保留。

（二）新兴“X 姐”与传统“X 姐”的差异

尽管两类“X 姐”具有相同的框架结构，但其属性、语义特点以及性质都存在一些差异。

从“X 姐”的属性和语义特点来看，主要差异如下：其一，传统“X 姐”重在身份识别，是对某类个体的概括和符号化。而新兴“X 姐”是重在事件现象认知的词媒

---

① 侯敏，周荐.2010 汉语新词语[M].北京：商务印书馆，2011：32，54，185，195.

② 侯敏，杨尔弘.2011 汉语新词语[M].北京：商务印书馆，2012：135.

体，往往是对个体事件或特定现象的随机概括和随机符号化，具有高度的专指性。尽管个别“X 姐”出现了类化倾向，但绝大多数新兴“X 姐”仍然只能唯一地指向某个对象。其二，传统“X 姐”的语义透明度较高，往往蕴含着浓厚的亲切、尊敬色彩。新兴“X 姐”的语义透明度较差，大多是通过转喻或隐喻机制来代指特定事件，“X”和“姐”的结合不紧密。这类“X 姐”在逻辑意义基础上还产生了耐人寻味的流行意味，除褒贬色彩外，大都蕴含着公众对事件主体的戏谑调侃。其三，从语言的全民属性和社会属性来看，传统“X 姐”是全民造词的结果，这类“X 姐”是静态语言系统中的现成单位，具备认知和理解接受上的社会属性，使用比较普遍。新兴“X 姐”往往是某类人甚至某些个体随机造词的结果，不具备认知和理解接受上的社会属性，生命周期相当短暂。这类“X 姐”大多是临时产生或由潜在状态临时显现，它们最终能否进入静态的语言系统，还需要语言实践的进一步检验。

就“X”的性质而言，虽然两类“X 姐”中“X”都是修饰性框填成分，但“X”在书写形式和音节构成方面存在较多差异。传统“X 姐”中含英文成分的“X”基本不存在，并且“X”以单音节为主。新兴“X 姐”中的“X”以汉字型成分为主，同时也有少量“X”含英文成分；此外，“X”的音节数量也比较多样，涵盖了单音节、双音节和多音节，并且以双音节为主。因此，尽管两类“X 姐”的产生机制都为类推造词，但与传统“X 姐”相比，新兴“X 姐”并不具备严格意义上统一的词语模式，而是相当灵活多样，将传统类推运用到了极致。

总之，两类“X 姐”既有联系，又有区别，导致它们具有差异的最根本原因就是新兴“X 姐”的词媒体身份。从词媒体视角来探讨新兴“X 姐”，不但有助于发现和总结新兴“X 姐”的本质，还能通过对比，强化对传统“X 姐”的认识和研究。

五、结语

我们从命名结构、泛化、使用频次等方面探讨新兴“X 姐”，并与传统“X 姐”进行了对比。研究表明，新兴“X 姐”是通过凸显参与者“Who（谁）”来激活特定事件现象的词媒体。事实上，近年来产生的这类词媒体还有很多，如“饼坚强”“楼薄薄”“桥垮垮”“范跑跑”“郭跳跳”“姜你军”“蒜你狠”等。仅就“X＋指人词素”类词媒体而言，就有“X 哥”“X 帝”“X 爷”“X 叔”“X 弟”“X 嫂”“X 妹”等。[①] “X 姐”与它们之

① 文中的“X 帝（哥）”等均指新兴“X 帝（哥）”等。

间并非角力，而是互相补充、差异化并存。如“X帝”的主角常常是在某方面达到“最高/最强”，能满足人们追求夸张效果的心理需求；“X姐”“X哥”等区分了性别：男性参与者常用“X哥”“X爷”“X叔”“X弟”来命名，女性参与者常用“X姐”“X嫂”“X妹”来命名。较之于其他词媒体，“X姐”和“X哥”的数量最多，影响也最大，特别是那些涉及官民、贫富等敏感话题的事件现象，能迅速掀起舆论的蝴蝶效应。如“房哥”“房爷”“房叔”“房弟”“房嫂”“房妹”等“房多多”人物屡屡被曝光，都是受“房姐”事件的影响；“犀利姐”“犀利爷”“犀利嫂”“犀利妹”的得名都是受“犀利哥”影响。这意味着，“X姐”绝不仅仅是流行于一时的孤立个案，而是具有语言学和社会学双重价值的重要现象。因此，对“X姐”进行系统深入考察，不仅能促进亲属称谓词的研究，而且对流行词语以及词媒体的研究都大有裨益。此外，还有助于我们了解事态民情，记录社会发展。

冯红梅，2013年9月至2018年12月，跟从葛本仪先生弟子杨振兰教授学习，攻读汉语言文字学专业现代汉语词汇学方向博士学位。

杨振兰，1984年9月至1987年6月，师从葛本仪先生攻读汉语言文字学专业现代汉语词汇学方向硕士学位。1997年9月至2001年6月，师从葛本仪先生攻读汉语言文字学专业现代汉语词汇学方向博士学位。

《金瓶梅》复音形容词结构特征初探*

北京语言大学　程娟

一、引言

《金瓶梅》词汇研究属于近代汉语词汇研究的范畴。有关近代汉语词汇研究中存在的问题，一些专家学者已有阐述，总的看来是构词法研究较为薄弱。本文通过研究《金瓶梅》复音形容词的结构特征来探索近代汉语构词法的有关问题。①

在讨论问题之前，有几点需要加以说明。

(1)关于形容词的范围。目前有关形容词的认识存在一定的分歧：广义的观点是形容词既包括性质形容词，也包括状态形容词。该观点以朱德熙先生的《现代汉语形容词研究》一文(1956)为代表。狭义观点的形容词仅仅指性质形容词。该观点以北大编写的《现代汉语》教材(1993)为代表。本文采用了广义的观点。

(2)关于构形与构词的区分。构形与构词是两个完全不同的概念，构形是指一个个词的不同变化形式，构词指的是一个个独立的词。如"恭恭敬敬"可看作是"恭敬"的形态变化，属构形问题，不把它作为一个新词来看待，在形容词的数量统计中不包括此类。而像"急急巴巴"一类词，不是在"急巴"的基础上产生的，汉语中不存在"急巴"之类的复音词，我们将"急急巴巴"之类的词作为新产生的形容词来看待。

(3)本文讨论的核心问题是复音形容词的结构特征，所以收词范围虽既有性质形容词又有部分状态形容词，但论述却是按音节多少来展开的。性质形容词与状

---

* 拙作另有《〈金瓶梅〉动词研究》，载程湘清主编汉语史断代研究丛书《宋元明汉语研究》，山东教育出版社 1992 年版。论文的研究版本均为王汝梅、于凤树校点，齐鲁书社 1987 年出版的删节本。

① 参看张鸿魁.金瓶梅语音研究[M].济南：齐鲁书社，1996.

态形容词的划分是为了探讨二者在语法功能上的差异，在此我们暂不涉及语法功能问题。

据我们对《金瓶梅》形容词的考察统计，《金瓶梅》约有形容词 1496 个，其中单音形容词 334 个，占全书形容词总数的 22.3%，复音形容词 1162 个（其中包含 27 个形容词性的词语），占形容词总数的 77.7%。下面按音节多少对复音形容词分类进行定量分析和静态描写。

二、双音形容词的结构特征

《金瓶梅》共有双音形容词 949 个，占复音形容词总数的 81.7%。其构成情况如下图所示：

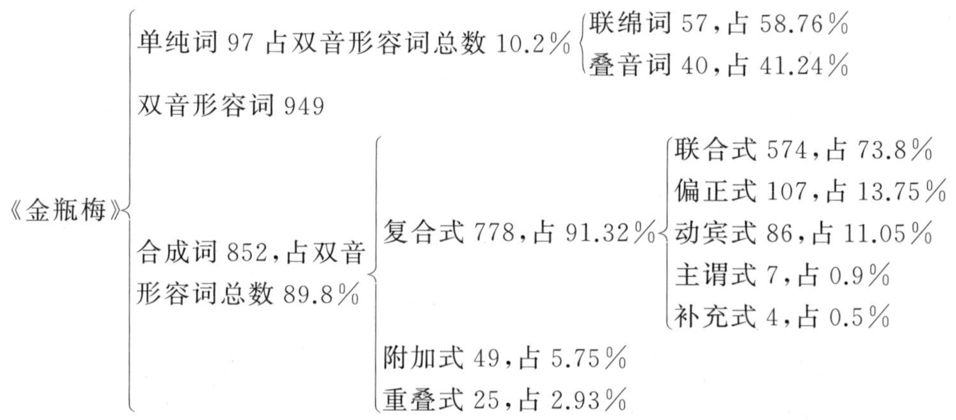

（一）单纯形容词的特点

单纯形容词的数量很少，仅占双音形容词总数的 10.2%。有联绵和叠音两种情况。

1.联绵形容词

联绵形容词约有 57 个，占双音形容词中单纯词总数的 58.76%。其中双声联绵形容词约有 12 个，占联绵词总数的 21.05%。如：尴尬、踟蹰、淋漓、蹊跷。叠韵联绵形容词约有 32 个，占联绵词总数的 56.14%。如：踉跄、料峭、糊涂、邋遢、腼腆、酩酊、殷勤、惫赖、韶刀。非双声叠韵形容词约有 13 个，占联绵词总数的 22.81%。如：狼狈、狼藉等。值得注意的是在 57 个联绵词中，有 8 个词具有形态变化。其中 7 个词是 AABB 变化式，如：狰狞、龌龊、窈窕、逍遥、恍惚、朦胧、伶俐。“蹬蹶”一词比较特殊，其形态变化是 A 里 AB 式。写作“蹀里蹀斜”。张鸿魁先生指出：“《广韵》定母贴韵：‘蹀，躞蹀’，心母贴韵：‘躞，躞蹀，行貌。’《金瓶梅》分别改换声符为‘叠’‘亵’。又写作‘蹀斜’。”[①]王利器先生认为“蹀里蹀斜”是“躞蹀”两字的通俗变用，形容脚步歪斜不稳。

2.叠音形容词

《金瓶梅》中的叠音形容词约有 40 个，占双音形容词中单纯词总数的 41.24%。如刁刁、巴巴、悻悻、脉脉、熙熙、悬悬、滔滔、岩岩、焰焰、滚滚等。这里的叠音词细分又有两种类型：一种是音节不表义，只有叠音之后才有意义。如“悻悻”。一种是音节虽然表义，但叠音之后的音节与原音节的意义差别很大或完全不同。如“涓”原为名词，指“细小的水流”，而“涓涓”则是形容词，指“细水长流的样子”。其他如“焰焰”“滔滔”等都是单音节表义，表事物或行为，重叠之后则变为状物或对行为的描写。而像“区区”“闲闲”等，叠音前后的意义完全不同。以上情况我们皆视为叠音词。与动词相比，《金瓶梅》双音单纯形容词的数量较多，占双音形容词总数的 10.2%。而《金瓶梅》中的双音单纯动词仅有 27 个，占双音动词总数的 1.66%。

（二）合成形容词的特点

《金瓶梅》约有合成形容词 852 个，占双音形容词总数的 89.8%。其中复合式形容词占双音合成词总数的 91.32%。附加式、重叠式形容词分别占 5.75% 和 2.93%。

1.复合式双音形容词

（1）联合式双音形容词的特点

联合式形容词在复合形容词中占绝对优势，约 574 个，占 73.8%。我们分别从语义构成、词性构成、词义与语素义的关系、词的构形变化四个方面进行具体的探讨。

第一，语义构成。

从复合词两个语素之间的意义关系看，主要有意义相同相近联合、意义相关联合、意义相反联合三种情况。每种情况所占比例及例词如表 1 所示：

① 张鸿魁.金瓶梅语音研究[M].济南：齐鲁书社，1996：42.

表 1

语素义的关系	所占比例	例　词
意义相同相近联合	75.8%	哀伤 懊恼 悲恸 沉重 刚强 贫乏 粗糙 猖狂 诚实 广阔 丑陋 稠密 端庄
意义相关联合	22.8%	白净 绰耀 富丽 饥寒 乏困 娇羞 狂诈 廉直 刁泼 醇厚
意义相反联合	1.4%	利害 荣枯 善恶 炎凉 厚薄

第二，词性构成。

从复合词两语素的词性入手进行分析，绝大部分词的词性与语素的词性是一致的，即为“形＋形→形”的情况。如：合睦、狠毒、洪亮、荒凉、空虚、美满。词的词性与语素的词性不一致的情况极为少见，约有 10 个。如：光辉、风流、才干、颜色、势利、活动、寻常。其中“颜色”“活动”“光辉”“才干”的词汇义与语法义在现代汉语中有一定的变化。

第三，词义与语素义的关系。

①词义是语素义的组合义。这类关系一般是建立在语素义都是基本义的基础之上，词的意义可从语素的字面意义上得到理解。安逸、富足、华丽、奸邪、魁伟、促忙、俊俏、贤良、遥远、谦逊、恼怒、欢乐等均属此类。《金瓶梅》中的双音联合形容词多属这种类型。

②词义是语素义的融合义。这类关系一般是建立在词的两个语素一表基本义，一表引申义的基础之上。如耿直、公平、轻狂、倦淡、昏沉等词中加点的语素表引申义，另一语素表基本义。词义不能完全从字面上加以分解，意义上有了一定的概括融合性。

③词义是语素义的引申义。这类关系一般是建立在词的两个语素皆表引申义的基础之上。寒酸、轻薄、方正、老辣、油滑等均属此类情况，数量较少。

第四，联合式形容词的构形变化。

在 574 个联合式形容词中有 20 个具有形态变化，其形态变化形式有以下两种类型：

①AB→AABB 式。有 19 个联合式形容词有 AABB 的变化形式，如：明白、昏暗、荒凉、闹喧、悲切、冒势、昏沉、齐整、容易、宽大、皎洁、清秀、沉重、肥胖、风流。

②AB→ABB 式。有此形态变化的形容词极少，如“白腻”与“白腻腻”，都指皮肤白而细腻。“虚飘”与“虚飘飘”两词，形式上类似于“白腻”与“白腻腻”，但意义上完全不同，前者指人的品质，后者指人的身体，因此我们将其视为两个独立的词，而

非形态变化。

在现代汉语中有些形容词可同时具有两种形态变化，如“冷清”，既可以是“冷清清”，也可是“冷冷清清”。在《金瓶梅》中尚未发现有两种形态变化的形容词。

(2)偏正式双音形容词的特点

《金瓶梅》中的偏正式双音形容词约有 107 个，占双音复合形容词总数的 13.75％。我们分别从语义构成、词性构成、词义与语素义的关系诸方面进行探讨。

第一，语义构成。

从偏语素与正语素的语义关系看，主要有以下几种情况：

①偏语素表否定。如不平、不安、不当、不凡、不洪、不济、不利、不愤、不整等。

②偏语素表程度。如冰凉、雪白、漆黑、惨白、粉碎、滚热、焦黄、净光、喷香、罄净、通红等。

③偏语素表性质特征。如美貌、青春、青年、和气、下气、硬气、大胆、雅相、人材、软款等。

第二，词性构成。

偏正式形容词的词性构成比联合式形容词的词性构成复杂得多，主要有以下几种情况：

①形＋形→形。该类型的形容词约占偏正式形容词总数的四分之一。其中偏语素表程度和偏语素表性质特征类型中的部分形容词属这类情况。如纯白、良久、清香等。

②副＋形→形。该类型形容词的数量与①类大致相当，偏语素表否定义中的全部形容词和偏语素表程度特征类型中的部分形容词属这类情况。如不恭、不幸、许多、许久等。

③形＋名→形。该类形容词在数量上位居第三，如秀气、硬气、大胆、大量、大意、粗心、异样、雅相、富态等。偏语素表性质状态的形容词多属这种类型。由于中心语素是名词性的，一些形容词在现代汉语中已演变为名词。如正气、青春、青年、美貌、波皮等。

④形＋动→形。如好听、好笑、多疑、多诈、坚执等。偏语素多表性质特征。

⑤名＋形→形。如冰凉、粉碎、漆黑、鹅黄、沙绿等。偏语素多表程度或特征。

第三，词义与语素义的关系。

①词义是语素义的组合义。偏语素表否定义的形容词多属这种类型。如不安、不便、不恭、不整、不当、不幸等。词义可从两语素的字面意义上得到理解。

②词义是语素的融合义。偏语素表程度的形容词和个别表性质特征的形容词

属该种类型。正语素表基本义，偏语素是比喻义或引申义，整个词义是二者的融合，如滚热、漆黑、稀烂。

③词义是语素义的引申义。偏语素表性质特征的形容词多属这种类型。例如硬气等。

第四，构形变化方面。

《金瓶梅》中虽然出现了“焦黄”“稀烂”“雪白”“漆黑”之类的状态形容词，但并未发现该类词具有 ABAB 式的变化形式。

(3)动宾式双音形容词的特点

《金瓶梅》中约有动宾式形容词 86 个，占双音形容词中复合词总数的 11.05%。我们分别从语义构成、词性构成两个方面加以分析。

第一，语义构成。

从动语素与宾语素的关系来看，主要有以下几种情况：

①宾语素表受事。如称心、出群、得闲、要强、惹眼、好色、合理、享福、怯床、持重等。

②宾语素表施事。如安心、痴心、出色、得意、失意、爽口、正色等。

③宾语素表当事。如无端、无情、无聊、无礼、有意、有名、有为、有趣、在行等。

④宾语素表原因。如烦难、害羞、纳闷、伤感等。

⑤宾语素表使动。如惊人、动人等。

⑥宾语素表结果。如消瘦、消乏等。

第二，词性构成。

①动＋名→形。约计 55 个，占动宾式形容词总数的 64%。如出众、得意、动人、留心、称心、知心、用心、中意、中吃、尽兴、努力、钟情、失意、成器、有趣、有名、知趣、惹眼、好色、落魄、没趣、乔样、省事、任意、伤感、无聊、无礼、享福、介意、本分、怯床等。

②形＋名→形。约计 12 个，占动宾式形容词总数的 14%。如痴心、多情、慎事等。

③动＋形→形。约计 12 个，占动宾式形容词总数的 14%。如持重、要强、耐烦等。

④动＋动→形。约计 6 个，占动宾式形容词的 7%。如中吃、中用、中看、得宠等。

其他还有副＋形→形等情况，如“没羞”，但因其数量极少，不再单列。

(4)主谓式双音形容词的特点

《金瓶梅》中主谓式双音形容词仅见7例:年老、年少、性急、自由、自足、自在、自然。其中"自由""自在""自然"在此之前已经出现。

(5)补充式双音形容词的特点

《金瓶梅》中补充式双音形容词的数量最少,仅见4例:上紧、凑巧、分明、幸甚。

2.附加式双音形容词的特点

《金瓶梅》中附加式双音形容词约计49个,占双音合成形容词总数的5.75%。其中典型的词缀有7个。

(1)词缀+词根

前缀"可"共构成派生式形容词12个,如可疑、可恨、可憎、可伤、可恶、可怪、可观等。

(2)词根+后缀

在6个形容词后缀中,"然"构成的派生词数量最多,约计32个。如安然、惨然、愕然、忿然、骇然、浩然、慨然、茫然、飘然、歉然、偶然、坦然、怏然、悠然等。其他后缀如"饿答"中的"答","顺溜"中的"溜","忙惚儿"中的"惚儿","了得"中的"得","燕尔"中的"尔"等。"尔"是上古沿用下来的形容词后缀。关于"的"目前看法尚有分歧,一种观点是将"的"看作形容词后缀;一种是将"的"看作助词。在此我们采用了助词说。

3.重叠式双音形容词的特征

《金瓶梅》中重叠式双音形容词的数量较少,约计25个,皆是在有意义的语素的基础上重叠而成。如"匆匆、惶惶、讪讪、灿灿"中的"匆、惶、讪、灿"皆有意义,在《金瓶梅》中虽不可单用,但却可构成"匆忙、惶愧、羞讪、灿彩"等复合词,且重叠之后词汇义和语法义皆变化不大。在此我们将"匆匆、惶惶、讪讪、灿灿"视为重叠式,而非叠音词。《金瓶梅》中还有单音形容词的构形形式,如:"长长、大大、淡淡、肥肥"等词皆是在"长、大、淡、肥"的基础上重叠而成。在《金瓶梅》中以上各单音节词皆可单用,且重叠以后语法意义有了一定的变化,表示程度加深义,我们将其视为构形,而非构词。《金瓶梅》中可有重叠变化形式的形容词约计57个,占单音形容词总数的17.07%。说明当时复音化的趋势非常明显。

总之,重叠式形容词与叠音词的区别是:单音节表义且单音节的意义与重叠之后词的意义相一致;与词的构形的区别是:多无原形词,重叠后词汇义语法义基本不变。

三、三音形容词的结构特征

《金瓶梅》中共有三音形容词 145 个，占复音形容词总数的 12.5%。从词所包含的语素多少方面分析，皆为合成词。其中复合式占绝大部分，主要是补充式。附加式形容词数量极少。

(一)补充式三音形容词

补充式三音形容词约有 129 个，可分为两种类型。

1.A—BC 式。

该类型仅有 3 例：慌不迭、光赤条、明滴溜。

2.A—BB 式。

该类型数量很多，约有 126 个。BB 皆有具体实在的意义，对 A 语素进行生动形象的描写说明。我们据语素 A 的词性分为以下几种情况。

(1)A 语素为形容词性。从 A 语素的表义特点分析，主要有以下类型。

第一，A 表颜色，与 BB 结合后增加了词的色彩感。如白生生、白馥馥、白晃晃、黑油油、黑洞洞、黑臻臻、黄恹恹、黄霜霜、翠弯弯、翠依依、青旋旋、绿糁糁、红馥馥、粉浓浓等。

第二，A 语素表示某种状态，与 BB 结合之后增强了视觉形象感。如呆瞪瞪、烂糟糟、乱腾腾、乱扰扰、慢条条、明晃晃、齐臻臻、细弯弯、窄星星、直掇掇、虚笼笼、光油油等。

第三，A 语素表示某种性质，与 BB 结合后有的增加了触觉感，如热烘烘、热突突、冷呵呵、软浓浓等。有的增加了嗅觉感，如香喷喷、香馥馥等。有的增强了音色感，如响当当等。有的增加了味觉感，如苦艳艳(酽)。其他如表示人的心态情感的形容词性语素，与 BB 结合后也更为生动形象具体，如：愁切切、娇滴滴、恶狠狠、闷恹恹等。

(2)A 语素为动词词性。如喘吁吁、恨绵绵、恨悠悠、弄耸耸、囔可可、赤白白、喜孜孜、喜匆匆、醉醺醺、笑欣欣、笑吟吟、笑嘻嘻等，数量较少。

(3)A 语素为名词词性。如汗浸浸、水济济、血历历、肉奶奶、玉纤纤等，数量最少。

经过考察发现语素 A 与 BB 的组合绝大部分是固定的，只有“馥馥、恹恹、腾腾、晃晃、哄哄、狠狠”等组合较为灵活，但一般不超过4个词，说明BB仍具有实在的词汇意义。《金瓶梅》中的复合式三音词除补充式之外，还有3个偏正式，即油似滑、蜡查黄、喷鼻香。

(二)附加式三音形容词

附加式三音形容词共计13个，可分两种类型。

1.A—BB式。

BB为词缀，较典型的有“剌剌”，在《金瓶梅》中构词较多，意义已经虚化。如白剌剌、大剌剌、怪剌剌、活剌剌、热剌剌、涩剌剌、羞剌剌、噪剌喇、焦剌剌等。

2.AA—B式。

AA为叠音，B为词缀，主要是“然”，“然”在双音词中构词32个，在三音词中构成了“恍恍然”“森森然”二词。

四、四音形容词的结构特征

《金瓶梅》中共有四音形容词语67个。其中典型的约计40个。五音形容词1个。

(一)四音形容词的特征

1.四音单纯形容词

《金瓶梅》中共有四音单纯形容词5个：迷留摸乱、稀里打哄、牢温郎当、搂搜索落、使气白赖。词中每个字只记音不表义，可有多种写法。如“迷留摸乱”在其他作品中还可写作“迷溜没乱”“没留没乱”“没撩没乱”，“稀里打哄”可写作“希里打哄”，“牢温郎当”可写作“囊温郎当”，“使气白赖”可写作“死气白赖”“死乞百赖”等。

2.四音合成形容词

《金瓶梅》中共有四音合成形容词35个，其中重叠式最多，附加式、复合式极少。

(1)四音重叠式形容词。《金瓶梅》中四音重叠式形容词约计30个，大部分带有方言色彩。如沓沓磕磕、乞乞缩缩、花花黎黎、急急脚脚、愣愣睁睁、意意似似、停停妥妥(也作停停脱脱)、淹淹润润、风风势势、絮絮答答等。

(2)四音附加式形容词。数量极少，典型的有“慢条斯理、惹气刺刺、花丽狐哨”等。

(3)四音复合式形容词。数量最少，较典型的有“蛮声哈刺、气喘吁吁”两词。

(二)四音形容词语的特征

《金瓶梅》中形容词性的四音词语大部分为成语，约 27 个。从其结构形式方面划分，多为联合式，也有主谓式和偏正式。

1.联合式形容词语。

数量较多，如百媚千娇、诚惶诚恐、白眉赤眼、清省白醒、黄皮寡瘦。

2.主谓式形容词语。

数量较少，如天网恢恢、花枝招展、响遏行云、黑白分明等。

3.偏正式形容词语。

如闷闷不乐、焕然一新等。

以上所讨论的是《金瓶梅》中四音形容词语的特点。超过四音节的形容词，较典型的仅有“不当家化化”一个。“不当家化化”在其他作品中也写作“不当家花拉”“不当家豁拉”等，如蒋绍愚先生在《近代汉语词汇研究》中曾专门阐述过“不当家花拉”一词，认为“‘不当’是词根，‘家’和‘花拉’是词缀”。[①]

五、结论

以上我们按形容词音节的多少探讨了《金瓶梅》复音形容词的结构特征，列表如下：

① 参看蒋绍愚.近代汉语词汇研究[M]//蒋绍愚自选集.郑州：河南教育出版社，1994.

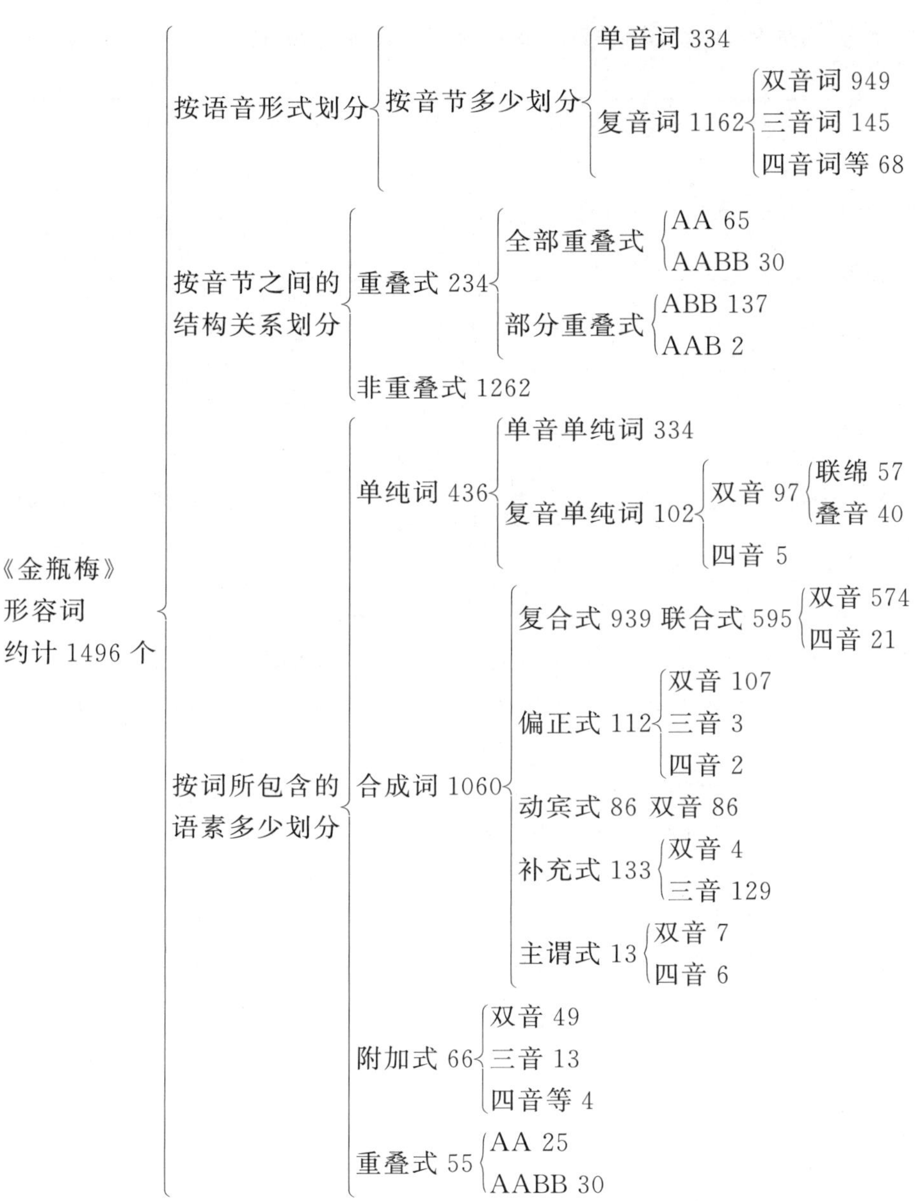

第一，从音节多少方面分析，可知《金瓶梅》形容词复音化的现象已表现得较为突出，基本上接近现代汉语。

(1)《金瓶梅》形容词与《金瓶梅》上卷动词复音化的比较：

表 2

	单音词		复音词	
	数量	所占比例	数量	所占比例
《金瓶梅》形容词总计 1496 个	334	22.3%	1162	77.7%
《金瓶梅》上卷动词总计 2955 个	1171	39.6%	1784	60.4%

从表 2 中可知《金瓶梅》形容词复音化的比率高出动词复音化约 17.3%。

(2)《金瓶梅》形容词与现代汉语《形容词用法词典》的比较：

表 3

	单音词		复音词	
	数量	所占比例	数量	所占比例
《金瓶梅》形容词总计 1496 个	334	22.3%	1162	77.7%
《形容词用法词典》总计 1066 个	159	15%	907	85%

对《形容词用法词典》有两点需要说明：其一，该词典只收构词形容词，不收构形形容词。如收“高”，不收“高高”，这一点与我们的收词原则相同，可以进行比较。其二，该词典以收现代汉语常用形容词为主，故收词数量较少。

第二，从语音之间的结构关系角度考察《金瓶梅》中的形容词，发现其重叠式形容词较为丰富。这里的“重叠式”是指词的语音形式是由音节重叠而成，不考虑音节是否表义。既包括单纯词中的叠音词，也包括合成词中的重叠式。《金瓶梅》中的重叠式形容式可分全部重叠和部分重叠两大类，具体有以下几种形式：(1)AA 式 65 个(其中单纯词叠音 40 个，合成词重叠 25 个)；(2)AABB 式 30 个(全为合成词重叠)；(3)A—BB 式 137 个(其中补充式 126 个，附加式 11 个)；(4)AA—B 式 2 个(全为附加式)。共计 234 个，占全书形容词总数的 15.6%，占复音形容词总数的 20.1%。

以上皆为重叠构词。《金瓶梅》中的形容词还有一些属重叠构形。其中在单音形容词基础上产生的重叠约计 57 个，占单音形容词总数的 17.07%。在复音形容词基础上产生的重叠约计 28 个，占双音形容词总数的 2.95%。具体形式如下：(1)AA 式 57 个；(2)AABB 式 26 个(其中 7 个为单纯词，19 个为联合式)；(3)A 里 AB 式 1 个；(4)ABB 式 1 个。合计 85 个。在形容词统计中我们据词的同一性原则，未将该类计算在内。倘若加上这部分作为形容词，《金瓶梅》中的复音形容词将达到 1247 个,复音化的比例将会更高。

第三,从词所包含的语素多少角度考察,复音形容词中单纯词的数量较少,共计 102 个,占全书复音词总数的 8.8%。其中双音单纯词占单纯词总数的 95.1%,四音单纯词占 4.9%。双音单纯词中有相当多的形容词是从上古中古延续下来的。《金瓶梅》中的合成形容词共 1060 个,占全书复音词总数的 91.2%。其中复合式数量最多,占绝对优势;其次为附加式、重叠式。具体统计如表 4:

表 4

复音形容词	结构	数量	比例
复音单纯形容词(102)	联绵	62	60.8%
	叠音	40	39.2%
复音合成形容词(1060)	复合式	939	88.7%
	附加式	66	6.2%
	重叠式	55	5.1%

第四,合成词中有以下 3 个方面的问题需要注意:

表 5

结构类型		双音	所占复音合成词的比例	三音	所占复音合成词的比例	四音	所占复音合成词的比例
复合式	联合	574				21	
	偏正	107		1		2	
	动宾	86					
	补充	4		131			
	主谓	7				6	
	合计	778	73.5%	132	12.5%	29	2.7%
附加式	词根+词缀	37		13	1.2%		
	前缀+后缀	12					
	合计	49	4.6%			4	0.3%
重叠式	AA	25	22.4%				
	AABB					30	2.8%
总合计		852	80.5%	145	13.7%	63	5.8%

（1）音节不同，构词方式不同。从表5可知双音形容词的构词方式最为丰富，有联合、偏正、动宾、补充、主谓、附加、重叠7种。其次为四音词等，有联合、偏正、主谓、附加、重叠5种。三音词的构词方式较为单一，主要有补充、偏正、附加等类型。

（2）词类不同，构词方式不同。我们将双音复合式形容词与双音复合式动词作一对比，发现二者构词的共同点是联合式皆占绝对优势。其差异主要表现在偏正、动宾、主谓、补充所占的比例上。如表6所示：

表6

双音复合词	联合		偏正		动宾		补充		主谓	
	数量	比例	数量	比例	数量	比例	数量	比例	数量	比例
双音复合形容词（778）	574	73.8％	107	13.75％	86	11.05％	4	0.5％	7	0.9％
双音复合动词（1590）	869	54.65％	183	11.51％	458	28.81％	65	4.09％	15	0.94％

形容词的结构方式依数量多少排序，依次为联合、偏正、动宾、主谓、补充；动词依次为联合、动宾、偏正、补充、主谓。

3.双音复合式形容词共计778个，约占双音形容词总数的82％。从语义构成看联合式、偏正式一般有3种类型；动宾式的情况较为复杂，一般有6种情形；补充式、主谓式情况较为简单。从词性构成看，联合式的词性绝大多数为“形＋形→形”类，占98.25％。偏正式中仅有25％的词是“形＋形→形”类；动宾式、主谓式、补充式中语素的词性跟词的词性都不一致。从词义与语素义的关系方面分析，联合式、偏正式主要有3种类型：词义是语素义的组合义、词义是语素义的融合义、词义是语素义的引申义。《金瓶梅》双音复合形容词结构情况如表7所示：

表 7

结构类型		词义构成	词性构成
《金瓶梅》双音复合形容词结构	联合式	相同相近联合 相关联合 相反联合	形＋形→形　98.25% 其他　1.75%
	偏正式	偏语素表否定 偏语素表程度 偏语素表性质特征	形＋形→形　25% 副＋形→形 形＋名→形 形＋动→形　75% 名＋形→形
	动宾式	宾语素表受事或对象 宾语素表施事 宾语素表当事 宾语素表原因 宾语素表使动义 宾语素表结果	动＋名→形　64% 形＋名→形　14% 动＋形→形　14% 动＋动→形　7% 其他　1%
	主谓式	主语素表主体	名＋形→形　42.9% 代＋形/动→形　57.1%
	补充式	补语素表结果 补语素表程度	动＋形→形　75% 形＋副→形　25%

参考文献：

[1]程湘清.先秦汉语研究[M].济南：山东教育出版社，1982.

[2]程湘清.两汉汉语研究[M].济南：山东教育出版社，1984.

[3]程湘清.魏晋南北朝汉语研究[M].济南：山东教育出版社，1988.

[4]程湘清.隋唐五代汉语研究[M].济南：山东教育出版社，1990.

[5]程湘清.宋元明汉语研究[M].济南：山东教育出版社，1992.

[6]朱德熙.现代汉语语法研究[M].北京：商务印书馆，1985.

[7]葛本仪.汉语词汇研究[M].济南：山东教育出版社，1985.

[8]赵克勤.古汉语词汇概要[M].杭州：浙江教育出版社，1987.

[9]王利器.金瓶梅词典[M].长春：吉林文史出版社，1988.

[10]刘叔新.汉语描写词汇学[M].北京：商务印书馆，1990.

[11]袁宾.近代汉语概论[M].上海:上海教育出版社,1992.

[12]向熹.简明汉语史[M].北京:高等教育出版社,1993.

[13]蒋绍愚.近代汉语研究概况[M].北京:北京大学出版社,1994.

[14]张鸿魁.金瓶梅语音研究[M].济南:齐鲁书社,1996.

[15]郭锡良.汉语史论集[M].北京:商务印书馆,1997.

[16]蒋冀骋,吴福祥.近代汉语纲要[M].长沙:湖南教育出版社,1997.

[17]徐通锵.语言论[M].长春:东北师范大学出版社,1997.

[18]章一鸣.《金瓶梅词话》和明代口语词汇语法研究[M].上海:上海古籍出版社,1997.

[19]中文大辞典编纂委员会.中文大辞典[M].张其昀主编,北京:中国文化学院出版社,1968.

[20]汉语大词典编辑委员会.汉语大词典[M].罗竹风主编,上海:上海辞书出版社,1986.

[21]郑怀德,孟庆海.形容词用法词典[M].长沙:湖南出版社,1991.

[22]朱德熙.现代汉语形容词研究[J].语言研究,1956(1).

程娟,1984 年 9 月至 1987 年 6 月师从葛本仪先生攻读现代汉语专业词汇学方向硕士学位。

从类型学和文化学角度看莱芜方言形容词的重叠构形

中共济南市委党校　吕晓玲

一、引言

原莱芜市地处北纬36°02′～36°33′，东经117°19′～117°58′，东邻淄博市博山区和沂源县，西连泰安市岱岳区，南接新泰市，北靠章丘市。莱芜东西最大横距58千米，南北最大纵距56千米。2019年1月，国务院批复同意山东省调整济南市莱芜市行政区划，原莱芜市莱城区划为济南市莱芜区，原莱芜市钢城区划为济南市钢城区。莱芜有悠久的文化历史，是齐鲁文化的重要发祥地，历史上著名的长勺之战即发生于此。莱芜地处山东省中部，被誉为"鲁中明珠"。南圈村地处莱芜中部偏南方向，南部全被山环抱，与外界联系相对较少。南圈村人经商的也很少，大多世世代代居住于此，方言比较纯粹。南圈村是我的家乡，生于此长于此的我对家乡话很熟悉，因此我们选取莱芜区雪野镇南圈村作为莱芜方言调查点。通过调查我们得到莱芜方言词语1758个(从中我们剔除了与普通话相同的大部分词语)，本文的语料即依托于此。

二、莱芜方言形容词的重叠构形形式

"构形就是词的形态变化的问题，一个词通过不同的形态变化，可以表示不同的语法意义。词的形态变化的方法就是构形法。"[①]汉语是一种形态变化极不丰富

① 葛本仪.现代汉语词汇学[M].修订本.山东人民出版社，2004:131.

的语言，因此在汉语中，存在形态变化的词只占少数。重叠是形容词生动形式的重要方式之一。下面我们讨论莱芜方言形容词的重叠构形问题。莱芜方言的形容词重叠构形方式与普通话相同，有 AA 式、AAB 式、ABB 式、AABB 式、ABAB 式和 A 里 AB 式。但每种方式在具体的构形数量，每个词在具体的构形方式上，又存在差别。

（一）AA 式

普通话中有很多形容词可以进行 AA 式重叠，比如：高—高高、白—白白、大—大大、胖—胖胖。重叠后第二个“A”声调不变，整个词的词汇意义不变，增加了“适中态”的语法意义。在莱芜方言中，这一部分词的第二个“A”一般都读轻声，而不像普通话一样声调不变。而且，其后跟的“的”字一般读“di”。如（左边是“基式”，右边是重叠后的“变式”）：

圆—圆圆　　长—长长　　方—方方　　斜—斜斜　　尖—尖尖

花—花花　　歪—歪歪　　团—团团　　扁—扁扁　　弯—弯弯

在普通话中，单音节形容词 A 进行 AA 式重叠构形后，它除了表示一种强调外，更多的是表达了一种“适中态”的语法意义，表示事物性状的形容词重叠后，“反映在色彩意义上，由原词的中性色彩变为亲切、喜爱的褒性色彩，作定语、谓语都如此”。[①] 比如：高高的个子、白白的皮肤、圆圆的月亮、他的个子高高的、它的羽毛白白的、月亮圆圆的。

莱芜方言中这些词同样具有用作定语、谓语的语法功能，但与普通话不同的是，方言中形容词重叠后 AA 式更多直接与名词连用，比如：我及门赶集买了个花花衣裳；你把那个长长桌子给我搬过来。孟庆泰曾指出淄博方言也存在这种 AA 式形容词，并且他还指出这种 AA 式形容词不像普通话中的 AA 式形容词那样作定语是描写性的，它是限制性的，具有分类作用。[②] 我们认为，莱芜方言中的这种 AA 式形容词既具有描写性也具有限制性，只不过在具体语境中，有的描写性强一些，比如“买了个花花衣裳”重在描写衣服的颜色是“花花的”而非白色等其他颜色。有的限制性强一些，比如“你把那个长长桌子给我搬过来”重在强调要对方搬的是“长长”桌子而非“圆圆”或“方方”桌子。在色彩意义上，莱芜方言不像普通话，AA 式形容词由中性转为褒性色彩，方言中它的色彩义没有变化。

---

① 杨振兰.形容词的重叠构形试析[J].文史哲，1995(3).

② 孟庆泰.山东淄博方言的重叠式[J].中国语文，2002(2).

在莱芜方言中个别形容词进行 AA 式重叠后还可以直接用在某个动词后作补语。比如:歪歪—这个墙你垒歪歪咧;斜斜—杠你画斜斜咧。而普通话中形容词进行 AA 式重叠后用作补语的话必须用在“动词+的”后,比如:他的眼闭得紧紧的。在作补语的位置上,方言中的形容词进行 AA 式重叠后表达的是“适中态”的语法意义,而普通话中的形容词进行 AA 式重叠后表达的虽也是“适中态”的语法意义,但它同时也表示一种“强调的意味”。

(二)ABB 式和 ABAB 式

据杨振兰的统计分析,普通话中双音派生形容词和双音联合式形容词的重叠形式多 ABB 式和 AABB 式,双音偏正式形容词的重叠形式多 AAB 式和 ABAB 式。[①] 比如:紧巴巴、冷清清、秀秀气气、利利索索、冰冰凉、通红通红。普通话中的这些 ABB 式和 AABB 式形容词莱芜方言中也有,但除此之外,莱芜方言还有许多普通话中没有的形容词,这些形容词进行重叠后使词语的表达效果更加细致入微。

需要注意的是,形容词的 ABB 式重叠,是“AB+B”式而非“A+BB”式。莱芜方言词汇中的大部分形容词“AB”除了进行 ABB 式重叠外,还可以进行“ABAB”式重叠。我们把调查到的例子列举如下(“ * ”表示莱芜方言中不存在此形式):

1.焦干—焦干干—焦干焦干　　焦黏—焦黏黏—焦黏焦黏
焦黄—焦黄黄—焦黄焦黄　　稀软—稀软软—稀软稀软
稀烂—稀烂烂—稀烂稀烂　　乌黑—乌黑黑—乌黑乌黑
锃明—锃明明—锃明锃明　　锃白—锃白白—锃白锃白
锃绿—锃绿绿—锃绿锃绿　　锃青—锃青青—锃青锃青
锃清—锃清清—锃清锃清

焦酸—焦酸酸—焦酸焦酸　　稀甜—稀甜甜—稀甜稀甜
乔苦—乔苦苦—乔苦乔苦　　焣辣—焣辣辣—焣辣焣辣
齁咸—齁咸咸—齁咸齁咸　　精秠—精秠秠—精秠精秠
挺浓—挺浓浓—挺浓挺浓　　挺湿—挺湿湿—挺湿挺湿
大长—大长长—大长大长　　精短—精短短—精短精短
大粗—大粗粗—大粗大粗　　精细—精细细—精细精细
大远—大远远—大远大远　　精近—精近近—精近精近
大肥—大肥肥—大肥大肥　　精瘦—精瘦瘦—精瘦精瘦

① 杨振兰.形容词的重叠构形试析[J].文史哲,1995(3).

大宽—大宽宽—大宽大宽	精窄—精窄窄—精窄精窄
大厚—大厚厚—大厚大厚	精薄—精薄薄—精薄精薄
大稠—大稠稠—大稠大稠	精稀—精稀稀—精稀精稀
大高—大高高—大高大高	精矮—精矮矮—精矮精矮
大深—大深深—大深大深	精浅—精浅浅—精浅精浅
大沉—大沉沉—大沉大沉	精轻—精轻轻—精轻精轻
哄黑—哄黑黑—哄黑哄黑	闵稠—＊闵稠稠—闵稠闵稠
2.脆生—脆生生—＊脆生脆生	尖溜—尖溜溜—＊尖溜尖溜
胎乎—胎乎乎—＊胎乎胎乎	介实—介实实—＊介实介实
嫩乎—嫩乎乎—＊嫩乎嫩乎	墩实—墩实实—＊墩实墩实
勤立—勤立立—＊勤立勤立	直勾—直勾勾—＊直勾直勾
利索—利索索—＊利索利索	连干—连干干—＊连干连干
熨帖—熨帖帖—＊熨帖熨帖	逯么—＊逯么么—逯么逯么
壮实—壮实实—壮实壮实	老巴—老巴巴—老巴老巴
大发—大发发—大发大发	黄烂—黄烂烂—黄烂黄烂
基舒—基舒舒—基舒基舒	稀朗—稀朗朗—稀朗稀朗
3.拐拉—＊拐拉拉—拐拐拉拉	装么—＊装么么—装装么么
拙古—＊拙古古—拙拙古古	酸梆—＊酸梆梆—酸酸梆梆

第1组中的词是单音节形容词B前加一个程度副词,B构成一个新的偏正式的状态形容词AB,新词AB要比原单音词B表示的语义程度深一些。基式AB都是状态形容词,它进行ABAB式重叠后所表示的语义程度进一步加深,基式AB进行ABB式重叠后所表示的语义程度介于基式AB和变式ABAB之间。也就是说,同样是重叠,ABAB式重叠是加强态,而ABB式重叠是减弱态。在第1组中,基式AB和各变式所表示的语义强度依次为:ABAB〉AB〉ABB。比如,同样是表示“干”,其“干”的程度依次为:焦干焦干—焦干—焦干干。有人认为上述例子中的AB不是词,认为单音节形容词B前的副词是“很”的意思,因此它们是偏正式短语。其实不然。第五版《现代汉语词典》中“精”第十项义项为:“〈方〉副词,用在某些形容词前面,表示‘十分’、‘非常’:～瘦/雨把衣服淋得～湿。”[①]语言是不断发展的,普通话和方言之间是不断互相渗透的,普通话在不断吸收各方言中的精华,尽

① 中国社会科学院语言研究所词典编辑室.现代汉语词典[M].第5版.商务印书馆,2005:720.

管以上有些词在普通话中感觉是短语，但在莱芜方言中，这些词都很常用，而且原单音节形容词和它前面的副词结合得很紧密，凝固程度强，我们认为它们是词。当然“闵稠”算是个例外，它只能进行 ABAB 式重叠却不能进行 ABB 式重叠构形。这组词还有一个特点是许多词语是成对出现的，它们可以构成反义词。比如：锃明—哄黑、大粗—精细。在语法功能上，基式 AB、重叠式 ABB 和 ABAB 都可以作谓语、定语和补语。比如，乔苦—乔苦苦—乔苦乔苦，这个苦瓜乔苦/乔苦苦地/乔苦乔苦地这个苦瓜很苦；乔苦/乔苦苦/乔苦乔苦地那苦瓜谁也愿意吃啊很苦的苦瓜谁也不愿意吃；这个苦瓜炒地乔苦/乔苦苦/乔苦乔苦地，忒难吃咧这个苦瓜炒得太苦了，太难吃了。

第 2 组中的词是单音节形容词 A 后加一个弱化的语素或词缀 B 构成双音节状态形容词 AB，基式 AB 一般只可以进行 ABB 式重叠，不可进行 ABAB 式重叠。但“壮实”“老巴”“大发”“黄烂”“稀朗”也可以进行 ABAB 式重叠，重叠后的“壮实壮实”“老巴老巴”“大发大发”“黄烂黄烂”“稀朗稀朗”具有了动词的性质。比如：这根豆角子别摘咧，等它老巴老巴唠再摘吧。朱德熙曾指出：“性质形容词作谓语表示事物恒久的属性，是静态的；状态形容词作谓语表示暂时的变化，是动态的。”[①]这个例句是说这根豆角子现在还太嫩或有点嫩，等它长老一点了再摘，这其中包含一个变化的过程。“基舒”既可以作动词也可以作形容词，比如，你把这些东西基舒起来；她穿得真基舒啊。而“基舒舒”和“基舒基舒”分别是形容词和动词“基舒”的重叠构形形式。ABB 式的语义程度与基式 AB 相比是加强态。基式 AB 一般前加“怪”“详”“忒”等程度副词，作谓语，比如，铅笔削得怪尖溜。重叠式 ABB 一般作补语，比如，果子炒地脆生生地才好吃花生吵得脆脆的才好吃。

第 3 组中的性质形容词 AB 也是由实语素 A 加一个弱化的语素或词缀 B 构成的，这种 AB 式的词只能进行 AABB 式重叠构形。AB 一般含有贬义，进行 AABB 式重叠后增加“加强态”的语法意义，贬义的程度也进一步加强。基式 AB 和重叠式 AABB 都可以前加“怪”“详”“忒”等程度副词，一般作谓语，比如，你这个人啊，忒拙古/拙拙古古地咧你这个人，太笨拙。

（三）AABB 式、ABB 式和 ABAB 式

有一部分性质形容词，它在普通话中只能进行 AABB 式和 ABAB 式重叠，但在莱芜方言中，它们除了 AABB 式和 ABAB 式重叠外，还可以进行 ABB 式重叠。莱芜方言中还有一些普通话中没有的形容词也可以进行这两种形式的重叠。如：

---

① 朱德熙.语法讲义[M].北京：商务印书馆，1982：104.

实在—实实在在—实在在	安静—安安静静—安静静
客气—客客气气—客气气	老实—老老实实—老实实
随便—随随便便—随便便	大方—大大方方—大方方
简单—简简单单—简单单	利索—利利索索—利索索
安稳—安安稳稳—安稳稳	结实—结结实实—结实实
漂亮—漂漂亮亮—漂亮亮	踏实—踏踏实实—踏实实
清静—清清静静—清静静	明白—明明白白—明白白
利索—利利索索—利索索	稀朗—稀稀朗朗—稀朗朗
大发—大发发—*大大发发	急火—急火火—急急火火
样发—样发发—*样样发发	瞜侯—瞜侯侯—瞜瞜侯侯

这部分双音节形容词AB式大多是性质形容词,其重叠后的形式AABB式的语义程度比基式AB强一些,而ABB式的语义程度要比基式AB弱一些。ABB式与AABB式相比,其语义程度也弱一些。也就是说,对这部分形容词的基式AB和重叠后的形式AABB式与ABB式来说,其语义程度由强到弱依次为:AABB式〉AB式〉ABB式。基式AB可以前加“怪”“详”“忒”等程度副词表示语义程度的进一步加深,但重叠后的形式AABB式与ABB式不可以前加程度副词。基式AB可以前加“不”表示否定,但重叠后的形式AABB式与ABB式不可以前加“不”表示否定。“急火”和“瞜侯”是例外,它们是状态形容词,因此其基式和重叠式都不可以前加“很”等程度副词,也都不可以前加“不”表示否定。基式AB一般作谓语,比如,这个人怪老实。重叠式AABB与ABB一般作状语,比如,你客客气气/客气气地说几句就行咧。

当这部分性质形容词进行ABAB式重叠时,比如,安静—安静安静、漂亮—漂亮漂亮、清静—清静清静,这种ABAB式一般具有了不同于基式AB的语法意义。关于性质形容词ABAB式重叠的语法意义,李宇明认为这种用法在表义上都具有“致使性”,“即让某人处于某种状态、获得某种体验、发生某种变化等等”,具有“属于动量范畴的尝试、轻微和短暂义”,已经具有动词重叠的某些特点。[①] 陈光从功能渗透与类化的角度指出这种重叠方式是受到动词基本重叠方式ABAB式的影响,属于形容词的“特别重叠式”,而形容词“进入特别重叠式,就失去了原式的部分特性而在很大程度上具备了动词的特征”,这种“特别重叠式”“不再具有形容词的

① 李宇明.双音节性质形容词的ABAB式重叠[J].汉语学习,1996(4).

描写性了，而是表示说话者希望或认为可以通过某种方式获得形容词所指的那种性状”。①

（四）其他式

在普通话中，“偏正式双音节形容词，有一部分在词形中含有比喻、修饰成分的词，几乎都可以作 ABAB 式变形，其中极少一部分还可作 AAB 式变形。”②李艳曾撰文指出，AAB 式重叠在汉语中并不少见，但“AAB 式重叠主要在名词性、拟声性上多有体现，而形容词性 AAB 式、副词性 AAB 式在汉语中并不多见”。③ 邢红兵以来源于北京语言文化大学语言信息处理研究所开发的现代汉语语料库（约 600 万字的标注词性的语料库，以下简称语料库）词表中没有切分的重叠结构和《现代汉语词典》（1996 年版修订本，以下简称《现汉》）中收录的全部重叠结构为基础，统计出各类重叠结构数量表④：

表 1

项目	ABB	AAB	AABB	A 里 AB	AAA	合计
语料库	326	64	483	10	9	892
《现汉》	206	33	86	1	0	326
全部	431	90	510	10	9	1050

这其中，属于 AAB 式重叠的形容词有 18 例，属于 A 里 AB 重叠的形容词有 9 例。文章也指出汉语“形容词的重叠方式以 ABB 式和 AABB 式为主，少数形容词（如冰冰冷）可以有 AAB 式的重叠形式”。在莱芜方言中，同普通话一样，形容词的 AAB 式和 A 里 AB 式重叠也很少，常用的只有麻麻亮、梆梆硬、糊里糊涂、罗里啰唆等几个词。其中，形容词的 AAB 式与基式 B 相比，一般增加了“加强态”的语法意义，但也有例外，比如“麻麻亮”比“亮”的程度要弱很多。形容词的 A 里 AB 式与基式相比，增加了“加强态”的语法意义和贬义的色彩意义。AAB 式和 A 里 AB 式一般作谓语。比如，天麻麻亮咧；你别糊里糊涂地咧。由于方言中的形容词

① 陈光.现代汉语双音节动词和形容词的特殊重叠式——兼论基本重叠式的类化作用与功能渗透[J].汉语学习，1997(3).

② 杨振兰.形容词的重叠构形试析[J].文史哲，1995(3).

③ 李艳.论现代汉语 AAB 式重叠[J].徐州师范大学学报（哲学社会科学版），2010(4).

④ 邢红兵.汉语词语重叠结构统计分析[J].语言教学与研究，2000(1).

的这两种重叠形式和普通话基本相同,在此不多讨论。

此外,莱芜方言中也有一些普通话中没有的重叠构形形式,比如,A不拉叽(白/黄/狠/脏/傻/苦/酸/甜/灰/黑/嘲不拉叽)、A儿呱唧(呆/傻儿呱唧)、A不棱登(二/傻/柴不棱登),还有一些附加成分难以考察意义的词,比如,中等二气、心焦把鬼、混立八狭、潮湿咖粘、温凉不展、疙瘩琉球、拿乔百怪、嗨吆拉乎、疤拉留什、百木留什、小气般见、油脂抹活、稀松了了、叼声不拉气、屁臭瓜拉淡、甜嘴麻辣舌、半嘲二八怂、脏不拉曰曰、徐言不道语、倒三不着两、酸不拉叽叽。这部分词一般作谓语,它们极具方言特色,许多年轻人已经不解其意或嫌其“土气”而不再使用这些方言词。

(五)莱芜方言形容词重叠构形的ABB式较多

通过以上对莱芜方言中形容词的重叠构形形式分析我们发现,莱芜方言形容词的重叠构形形式具有一些与普通话明显不同的地方,这主要体现为两点:一是双音节性质形容词AB的重叠构形,普通话中分为“基本重叠式”AABB式和“特别重叠式”ABAB式;方言中分为AABB式、ABAB式和ABB式,而这三种形式中ABB式更为常用;二是双音节状态形容词AB的重叠构形,普通话中为ABAB式;方言中除了ABAB式外,还有ABB式。可以看出,莱芜方言中形容词重叠构形的ABB式较多。

三、从类型学和文化学角度看莱芜方言形容词的重叠构形

重叠是各汉语方言的普遍现象,以上我们所讨论的几种形容词重叠形式在各汉语方言均能找到例证。除了这几种重叠形式,南方方言的形容词重叠方式更丰富,比如,福建漳州方言形容词的重叠有AA、AAA、AA仔、AA叫、AA吼、AA滚、AXX、XXA等十种形式①;苏州方言形容词的重叠有AXX、ABXX、A里A、A完A完、ZAZA、ZZA等近三十种重叠方式。在汉藏语系语言中,形容词的重叠也分布广泛,比如,苗语、壮语、白语、景颇语等。从张敏的考察来看,汉语重叠式的构

① 马重奇.漳州方言的重叠式形容词[J].中国语文,1995(2).

形模式也同样存在于远离中国的闪含语系、美洲印第安语等诸多语言中,[①]并且重叠形式与其所表达的语义是相匹配的,“也就是说,汉语的重叠式无论形式还是意义整体上都未超出从其他语言观察所得的类型学框架”[②]。因此,从类型学上来看,莱芜方言形容词的重叠构形似无特殊之处,其重叠构形形式大都包含于汉语方言、汉藏语系语言乃至其他语系语言的重叠形式之中。

但是,从上文我们详细讨论的莱芜方言形容词各种重叠构形形式来看,莱芜方言中形容词重叠构形的 ABB 式较多,这在方言中并不普遍(有的方言虽 ABB 式较多,但它未必是形容词的重叠构形形式,先有基式,然后再有重叠式的才是构形)。从目前我们所接触到的语料来看,有些方言也存在 ABB 式形容词重叠构形现象,比如,多长长—精短短、溜软软—挺硬硬、铮亮亮—黢黑黑(山东临沂兰山方言);亮堂堂、精矮矮、大高高、大胖胖、精瘦瘦(山东潍坊安丘方言);大厚厚、精薄薄、大宽宽、精窄窄(山东博山方言);光滑滑、爽快快、舒坦坦、平安安、严实实(徐州方言);绯红红、蜜甜甜、笔直直、冰冷冷、雪白白(温州方言)。但莱芜方言也有较为特殊的地方:上文(二)的第 1 组例词由单音节形容词 B 前加一个程度副词 A 构成一个新的状中偏正式形容词 AB,然后 AB 可以进行 ABB 式和 ABAB 式重叠,对于基式 AB 而言,ABAB 重叠式是加强态,ABB 重叠式是减弱态;上文(二)的第 2 组例词是由单音节形容词 A 后加一个弱化的语素或词缀 B 构成双音节状态形容词 AB,基式 AB 一般只可以进行 ABB 式重叠,不可进行 ABAB 式重叠,ABB 式的语义程度与基式 AB 相比是加强态。我们重点讨论这两类 ABB 式形容词。莱芜方言中的形容词基式 AB 多是对事物性状、人物情态等进行描摹,从视觉、味觉、嗅觉、感觉等方面进行描写,比如,焦黄、稀甜、焦酸、熨帖。而重叠式 ABB 和 ABAB 也是对事物性状、人物情态的描摹,只不过 ABB 式的语义程度介于 AB 式和 ABAB 式之间。语言规则是现实规则通过人们的认知在语言中的投影。[③]“构词重叠产生的途径主要与人的认知心理有密切的联系,大部分靠隐喻、转喻和人的注意等方式使不同的事物或事物的不同侧面之间发生联系。”[④]莱芜方言中 ABB 式重叠构形较多,说明莱芜人民对一些事物性状、人物情态具有细致入微的心理体验,他们对

---

① 张敏.从类型学和认知语法的角度看重叠现象[J].国外语言学,1997(2).

② 张敏.汉语方言重叠式语义模式的研究[J].中国语文研究,2001(1).

③ 石毓智.肯定和否定的对称与不对称[M].增订本.北京:北京语言文化大学出版社,2001:10.

④ 谢群霞.成都方言名词重叠的类型、表义及成因[J].成都大学学报,2006(3).

自身与相关事物、现象的观察、体验与感悟极为细致，能看出、体验出其间的细微差别，并以词或词的不同形态来进行标记，所以才导致莱芜方言形容词的 ABB 式重叠构形较多。语言，往往能反映人们的心理、思维，也往往能反映出一些文化信息。莱芜方言形容词的 ABB 式重叠构形较多，使莱芜方言的摹情拟态表达系统极为丰富。

四、结论和余论

关于现代汉语的形容词重叠式目前已有很多比较深入的研究，但这些研究一般只针对普通话或方言的形容词，进行“普一方”比较的文章较少；多笼统地研究 ABB 式，区分构词和构形的文章少；多语言学本体研究，类型学和文化学研究的角度少。因此，我们详细描写了山东莱芜方言中形容词的重叠构形形式，对其基式与重叠式所表达的语义程度、语法意义、语法功能等进行分析，并尝试从类型学和文化学的角度进行解析。由于多数关于方言重叠的文章并没有区分构词和构形，所以未来的方言重叠研究还大有空间。许多有特色的方言重叠式，包括一些极具形象性、描写性的形容词正在为多数的年轻人所不理解或弃用，而这部分词，往往能充分代表该方言区的语言文化、心理风俗，因此，抢记方言，挖掘文化，并进行深入、系统的研究，依旧任重而道远。

吕晓玲，2007 年至 2008 年，跟从葛本仪先生学习“语言学概论”“现代汉语词汇学”两门课程。2007 年至 2015 年，跟从葛本仪先生弟子杨振兰教授学习。

新疆汉语方言词汇系统的构成

西南民族大学　曾缇

早在先秦时代汉民族就存在共同语，在历史发展中，共同语又在分化和统一的过程中逐渐形成了方言，我国主要有七大方言区，新疆汉语方言属于北方方言的西北方言区。董印其指出，新疆使用汉语的群体，有的讲老新疆话，有的讲新疆普通话，有的讲兵团话（淮河南话）或方言岛和流动人口的汉语。[①] 本文的研究范围仅指大家普遍认同的"老新疆话"，即文中各处所指称的"新疆汉语方言"。"新疆汉语方言"这一概念从广义的角度去认识，它可指代新疆境内使用汉语方言的各个使用群体说的话。我们在此使用这个概念是狭义的，即仅指在近二百年来在南北疆形成的"老新疆话"，新疆汉语方言的形成与历史上的民族迁移分不开联系。

汉语方言的差异性体现在语音、词汇、语法等各个方面，新疆汉语方言词汇的构成，主要由西北各省（陕西、甘肃、宁夏、青海）方言词语构成，又有借自新疆少数民族语言的词语，还有土生土长的自创词语。除此之外，天津方言、山西方言、湖南方言、山东方言在新疆汉语方言里也有少数，例如：湖南方言的"精脚片子"（赤脚）、"口水"（唾液）、"邋遢鬼"（不利索、不干净、马马虎虎的人），山东方言的"打仗"（打架），东北方言借自满语的"埋汰"（肮脏）等。新疆汉语方言的形成只有两三百年的时间，它的基础要素是异质的，组成部分是繁杂的，接下来本文将从以下五点进行说明。

一、异质要素在新疆汉语方言中的体现

形成新疆汉语方言的基础方言是异质的。新疆汉语方言的形成不是由某个单一的方言区人群在几百年的使用中逐渐形成的，虽说主要是陕甘（回、汉）移民为

① 董印其，尹春梅.新疆汉语方言研究中的几个问题[J].语言与翻译，2012(1).

主，但宁夏、青海、天津、湖南、湖北、山西、云南、东北等地的民众也有在一个时期相对集中地来到新疆，这些不同省市来的移民是在不同历史时期先后进入新疆的，这就产生了人口来源的复杂性、异质性。高莉琴从历史角度细致讨论了屯垦移民对新疆汉语的影响，汉代、唐代、元代、清代时期就已有了屯垦移民，新疆汉语方言就有了第一、二、三代移民语言应用问题和不同时期移民后裔使用语言的问题，所以说新疆汉语方言是各地方言的融合体。[①]

由于上面的原因，构成新疆汉语方言词汇系统的要素是异质的。各省方言的词语随着使用群体在不同历史时期、不同地域（新疆各县市），由不同年龄、不同的民族使用，形成了一个词汇系统构成要素的异质特点。所以新疆汉语方言中的词汇系统不仅具有移民的基础方言部分，也具有一定的本土特色的自创词，其中还不乏少数民族语借词。

新疆汉语方言在新疆各地的使用也是异质的。新疆各地州县市说汉语方言的群体在运用词语与他人交谈时，大部分的词语在南北疆两片是相同的，但也有一些（数量可观）词语各地有明显不同。例如北疆片的人说老新疆话用词多与甘肃、宁夏、山西、天津等地的词语相同，这与当地人的祖籍地有关。而南疆片说老新疆话的人则多与陕西、青海、甘肃等地的词语相同，而且较多地使用少数民族语借词，同样与这里民众的祖籍地和生活在少数民族聚居地有关。

二、新疆汉语方言词语继承问题

方言词汇研究中有一项重要的内容就是对词语的历史来源进行考据，通过这项研究可以说明方言形成的不同历史层次及词义的历史演变，有助于探明方言词语得名的理据和词语的历史文化内涵，并可追溯移民的迁移情况。

新疆汉语方言的基础方言来源复杂，西北、华北、东北、中原、西南各省的词语都有，这些方言区的词语也可往上追溯，考据出在古代汉语中的来源，这也说明现代汉语是从古代、近代汉语发展演变而来的，与历史是无法割舍的。基于此，在这里我们仅就在新疆还比较广泛使用的一些代表性的词语来说明新疆汉语方言有大量的古语词的继承。

在中原地区的方言中，从上古汉语到近代汉语，不同历史时期的词语都有沉

---

① 高莉琴.新疆的屯垦移民与新疆汉语[J].语言与翻译，2004(4).

淀。新疆汉语方言继承了中原文化的内容,在词语使用上也还保留着这样的说法。下面将新疆汉语方言里常用的一些词语释义如下(读音以北疆片读音为准):

(一)奘[tʂuaŋ 52]

《方言》卷一:"秦晋之间凡人之大谓之奘,或谓之壮。"

今义:粗。今奇台方言称物体粗都作奘。如:"碗口奘的椽子,他一掌就能打折呢。"

(二)敹[liɔ 52]

《尚书正义·费誓》:"善敹乃甲胄。"章炳麟《新方言·释器》:"凡非绽裂而粗率缝之亦曰敹。"

今义:粗略或简单地缝合。如:"袖子烂掉了,赶紧给我敹住些。""随便敹上两针就行了。"

(三)炕[kʰaŋ 213]

《说文解字》火部:"炕,干也。"《说文解字注》火部:"谓以火干之也。"《宋本广韵》去声宕韵苦浪切:"火炕。"

今义:不加水,将食物烤熟;烤干潮湿的东西。如:"馍馍搁火墙上炕一下。""肉炕熟再吃!""水炕干掉了。"

(四)敁(掂)[tiɛn 44]

《宋本广韵》平声添韵丁兼切:"敁敪,称量。"

今义:手托物估重。如:"你提手里头敁一下看这个瓜有多重。""卖肉的把肉搁手里头一敁就知道有几公斤。"

(五)杠(虹)[kaŋ 213]

虹:《宋本广韵》去声绛韵古巷切,又平声东韵户公切:"螮蝀也。"《集韵》去声绛韵古巷切:"螮蝀也。"

今义:彩虹。如:"雨一停,西边个杠就出来了。""天上出了双杠。"

(六)搛[tɕiɛn 44]

搛:《集韵》平声沾韵坚嫌切:"夹持也。"

今义：夹。方言中意为“用筷子夹”。如：“多搛些菜吃。”“把菜搛到碗里头。”

这些保留在新疆汉语方言中的上古词语，在同时期的普通话和其他方言中多是作为构词语素来使用的，而新疆汉语方言保留了上古汉语的用法，作为独立的词来使用。

三、新疆汉语方言词汇来源的主体成分

新疆汉语方言是在陕西、甘肃、宁夏、青海汉语方言的基础上形成的，词汇系统里的主体部分绝大多数也是从这几个省的方言词语中继承的。通过对各地方言词典中词语的对比梳理，可以举例来说明。

来自陕西方言的词语：安顿、八字还没一撇、八辈子、按不住、背锅、草驴、吊脸、掺和、搐、捶、撺、扯淡、吃独食、成天、打捶、倒灶、熬煎、打摆子、定定、垫背、盖头、二杆子、单另、孤拐、狗食等。[①]

来自宁夏方言的词语：星宿、日头、装蒜、浪、吃席、拿把、转筋、盖碗茶、板颈、锅盔、奔颅（前额）、婆姨、胰子、骒马、儿马、缓（休息）、铺盖、被卧、晚夕、将才、平时等。[②]

来自甘肃方言的词语：个家、自家（自己）、脚板、电杆、记下、说下、着气、黑了、老汉、前年个、够不着、叉叉裤、仰尘、娃子、一达里、日能、嘴头子、喧谎、馍馍、财礼、务习、案板、麻达等。[③]

这些相同于西北其他各省的词语便构成了新疆汉语方言词汇的主体，以上词语在西北各方言里也都被普遍使用，在老新疆话里也时时在人们的交谈中能听到，这都说明新疆话中常用词语大都是沿用西北各省方言的词语，这些涉及日常生活中方方面面的词语反映出新疆的汉、回民和西北其他各省民众在对客观事物认识、一般动作行为以及待人接物处世方面都具有共性的一面。

---

① 景尔强.关中方言词语汇释[M].西安：陕西人民出版社，2000.

② 高葆泰，林涛.银川方言志[M].北京：语文出版社，1993.

③ 高葆泰，兰州方言音系[M].兰州：甘肃人民出版社，1985.

四、新疆汉语方言中的特征词

“由于新疆特定的地理环境，特有的农牧业生产历史，特有的生活器具，独特的风俗习惯，形成了具有新疆特色的一批词语，我们把能体现方言特征的词语称为特征词。它与这种方言的语音、语法特点一样，成为该方言有别于其他方言的区别特征。特征词是一种方言的日常生活用词，它活跃于该方言人民的口头上，为该方言所有成员所理解、认同、遵守和使用。特征词的形成与一个地方的社会习俗，文化传承，地理风貌，历史背景等因素有关，它反映了一个地方的语言群体的价值观念、生活体验、文化意识等社会心理。”①

在刘永华调查的新疆汉语方言特征词基础上②，本文通过对新疆境内奇台、巴里坤、乌鲁木齐、玛纳斯、吐鲁番、焉耆、轮台、伊犁等方言点词汇的比较，统计出一批最常用的新疆汉语方言特征词，并对其周边各县市方言有影响的词语，进行分类举例。

(一)称谓类

巴郎子、央杠子、兵娃子、儿子娃娃、贼娃子、假丫头、二转子、鼻拉桶、囊包、阆头、馋死猫儿、绝户头子、盲道、索什杆、呲牙子、愣怂、怂、新疆白坎儿、闷葫芦、谝椽客、流流子、莕料子、告状胎、烧包、老末、嗒拉儿客、尿床胎、转脑浆子、涎水包包子、是非头子、掐食杆、贼怂、蹁蹁脸、豁豁嘴、阆鼻子、吾斯达、藁杆、结磕子、二杆子、赖皮子、病胎子、毛客、漏嘴子、阿达西、哭鼻胎、瞎怂、抠门、肉头、眨醚子、户儿家、月娃子、地包天、骞头鬼、老丫头、子子子、溜光锤。

(二)身体类

大舌头、波膝盖、身板子、天门盖、哈拉子、胡子巴碴、胳涝洼、莫乎烟嗓子、刷刷子、穗穗子、双下巴、肉刺、锤头、眼仁子、眼眨毛、鬏鬏子、腿肚子、肚母脐子、舌头尖尖子、大腿根根子、鼻疙瘩垢痂、贼牙、贼肉、窝窝嘴、棱鼻子、脚把骨、鼻痂、噘噘嘴、

---

① 董印其.新疆汉语方言词汇与新疆地域民俗文化[J].新疆师范大学学报(哲学社会科学版),2002(3).

② 刘永华.新疆汉语方言特征词研究[D].武汉:华中师范大学,2007.

嗓户眼、胛拐子、斗、精个捻子、精沟子、精脚、耳根子、耳把子、耳垂子、耳坠子。

(三)饮食类

拉条子、抓饭、下午饭、薄皮儿包子、油塔子、锅盔、列巴、馕、曲曲、长面、揪片子、乌麻什、酵头子、烤肉、烤包子、羊杂碎、羊肺子、牛蹄筋、酸奶疙瘩子、粉面子、黄面、砂子塘、马奶子、躁子面、红豆腐、奶皮子、大油、大肉、清油、包谷面、拌面、碱面子、包谷芯芯子、粉汤、面旗子、糊儿墩、菜盒子、奶子、打汤、水水子、馕包肉、拨鱼子、醒面、死面、撒面扑、糖瓜子、莫乎烟。

(四)日常生活类

搬(房子)、逛悠、翘边、扎衣服、死疙瘩、摆桌子、拓章子、霸家、惹麻达、拿巴、墩达、挡挂、翠、瞅、丢人摆呆、鼻拉涎水、打马虎眼、嚼头、钱折子、恰达克、泡汤、日厌、日弄、日囊、日鬼、饨不展、胡日鬼、骚情、巴不得、纳斯、缓、饨得展、精神大、恶水、划大拳、吃嘴、吃伤、坨沱子、劲张、玩性、该、抽筋、抽风、眼眼子、梭梭子、底底子、渣渣子、拧拧子、点点子、尖尖子、道道子、端直子、油腻子、乜贴、蔫拐、章程、跟头绊子、拾翻、捞毛、打脸、零干、换水土、散(摊子)、抠搜、是非、煽达、嚼头、要(式子)、玄乎儿、过(岁岁)、找(麻达)、犯(病)。

(五)动作类

绕、跳、编、喧、要、谝、撂、喋、扰、撵、开台、拨拉、滋歪、踢达、晃达、转达、绕达、吊达、搅达、甩达、烧惑、惹下、喧荒、惹骚、撂套、帮尖、撂话、拐达、倒溜、卖傻、使拐、叨架、放展、尿拾、绕(手)、挡挂、给给、收就、掐食、戳腾、抬杠、撕巴、尔拾、放翻、望(嘴)、下碴、咋呼、吸溜、胳搂、气大、听门、吱麻鬼叫、甩甩达达、挡挡挂挂、扭扭达达、要(麻兀子)、绕(花花子)、弹(壳楼子)、谝(搭拉子)、抽(鼻子)、晒(嗦子)、谝(椽子)、喋(二话)、嗒嗒嗒、跑(空趟子)、挖(痒痒)。

新疆汉语方言词汇的组成部分中,虽然有与共同语一致的词语,有其他西北方言的基础,但在长期的发展演变和使用过程中,这批作为基础方言下属次方言中具有新疆地域特色的特征词,有其独特的构词构形方式,造词理据和表义方式,使得新疆汉语方言词汇逐渐形成了自己的区域特色。

五、具有鲜明地域特点的少数民族语借词

新疆自古是一个多民族地区，世居民族有13个，各民族在漫长的历史进程中相互影响交流，不同的语言、文化、宗教信仰，不同的风俗习惯相互融汇，形成了一种既有各自民族特色语言文化特征，又具相互吸收影响而在本民族文化中渗透其他民族语言文化的因素，这反映在方言词汇上，就是不同民族语言系统中都存在大量常用的借词，成为文化交流的媒介。新疆汉语方言中数量可观的借词，正是这种交流的具体体现。

（一）借词来源的多样性

新疆少数民族中维吾尔族人数相对较多，居住相对集中，汉民族与他们交际必要受其语言的影响，在新疆汉语方言词汇中有较多的维语借词，如"馕"（烤饼）、"开台"（离开、走开）、"巴扎儿"（集市）等，这是借词中的主体部分。除受维语影响之外，还有一部分哈萨克语词，如"萨玛瓦"（茶水炉）、"冬不拉"（乐器名）、"哈马斯"（全部），蒙古语词，如"戈壁"（沙石滩）、"达坂"（山梁）等也被借入到新疆汉语方言的词汇系统中，这种现象在北疆片的新疆话中较突出。

此外，新疆汉语方言中还有少数借自俄语的词，如"普鲁"（钞票）、"卡德尔"（干部）、"巴金卡"（皮鞋）、"布拉吉"（连衣裙），有借自波斯语、阿拉伯语的词，如"别马儿"（病了）、"阿布代子"（小净）、"都娃"（祈祷）等。这是由于两个原因：一是新疆与苏联相邻，有不少俄罗斯族在新疆边境地州生活，如伊犁、塔城、阿勒泰地区，他们与当地人共同生活，语言彼此影响，多有借用。二是新疆少数民族大都信仰伊斯兰教，尤其是回族，其日常生活与宗教活动有密切的联系，在这些活动中会较多地使用宗教教义上的一些词语，而这都来自波斯语或阿拉伯语。而回族使用的语言是汉语，词语绝大多数与汉语相同，所以他们在使用汉语时会出现波斯语或阿拉伯语借词，这部分词语自然而言就进入了新疆汉语方言词汇系统中。

（二）借词涉及内容丰富、类别多样

在新疆汉语方言形成的两三百年间，正是各民族交往，新疆社会生活、政治生活、农业生产、屯垦开荒变化最多最有成就的历史时期。汉、回民族大量迁徙新疆天山南北，形成村落、城镇，文化生活逐渐丰富，农业生产不断发展，社会生活相对

稳定，在这样的历史背景下，人们的交往必然增加，在大量的借词中，维语借词数量最多，这与维吾尔族是新疆的主体民族，对其他民族有较强的影响力有关。新疆汉语方言也自然从维语中借入人们日常生活的服饰、饮食、调料、蔬菜、植物、器具，以及年龄、性别、性格、职务、娱乐活动、乐器等各方面的词语，以便于人们共同劳动和生活。借词的内容覆盖既有物质的，也有精神的；既有生产生活的，也有心理文化、动作行为、感情的，可以说包括了社会生活的方方面面，内容极为丰富，这些词语拉近了各民族之间的距离，人民的交往更加和谐。

在众多的借词中，如果从词类的角度去归并也可看出其类别的多样性。借词中名词数量占的比重最大，其次是动词、形容词，即使是一些副词、否定词、叹词、语气词也都有借用。这些词语表示的意义汉语也有相对应的词，但人们在交际时却多使用借词，这可以使语言交流生动形象，富有感染力，增强语言的幽默感和表达力，活跃了交际气氛。

(三)借入形式多样化，使用频率高

新疆汉语方言中的借词借入形式多样，主要有三种形式：

1.音译词，直接将维语词语按照读音译后用同音汉字书写。

如：巴郎子(男孩)　　海拿(凤仙花)

皮牙子(洋葱)　　馕(烧烤的饼)

2.音加意译词：一般由维语词语音译后加汉语词素构成新词。

如：海娜花(凤仙花)

莫合烟(新疆本地人吸的一种烟草)

梭梭柴(当柴草烧用的梭梭草)

3.意译词，其本义与字面意义相去甚远，这是不同民族不同的文化心理造成的。按借词的界定，这种形式不是严格意义上的借词，但在新疆汉语方言里却是非常有特点的，有一定数量，所以在此按借词处理。

如：(眼睛)小：(吝啬)　　(肚子)胀：(生气)

儿子娃娃：(男子汉、英雄汉)　　房子：(家)

在借词的使用方面有一部分词语虽在汉语中也有相应的词语，借入后一般都是随不同的场合有选择地使用，但在长期的交往中一些借词的使用频率却高于汉语词，借词的进入使新疆汉语方言的词汇系统在动态变化中更进一步丰富发展。

从全国范围方言研究上来看，新疆汉语方言的研究相对其他地区方言研究较为薄弱，以往的研究材料往往以语音为主，词汇方面的调查研究还需要进一步梳理

和论证，总体来看，继承古汉语中的词汇、西北其他方言的基础词汇、具地域特色的特征词和一定数量的西域少数民族语借词是新疆汉语方言构成的四个主要部分。

曾缇，2011 年 9 月至 2015 年 6 月，跟从葛本仪先生弟子杨振兰教授攻读汉语言文字学专业现代汉语词汇学方向博士学位。

论“好吧”话语标记的形成及其话语功能[*]

北京语言大学 东北财经大学 张晓传

引言

“好吧”在现代汉语中经常出现，吕叔湘先生指出：“吧”用在“好、行、可以”等后面，表示同意，是一种应答语，如好吧，就这么办；行吧，咱们试试看；可以吧，就照原计划执行等。[①] 在日常交际中“好吧”经常出现，我们以北大语料库的当代文献为依据，同时结合当代作家（池莉、苏童、王朔、王小波、余华等）的作品和许多网络及日常对话材料，建立关于“好吧”的语料库，共 13 万字。

话语标记语（discourse mark），是一种不影响句子语义，能够表达情态，促进信息解读的语音片段。话语标记语的功能主要体现在四个方面：第一，不对话语的真值条件产生任何影响；第二，不会增加话语的命题内容；第三，与说话时的情景有关；第四，具有一定的情感功能或表达功能。

一、疑问与话语标记

“好吧”经常出现在疑问句句尾，分两种情况：

第一，处在表示“要求”或“意愿”的祈使句之后，表示附加疑问，其功能是通过疑问的形式征求对方的意见。这种疑问只给出对方同意的选择，希望得到肯定回

---

* 本文曾部分发表于《理论界》2013 年第 9 期。

① 吕叔湘.现代汉语八百词[M].北京：商务印书馆，1980：52-53.

复，与表达是非问的“好不好”“可不可以”等相比，疑问程度要弱一些。如：

(1)当开船后的那种杂乱澄清以后，李学文打开了行李包，准备在甲板上将床铺好。……他抬头张望，想找一个可以帮忙的人。“请你帮我铺一下，好吧？”他向坐在旁边的一个兵说。（曾卓《同床》）

在例(1)中，说话者通过“好吧”引导的弱问句向对方表达了自己的请求，语气诚恳而和缓。

第二，出现在某种断言性话语之后，根据隐含意义的不同，可以分为两种情况：

1.隐含不满情绪，如：

(2)牛：那要再出问题我可不负责了，哎，老陈。

陈：我负责，我负责。好吧？（刘蒙之《编辑部的故事》）

(3)阿春：他是说，王老板的意思是说如果天气太热的话，他会装两个排风扇。是吧，王老板。

起明：对。那就这样吧，好吧？大伙先干活。有什么事儿回头再说。（曹桂林《北京人在纽约》）

例(2)中关于冰箱出问题的事情，老陈在老牛的强烈要求下，表示自己可以对这件事情负责，根据语境可以看出，老陈对整件事情充满了不满，同时老陈也不希望再就这个话题讨论下去。例(3)中，根据语境可以看出，作为老板的起明其实不想给工人改善工作环境，因此对这种请求也充满了不满。上述两个例子貌似是在征求大家的意见，实际上表达了不希望再就这个话题讨论下去，“好吧”的疑问意义已经弱化。

2.隐含对对方的否定，如：

(4)A：姑娘给我个袋子。

B：你怎么进来啦？这里是不能进的，好吧？（作者在大润发购物时记录）

例(4)中，B针对A的请求（给袋子）没有给出正面回答，而是提出疑问，并自己作出回答——这里是不能进来的。隐含了对A要求的否定。例(4)中对话双方的观点不一致，“好吧”不再表示疑问，而是提醒对方注意自己的观点，具有辩驳的意味，真实地表达出说话者的态度。

(5)范冰冰：每个人都有展示自己的机会，……什么叫“一线”，我是“无线”的好吧。（http://ent.qq.com/zt2012/bigstar03/index.htm?pgv_ref=aio2012&ptlang=2052）

例(5)中，范冰冰直接否定了别人对自己“一线”演员的评价，并提出“我是无线的”观点。“好吧”处在这一观点之后，句尾不再有疑问标记“?”，“好吧”的疑问意义彻底消失，说话者的观点和态度表现得非常明显。

在例(4)(5)中，“好吧”用在某一断定性话语之后，处在回应话轮中，在语境中只是提醒对方注意自己的观点，不要求对方给予回复。如果删掉，句子的真值并不会改变，话语的内容也不会有所改变，所以我们认为提醒对方注意的“好吧”已经是一种话语标记。在日常应用中，这种例子越来越多，应用的语言社区也越来越广。

二、应答与话语标记

“好吧”处在陈述句中，一般有以下几种功能：

第一，对对方所提疑问或要求建议等的积极应答。如：

(6)郭燕：我给你擦擦背，好吗？

起明：好吧，去去这美国味。(曹桂林《北京人在纽约》)

例(6)是对对方所提疑问的肯定回答，带有积极的情绪。

第二，对对方所持观点或要求等的妥协。如：

(7)加木措说：你怎么就不明白呢？叩一夜等身长头是必须的，……加木措说到最后使用了藏语，……便又结结巴巴译成汉语，似乎有些不达意。

我只好说：好吧。(池莉《让梦穿越你的心》)

(8)王贤良愈发固执，“你不答应我就不起来！”辣椒“咳”了一声，跺跺脚：“好吧，权当我做个善事了。”(池莉《你是一条河》)

例(7)中，“好吧”单独成句，我们通过“好吧”可以体悟说话者的心情，对说话者以后的行为和观点也有更深的理解。在例(8)中，“好吧”处在回应话轮的句首，后接听话者的话语或行为，从这些行为和话语中我们可以很清晰地看出听话者对事件的妥协和隐含的情绪，所以即使删掉“好吧”，也不会影响读者对句子的理解。也就是说在一定程度上“好吧”只是用来连接前后的话语，加强这种妥协的意味。

第三，话语标记。

以上两种应答都是对对方所提要求或建议的接受，一般处在回应话轮开始的位置。第二种与第一种相比，接受意义弱化，情态表达功能增强。当对方不再提出某种要求或建议时，“好吧”的应答意义也就消失。如果删掉“好吧”，句子的语义真值并不会受到影响，所以此时“好吧”可以被看作话语标记。方梅指出：“语义弱化的连词可以被看作话语标记，主要发挥话语组织功能和言语行为功能。"[①]"好吧"应答意义弱化，具有篇章功能，可以被看作发挥话语组织的功能的话语标，如：

1.话轮延续

何自然[②]指出话轮是指轮流发话中发话人的话语从开始到结束。会话者的话轮能够顺利地延续下去，往往需要一些连接的成分，如"然后""所以""而且"等。"好吧"在话轮的延续中也发挥着相类似的作用，使说话者的话轮能够继续下去，从而实现说话者的交际目的，如：

(9)走出黑屋子是傍晚时分，……走在炫目的夕阳下，我想，从今以后，那些虚幻的想法是一点也没有了。我早就领悟过的绝望不过是又一次得到了证实。好吧，来吧，我在这儿等待着。(张炜《柏慧》)

例(9)，"好吧"处在同一说话者的话语中间，前面是对说话者采取行为的原因的解释，后面是说话者决定采取行为的目的或者行为本身，前后话语之间存在一定的因果关系。"好吧"相当于"既然这样那么……"或者"所以"等。如果删掉"好吧"，前后句子之间的语义关系就显得不够和谐，给读者带来一定的阅读错乱感。可见"好吧"的作用是连接两个分句，使得说话者的话轮能够得到延续。

2.话轮转接

话轮转接是指会话参与者在会话中彼此充当说话者和听话者。在会话中，说话者可以指定下一位发言者；说话者也可以继续自己的发言；其他发言者也可以自己主动发言。"好吧"的话轮转接作用如：

(10)"你这是什么意思?"周仁也有点火了，"我一没有向你夺妻之心，……我怎么搅了你的安生日子?"这回，张全义反倒被问了个张口结舌。周仁也没再说什么，……起身对张全义道："……好吧，既然我让你这么不痛快，那我只好告辞了。老师那边，哦，还有金秀那儿，你替我找个说辞吧……"(陈建功赵大年《皇城根》)

(11)他突然问道："燕儿！你看我的身板骨可够壮实的?"

小燕不解其意，点头"嗯"了一声。

周伯伯愣了一会说："好吧！天就亮了，你回去看着点门。叫他们早晨多睡睡，早饭就先熬粥吧，别的东西归我操办。"(李英儒《野火春风斗古城》)

例(10)中，周仁把话轮转给张全义，但张全义此时哑口无言，周仁无奈之下只

① 方梅.自然口语中弱化连词的话语标记功能[J].中国语文 2000(5):459-461.

② 何自然，陈新仁.当代语用学[M].北京：外语教学与研究出版社，2002:62-90.

好自己接过话轮，继续说明自己的来意。例(11)中，周伯伯主动接过话轮，发表自己的观点，但是这个观点与上一话题的关系不大。所以“好吧”可以看作是说话者主动索取话轮的一个标记。

三、“好吧”转变为话语标记的动因

语法化实际就是指词义抽象化达到一定程度后引起词义虚化，使之最终失去原有的词汇意义，变成只表示语法关系或语法功能的语法单位。借以使词汇项和结构进入某种语言环境以表示语法功能的演变，一旦这些词汇项和结构发生了语法化，它们继续发展出新的语法功能。“好吧”由具有实际意义虚化为话语标记，其中的原因主要有以下几种：

(一)语义背景的转变

马真指出：“词语使用的语义背景是从语用学角度说的，语义背景就是一种语用环境，几乎每个词语，特别是虚词的使用都会涉及语义背景的问题。”[①]邵敬敏也有同样的观点。语义背景的转变和凝固，对“好吧”意义和功能形成具有至关重要的作用。“好吧”所处的语义背景有以下几种：

1.表达疑问功能的“好吧”往往处在表示希望要求的祈使句之后，表达说话者希望得到对方允可的语义背景下，语气比较和缓，语调比较低，如例(1)。当“好吧”不再处在表示希望要求的句子之后，说话者也不再需要得到对方肯定性回应时，“好吧”语义背景变为对对方观点和行为的接受，隐含说话者的不满情绪时，“好吧”的实际疑问意义也就弱化了，如例(2)。当说话者的观点与对方不一致时，“好吧”的疑问意义已经消失，完全虚化为对说话者观点和态度的强调，更是提醒对方注意自己的观点，如例(3)。

2.具有应答功能的“好吧”处在对对方观点、建议或行为的积极认可的语义背景下，说话者往往积极地去执行对方的指示，如例(6)。当“好吧”处在对方与说话者观点不一致，但说话者又无可奈何只能妥协的语义背景下时，“好吧”的应答意义弱化，更主要是表现说话者的情绪和态度，如例(5)；当对方不再提出建议和要求时，或者对方的行为和话语不再在说话者的容忍范围之内时，“好吧”的应答意义也

① 马真.现代汉语虚词研究方法论[M].北京：商务印书馆，2004:89.

就完全消失了。“好吧”完全虚化为一个具有话语组织功能的回应标记，如例(11)。

总之由于语义背景的转变，使得“好吧”原来的意义逐渐弱化，到最后完全消失，成为表达情态发挥篇章连接功能的话语标记，其虚化过程如下表：

表 1

好吧	转变前	转变中	转变后
语义背景	对对方的希望请求/对对方的积极应答	对对方观点和行为的接受(带有不满情绪)/对对方观点和行为的妥协(带有不满情绪)	对对方观点或行为做出断言性评论(隐含对对方观点的否定)/对方不再提出要求或者对方的行为不在说话者的容忍范围之内
功能	疑问/应答	疑问功能弱化，情态功能增强/应答功能弱化，情态功能增强	提醒对方注意的情态功能/组织话语的功能
实际意义	疑问/应答	疑问意义弱化/应答意义弱化	话语标记

(二)话语位置和语用推理

促使一个词语语法化进程的必要条件就是它具有足够高的使用频率。在搜集的 4000 条语料中，“好吧”可以单独作为小句有 3701 条，占总数的近 90%。“好”“吧”在一起，形成一个固定搭配，时间一长，频率一高，人们在心理认知上很容易对它们形成一种“完型”概念，这为“好吧”的定型和虚化提供了一定的认知基础。

吕叔湘指出：“任何语言的任何一句话，它的意义绝不等于一个一个字的总和，而是还多点什么，按照数学上的道理，二加二只能等于四，不能等于五。语言里可不是这样”，“人们的语言活动中出现的意义是很复杂的。有语言本身的意义，还有环境给予语言的意义；在语言本身的意义中，有字句显示的意义，有字句暗示的意义”。① 何自然、陈新仁指出说话人的意义分为两个层面：特定话语所表达的字面意义和说话人通过发出特定话语所实际想要表达的意义和用意。② 根据合作原则，听话者必须根据话语的意义去推导说话人的施为用意，或者根据具体的语调、表情、手势等来推断说话者的用意，并且予以合适的回复，才能完成交际。

“好吧”在语义背景转化之前意义仍然是字面的意义，表示疑问或者应答，但是

---

① 吕叔湘.汉语语法分析问题[M].北京：商务印书馆，1979：28.

② 何自然，陈新仁.当代语用学[M].北京：外语教学与研究出版社，2002：65.

由于语义背景的转变和定型,"好吧"的意义随之出现变化,说话者通过"好吧"更主要的是传达自己对事件的情绪和态度。听话者根据语义背景和自己的经验,在合作原则的指导下,对"好吧"的意义和功能进行新的推理,从而最终实现"好吧"意义的虚化。同时由于"好吧"处在句首或句中,所以就被重新分析为具有话语连接功能的话语标记。处在句尾的"好吧"根据说话者的意图,就被推理成提醒注意并带有辩驳意味的话语标记。

总之,"好吧"在的虚化如下图:

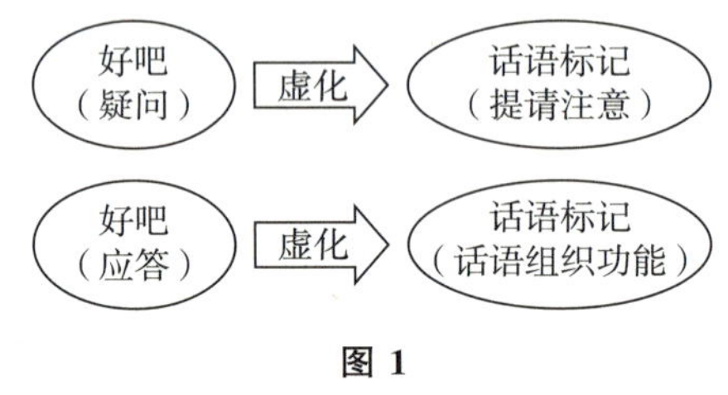

图 1

四、"好吧"的主观性和交互主观性

主观性 (subjectivity)即在话语中多多少少总是含有说话人"自我"的表现成分。也就是说,说话人在说出一段话的同时表明自己对这段话的立场态度和感情,从而在话语中留下自我印记。话语主观性的研究主要集中在三个方面:(1)说话人的视角;(2)说话人的情感;(3)说话人的认识情态(epistemic modality)。说话者的情感可以通过很多语法手段表达出来,如语气词、情态动词、副词、词序、重复等,表示疑问功能的"好吧"就是主观性的表现。"好吧"跟在表示希望要求的祈使句后面,表达说话者主观要求,带有较强的希冀情感,具有主观性。

交互主观性(inter-subjectivity)指的是说话人用明确的语言形式表达对听话人"自我"的关注,体现在认识意义上,包括对听话人态度(attitude)和信念(belief)的关注,不过更多的是体现在社会意义上,即对听话人面子(face)和个人形象(self-image)的关注。"好吧"作为话语标记,具有交互主观性。"好吧"处在断言性话语之后,不仅是提醒对方注意自己的观点,而且暗含这样一种意义:我的态度很诚恳,尽管我的观点或态度对你的面子造成一定的损害,但是我已经充分考虑到你的感受和心情,希望你能理解并接受我的观点或行为。说话人的这种蕴含意义是能够被听话者所理解和接受的,因而听话人也比较能够接受对方的观点或行为,并进而增加对对方的好感。也就是说"好吧"具有交互主观性,因而在交际中可以有效地缓解气氛,拉近双方的心理距离,从而使得会话能够顺利进行,实现交际的目的。作为具有话轮延续,话轮转接功能的"好吧"暗含这种意义:我做的一切都已经充分考虑到你们的感受,我只是想让你们得到更多的尊重,维护你们最大的面子,希望你们理解。听话者能够感受到这种隐含意义,所以能够使得双方的交流比较顺畅。总之"好吧"的交互主观性,使得双方能够彼此理解,实现交际的目的。

"好吧"作为话语标记总是维护对方的面子,从对方的角度来出发思考处理问题,必然具有交互主观性。因为具有交互主观性,所以更好地维护对方的面子,从而使得交际顺畅自然。

五、结语

以上是我们对"好吧"的各种功能的分析。在现代汉语中它不仅具有表示疑问和应答的功能,并且在此基本功能的基础上虚化为话语标记,分别具有提醒对方注意、话轮转接、话轮延续等功能(其虚化示意图如前)。虽然有些不构成话语的基本意义,但却具有丰富的语用意义。在话语理解中可以引导交际双方更好地进行交流,实现交际。

参考文献:

[1]李小军.语气词"好了"的话语功能[J].世界汉语教学,2009(4).

[2]冉永平.言语交际中"吧"的语用功能及其语境顺应性特征[J].现代外语,2004(4).

[3]冉永平.话语标记语的语用学研究综述[J].外语研究,2000(4).

张晓传,于2008年至2014年,跟随葛本仪先生学习"语言学概论"和"现代汉语词汇学"课程。

缩略语词化研究

《社会科学报》报社　邢霞

一

自改革开放以来，随着社会政治经济文化的迅猛发展，汉语中的缩略语呈现出前所未有的发展势头。例如，在股市交易时，“深圳发展银行股份有限公司”称作“深发展”，其他的一千多家上市公司的名称也都有相应的缩略形式。

缩略语是词汇单位中特殊的一类，主要是对一些固定的较长的词或短语进行减缩后形成的简化形式，与原型的词汇意义相同、语法特点大多一致，并且形式简洁，易于交流，便于记忆。从认知语言学的角度来说，人们认知某些复杂的客观事物后形成了一个概念或者想法，在言语中就相应地出现一个表现形式。为了准确地表达这个新事物，有时会用几个词语组合在一起，以短语的形式出现，但是在语言经济的原则下常常会被简化为缩略语。缩略语是一次认知、二次编码的结果，即在共同认知的基础上，人们对已形成的词语进行二次约定后形成的。一些常见的缩略语经过长时间或高频率的使用后，不再需要原型短语的支持也可以单说单用了，逐渐地演化成了一般的“词”，有的甚至进入到基本词的行列。例如，一般人只知道“冠心病”，除了专业人士，很少有人知道它的原型是“冠状动脉粥样硬化性心脏病”。再如，“电视”是“电视接收机”的缩略，知道的人也不多。词化是缩略语高频使用的必然结果，也是高频缩略语发展的必然趋势。

本文试图对缩略语词化现象、词化的标准、词化缩略语的语言特点等问题进行一系列的探讨。

二

人们在认知客观世界后，逐步在头脑里形成了一个概念，然后用语言符号表达出来，从认知语言学的角度来说，即是：

客观世界→认知加工→概念→语言符号[①]

概念是人们对客观世界中的事物、现象和关系进行认知而产生的思维结果，它属于思维范畴。语言中的词是表达概念的外部形式，概念是词得以形成的基础，但词和概念之间不是一对一的对等关系，词可以表示概念，但概念却不一定都用词的形式来表示，如“人民大会堂”“高等学校”等概念就是用短语的形式表示的。有些短语是临时性的组合，而有些短语则是经常固定搭配在一起的。有些固定的短语或相对比较固定的短语由于使用频率很高，应用范围很广，就减缩为一个相对简短的形式，即缩略语，例如，高等学校——高校。这种关系可以用下图表示为：

词
↗
客观世界→认知加工→概念→固定短语→缩略语

缩略语的特殊性在于它是由原型缩略而来的。缩略语不是由概念到语言符号一次完成的，中间经过了一个复杂的固定短语阶段，即缩略语的原型，原型已经是一个相对比较稳定的语言形式，并且大多可以独立运用。正是因为有了这个复杂固定短语阶段，所以缩略语与一般的概念词不同，也和一般的直接表示概念的短语不同。[②]

首先，为了保证缩略语和原型语义内容的相等性，原型中的提示性语素会被抽取出来。例如，“大巴—大型巴士”中“巴”指的是“巴士”；“非典—非典型性肺炎”中的“典”指的是“典型性肺炎”。当然，这种缩略语语素的特指是建立在一般性的基础之上的。在汉语中大部分的语素义是固定的，通常汉字的意义常常就是一个语素的意义，当缩略语中的提示性语素所代表的短语意义放到众所周知的一般性词

① 赵艳芳.认知语言学概论[M].上海：上海外语教育出版社，2001：35.

② 大多数的缩略语都是由短语缩略而来的，只有少数的缩略语原型是音节相对较多的词，例如，米卢—米卢蒂诺维奇。这种缩略词所占比例较少，所以，在此不另做分析。

语中时，大众就会迅速准确地明白那个新缩略语的意义。

其次，有些缩略语的原型是相对固定的，有些缩略语的原型不止一个。例如，大家都知道“高考”是缩略语，但各个缩略语词典收录的原型就不尽相同，有的是“普通高等学校统一招生考试”，有的是“高等学校统一招生考试”，还有的是“高等学校招生统一考试”。虽然缩略语原型不完全相同，但基本的核心内容没有变，都指的是高等学校招生考试；而且，每个相对固定的原型都可以单独使用。

最后，缩略语因为有原型，所以，在言语交际过程中存在信息传递的还原性。通常状态下说话人把自己的思想感情通过词语和语法规则编成语码，发送出去，接收者通过同样的词语和语法规则解码，进而接收信息，然后进行反馈。但是，如果说话人说话时运用的是缩略语，那么说听双方都要借助于未缩略的原型来理解。例如，“河南省‘打拐’斗争取得明显成效”，这句话中的“打拐”指的是“打击拐骗买卖妇女儿童”，说话人在原型短语的基础上使用“打拐”这个缩略形式，听话人也要明白才行，否则不能完成交际任务，即说话人经过“原型—缩略语”这个过程来编码，听话人要经过“缩略语—原型”这个过程来解码，双方才能完成交际任务。

三

有些缩略语经过长时间或高频率使用后，形式和内容都固定了，渐渐转化为一般的词，有的甚至成了基本词，这个过程就是缩略语词化的过程。

那么如何判断和确定词化的缩略语呢？当然应该根据词的标准来判断一个缩略语是否变成了一个词。但是，语言学家们从研究的角度出发，根据语言实际和各自的理解给“词”下的定义不同。葛本仪先生认为“词是语言中一种音义结合的定型结构，是最小的可以独立运用的造句单位”①，符淮青先生认为“把词看作是语言中有意义的能单说或用来造句的最小单位，它一般具有固定的语音形式”，②黄伯荣、廖序东两位先生主编的《现代汉语》定义为：“词是句中最小的能够独立运用的语言单位。”③虽然各家看法不尽一致，但大家对于基本词的看法是比较统一的，都认为具有普遍性、稳定性和生成性特点的词语是基本词。因此，我们认为，基本词

① 葛本仪.现代汉语词汇学[M].济南：山东人民出版社，2001:30.

② 符淮青.现代汉语词汇[M].北京：北京大学出版社，1985:1.

③ 黄伯荣，廖序东.现代汉语[M].北京：高等教育出版社，2002:251.

反映的是词汇系统中最为固定的词的特点，所以，可以在词的定义的基础上参照基本词的特点来判断缩略语，如果一个缩略语具有基本词的三个特点，那么可以肯定这个缩略语就已经词化了。

(一)词化缩略语的判断原则

1.普遍性。从共时的角度来看，有些地区性或行业性的缩略语，随着使用频率的增加，逐渐超越了地区或行业的限制，为全民普遍使用，成为通用词语。

(1)地区性的缩略语：这类词语的通称具有普遍性，具称都具有特殊性。例如，“居委会”，虽然不同城市不同辖区有不同的具体的“居委会”，但大家都知道它指的是“居民委员会”。再如：

财政大学—财大　房产地产管理科—房产科

(2)行业性缩略语：一些缩略语只在行业内部作为一个词高频使用，行业以外用的人并不是很多。例如：

流行性脑脊髓膜炎—流脑　　软磁盘—软盘

中国石油化学工业总公司—中石化　　现代汉语—现汉

2.稳定性。从历时的角度看，有些缩略语不仅在某一阶段具有普遍性，而且经过了时间的检验，被长期使用，具有很强的生命力。这些缩略语在被社会认可的同时，本身也就具有了稳定性，并逐渐词化，有些甚至世代沿用，成为历史承传词。例如：

泰山北斗—泰斗　　沧海桑田—沧桑

仁者见仁，智者见智—见仁见智　　画蛇添足—蛇足

在缩略语中还有大量的政治性词语，由政府部门统一约定后，随着政令的畅通成为全民用语，在某一个阶段稳定性地存在着。这些词语反映了当时社会的政治面貌，对社会的影响非常深远，妇孺皆知，成为高频词后迅速词化。例如：

少年先锋队—少先队　　外商投资企业—外企

合同制工人—合同工　　中国人民解放军—解放军

3.生成性。随着科技发展的日新月异，有时一个新词出现后，相应地会出现一系列的词语，如果这些词语很长，就会出现缩略语。缩略语在频繁的使用过程中，抽取的代表性语素不仅能有效地提示原型词语的意义，而且对同类的事物和词语产生了类化作用，具有一定的类推性，自身则具有很强的生成性特点，可以和其他的语素一起构成新的缩略语。这样构成的缩略语构型简单、音节较少，使用频繁，便于普及，很容易词化。

(1)以缩略复合语素的形式参与构词。例如：

劳动保护→劳保 ＋ 鞋→劳保鞋
劳保 ＋ 服→劳保服
对外经济→外经 ＋ 部→外经部
外经 ＋ 委→外经委

(2)以单音节语素形式参与构词。例如：

岗位→岗	学生→生	科学→科	治疗→疗
竞岗	委培生	科幻	化疗
脱岗	自费生	科普	食疗
转岗	自考生	科研	磁疗

这类缩略语的词或语素具有生成性，是因为人类大脑的认知活动总是在已有知识的基础上以最节约的方式进行思维。人类认识新事物时，常常根据新事物的物理、功能等属性将其与已认知的事物发生某种联系，在原有概念的基础上不断扩充，形成了一个更大的语义场。例如，随着高校的扩招，出现了很多不同情况的学生，缩略语中就有了“××生”。

综上所述，具有普遍性、稳定性和生成性的缩略语可以看作是已经完全词化了。

除了以上三条原则，有时色彩义也会起作用。例如，像“中华人民共和国”可以缩略为“中国”，但是缩略后没有缩略前那么庄重、严肃，色彩义上差别很大，所以，这类专有名词不建议缩略使用。

(二)本文对词化缩略语的判定依据

对于哪些缩略语可以算是词，哪些不是，人们还有一个语感的问题，或者说是词感的问题。

1.音节方面。在现代汉语中双音节词占多数，除了联绵词和音译外来词，汉语的语素多为单音节语素，双音节的组合常常就是双语素的组合，“双语素的组合多半可以算一个词，即使两个成分都可以单说，如电灯、黄豆。四个语素的组合多半可以算两个词，即使其中有一个不能单说，如无轨电车、社办工厂。三个语素的组合也多数以作为一个词较好，例如，人造丝可以向人造纤维看齐，作为两个词，但是人造革只能作为一个词，与其把人造丝和人造革作不同处理(类似鸡蛋和鸭蛋问题)，不如让人造丝、人造纤维有所不同”[①]。吕叔湘先生这个观点非常接近普通人的“词感”，比较切合实际。因此，很多双音节的缩略语就很容易被接受为词，当然，并非所有双音节的词语都可以进入“词”的行列，其中还有一个“语感”的问题。但可以肯定的一点是，四音节以上的缩略语肯定不是词，因为四音节以上的缩略语多是由词与词组合而成的。

2.意义方面。

(1)有些缩略语离开原型独立存在，人们在使用时已经不再把它和原型联系在一起了，甚至都不知道它还有原型，或者虽然明确知道它有原型，但对于原型大多数人已经说不准确了，那么这种缩略语可以看作已经词化了。例如：

公关—公共关系　　空调—空气调节器

计息—计算利息　　教研室—教学研究室

(2)有些缩略语的意义发生了转移，这也可以看作是词化的一条标准。尤其是在数词缩略语和某些合称中，这类现象比较明显。例如：

八旗—正黄旗、正红旗、正蓝旗、正白旗、镶黄旗、镶红旗、镶蓝旗、镶白旗。

—清代以旗色为号的八种军事组织和户口编制。

九州—冀州、兖州、青州、徐州、扬州、荆州、豫州、梁州、雍州。

—传说中我国上古行政区划，后来用作“中国”的代称。

有些数词缩略语的格式比较简单，经过长时间的使用后，人们渐渐地形成了一种整体概念，从而对原型出现了一种模糊的记忆，这就促使其向一般词语转化。[②]某些合称也不再是两者意义的简单相加了，不仅意义发生了转移，甚至出现了引申义，而这些新的意义恰恰是人们常常使用的，于是原有的意义渐渐地被人们忘记了。如“九州”现在完全可以代指中国。

3.语法方面。语法功能或结构方式发生变化的缩略语可以看作都已经词化了。由原型到缩略语，结构方式大多不发生变化，也不改变语法功能，但有些原型缩略后结构方式发生了变化，功能类型也相应地发生了变化。例如，“人民来信来访—信访”，由主谓结构变成了联合结构，其功能也由动词性的短语变成了名词。有些缩略语虽然结构没发生变化，但作为短语所具有的一些语法功能，作为缩略语却发生了改变。例如，“方便人民群众—便民”，都是动词性的，但原型可以直接作

---

① 吕叔湘.汉语语法分析问题[M].北京：商务印书馆，1979:22.

② 徐国庆.缩略语与原词语的语义联系[J].语文建设，1998(12).

谓语,而缩略语却经常出现在定语的位置。

4.部分代替的缩略语,一定是词,因为它本身就是截取原型中的一个词形成的。但由于选用的是原有的词,所以要增加新的义项,新义项的接受过程可以看作是这个缩略语被认可的过程。例如:

党团—党团组织　　承包—家庭联产承包责任制

这些词化的缩略语在语音上倾向于双音化,在词汇方面有些语素的性质发生了变化,在语法方面有些缩略语的结构和功能发生了改变,缩略语词化对整个语言系统都有一定的影响。

四

词化缩略语与原型相比,有以下语言特点:

(一)音节方面

词化缩略语以双音节为主。

在现代汉语中,双音节词占优势,在汉语双音化的作用下,很多缩略语也以双音化为主。双音化成为主导以后,一些多音节的缩略语会出现二次缩略,甚至三次缩略的现象。例如:

全国人民代表大会—全国人大—人大

无线寻呼系统用户接收机—寻呼机—呼机

工业现代化、农业现代化、国防现代化、科学技术现代化—工业、农业、国防、科学技术现代化—四个现代化—四化

(二)词汇方面

有些缩略语词化后,原有的语素或词的性质会发生一些变化。

1.有些原型中的音节进入缩略语后,成为一个独立的词根语素,并且可以和其他语素自由组词或词组。例如:

奥运会—奥林匹克运动会

奥委会—奥林匹克运动委员会

奥理会—奥林匹克运动委员会理事会

申奥—申请举办奥林匹克运动会

“奥林匹克运动会—奥运会—奥—申奥”的演变过程代表着中国不断地走向繁荣富强，同时也是由音译外来词的首音节到不定位的自由语素的发展过程。

2.有些词缀语素进入缩略语后就变成了词根语素。这在数词缩略语中尤为明显，在提取公因式进行缩略时，一些词缀语素就变成了词根语素，地位也得到了提升和强化，语音方面有的也由轻声变为非轻声。例如：“三性—思想性、科学性、通俗性”和“五子—套框子、抓辫子、挖根子、戴帽子、打棍子”中的“性”“子”原来都是词缀，“子”读为轻声，但在缩略语中它们成为中心成分，意义实在，能接受属词的修饰和限制，也不再读轻声了。与此同时，原来的一些自由的不定位语素在数词缩略语中失去了自由，成为定位语素，例如“三好”中的“好”只能放在末尾，它的功能也转弱了。

3.有些词进入缩略语后，变成了合成语素。这可以分为两种情况：一是直接提取原型中的一个词，这个词转化为合成语素后和另一个语素共同组成一个缩略词。例如：

中央电视台—中央台　　石油工业部—石油部

生产办公室—生产办　　广西电影制片厂—广西厂

还有一种情况是，有些短语先缩略为一个缩略复合词，然后再以一个合成语素的身份参与构词。例如：

扫除文盲→扫盲＋班→扫盲班

调查研究→调研＋员→调研员

（三）语法方面

缩略前后语法功能和结构方式大多不变。例如：

1.语法功能。一般说来，缩略语与原词语的语法功能是相同的，词化的缩略语也与之相同。例如：

名词性短语—名词：豪华住宅— 豪宅　　面包车型的士—面的

动词性短语—动词：冲洗扩印—冲扩　　撤回诉讼—撤诉

形容词性短语—形容词：痴迷疯狂—痴狂　　低级庸俗—低俗

但是也有一些少数情况，缩略语与原词语在语法功能上并不完全一致，由此形成的词化缩略语也与原型词语不一致。例如：

动词性—区别词性：特殊供应—特供　　维持和平—维和

教学辅导—教辅　　短期训练—短训

有些原型是动词性的，而缩略语却不具有动词性，变成了非谓语形容词性（区

别词性)的,只能做定语用了。这是由于缩略时把自由形式演化为黏着形式,其表达功能丧失,出现了限制功能。例如:

动词性—数词缩略语:定岗、定编、定职、定责—四定

保吃、保穿、保烧、保教、保葬—五保

有些动词性缩略语的原型可以单独作谓语,但变成数词概括的缩略语之后,不能再单独作谓语了,例如,可以说"我们讲文明、讲礼貌、讲卫生、讲秩序、讲道德",但不能说"我们五讲"。

2.结构方式。大多数短语缩略后结构方式与原型一致,不发生变化,词化的缩略语也是如此。主要有以下几种:

联合式:文化教育—文教　　拆除搬迁—拆迁

偏正式:盒装饭菜—盒饭　　超级市场—超市

动宾式:选择职业—择业　　降低利息—降息

主谓式:麦田里套种棉花—麦套棉　　心房纤维性颤动—房颤

在缩略语中,很少有补充式的结构。有些原型中有补充式的词语,但缩略时常常选取重要的成分,而一般不选择补充成分,所以缩略语中没有补充式的结构。

结构方式发生变化的缩略语中,数词缩略语占的比重最大,多是由联合式变成了偏正式。例如:

讲学习、讲政治、讲正气—三讲

人民代表大会、政治协商会议—两会

合称在缩略时,常常抽取并列结构中的不同语素然后加上共有的语素一起组成偏正式。例如:

偷税和漏税—偷漏税　　中学、小学—中小学

截取式缩略语,由于是截取原型中重要的词来代替原有的短语,所以结构变化非常复杂,可以截取前半部分,也可以截取后半部分,或者截取中间部分,主要是截取短语内容中最易辨识的部分。对于音译外来词,直接选择开头两个音节。例如:

清华大学—清华　　寻呼机—呼机

家庭联产承包责任制—承包　　米卢蒂诺维奇—米卢

最后是,有些缩略语为了突出语义,改变了原来的语序。例如:

副连长—连副　　骨质软化病—软骨病

缩略造词是构词的重要方法之一,缩略语词化让短语变成了词,词化是产生新词的重要手段。任何一个缩略语最初可能都是临时性的言语变化,必须依赖原型才能进行交际,但经过长时间或高频率的使用后,渐渐地由临时性的言语变化成为

共时性变化，甚至发展成为历时性变化，变成了语言中的词，有的甚至成为基本词。缩略语在原型与词之间呈现出一种中介的动态过程，如果一个缩略语随着使用频率的增加，常说常用，就词化了。不是所有的缩略语都能转化为词，缩略语词化必须经过言语实践的检验。

邢霞，1999 年至 2003 年跟从葛本仪先生学习词汇学课程。

词汇意义与色彩

现代汉语常用词中比喻的层次和意义[*]

北京师范大学　孙银新

引言

请看几组词：

A.笔直　鼎立　瓜分　蚕食　鲸吞　冰毒　冰糖　鞭炮　胆瓶　凤尾鱼　蜂窝煤　蜂拥　鳄蜥　鹅卵石　猫头鹰

B.汗珠子　碑林　冰棒　蚕蚁　尘雾　钢水　瀑布　脑袋　脑瓜

C.碰壁抹黑　碰钉子　虎口　铁拳　阴暗面　吸血鬼　鬼画符

这几组词，通常都被理解为带有一定的比喻意义，或者认为带有一定的形象色彩。这在《现代汉语词典》(下简称《现汉》)的释义中也有一定的体现。可是只要稍作比较，就会发现，对于这些词的释义，《现汉》的体例和方法也各不相同。比如：

鼎立：三方面的势力对立(像鼎的三足)。

瓜分：像切瓜一样地分割或分配。

凤尾鱼：凤鲚的通称。

凤鲚：鲚的一种，体长约15～20厘米，主要吃小的鱼虾等。通称凤尾鱼。

蜂窝煤：煤末掺适量石灰或黏土加水和匀，用模型压制成的短圆柱形燃

* 本文是国家社科基金项目“现代汉语常用词的构成理据研究”(项目编号：13BYY123)的阶段性成果。原载《学术交流》2019年第2期。本文在“修辞创造与汉语发展演进”全国学术研讨会暨中国修辞学会2018年年会(河北保定河北大学2018年8月12—15日)上宣读，复旦大学吴礼权教授、北京大学宋亚云教授、武汉大学卢烈红教授、罗积勇教授、河北师范大学吴继章教授、河北大学张莉教授、海南师范大学段曹林教授等都提出了宝贵意见，谨此致谢。

料，有许多上下贯通的孔。

汗珠子：成滴的汗。

冰棒：冰棍儿。

鳄蜥：爬行动物，身体长约三四十厘米，除头部外，外形像鳄，背部褐色，腹部带红色或橘黄色。栖息在山涧水边的丛林里，吃昆虫和小虫等。是我国特产的珍贵动物。

吸血鬼：比喻榨取劳动人民血汗、过着寄生生活的人。

碰钉子：比喻遭到拒绝。

联系《现汉》对这些复合词的释义，从中可以看到，有这么几个现象值得注意：

其一，这些词所带的比喻意义存在义项数量多少的不同。比如："鬼画符"带有三个比喻意义。有的带有两个义项，比如："乌云"。有的带有一个义项，如："抹黑"。

鬼画符：①比喻随意涂抹、潦草难认的字迹。②比喻虚伪的话；骗人的伎俩。③比喻胡乱涂写或胡扯。

乌云：①黑云。②比喻黑暗或恶劣的势力。③比喻妇女的黑发。

抹黑：比喻丑化。

其二，尽管都有比喻的意义成分，可是不同的词在释义内容上存在明显的区别。比如，有的直接带有"比喻"作为提示语，显示这样的词义是比喻意义；有的带有比喻的内容，如"蜂拥"中有修饰成分"像蜜蜂似的"；有的则既没有"比喻"作为提示语，也没有比喻的内容显示，比如"阴暗面""龌龊""鞭炮"等。

阴暗面：指思想、生活、社会风气等不健康的方面。

龌龊：形容人品质恶劣。

鞭炮：①大小爆竹的统称。②专指成串的小爆竹。

蜂拥：像蜜蜂似的拥挤着（走）。

铁拳：比喻强大的打击力量。

其三，从这些含有比喻意义的词的构成情况看，有的词的构成成分中兼有比喻本体和喻体，意义相对明晰，一目了然，如："笔直"，可以理解为本体"直"、喻体"笔"，二者具有修饰关系，很自然地可以理解为"像笔一样直"。"胆瓶"可以理解为本体"瓶"、喻体"胆"，意思是"形状略像胆一样的花瓶"。可是像"铁拳""碰壁"，则都只能看成是个喻体，单单从词本身还看不出来本体是什么。不过，只要联系释义内容就能看得清晰。“铁拳”是个比喻，喻体是“强大的打击力量”。“碰壁”是个比喻，喻体是“遇到严重阻碍或受到拒绝，事情行不通”。可见，比喻对不同的复合词及其意义产生作用和影响的方式存在明显的差异。

其四，即便复合词，都同样含有比喻本体和喻体两部分，但在不同的合成词中，本体和喻体若从词的构成上分析，二者的组合顺序也还有不同。比如“蚕蚁”“碑林”“钢水”“尘雾”，可以视为“本体＋喻体”类型，而“笔直”“胆瓶”“冰糖”“冰毒”可以视为“喻体＋本体”的组合顺序。要是从结构关系上看，是否都属于同一种关系类型呢？

蚕蚁：刚孵化出来的幼蚕，身体小，颜色黑，像蚂蚁，所以叫蚕蚁，也叫蚁蚕。

碑林：聚集在一起的众多石碑，如陕西西安碑林。

钢水：液体状态的钢。一般都铸成钢锭，也可以直接浇铸成铸件。

尘雾：①像雾一样弥漫着的尘土。②尘土和烟雾。

笔直：像笔杆儿一样直。

胆瓶：颈部细长而腹部大的花瓶，形状略像胆。

冰糖：一种块状的食糖，用白糖加水使溶化成糖汁，经过蒸发，结晶而成。透明或半透明，多为白色。

冰毒：有机化合物，成分是去氧麻黄素。白色晶体，很像小冰块，对人的中枢神经和交感神经有强烈刺激作用，用后容易成瘾。因用作毒品，所以叫冰毒。

冰释：像冰一样融化，比喻嫌隙、怀疑、误会等完全消除。

其五，有的复合词，其结构形式相似，结构关系也一样，可是在释义方式上有区别。比如：

蚕食：像蚕吃桑叶那样一点儿一点儿地吃掉，比喻逐步侵占。

鲸吞：像鲸一样地吞食，形容大量侵占。

为什么“蚕食”就是“比喻”，而“鲸吞”就是“形容”。是不是释义不严密不精确呢？上面的“冰糖”和“冰毒”释义也是这样，一个用“透明或半透明”，一个用“像小冰块”；而“冰释”则用“像冰一样”。同样一个构词成分，词素意义一样，为何释义有如此大的差别呢？

从以上比较出来的这几个不同点上可以看到，比喻对于汉语复合词的构造，对于汉语词的意义内容的影响方式，对于复合词词义的构成都有着不同程度的差别。

有鉴于此，本文将从词汇学的造词与构词、词义、构成理据、辞书释义等方面，对上述问题进行分析讨论。

一、比喻造词及其结构类型

比喻是一种很常见的造词方法。在现代汉语里，比喻的造词数量多，也很常见。

就比喻造词的表现形式来看，主要有两种常见的类型：一种是修辞意义上的本体和喻体在同一个复合词中可以共现；一种是在复合词里只出现喻体，不出现本体。

本体和喻体共现的格式，在构词词素的排列顺序上，也有两种不同的情况：一种是"喻体＋本体"形式，一种则是以"本体＋喻体"的形式出现。例如：

雪白　笔挺　冰糖　凤梨　膏药　佛手瓜　凤尾鱼　凤眼莲　蜂巢胃　蜂窝煤　鹅卵石　蝴蝶结　面包车　八字步　鳌山　鞭毛　鞭炮　壁立　壁陡　扁桃腺　扁担星　饼肥　波浪鼓　玻璃体　笔记本电脑

以上都是"喻体＋本体"型。这种类型的比喻造词，采用后面的词素表示事物本体，前面的词素表示喻体，直接组合的方法造成。前面所举的 A 组例子也全都属于这一类。

这类造词法形成的词，从构词法角度分析，可以视为偏正式复合词一类。也就是说，是前一个词素的意义修饰限制后一个词素的意义。比如："笔挺"就是"像笔杆一样挺直"，"冰糖"就是"像冰一样透明的糖"。至于"笔记本电脑"就是"像笔记本一样开合自如的电脑"。

地球　脑瓜　脑袋　汗珠子　钢水　冰山　冰花　石林　碑林　尘雾　尘烟　蚕蚁　蚕蛾　蚕蛹　石笋

以上都是"本体＋喻体"型。这种类型的比喻造词，采用前一词素表示事物本体，后一词素表示喻体，直接组合的方法造成。前面所举的 B 组例子也全都属于这种情况。

这类造词法形成的词，从构词法角度分析，可以视为补充式复合词一类。也就是说，是后一个词素的意义补充说明前一个词素的意义。比如："汗珠子"就是指"像珠子一样的汗"，"蚕蚁"就是指"形体像蚂蚁一样的蚕"。

总之，本体和喻体在合成词中可以共现。用作本体和喻体的词素在构词法上也分别对应着不同的结构关系类型，可以分别列入偏正式复合词和补充式复合词。前面所举的 A 组例子全是偏正式复合词，B 组例子全是补充式复合词。

另一种则在复合词里只出现喻体，不出现本体的方法在识别的时候相对复杂一些。比如：

香花：有香味的花，比喻对人民有益的言论或作品。

毒草：有毒的草，比喻对人民、对社会进步有害的言论或作品。

定心丸：比喻能使思想、情绪安定下来的言论或行动。

出难题：比喻提出让人为难或难办的事情。

小皇帝：比喻娇生惯养、在家里说一不二的小孩儿。

火坑：比喻极端悲惨的生活环境。

可见，只出现喻体的复合词，其本体往往就是这个词在语言里通过词义实指的客观对象。所以，只有正确理解了词义及其实指对象，才能真正识别这类比喻造词。前面所举的(C)组例子也都属于这种情形。类似的例子很多，例如：

校花　校草　警花　瓜葛　拉下马　拉下水　拉线

这类词在理解识别上的复杂性，还表现为：有的词同时带有几个意义，不仅复合词本身可以与其某一意义构成喻体和本体的关系，并且这类词的其他义项也同样能与比喻意义之间构成这样的喻体和本体的关系。例如：

脱钩：①被牵引的物体与挂钩分离(多指火车车厢之间)。②比喻脱离关系。

在这个例子中，作为复合词形式的"脱钩"自然可以与意义"②比喻脱离关系"构成喻体和本体的关系。就是意义①和②之间也同样具备喻体和本体的关系。从这个角度讲，比喻造词的关系明显要复杂一些。在比喻造词法造出的这类词中，同时具备多个意义，兼有比喻意义的情况，往往都有与此相似的复杂关系。其他的例子如：

出炉：①取出炉内烘烤、冶炼的东西。②比喻新产生出来。

出轨：①(火车、有轨电车等)行驶时脱离轨道。②比喻言语行动超出常规。

出台:①演员上场。②比喻公开出面活动。

血液:①血。②比喻主要的成分或力量等。

仅出现喻体的复合词从构词法上看,结构关系类型相对要丰富一些。有的是偏正式,如:“校花”“校草”“警花”;有的是述宾式,如:“脱钩”“出炉”“出轨”;有的是并列式,如:“瓜葛”。

值得注意的是,只出现喻体的词,不只是复合词中可以见到,单纯词中也同样可以有这样的情况。这与“本体”和“喻体”共现只能在复合式合成词中是完全不同的。比如:“窝”“瑕”“线”“痒”“莠”“龌龊”“霜”“筛”“根”“花”“柄”等。

窝:比喻人安身、聚居的地方。

瑕:玉上面的斑点,比喻缺点。

线:比喻所接近的某种边际。如:生命线、死亡线、贫困线。

痒:比喻想做某事的愿望强烈,难以抑制。

莠:〈书〉比喻品质坏的人。

龌龊:①不干净,脏。②形容人品质恶劣。①

霜:比喻白色。

筛:比喻经挑选后被淘汰。

根:比喻子孙后代。

花:⑩比喻事业的精华。⑪比喻年轻漂亮的女子。

柄:比喻在言行上被人抓住的材料。

这种差异与单纯词及合成词所要求的词素数量有直接的关联性。单纯词所由构成的词素数量是单一的,恰好可以满足仅出现喻体而不出现本体的条件,这样,当它直接用来表示比喻的本体时,整个词就获得了比喻意义,而且这个比喻意义正好就是比喻的本体。合成词内部的构词词素至少是两个,自然可以同时分别表示喻体和本体,而且还可以有两种不同的构词序列,任意选择进行组合,比较自由灵活,因而呈现了上面的偏正式和述补式两种不同的结构关系类型。

---

① “龌龊:②形容人品质恶劣。”这个义项应该是比喻义,更恰当的释义是“龌龊:②比喻人品质恶劣。”详见本文第四部分的分析。

二、比喻影响词义的方式：局部影响和整体影响

比喻造词法创造的词，无论哪一种构造关系类型，其喻体形式都要在词形中出现。

不同的仅仅是，本体是否出现在词形中。

本体是否出现，对于词的意义有着直接的影响，而且影响的方式也明显不同。

本体出现，那么包含比喻的内容仅仅是喻体部分显示的意义，即仅限于词的部分意义内容，而不是词义的完整内容。因为词义的内容中还要包括本体的内容。比较而言，用作比喻本体这部分的意义内容在完整的词义中占据主导地位，更为重要突出。从这个意义上说，这种比喻造词形式，对于词义影响的范围还只是局部的。

本体喻体全部在复合词中出现，比喻对于整个词义的构成仅仅产生局部影响，另外一个重要原因在于：用作比喻的喻体部分仅仅对于整个词义中的本体部分起到修饰限制或者补充说明的作用。很自然地，比喻成分也就不是整个词的词汇意义的核心内容。但是另一方面，这并不排斥这类复合词中喻体部分的内容可以使得整个复合词带上一定的形象色彩意义。这种形象色彩明显的比喻意义也主要影响到词素意义层面，使词素在构词的同时借助于原有的意义再增加一种形象色彩，对充当复合词中心成分用作本体的词素进行修饰限制或者补充说明，最终成为完整词义的非核心部分。比如：

瓜分：像切瓜一样地分割或分配。

瓜皮帽：像半个西瓜皮形状的旧式便帽，一般用六块黑缎子或绒布连缀制成。

席卷：像卷席子一样把东西全部卷进去。

血洗：像用血洗了某个地方一样，形容残酷而大规模地屠杀。

人海：①像汪洋大海一样的人群。

整体影响的方式是把整个常用词用作喻体，通过比喻修辞格，借助于相似性的联想指称本体，使本体成为词的一个完整的独立的意义单位（也就是词典的一个“义项”），进而概括为词义的一个特定类型：即与本义有关联的比喻意义。比如：

糊涂账：混乱不清的账目，常比喻不容易搞清楚的事情。

瓜葛：瓜和葛都是蔓生的植物，能缠绕或攀附在别的物体上，比喻辗转相连的社会关系，也泛指两件事情互相牵连的关系。

把柄：①器物上便于用手拿的部分。②比喻可以被人用来进行要挟或攻击的过失错误等。

骨头：③〈方〉比喻话里暗含的不满、讽刺等的意思。

骨干：②比喻在总体中起主要作用的人或者事物。

以上例子中加点部分都是词的一个完整的独立的意义，是本体。而复合词则可以视为喻体。

跟上面举出的这些例词比较起来，有的词带有的比喻意义可能不止一种。例如：

花：③形状像花朵的东西。⑩比喻事业的精华。⑪比喻年轻漂亮的女子。

辫子：①把头发分股交叉编成的条条儿。②像辫子的东西。③比喻把柄。

现代汉语里的“花”是有多种意义的。《现汉》中列出了18条义项。这里仅列出了几条跟比喻有关的意义。前一个义项和后两个义项，所用的提示语也有区别。这是为什么呢？原来前一义项“形状像花的东西”正是“花”用于构造复合词中被用作喻体时候的词素意义，正好可以对表示本体意义的词素加以补充说明，如“雪花”“火花”“水花”“灯花儿”等，也正是前面分析过的第一种情况下的比喻仅对词义构成产生局部影响下的非核心意义。“辫子”中的义项“像辫子的东西”也属于这样的情况，如“蒜辫子”中正好用了这样的比喻意义，当然这也还只是构成了局部词义，词义的核心仍然是“蒜”。

至于“花”的后两个义项以及“辫子”的“比喻把柄”，则都是完整的独立的比喻意义了，也是整个词义的全部。这是整个词作为喻体使用时所显示的比喻本体的意义内容。正好与前面分析过的比喻影响词义整体的情况完全一致。

对比研究可以发现，“花”“辫子”这类词所以有这样两类不同性质不同层次的比喻意义，这与其语言单位的性质有关。从构造词的角度讲，都可以作为词素看待。又因为其作为词素时，从功能类型上也都既可以自由地独立成词；也可以作为构词词素，与其他词素组合成为一个词，因而产生了不同层次的比喻意义。《现汉》的释义注意到了这样的不同，并进行了明确的区分，不仅单列为不同的义项，而且在使用的提示语上也明晰地区分出来，对于局部影响下的部分意义用“像……”，而对于整体影响的完整意义用了“比喻……”。这既是一种有价值的分类方法，也是颇有见地、很有科学性和规范性的释义方法。

三、比喻和词的理据

比喻不仅对造词构词有影响，对于词义和理据也有影响。

对于构词造词的影响，前面已经分析过了，就是直接造成了复合词的不同类型。

对于词义的影响，也就是对词义影响的程度有别：局部影响还是整体影响。局部影响则只是涉及词义的部分内容，且不涉及词义的核心。但是通过复合词所含有的构成词素，可以清楚地看到喻体和本体。整体影响表明比喻作用于整个词义，完整独立的整个意义可以看成本体，复合词则可以视为喻体，构成一个完整的比喻形式。

这样的不同也表现为这些用比喻造词法所造的词在构成理据上的截然不同。

由本体和喻体共现构造的复合词，其构成理据具有浅表性的特点，可以叫作浅层理据。而由喻体构成的词，无论是复合词，还是单纯词，其构成理据具有某种认知理解上的不确定性、多样性和探究上的复杂性，因而可以视为深层理据。

作为浅层理据的比喻造词，本体和喻体之间无论选择哪一种序列组合，无论二者之间是哪一种组合关系；也不管复合词中充当本体的词素在构词功能属性上属于名素、动素还是形素，也无需考虑用作喻体的构词词素的属性功能，可以肯定的是，喻体都是借助比喻的方式，表现出事物的外形轮廓、数量体积大小规模、样态，或者性质的描摹或者动作情状的描绘。例如：

表现事物外形轮廓的：面包车　蝴蝶结　鹅卵石　猫头鹰　刀鱼

表现数量体积大小规模的：人海　题海　火海　石林　流星雨　冰山　刀山　斗胆　斗室

表现事物样态的：钢水　汗珠子　膏药　瀑布　血水　胶水

表示性质的描摹：火红　火热　漆黑　鹅黄　冰凉　铁人　铁军

表示动作情状的描绘：瓜分　席卷　血洗　蜂拥　风行　风传　蚕食　鲸吞　冰释　鼎立　鼎沸

上面例子中的加点部分都是喻体，没加点的都是本体，喻体部分不外乎通过上举的几个方面对本体进行描述，复合词的理据相对容易理解分析，因而都是浅层理据。

至于深层理据，则与此不同。一则在比喻造词中，仅仅出现喻体，不出现本体，所以词的理解有时会出现不止一种意义，这就有了多元化的可能。比如，前面举过的例子“花”可以是“比喻事业的精华”，也可以是“比喻年轻漂亮的女子”。又如：

乌云：①黑云。②比喻黑暗或恶劣的形势。③比喻妇女的黑发。

洗手：①比喻盗贼等改邪归正。②比喻不再干某项职业。

小儿科：①比喻价值小、水平低，不值得重视的事物。②比喻极容易做的事情。

本末：①树根和树梢，比喻事情从头到尾的经过。②比喻主要的和次要的。

很明显，以上这些例子中，同样一个喻体形式，却都同时对应着几种不同的本体，复合词的构词理据由于比喻的多种可能性而变得多元化、复杂化了。

二则，由于这类词的构造成分中只出现喻体，而没有本体，认知理解过程中，只有当本体被正确地联系起来，借助于比喻的相似性，探析出来的理据才更为可靠。而这种本体，恰好又是词的完整的独立的意义。也就是说，可以借助于对词义的完整理解，联系比喻的相似性，反过来就能够进一步验证词的理据分析是否可靠。这种分析程序明显要复杂一些。前面的分析说明，既有喻体又有本体的复合词，由于其理据带有浅表性的特点，在理解认知上能直截了当。比较而言，这类因为受比喻的整体影响的复合词的理据就是深层次的，理解认知上就变得复杂多样了，所以可视为深层理据。

可见，比喻的层次性分析对于常用词的理据分析有着积极的意义，复合词的理据分析不能不考虑比喻对词影响的层级性特点。因为受比喻造词影响的复合词，理据也确实有不同的情况，人们对其认知理解的过程和方式也完全不一样。

四、《现汉》有比喻义的词的释义分析

比喻在常用词中的层次性特点，对于辞书编纂有着重要的意义。

从释义简洁明晰的原则看，既然有很多词是由比喻造词法创造出来的，这让复合词的内部有了不同层次的比喻内涵，如果释义内容中既包括了比喻意义，又能揭示其中的浅层理据或深层理据，自然会更容易理解。这样的释义对于语言教学和研究应该更有价值。

前面的举例中，我们看到，《现汉》在处理比喻方式所造的词的释义问题上，有积极的成功的一面，比如用“像……”显示比喻只产生局部影响的词义内容，而用“比喻……”显示比喻产生了整体影响的词义内容。这样的用例如果能够在整部词典的前后体例上保持一致，使得注释格式整齐划一，无疑能增强辞书释义内容的科学性、准确性和严密性。从另一个角度讲，这样的体例不仅能体现编纂者的严谨，也有助于提升辞书的编纂质量，更有助于语言习得者对词的比喻意义的识别。这是很值得辞书编纂者借鉴的好办法，值得推广。

但是，翻检整部《现汉》，运用前后互相对比，参照分析的方法，可以发现，同样是用比喻造词的方法所创造的词，在一些词条的释义内容和体例格式上，也还是有些值得商榷的地方。试分类举些例子略作分析。

第一，同样是比喻方式的造词，在释义的时候，有的带有理据分析，有的却没有，前后不完全一致。例如：

面包车：指车厢外形略呈长方体的中小型载客汽车，因外形像面包而得名。（《现汉》）

卵石：岩石经过自然风化、水流冲击和摩擦所形成的卵形的或接近卵形的石块，表面光滑。是天然建筑材料，用于铺路、制混凝土等。（《现汉》）

蝴蝶结：用带子结成的形状像蝴蝶的结子。（《现汉》）

从释义看，这几个词的释义中都有浅层理据分析（带着重号的部分），释义很到位，很准确。可是“饼肥”“凤尾鱼”的释义就不然。

饼肥：指用作肥料的豆饼、花生饼、棉籽饼等。（《现汉》）

凤尾鱼：凤鲚的通称。（《现汉》）

凤鲚：鲚的一种，体长约15～20厘米，主要吃小的鱼虾等。通称凤尾鱼。(《现汉》)

从释义看，“饼肥”“凤尾鱼”的释义就毫无比喻意义呈现，浅层理据没有体现，词义理解上就有些前后脱节，语义不连贯。可以将释义修改为：

饼肥：成饼状的肥料。豆类、菜籽、花生和棉籽等炸过了油所得的副产品，常用作肥料，成块状或饼状，所以叫饼肥。

凤尾鱼：凤鲚的通称。因其尾部分叉形状像凤凰的尾巴而得名。

带着重号的部分是浅层理据的内容，补充以后，内容完整，释义更清晰。

第二，有些词的释义，尽管其中有一些浅层理据的内容，但是存在内容不完整、不确切，或者体例上不尽一致的问题。以下的例子都需要增补带有比喻内容的浅层理据。

鹅卵石：直径较大的卵石，大小多像鹅蛋，所以叫鹅卵石。(《现汉》)

上面这个释义，虽然有浅层理据的内容，但还不完全，如果加上“外形光滑圆溜”，那么释义更精准。

鹅卵石：直径较大的卵石，外形光滑圆溜，大小多像鹅蛋，所以叫鹅卵石。

再如：

鼎立：三方面的势力对立(像鼎的三足)。

爱河：指爱情(佛教认为爱情像河流一样，人沉溺其中，就不能自拔)。(《现汉》)

释义中有浅层理据，但这是作为补充信息，用括号的形式补注出来，显得无足轻重。可以修改如下：

鼎立：像鼎的三足那样并立，形容三方彼此对峙的局面非常稳定。

爱河：爱情。源于佛教，像河流一样深的爱情，人一旦沉溺其中，就不能自拔。

第三，有些深层理据的比喻意义，没有恰当地解释出来。例如：

色狼：指贪色并凶恶地对女性进行性侵犯的坏人。(《现汉》)

《现汉》直接用指称的方法，给出的释义是指称意义。从现代汉语中的使用情况看，“色狼”的意义是由比喻的用法产生出来的，很明显，应该是比喻意义。释义应改为：

色狼：比喻贪色并凶恶地对女性进行性侵犯的坏人。

下面的例子也都属于深层理据，都应做适当的修改，改成比喻意义。

校花：指被本校公认的最漂亮的女学生（多指大学生）。（《现汉》）

爱巢：指新婚夫妻的卧室，也指年轻夫妻的幸福家庭。（《现汉》）

可以改为：

校花：比喻被本校公认的最漂亮的女学生，多指大学的女生。

爱巢：①比喻新婚夫妻的卧室。②比喻年轻夫妻的幸福家庭。

下面两个词条《现汉》都没有收录，查百度百科，发现也同样有深层理据没有显示出来的问题。

备胎：指给自己在感情的归属上像轮胎一样，有一个甚至多个备份。（百度百科）

校草：指学校里大家公认的最帅的男生。（百度百科）

应该改为：

备胎：比喻为保险起见，给自己的感情归属一个甚至多个备份，就像开车备用轮胎一样。

校草：比喻学校里大家公认的最帅的男生。

第四，释义不当，误把有些浅层理据类的词的词义处理为深层理据类的释义。例如：

题海：比喻大量的、过多的学生作业题或练习题。（《现汉》第 5 版）

兔脱：比喻很快地逃走。（《现汉》第 5 版）

题海：指大量的、过多的学生作业题或练习题。（《现汉》第 6 版）

兔脱：像兔子一样很快地逃走。（《现汉》第 6 版）

比较《现汉》第 5 版和第 6 版对两个词的释义，可以发现，尽管都有修订，然而这两个版本的释义仍然不完善。主要问题在于："题海"和"兔脱"实际上都只是浅层理据，可是第 5 版都解释为深层理据了。第 6 版则将"题海"改为直指意义了，完全抛弃了浅层理据和深层理据，释义当然不确切。同样，第 6 版虽然将"兔脱"改为浅层理据，但是核心意义显现得也还是不够。两个词的释义可以改为：

题海：犹如海量般的题目，形容学生作业题或练习题数量过大过多。

兔脱：像兔子一样奔脱，形容疾速逃离摆脱。

第五，释义不当，误把有些深层理据类的词的词义处理为浅层理据类的释义。例如：

洗：⑥像用水洗净一样杀光或抢光。(《现汉》)

很明显，这应该是一个深层理据类意义，不应该解释为浅层理据形式“像用水洗净一样”。可以改为：

洗：比喻杀光或抢光。

第六，充当喻体的同一个构词词素在不同的复合词中所产生的相同相似的比喻意义，在《现汉》里的释义比较随意，内容和格式不一致，有的不够精准，不够规范。前面所举的例子“冰”，就属于这种情况。“冰糖”“冰毒”“冰释”均属于浅层理据类的复合词，前两个词的释义，可以调整如下：

冰糖：一种块状的食糖，用白糖加水使溶化成糖汁，经过蒸发，结晶而成。像冰一样透明或半透明，多为白色。

冰毒：有机化合物，成分是去氧麻黄素。白色晶体，很像小冰块一样透明或半透明，对人的中枢神经和交感神经有强烈刺激作用，用后容易成瘾。因用作毒品，所以叫冰毒。

至于“冰释”，情况又有些复杂了：

冰释：像冰一样融化，比喻嫌隙、怀疑、误会等完全消除。

可以看出，《现汉》对于“冰释”的释义兼并了浅层理据和深层理据两种情况。其实“冰释”一词，并不是深层理据，释义方式应该改为浅层理据，如此才符合其在现代汉语中的实际意义。不妨调整为：

冰释：像冰一样融化，形容嫌隙、怀疑、误会等完全消除，彻底化解。

参考文献：

[1]陈望道.修辞学发凡[M].上海：上海教育出版社，1979.

[2]葛本仪.现代汉语词汇学(修订本)[M].第2版.济南：山东人民出版社，2004.

[3]王艾录，司富珍.汉语的语词理据[M].北京：商务印书馆，2007.

[4]吴礼权.现代汉语修辞学[M].第3版.上海：复旦大学出版社，2016.

[5]张弓.现代汉语修辞学[M].石家庄：河北教育出版社，1993.

[6]张永言.词汇学简论[M].武昌：华中工学院出版社，1982.

[7]中国社会科学院语言研究所词典编辑室.现代汉语词典[M].第5版.北京：

商务印书馆,2005.

[8]中国社会科学院语言研究所词典编辑室.现代汉语词典[M].第6版.北京:商务印书馆,2012.

[9]中国社会科学院语言研究所词典编辑室.现代汉语词典[M].第7版.北京:商务印书馆,2016.

[10]孙银新."一般词汇"及其再分类献疑[J]//民俗典籍文字研究(第四辑).北京:商务印书馆,2007.

[11]孙银新.论修辞格对汉语词义的影响[J]//修辞研究(第一辑).广州:暨南大学出版社,2016.

孙银新,1995年9月至1998年7月,跟从葛本仪先生学习,攻读现代汉语专业词汇方向博士学位。

“一度”的语用及词义分析*

[韩国]安东大学 贾宝书

一、问题的缘起

《现代汉语词典》(第5版)(以下简称《现汉5》)中对“一度”的释义是:

一度:①数量词。一次;一阵:一年～的春节又到了/经过～紧张的战斗,洪水终于被战胜了。

②副表示过去发生过;有过一次:他～休学。

《现汉5》将“一度”处理为数量词和副词两个义项,但每个义项中又使用了意义不同的两种解释。义项①中,从数量词的角度看,“一次”是表示“动作”的量,而“一阵”则是表示“时间”的量,意义并不相同;如果用“一阵”来解释“一年一度的春节”就显得不合适。义项②中,“有过一次”限定的是“动作的量”,而“过去发生过”中却没有包含“量”的成分。

《现代汉语词典》(第6版)(以下简称《现汉6》)中对“一度”副词释义作了细微改动,如下:

一度①数量词。一次;一阵:一年～的春节又到了/经过～紧张的战斗,洪水终于被战胜了。②副表示过去有段时间发生过;有过一次:他～休学/去年,老人～病得很厉害。

《现汉6》中,例句基本没变,释义发生变化,说明是对“一度”原有释义的补充修正,而不是“一度”词义发生了新变化。这一改动使得“一度”的意义变得具体了一些,增加了表示“时间的量”的内容。不过,这一新释义和“有过一次”共存于同一

* 本文原载于韩国中国言语学会会刊《中国言语研究》2016年第1期。

个义项中，仍然让人产生副词“一度”究竟是表“时量（过去有段时间）”还是表“动量（有过一次）”的疑问。

就《现汉 5》和《现汉 6》的例句来说，虽然“经过一次紧张的战斗”“经过一阵紧张的战斗”“他过去休过学”“他过去有段时间休过学”“他有过一次休学”“老人过去有段时间病得很厉害”“老人有过一次病得很厉害”都是讲得通的——或许正因为如此，《现汉》的释义并没有引起过什么质疑，但笔者认为，这种都能讲得通的模糊性，很有可能掩盖了“一度”这个词的真实含义。

“一度”的意义究竟是“一次”还是“一阵”？是“过去发生过”还是“过去有段时间发生过”？是“过去有段时间发生过”还是“有过一次”？笔者认为，单凭几个都能讲得通的例句很难说明问题。一个词的意义究竟如何，应该放到语言应用中去分析和考察。本文试图对“一度”的用法进行较为全面的分析，以期发现辞书释义中存在的问题，还原“一度”词义的本来面目。

二、不同辞书的释义比较

在分析“一度”的用法之前，本文先来比较一下不同辞书对“一度”的释义情况，从而了解一下辞书界对“一度”词义的认识情况。

本文所选辞书及其相关释义如下：

《现汉 5》《现汉 6》：（释义如上，从略）

《现代汉语八百词》（增订本）（吕叔湘主编，商务印书馆 1999 年版 ）：

①〔数量〕一次或一阵。②〔副〕表示过去发生过。

《应用汉语词典》（商务印书馆辞书研究中心编，商务印书馆 2000 年版）：

①［形］一次，一阵。②［副］有过一次或一阵。

《新华词典》（修订版）（商务印书馆 1989 年版）：

①一次。②有过一阵。

《汉语大词典》（汉语大词典出版社 1997 年版）：

①一次。②有过一次。

《现代汉语虚词例释》（北大中文系 1955、1957 级语言班编，商务印书馆 1982 年版）：

（副词）表示某种情况在过去某段时间里发生过，常和“曾经”连用。

《现代汉语虚词用法小词典》（王自强编著，上海辞书出版社 1984 年版）：

副词，表示某种情况在过去某一个时期里发生过，常常和“曾”“曾经”配合着用。多用于书面。

《汉语虚词辞典》(李科第，云南人民出版社2001年第1版)：

作副词，表示某种情况曾经在过去发生过，常与“曾经”相搭配，可解作“有过”，“有过一次”。

《现代汉语实用标词类词典》(李临定主编，山西教育出版社2000年第1版)：

副词【谓前】表示在过去有一次，有一段。

我们以《现汉5》中的“一次”“一阵”“过去发生过”“有过一次”和《现汉6》中“过去有段时间发生过”等意义成分为参照，将各辞书释义情况简单列表如下：

表1

辞书	数量词		副词		
《现汉5》	一次	一阵	过去发生过		有过一次
《现汉6》	一次	一阵		过去有段时间发生过	有过一次
《现代汉语八百词》	一次	一阵	过去发生过		
《应用汉语词典》	一次	一阵		有过一阵	有过一次
《新华词典》	一次			有过一阵	
《汉语大词典》	一次				有过一次
《现代汉语虚词例释》				某种情况在过去某段时间里发生过	
《现代汉语实用标词类词典》				(过去)有一段	有过一次
《现代汉语虚词用法小词典》				某种情况在过去某一时期里发生过	
《汉语虚词辞典》			有过		有过一次

通过比照可以看出，各辞书对“一度”词义的认识基本不超出《现汉5》和《现汉6》的这5个意义成分范围，这说明这5个意义成分是有代表性的。但同时我们也看到，这5个意义成分具体到每部辞书却各有差别，义项的归并和分布并不一致。笔者认为这种不一致恰恰说明了“一度”的词义目前还不够明确和统一，值得去进一步观察和思考。

以下本文主要根据北大CCL语料库检索系统(网络版)，对包含“一度”的例句进行观察，并分析其词义表现情况。经初步观察发现，“一度”的用法大致具有可充当“谓语成分”“宾语成分”“定语成分”“状语成分”等四种语法特征，具体表现又各不相同。

三、"一度"作"谓语""宾语""定语"的语用及词义情况

(一)作谓语成分,存在一种情况

"一度"常出现在"×年一度"的格式中。"×年一度"是一个主谓结构,"一度"是其中的谓语成分。"×年一度"不能直接成句,而是常作句子的定语。因此,说"一度"作谓语成分,并不是说它能直接作句子的谓语,而只是充当句中一个主谓结构中的谓语成分。"一度"在这一格式中大致相当于数量词"一次"。

北大语料库中"×年一度"的例句共有 2937 条,说明这一用法很普遍。

《现代汉语八百词》认为"一度"常和"一年"连用,组成"一年一度"修饰名词,作定语。

北大语料库显示,"一度"前面常和"年"搭配,但并不局限为"一年",只要符合事实,"两年一度""三年一度""五年一度"的用法也是很常见的:

> 河南投洽会是两年一度的经济洽谈会,今年的会议以投资为主题。
>
> 双方还计划在港举办三年一度的埃及电影节。
>
> 当年 9 月,联合国教科文组织官员在武陵源进行五年一度的遗产监测时,严厉地批评说……
>
> 国际货币基金组织 25 日在这里发表的半年一度的《世界经济展望》报告预计,今年世界经济增长率可达 3.8%。

除"年"以外,北大语料库还检索到"×月一度"5 条,"×周一度"1 条。虽然少见,但用法与"×年一度"一样。

(二)作定语成分,存在两种情况

其一,"一度"可作名词"时间""时期"的定语,组成"一度时间""一度时期"。"一度"在这一语境中相当于表示时间数量的"一段",应看作是数量词。"一度时间(时期)"多作整个句子的状语。

这一数量词用法也比较受限制,因为其修饰的名词只能是"时间"或"时期"。北大语料库中"一度时间"例句共 7 条,部分如下(为篇幅计,以下例句凡超过 5 条的仅列 5 条,注明"部分如下"):

一度时间，日方的一位副总经理无视中国的法规、法律，在员工中影响极坏。

一度时间里，商场自备的两辆汽车和三轮车天天送货都来不及。

一度时间，我万念俱灰，我甚至想到了卧轨自杀。

一度时间里，吉林队的比分突然凝固不动了。

一度时间内，提到“知青”便本能地要跟……对上号来。

“一度时期”的例句共有11条，部分如下：

一度时期，他们不得不做出最坏的打算。

一度时期，机关办实体在神州大地成为时尚。

一度时期，有的人对革命传统教育“过时了”的说法颇感兴趣。

一度时期，不少客户和厂内的同志反映工厂门卫“雁过拔毛”成风。

孩子上学时，一度时期成绩不大理想。

很明显，这些句子中“一度”相当于表示“时量”的数量词“一段”。除此之外，笔者未发现数量词“一度”修饰其他名词的用例。“一度”在这一语境中无法解释为表示“动量”的“一次”。

其二，“一度”可以直接作句子的定语，组成“一度的……”，“一度”的意义大致相当于“一段时间”，其时间名词的特征较为明显。

于立昌、吴福祥曾指出：“‘一度’修饰名词作定语在现代汉语中是很受限制的，一般只能出现在与前面的时段词语对举的句子中。……不是‘一度’修饰后面的名词而是整个数量短语‘一年一度’或‘四年一度’修饰后面的名词，作定语。”[①]笔者认为这种说法失之片面。“一度”直接作定语的情况在语言中是存在的。

通过北大语料库检索“一度的”，共有2574条结果。在这些结果中，排除“×年一度的……”等非“一度”单独作定语的情况，“一度”单独作定语的例句有19条。部分如下：

1993年上半年一度的混乱即为实证。

日本火箭由一度的兴盛陷入今天的窘境，个中原因耐人寻味。

两人间有着一度的沉默。

“经典”或“高雅”的作品里有些是一度的畅销书。

我与小姐有一度的姻缘。

由于“一度”可以直接作“定语”，其“名词”的特征更明显一些，其意义在语境中

① 于立昌，吴福祥. 时间副词“一度”的语义演变[J]. 古汉语研究，2011(4)：27.

解释为“一段时间”比较妥当。如果解释为“一次”就不合适,因为“一次”几乎不与“的”连用,放到句子中也讲不通。另外,这和“一度”在“一度时间”中作定语也是不一样的,“一度”在“一度时间”中只能理解为数量词“一段”,而不能是与“时间”语义重复的“一段时间”。

这里需要说明一点,《现汉》释义中提到的数量词“一阵”,笔者认为其表达的不是数量词意义,而更接近时间名词的意义特征。《现汉》的例句是“经过一度紧张的战斗,洪水终于被战胜了”。笔者认为,如果是数量词,那么,“一阵”就成为表示“战斗”的数量的词,但“一阵战斗”就显得生硬。《现汉 5》对“一阵”的解释是:“数量词。动作或状况持续的一段时间。”例句为:“一阵掌声”“一阵狂风”。笔者认为,既然“一阵”表示动作或状况持续的一段时间,那么看作名词似乎更准确些。“一段时间的掌声”“一段时间的狂风”“经过一段时间的紧张的战斗”更符合词语之间的语义关联。

(三)作宾语成分,存在一种情况

“一度”可作“有”的宾语,组成“有一度”。“有一度”再作整个句子的状语。“有一度”表示“有一段时间”的意思。

张亚军《副词与限定描状功能》曾提到,“‘一度’所表达的时间意义与时间名词有相通性,因而也偶尔充当宾语。如‘曾经有一度,……’”①。通过北大语料库中搜索“有一度”共 70 条结果,其中确定是作“有”的宾语的有 57 条。其中“有一度”单独作状语的 37 条,和“曾”“曾经”连用作状语的情况中,“曾经有一度”8 条,“曾有一度”10 条,“有一度曾”2 条,“有一度曾经”0 条。部分如下:

有一度经常感冒发烧。

有一度他是那样兴奋。

曾经有一度,群众中流传着这样的民谣。

曾有一度厂里的经销工作急需增加力量。

我上大学之前,有一度曾迷上了画画。

虽然时间名词和时间副词的区分学界并无完全统一的标准,但“一度”在这些句子中充当“有”的宾语,其“时间名词”的特征还是比较明显的,如果解释为副词就有些不妥,也不宜解释为数量词“一段”。其意义应是名词性的“一段时间”。

或许有人会问,这种情况下,“有一度” 可以解释为“有一次”吗?笔者认为,虽

① 张亚军.副词与限定描状功能[M].合肥:安徽教育出版社,2002.

然有些例句中代入"有一次"也讲得通,但很多情况下则显得比较生硬,特别是在"有一度经常感冒发烧"中,"一次"和"经常"显然是相矛盾的。而"一段时间"放到所有的句子中都能讲得通。关于这一点,后文会有进一步说明。

四、"一度"作"状语"的语用及词义情况

(一)作句首状语,用在主语前,存在三种情况

1."一度"单独作句首状语,后面直接跟主语,中间无停顿

北大语料库显示,这种情况的主语常常是"他(们)"和"我(们)",其中,"一度他……"的例句有5条,"一度我……"的例句有14条,部分如下:

一度他手中同时握有30多档节目。

一度他俩曾中断了交往。

一度他们好得恨不能割头换颈。

一度我又确确实实地迷航了。

一度我们被迫划清界限——分家了。

主语是其他名词的情况也有,如:

一度上海警察局派出精锐部队——飞行太保,骑在马上挥动皮鞭打人。

但这种情况更多是下面这种用逗号隔开的情况。

2."一度"单独作句首状语,与主语之间有语音停顿,用逗号隔开

北大语料库中,这样的例句有9条,部分如下:

一度,这个运动会受到广泛重视,参赛者多为各国最有前途的体坛新秀。

一度,不少人沉浸在这么一种抱怨、委屈的失落情绪中。

一度,停产的固定资产达2000多万元。

一度,参与和取胜在一些人的脑子里成了两个为我所用的概念。

一度,河北烟花爆竹爆炸事故频繁发生。

3.与"曾经"连用,构成"曾经一度"作句首状语

与主语之间可用逗号隔开,也可不隔开。此种情况未见"曾一度"作句首状语的用例。

北大语料库显示,与主语之间用逗号隔开的例句有8条,与主语之间不用逗号隔开的例句有7条。部分如下:

曾经一度，你那言行举止似某小说家笔下的女主角。

曾经一度，这里一定坐满了爱玩的客人。

曾经一度，我连住的地方都没有。

曾经一度活塞队12次投篮仅命中两球。

曾经一度这首歌传唱于大河上下游。

4．“一度”作句首状语时的意义

“一度”作句首状语，用在主语前时，无论其是否有语音上的停顿，其作为时间名词的特征还是很明显的。不过，我们也应看到，“一度”和“有一度”都可以作句首状语，北大语料库中，“有一度”单独作句首状语的例句有23条，部分如下：

有一度，假冒伪劣商品泛滥。

有一度物价上涨幅度较大。

有一度我紧张得喘不过气来。

有一度他和谢冰心先生的身体都不太好。

有一度北京市精简机构。

上述“有一度”作句首状语时，“有一度”替换成“一度”对语意毫无影响。因此，“一度”既可理解为名词性的“一段时间”，也可以理解为“有一度”的简缩形式，即表示副词性的“有一段时间”。这可以看作是“一度”由时间名词向时间副词过渡的中间阶段。既然二者均可，本文倾向于理解为“时间名词”。

（二）作句中状语，存在三种情况

1.单独作句中状语

这是“一度”最常见的用法（因例句较多，且考虑到例句数不影响本文论述，故未做具体数字统计）。

庸俗廉价的作品一度充斥市场。

受西方传教士的影响，社会工作在中国也一度出现。

孟子一度是稷下的著名学者之一。

在古老的丝绸之路上，盐枭一度猖獗。

香猪价格一度下跌，每头从原来的200元降到120元以下。

2.位于“曾”“曾经”之后，构成“曾一度”“曾经一度”修饰限制后面的动词或形容词

这一用法也比较普遍。北大语料库出现“曾一度……”1831条，“曾经一度”

233 条，部分如下：

我也曾一度憎恨过你。

当时，有几句民谣曾一度广为流传。

他曾一度自怨自艾，不能自拔。

那种怪声怪气近年来曾经一度很“时髦”。

我曾经一度认为我们能拿下这场比赛。

3.位于“曾经”前，构成“一度曾经……”，修饰限制后面的动词或形容词

于立昌、吴福祥曾说：“‘一度’与‘曾经’结合时只能是‘曾经＋一度’，在这种结合形式中，‘一度’应是被修饰成分，可见其语义更加实在。”①这一说法同样失之片面，“一度”也可以用在“曾经”“曾”前面。

北大语料库中出现“一度曾……”共 164 条，“一度曾经……”15 条，部分如下：

影片的拍摄一度曾处于停顿状态。

一度曾出现了只要赚钱就猛上的局面。

他一度曾抱怨过中央的宏观调控政策。

他们家一度曾经高朋满座。

那钟一度曾经挂在教堂顶上。

4.“一度”作句中状语时的意义

“一度”作句中状语时的意义可区分为两种情况。

其一，“一度”用在“曾经”前时与作句首状语时一样，可看作是时间名词，意思是“一段时间”。

关于这一点，可以拿“去年”“上个月”“前年”“前天”这几个典型的时间名词为例作一比照。北大语料库中，含有“去年曾经”的例句有 29 条，而“曾经去年”0 条；含有“上个月曾经”的例句有 6 条，“曾经上个月”0 条；含有“前年曾经”例句 1 条，“曾经前年”0 条；“前天曾经”1 条，“曾经前天”0 条。这个结果表明，时间名词多出现在“曾经”前面，而几乎不能出现在“曾经”后面。因此，作句中状语而且出现在“曾经”前面的“一度”，看作是“时间名词”更准确一些。

其二，“一度”直接或位于“曾经”后，修饰限制后面动词或形容词时为时间副词。

于立昌、吴福祥认为：“已然语境和‘一度＋VP’这种句法分布是‘一度’由‘一阵’这种时量义演变为‘过去发生’这种经历义的重要的句法和语用条件。伴随着

---

① 于立昌，吴福祥.时间副词“一度”的语义演变[J].古汉语研究，2011(4).

这种语义演变，'一度'语法上由数量短语语法化为表曾然的经历体副词。"①

笔者认为，就目前看来，"一度"在现代汉语中尚未完全虚化为表示"过去发生过"的曾然体，而是尚有实实在在的意义的，其表示"时间"的因素还占据一大部分，大多数情况下，"一度"的意义成分中都含有"过去有段时间"的内容，这与"曾经"并不完全相同。《现汉 6》将"一度"的副词义由"过去发生过"改为"过去有段时间发生过"，显然更接近"一度"词义的实质。

陆俭明、马真《现代汉语虚词散论》提到：" 一度，表示某种行为动作或情况只是在说话之前的某一时间里进行或发生过。"②这里强调的"某一时间"，与《现汉 6》的改动是一致的。

张亚军《副词与限定描状功能》中还对这一"时间的量"做了进一步的限定，提到："'一度、暂、暂且、刚、马上、立刻'等都用于表达短时段"③，"'一度'主要表达在过去某种行为或事件在时间上的短时性"④。

李少华《现代汉语时间副词的分类描写》中把"一度"归为表"持续"的时间副词，认为这个小类的特点是"语义上表示动作行为持续或长时间内一直进行，某种情况持续存在，或事物持续、长时间内一直保持某种性质状态" ⑤，这和陆俭明、马真先生说的"进行"是一致的。于立昌、吴福祥也认为"'一度'具有动作行为在过去的一段时间持续发生或进行的意义" ⑥。

综合以上观点，笔者认为，时间副词"一度"的词义不应是《现汉 5》提到的"过去发生过"，而应包含有"时间的量"的内容，《现汉 6》的"过去有段时间发生过"比《现汉 5》更准确些。另外，考虑到修饰限制动作时，"短时性""持续性"也应是"一度"词义中的一个很重要的内容，笔者认为，把"一度"的副词义确定为"在过去一段较短时间内持续存在某种状态或发生某种情况"，更符合"一度"词义的实质。

---

① 于立昌，吴福祥.时间副词"一度"的语义演变[J].古汉语研究，2011(4)：29.

② 陆俭明，马真.现代汉语虚词散论[M].北京：北京大学出版社，1985：110.

③ 张亚军.副词与限定描状功能[M].合肥：安徽教育出版社，2002：213.

④ 张亚军.副词与限定描状功能[M].合肥：安徽教育出版社，2002：217.

⑤ 李少华.现代汉语时间副词的分类描写[J].荆州师专学报(社会科学版)，1996(4)：73.

⑥ 于立昌，吴福祥. 时间副词"一度"的语义演变[J].古汉语研究，2011(4)：29.

五、副词“一度”并无“有过一次”的意义

（一）“一度”可与“经常”类词语连用，可证明其并无“有过一次”的意思

北大语料库中可搜索到“一度”与“经常”类词语连用的例句：

投机倒把罪，……，曾一度经常出现在法院判决书中，为广大群众所熟知。

一度经常接触叶群，对其品质作风一直很厌恶。

负责推广工作的官员的主要工作一度常在农业服务部门所属和经营的示范农场进行。

百度网中也搜索到不少类似的句子：

发个帖，来召唤那些曾经一度常来的前辈们。

曾经家里固定电话一度经常被不明人等骚扰，直接变成热线。

曾经一度经常服用紧急避孕药（毓婷），会不会怀不上孩子了？

一度他经常在赫林汉打马球。

“一度”如果是具有“有过一次”的意义，则与其后的“经常”就相矛盾，句子就不成立。但在上述句子中，“一度”的意义显然只能是“有段时间”，句子的意思是“有段时间内经常发生……”，是很容易被理解和接受的。

（二）“一度”作状语时并不表示动作的次数

“度”有“次”的意义，前可加数词。但值得注意的是，“二度”“三度”“四度”“五度”“六度”“七度”（也可用于“首度”“再度”等词）等表示次数时，多是以句子状语的形式出现的，充当状语时“×度”的意思是“×次”或“第×次”。比如：

黄鹤楼酒香出众，品质优良，独树一帜，曾二度荣获国家金奖。

这是该片导演王家卫继《花样年华》后，二度获此殊荣。

中俄青年队在前四轮比赛中四度战成平手。

1984 年至 1987 年间，他七度改写撑杆跳高世界纪录。

但值得注意的是，在数词加“度”作状语的用法中，“一度”是个例外。试比较“一度落泪”和“几度落泪”的不同（以下例句来自百度网）：

一度落泪：

朱丹谈失败婚姻一度落泪。

《东邪西毒终极版》忆张国荣，王家卫一度落泪。

发布会现场，达芬奇家居有限公司总经理潘庄秀华情绪激动，一度落泪。

几度落泪：

《好歌曲》蔡健雅变美丽主厨，现场几度落泪。

女儿风光出嫁，胡瓜几度落泪。

谢长廷抵厦门祭祖难掩激动情绪几度落泪。

上述例句中，“几度落泪”显然是“几次落泪”的意思，但“一度落泪”却不是“落泪一次”的意思，而是表示“一段较短时间内持续落泪”的意思。

（三）“一度”修饰限制的动词很多不能用于“次数”，但都可用于“一段时间”

比如：

林书豪：我过去一度十分自大，常被赶出球馆。

姐姐透露：陈冠希一度老了10岁。

过去一度很无知。

医院工作人员站出来指证打人者时，一度无人敢言。

上面例句中，“十分自大”不能说“有过一次十分自大”，“老了10岁”不能说“有过一次老了10岁”，“很无知”不能说“有过一次很无知”，“无人敢言”不能说“有过一次无人敢言”，但这些词语都可以说成“一段时间内××”。

此外，《现代汉语八百词》《新华词典》《现代汉语虚词例释》中都未提到“有过一次”的意义。《汉语大词典》将“一度”释为“有过一次”，其例句是徐迟《牡丹》七中的：“魏紫记不得他们了。但终于记起了当年那位年轻的剧作家和那位一度的合演者，十分高兴。”笔者认为虽然可以讲得通，但不能因之确定“一度”有“有过一次”的意义，因为理解为“一段时间”也是完全可以的。

综上所述，“一度”虽然具有“一次”的意义，但用法上受局限，除“×年一度”外，其他语境中，很难解释为“一次”或“有过一次”。另外，除“×年一次”外，汉语句子中凡是用“一次”的地方，几乎都不能换作“一度”，这也从另一个方面说明“一度”与“一次”意义上的差距，二者绝大多数情况下用法并不是等同的。

综合以上分析，本文把“一度”的语用及词义情况列表如下：

表 2

<table>
<tr><th colspan="3" rowspan="2">用法
（总计 14408 个用例）</th><th colspan="2">数量词</th><th>时间名词</th><th>时间副词</th><th rowspan="2">例句数</th><th rowspan="2">句中成分</th></tr>
<tr><th>一次</th><th>一段</th><th>（过去）
一段时间</th><th>过去一段（较短）时间内持续发生或存在过</th></tr>
<tr><td>1</td><td colspan="2">×年 ＋ 一度</td><td>√</td><td></td><td></td><td></td><td>2937</td><td>谓语</td></tr>
<tr><td rowspan="2">2</td><td colspan="2">一度 ＋ 时间</td><td></td><td>√</td><td></td><td></td><td>7</td><td rowspan="3">定语</td></tr>
<tr><td colspan="2">一度 ＋ 时期</td><td></td><td>√</td><td></td><td></td><td>11</td></tr>
<tr><td>3</td><td colspan="2">一度 ＋ 的</td><td></td><td></td><td>√</td><td></td><td>19</td></tr>
<tr><td rowspan="4">4</td><td rowspan="4">有＋
一度</td><td>有一度</td><td></td><td></td><td>√</td><td></td><td>37</td><td rowspan="4">宾语</td></tr>
<tr><td>曾经有一度</td><td></td><td></td><td>√</td><td></td><td>8</td></tr>
<tr><td>曾有一度</td><td></td><td></td><td>√</td><td></td><td>10</td></tr>
<tr><td>有一度曾</td><td></td><td></td><td>√</td><td></td><td>2</td></tr>
<tr><td rowspan="2">5</td><td colspan="2">一度 ，＋ 主语</td><td></td><td></td><td>√</td><td></td><td>9</td><td rowspan="4">句首状语</td></tr>
<tr><td colspan="2">曾经一度，＋ 主语</td><td></td><td></td><td>√</td><td></td><td>8</td></tr>
<tr><td rowspan="2">6</td><td colspan="2">一度＋他</td><td></td><td></td><td>√</td><td></td><td>5</td></tr>
<tr><td colspan="2">一度＋我</td><td></td><td></td><td>√</td><td></td><td>14</td></tr>
<tr><td rowspan="2">7</td><td colspan="2">一度曾 ＋ 动（形）</td><td></td><td></td><td>√</td><td></td><td>162</td><td rowspan="5">句中状语</td></tr>
<tr><td colspan="2">一度曾经 ＋ 动（形）</td><td></td><td></td><td>√</td><td></td><td>15</td></tr>
<tr><td rowspan="3">8</td><td colspan="2">曾一度 ＋ 动（形）</td><td></td><td></td><td></td><td>√</td><td>1831</td></tr>
<tr><td colspan="2">曾经一度 ＋ 动（形）</td><td></td><td></td><td></td><td>√</td><td>225</td></tr>
<tr><td colspan="2">一度 ＋ 动（形）</td><td></td><td></td><td></td><td>√</td><td>未统计</td></tr>
</table>

六、结语

“一度”作为一个词，在现代汉语中常见常用，但不同辞书的释义情况却各有差异，这会影响到语言学习者对“一度”词义的准确认识。本文通过北大语料库对“一度”的语用情况进行观察发现，“一度”在语用中可充当“谓语”“定语”“宾语”“状语”成分，这些成分中体现出来的意义包括“数量词”“时间名词”“时间副词”三种情况，其中“数量词”区分为表动量的“一次”和表时量的“一段”两种情况，“时间名词”的意义是“过去一段时间”，“时间副词”的意义是“过去一段(较短)时间内持续发生或存在过”。通过分析，本文认为副词“一度”并不具有某些辞书中提到的“有过一次”意义。

参考文献：

[1]陆俭明，马真.现代汉语虚词散论[M].北京：北京大学出版社，1985.

[2]张亚军.副词与限定描状功能[M].合肥：安徽教育出版社，2002.

[3]于立昌，吴福祥.时间副词“一度”的语义演变[J].古汉语研究，2011(4).

[4]杨德峰.时间副词作状语位置的全方位考察[J].语言文字应用，2006(2).

[5]李少华.现代汉语时间副词的分类描写[J].荆州师专学报(社会科学版)，1996(4).

[6]王红斌.时间副词对动词的持续义和非持续义的影响[J].晋东南师范专科学校学报，2001(1).

[7]冯成林.再论关于汉语时间名词和时间副词的问题[J].陕西师范大学学报(哲社版)，1986(3).

[8]丁雪欢.时间副词“一时”的三类语法意义[J].云南师范大学学报(对外汉语教学与研究版)，2008(3).

[9]王文娟.对外汉语时间副词教学中的语境利用[J].齐齐哈尔师范高等专科学校学报，2012(2).

贾宝书，1993年至1996年师从葛本仪先生攻读现代汉语专业硕士学位，1996年至1999年攻读汉语言文字学专业博士学位。

“家”的词义发展与家族文化

大连外国语大学 周玉琨 曲娟

近年来，中华传统文化的普及和传播有了迅猛的发展，文化传承与文化研究迎来了历史的机遇。传统文化是文明演化汇集而成的一种反映民族特质和风貌的文化，是民族历史上各种思想文化、观念形态的总体表征。然而，什么是文化，什么是传统文化，中华传统文化的精髓是什么，这些问题在学术界仍没有形成共识。本文我们结合“家”一词词义的发展演变，谈谈家族文化的内涵，认为“家族思维”是中华传统文化的精髓。

一、“家”的本义

先看一下“家”的甲骨文例示：

从字形上看，“家”由表示房屋的“宀”和表示猪的“豕”组成，但同意“家”的本义是“猪的住所”的观点并不占优势，因为它还有一个字“圂”来表示。学术界对“家”本义的研究，主要有以下几种：

(1)住所。《说文解字》：“家，凥(居)也。从宀，豭省声。”“家”就是“人的住所”。这种解读，人猪同居一处，有几层含义，一是上面住人猪在其下，一是猪在中心人围住四周，一是猪头部位等悬于屋檐下而居。栾维权说，家之居引申到人之居，人猪混居，如“我家祖辛弗侑三”(《甲骨文合集》一三五八四甲正)。[①] 王洽功认为，“家”首先是人居，进而由于发明饲养家畜犬与豕，遂成人与家畜的共同居处。[②] 刘庆俄

① 栾维权.“家”字本义补释[J].汉字文化，2009(1).

② 王洽功.释家[J].东北师大学报(哲学社会科学版)，1983(2).

认为，"家"最初不是指一般人居住的处所，而是指卿、大夫居住的地方。①

(2)家族。沈善增说，"家"是指行政组织意义上的"家族"。② 梁颖认为，"'家'当为会意字，其本义是表示一个以血缘聚居团体为基础的财产单位，这个财产单位就是'家族'"③。

(3)丈夫。黄持刚认为，"家"字本义从字形上的"公猪"引申为丈夫、男人，男人代表了在家庭中的地位④。

(4)繁殖。苏宝荣认为，"家"本为"繁殖"之义，从"稼""嫁"字亦可作为旁证⑤。

(5)宗庙。刘克甫认为，"殷人祭祀祖先的场所称'家'"，"口午卜贞：其㞢匚于上甲家"。从"家"的字形观察也可以推定其本义为宗庙，即宗族团体进行共同祭祀的场所⑥。郑慧生也认为，"家"的古义"宗庙"列首位⑦。

我们认为，远古时代家畜驯化后除食用外还有用于祭祀的习俗，祭祀的场所以鲜美的猪肉供奉，猪的灵活适应力、旺盛繁殖力和顽强生命力是家族后继有人、兴旺发达的象征。显然"处所"的具象义优于"族系"的抽象义，所以我们认为"家"的本义是"宗庙"。也有学者分析许慎的"凥"(居)字恰恰可以看出不活动的人体位于几案前，正是祭祀处。研究者承认甲骨文中"宗庙"义出现较为频繁，如"己酉贞于上甲家"(《甲骨文合集》一三五八零)等。当然，"宗庙"义与"宗族""住所""家庭"等意义有时也是难以断然切割的，有其连续甚至融合的词义发展脉络。

二、"家"的词义引申

随着经济和社会的发展，私有制形成了，社会组织结构和社会关系也发生了一定的变化，"家"词义也随之发生了一系列的引申，然而学术界的认识也有不小的差异。从今天来看，"家"词义的使用得到了一定的规约，《现代汉语词典》(第7版)

---

① 刘庆俄.释"家"[J].汉字文化，2006(5).

② 沈善增."家"构字新议[J].社会观察，2008(5).

③ 梁颖."家"字之谜及其相关问题[J].广西师范大学学报(哲学社会科学版)，1996(4).

④ 黄持刚.关于"家"的本义——兼评《漫谈家》[J].孝感师专学报(哲学社会科学版)，1999(1).

⑤ 苏宝荣.释"家"[J].河北师范大学学报，1992(2).

⑥ 刘克甫.西周金文"家"字辨义[J].考古，1962(9).

⑦ 郑慧生.释"家"[J].河南大学学报(社会科学版)，1985(4).

"家"有12个义项,《汉语大词典》(第三卷)有25个义项,王力《古汉语常用字字典》仅收4个义项。《现汉》第7版"家"(①傢)jiā释义如下:

①[名]家庭;人家:他~有五口人。注意:"傢"是"家伙、家具、家什"的繁体字。

②[名]家庭的住所:回~。

③[名]借指工作的处所:我找到营部,刚好营长不在~。

④经营某种行业的人家或具有某种身份的人:农~。

⑤掌握某种专门学识或从事某种专门活动的人:专~。

⑥学术流派:儒~ 。

⑦[名]指相对各方中的一方:上~ 。

⑧谦辞,用于对别人称自己的辈分高的或同辈年纪大的亲属:~父。

⑨人工饲养或培植的(跟"野"相对):~畜。

⑩〈方〉[形]饲养后驯服:这只小鸟已经养~了,放了它也不会飞走。

⑪[量]用来计算家庭或企事业单位等:三~商店。

⑫jiā [名]姓。

从历时来看,"家"词义发展脉络还是比较清晰的。郑慧生认为,"家"的古义有四:宗庙、宗族、采邑和政权。① 胡绍文说:(家)义项产生的先后顺序应该是:宗族——宗庙——大夫的采邑——家庭——仆从。②

刘庆俄③用连线表示义项关系:

```
                          家养的
                        ↗
诸侯的封地→家庭→自己的代称
              ↓
          从事某行业      有丰富经验和      有理论体系和
          的工作者   →   特殊能力的人  →  学术观点的一群人
```

刘克甫认为,"家"字(宗庙义)进而引申为"宗族"之义。《尚书·大诰》"天降割于我家"(我族)。……"家"的"个体家庭"之义,始见于春秋后期的金文中。……到

① 郑慧生.释"家"[J].河南大学学报(社会科学版),1985(4).

② 胡绍文."家"字研究综述[J].殷都学刊,2002(4).

③ 刘庆俄.释"家"[J].汉字文化,2006(5).

了战国时代，“家”字的这种新的意义在文献中表现得更为清楚。[①]

我们认为，“家”的主要引申意义如下：

(1)家人内也。(《易·杂卦传》)

(2)平原君家楼临民家。(《史记·平原君虞卿列传》)

(3)张二官在家又住了一个月之上。(《警世通言·蒋淑真刎颈鸳鸯会》)

(4)李牌心焦，走回到家中寻时，见锁了门，两头无路。(《水浒全传·王教头私走延安府 九纹龙大闹史家村》)

例(1)(2)(3)(4)“家”为“屋内”“住所”“房屋”义。

(5)康乐我家。(《命瓜君壶》)

(6)奠保我家我邦。(《叔向父簋》)

(7)故民壹务，其家必富，而身显于国。(《商君书·壹言第八》)

(8)在礼，家施不及国，民不迁，农不移，工贾不变，士不滥，官不滔，大夫不收公利。(《左传·昭公二十六年》)

例(5)(6)(7)(8)为“家族”义。

(9)丘也闻有国有家者。(《论语·季氏》)

(10)公殁之后，护丧归京，涉历山河，皆是途步周回委曲三千余里，二百余晨，方达家邑。(《唐文拾遗·卷三十三》)

例(9)(10)的“家”为“采地食邑”义。

(11)克勤于邦，克俭于家，不自满假，惟汝贤。(《尚书·大禹谟》)

(12)数口之家，可以无饥矣。(《孟子·梁惠王上》)

(13)长铗归来乎，无以为家！(《冯谖客孟尝君》《战国策·齐策》)

(14)故曰以身为家，以家为国，以国为天下。(《吕氏春秋》)

例(11)(12)(13)(14)为“家庭”义。

(15)袁绍曰：“汉家君天下四百许年，恩泽深渥，兆民戴之，恐众不从公议。”(《汉末英雄记·董卓》)

例(15)指“朝代”。

(16)焚百家之言，以愚黔首。(《过秦论》)

(17)由是年在志学，躬自搜纂，以为一家之言。(《金楼子》)

例(16)(17)指“学派”“学说”。

(18)农家少闲月。(白居易《观刈麦》)

---

① 刘克甫.西周金文“家”字辨义[J].考古，1962(9).

(19)渊明尝遣送酒家,稍就取酒。(《陶渊明集》)

例(18)(19)为“经营某种行业的人家或具有某种身份的人”。

(20)地学之家。(《天演论》)

例(20)是“掌握某种专门学识或从事某种工作、担任某种职务的人”。

(21)家弟暗短招愆,今在北理。(《弘明集·十》)

例(21)为称谓词,别人称自己的弟弟。

(22)苗家;侗家;傣家。

例(22)指“民族”。

(23)唐贞观二年,陈留县尉刘全素,家于宋州。(《太平广记·卷三百七十五·再生一》)

例(23)是“定居”“安家”。

(24)三家条约。

(25)夜三更东市失火,烧东市曹门以西十二行四千余家。(《入唐求法巡礼行记》)

例(24)(25)指某一集团或某一方面或量词。

综上所述,“家”词义发展的大概脉络为:

宗庙/住所

↓

家族→家乡

↓

家庭→某类人→某类专长的人→流派→某方→人工

三、“家”文化内涵

传统家族文化的内涵有四个方面:为家族而活的人生观、尊祖敬宗的团体意识、家族家庭伦理精神是讲求孝道、孝与忠的交融性。家族文化是形成民族国家凝聚力的一种文化因素。[①] “家文化”及其泛化是中国传统文化的核心,只有在中国历史传统中,发展出了一套由“家文化”延伸而出的伦理规范与社会组织法则,从而

① 冯尔康.中国传统家族文化的当代意义[J].江海学刊,2003(6).

基本规定了中国人传统的日常生活、社会生活、政治活动的规则和思维习惯。[①] "家文化"是中国所特有的一种文化范式。中国人的"家"不仅是社会学意义上的，更具有哲学和宗教的意义与作用。[②] 不同于西方强大的宗教型文化，中国的传统文化是基于血缘关系的伦理型文化。家文化与公民文化不同：冲突与调和、权利优先与责任优先、人人平等与差序格局、法治与礼治。[③]

中国传统文化内核"家族思维"，它传承了优秀文化基因，形成了如集体意识，词语有"以校为家""以厂为家"等，团聚意识的词语更是俯拾皆是，如"春节（饺子）""元宵节（元宵汤圆）""端午节（粽子）""中秋节（月饼）"等。即使是聚餐，我们多是桌餐而不是分餐。再如合作精神，其词语有"打仗亲兄弟上阵父子兵""姑舅亲辈辈亲打断骨头连着筋"等。还有一个方面也能反映出亲近的人际关系，就是家族称呼泛化，如"大哥""大姐""叔叔""阿姨""老爷爷""老奶奶""兄弟"等。下面再举几例。

(26)大凡一家人家，过日子，总得要和和气气。从来说："家和万事兴。"（吴趼人《二十年目睹之怪现状》）

(27)在她的观念里，家人是最重要的，家和万事兴，家庭和乐，才能有毫无后顾之忧的幸福生活。（江苏卫视《非诚勿扰》）

(28)另外还加了一个六和，六和最重要，家和万事兴，不和没有前途，个人与团体都要毁灭。（李叔同《弘一法师全集》）

例(26)(27)(28)中的"家和万事兴"就是强调和谐相处的人际关系。

(29)褚元海说："哪里，哪里！太欢迎你们来了。以后有用到我们的地方，尽管说。咱们是东亚共荣！一家人不说两家话。把你们东亚株式会社的大牌子挂出来，我负责你们的安全。"（李準《黄河东流去》）

(30)常言道，"烟酒不分家"，抽烟的人总是桌上放一罐烟，客来则敬烟，这是最起码的礼貌。（梁实秋《雅舍菁华》）

例(29)(30)强调协调一致和不分彼此的融洽关系。

有时，一些家族文化现象反映出一定的哲理，令人玩味。

(31)唁，果然是家家都有难念的经，狗大哥说，咱们当狗的，只能听主人调遣，为主人服务，这些麻烦事儿，不归我们管。（莫言《生死疲劳》）

---

① 储小平.中国"家文化"泛化的机制与文化资本[J].学术研究，2003(11).

② 何丽野."家文化"在马克思主义中国化百年进程中的嬗变与展望[J].浙江社会科学，2013(7).

③ 刘霞."家文化"与公民教育[J].教育学术月刊，2016(12).

(32)虽然都是近邻,可是一来彼此不大常来往,二来因日本人闹的每家都有一本难念的经,所以偶尔相见,话就特别的多。(老舍《四世同堂》)

(33)中国的知识分子,很像俗话讲的"儿不嫌母丑,狗不嫌家贫"那样,热恋着这块土地啊!(李国文《冬天里的春天》)

(34)尽管你们这个家,也算是我的家吧,与别人家比较,显出了寒碜,但我还是喜欢这里。狗不嫌家贫嘛,何况根本也算不上贫。(莫言《生死疲劳》)

(35)把村子里母鸡吃个干净后,觉得事件辣手,就说:"清官难断家务事,你们这件事情,还是开祠堂家族会议公断好。"(沈从文《长河》)

(36)三姑娘没好气地回答人家:"清官难断家务事,你的屁留着回家去对你婆娘放!"(周克芹《许茂和他的女儿们》)

(37)哎,长林,冤家宜解不宜结,我劝你马马虎虎些!(茅盾《子夜》)

(38)他的这些话别人都听不进去,反而说:老爹,你和他吵过架,所以对他有成见。得了吧老爹,冤家宜解不宜结!(王小波《青铜时代》)

例(31)—(38)的"家家都有难念的经""狗不嫌家贫""清官难断家务事""冤家宜解不宜结"等从侧面告诫人们正确处理事务,具有一定的告诫性。

当然,由于历史的久远和习以为常的惯性,我们的家族文化中还存在一定的糟粕,封建余毒仍在一定范围内残留,其词语如"株连九族""斩草除根""团团伙伙""拉帮结派""近亲繁殖"等。

(39)小人们遭了土匪,一家家家破人亡,那里还有钱孝敬统领大人!求大老爷开恩!(李宝嘉《官场现形记》)

(40)柳月说:谁不这样,吃了五谷想六味,家花不如野花香嘛!(贾平凹《废都》)

(41)僧问:"化城鉴如何是各尚家风?"曰:"不欲说。"曰:"为甚如此?"曰:"家丑不外扬。"(释普济《五灯会元》)

(42)反正"家丑不可外扬",只要一结婚,就可以捂住大家的嘴了。(李凖《黄河东流去》)

(43)在一般的情况下,同行是冤家,但我们村的屠户在老兰的组织领导下,变成了一个团结友爱、共同对敌的战斗集体。(莫言《四十一炮》)

(44)两人都是延津人,按说无论到江浙一带贩茶,或是到山西内蒙一带卖茶,本该相互帮衬着,但因为话说不到一起,加上同行是冤家,两人倒走得挺远。(刘震云《一句顶一万句》)

上面例(39)—(44)的"家破人亡""家花不如野花香""家丑不可外扬""同行是

冤家”等是消极结果和负面的说教，应该舍弃或避免。

家族思维及家族文化已经根植于我们中华民族每个人的血液中，在学习、工作和生活中处处得以展现。充分弘扬优秀文化，剔除其糟粕，对于建设美好家园，营造文明和谐社会，具有十分重要的现实价值和十分深远的历史意义。

周玉琨，1999 年 9 月至 2002 年 6 月在山东大学文学与新闻传播学院跟随葛本仪先生攻读汉语言文字学专业词汇学方向博士研究生。

动作动词“抽”与“吸”区别特征及语义趋同的认知视角*

山东大学　尹海良

一、引言

动词“抽”和“吸”是宽泛意义上的近义词，现代汉语中有一系列由“抽”和“吸”构成的基本词汇，如“抽烟”“吸烟”“抽水”“吸水”“抽气”“吸气”等。“抽”和“吸”既可以各自独立成词，也可以作为构词语素，并且它们常常能够与同一个实体名词或语素组配，有时语义使用完全相同，有时则存在些许差异。特别是部分二语学习者常常问及，“抽烟”与“吸烟”一样吗？从普通语言学视角追问，二者是怎样实现语义近同的？基于本体和应用方面的思考，本文探索动作动词“抽”与“吸”语义异同的深层动因，并提炼可供学习者易于感知的几个区别特征。查阅有关研究文献，有从意象图式和突显角度研究语言中的同义词的，代表性的如沈家煊讨论了“偷”和“抢”异同的深层动因，[①]但目前未见文章直接讨论甚至间接涉及“抽”和“吸”的异同问题，本文拟基于认知语言学中的意象图式理论对此作具体分析。

意象图式，指的是一种抽象的框架，是感知互动及感觉运动活动中的不断再现的动态结构，这种结构给我们的经验以连贯和结构。朱彦认为，“多义是认知的词汇语义学研究的重要课题之一，意义之间的连接机制更是多义研究的重点和难点。空间运动动词的语义受空间意象图式直接驱动。”[②]因此，从认知特别是基于意象图式对动作动词进行语义特征分析与提取是汉语词汇本体及应用研究的一个重要

---

* 国家社科基金“现代汉语肯否范畴偏转识解的交互主观性与生成机制研究”(19BYY024)阶段成果。

① 沈家煊.说“偷”和“抢”[J].语言教学与研究，2000(1).

② 朱彦.基于意象图式的动词“穿”的多义体系及意义连接机制[J].语言科学，2010(3).

视角。对成年二语学习者而言,从形象到抽象再到逻辑推理是语言学习与理解的主要手段和途径。每种语言都有大量的近同义词汇,基于语言共性的认知视角挖掘词汇之间的区别特征,归纳分析其异同的语言机制和语义发展脉络,无论对母语还是对二语学习深度都具有非常直接有效的现实应用价值。

本文所用语料取自北京大学 CCL 语料库,特别是现当代语料,例中不再标明出处,个别当代语料为网络搜索和自拟。

二、"抽"与"吸"基本义层面的区别特征

(一)[工具]

许慎在《说文解字》中释"抽":"从手,由声,引也。"释"吸":"从口,及声,内息也。"内息,纳其息也。从字的本源看,"抽"动作的完成借助于手,"吸"动作的完成则借助于口,"手"和"口"理所当然地可以看作是人体最为天然便捷的固有工具。在"抽"和"吸"语义泛化后,动作完成所借助的工具逐渐不再受限于"手"和"口",但仍与其保持着紧密的联系,这种联系或表现为相关,或表现为相似,这是语义虚化过程中的语义限制(meaning constraint)使然。

所谓相关,指的是动作的完成虽不直接用"手"和"口",但是又离不开这两种天然的工具,或者说动作的完成需要借助外物实体工具,是人体工具"手"和"口"有限能力的延伸。如:

(1)打一小洞后,用嘴巴吸着吃,他说这是营养品。

(2)真的好高兴,宝宝 6 个月就已经会用吸管吸牛奶了。

(3)消防战士正在用抽水机在矿井边上的一个小水塘里抽水。

例(1)工具是"嘴巴",(2)工具是"吸管",(3)工具是"抽水机",这里介词"用"是典型的工具标记。

所谓相似,指的是动作完成所借助的工具与"手"或"口"存在外形和功能上的相似性,这在"吸"上表现得最为明显。如:

(4)臭虫有吸盘,它吸在墙上,你在上面一逮它,它就马上掉下去,掉下去就进了我的手。

(5)因为这个导航仪一般是用吸盘吸在前挡风玻璃上,特别明显。

(6)门框内右上角下凹,第二点是小房左边靠墙的门吸松动。

例(4)中"吸盘"最像人的嘴,而"门吸"的"依附性"特征也与嘴的吸吮接触相似,"抽"不具备此相似特征,因此"抽盘"等不可接受。

(二)[量级]

从动词"抽"和"吸"后所匹配的实体名词来看,相同的实体还存在量级大小的不同,即"抽"支配处置的实体客观量一般较大,而"吸"所支配处置的实体客观量相对较小。以"水"为例,如"抽水"和"吸水"都可以组合成词,但是前者的水量往往较大,因此借助的工具常常是"抽水机""抽水马桶""抽水泵""针管"等器械类,而"吸水"所借助的工具则常常是"抹布""海绵""餐巾纸"等生活家居类。再如"抽血"和"吸血"都是常用词,但前者是医学领域采集血液,量不能太小,后者常常是"蚊虫"之类,被吸食量很小。当然在"可能世界"中还存在"吸血鬼",虽然量不一定很小,但是吸食所借助的工具"口"使得该词只能用语素"吸"而不可用"抽"。这说明,当[量级]和[工具]语义特征冲突时,构词时优选的首先是更为原型的[工具]要素。试比较以下两组词(数据来自百度,检索方式为"高级",避免"吸收……牛奶……机器"等冗余字段):

表 1

吸奶器	抽奶器	吸油烟机	抽油烟机
6060000	10400	5270000	29200000

量可以分为客观量和主观量。客观量相对性表现为针对社会共享预期或社会平均值[①]而言。"奶"量的大小,社会一般共享预期量较大的为牛"奶",或超市售卖袋装或盒装牛奶饮品,相比而言,婴儿吸吮的母乳在量上则小得多。再经实地人群调查,针对人时偏好用"吸奶器"。与此相对应,油烟量往往较大,油烟的排出需要借助较大的器械,因此"抽油烟机"比"吸油烟机"就更易为人们所接受。以上数据说明了这一点。

(三)[形态]

"抽"和"吸"都可以支配处置[一固态]类实体,如前面提及的"水""血""奶""油""烟""气"等,这正是把二者看作近义词的主要理据。除此之外,"抽"与[固态]类实体具有更多、更典型的支配关系,这些[固态]类实体的形态特征可以进一步地

---

① 石毓智.论社会平均值对语法的影响[M].语言科学,2004(6).

描述为[细条]状,如“抽签”“抽筋$_1$[①]”“抽穗”“釜底抽薪”“抽刀断水”等。“粉末儿”则因其“流动性”特征比较接近[一固态]而易与“吸”匹配为“吸粉末”,更进一步基于转喻关系由“毒”转指“毒品”,因此可形成复合词“吸毒”。

(四)[容器(container schema)]

动作“抽”和“吸”都与容器有关,即“抽”和“吸”的对象一定是存在于某个容器内。如“釜底抽薪”,“釜底”是容器,“薪”是内容。再如“抽刀断水”,隐含的“刀鞘”是容器,“刀”是内容;“抽签”中“签筒”是容器,“签”是内容;“抽筋$_1$”中“人体”是容器,“筋”是内容。同样,“吸”也离不开容器,如“海绵吸水”,“海绵”临时成为容器,“水”就是内容。再如“吸了一肚子凉气”,显然“肚子”是容器,“凉气”是内容。从“容器－内容”的整体关系看,“抽”和“吸”具有相似性,但是二者在现代汉语中的构词和短语搭配却有各自鲜明的特点,这些特点在“容器－内容”图式方面都有所反映。

我们认为,动作“抽”和“吸”实际上都是与两个容器相联系,一个可以称为“源点容器”,一个可以称为“目标容器”,只是“抽”和“吸”对两个容器的凸显度(prominence)存在差异。“抽”和“吸”动作的完成都同时实现了从源点容器到目标容器之间的一个移动,但考察大量语料发现,动作“抽”凸显的是源点容器,动作“吸”凸显的是目标容器或终点容器。检验此结论的一个依据是,“抽”和实体名词搭配时常出现或隐含名词所指事物的原点位置,“抽”动作实现,事物位移后的去向不是凸显面,因此常缺省、无须甚至无法补出。相反,“吸”和实体名词搭配时常出现或隐含事物发生位移后的去向,事物位移前在哪里则不是凸显面。我们也可以用“从……抽(吸)”框架来检验。如:

(7)小水窖里的水是村委会从几公里以外的水源点抽取过来的。

(8)据悉,这是一项免费的旅游推介活动,入药店的客人都是主办方从网上随机抽取的。

(9)美国也确实希望从伊拉克抽身,但这个决定在客观上给了伊拉克极端主义势力以鼓舞。

(10)全麻意外麻醉的时候有可能出现呼吸,把血液吸进肺里就会容易死亡,这是一种风险。

(11)我想把这些伤心的记忆都搁在瓶子里,让它吸到瓶子里,然后拿一个

① 抽筋$_1$:抽取人体内的筋,古代的一种酷刑。

严实的盖子给它盖住，给它封起来。

语言事实表明，“从……抽”出现频率很高，而“从……吸”使用频率很低，“从”是一个源点标记词，由此可见“抽”凸显源点，“吸”凸显终点。当然凸显仅仅表明有这样一种倾向，语言中也确实存在“抽”“吸”两个容器一起凸显的情况，如：

(12)所以这样的话虽然只进行一次接力，这样从这个地方抽到下一个水池，再抽下一个水池。

(13)他忽然深深吸了口气，胸膛上的酒杯立刻被他吸了过去，杯中的酒也被他吸进了嘴。

尽管如此，以上两例表明，例(12)“从……抽到……”较为常用，例(13)中的源点不是由专门的地点介引标记(介词)如“从”引出，而是以定语的形式出现。虽然源点出现了但此时凸显度相对较低，如果尝试将该句变换为源点凸显度较高的“从杯中把酒吸进了嘴”，那么其接受度就会大大降低。这说明，“抽”可源点和目标同时凸显，但其原型图式是凸显源点，“吸”的原型图式是凸显终点，一般不会同时凸显源点和目标。基于此，我们可以将“抽”(图 1)和“吸”(图 2)的“容器—内容”图式刻画为以下形式。(注：容器外围实线表示被凸显，虚线表示未被凸显，箭头表示内容及位移的方向。)

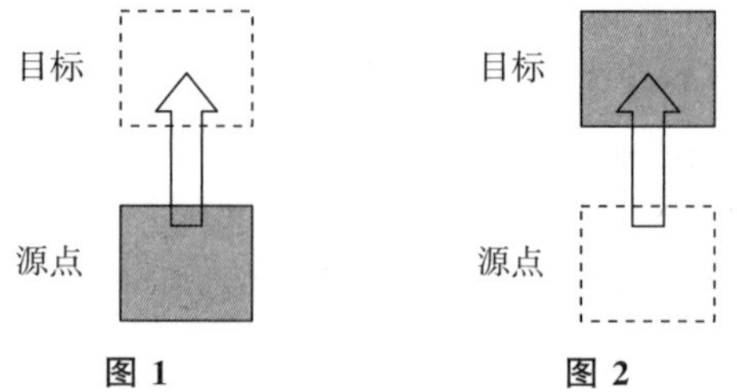

图 1　　**图 2**

实际上，在古汉语词汇向现代汉语词汇演变的过程中，认知凸显一直扮演着十分重要的角色，如古今汉语“去”的语义变化便与本文论述“抽”和“吸”图式的凸显相类似，“去”的语义变化可刻画为：

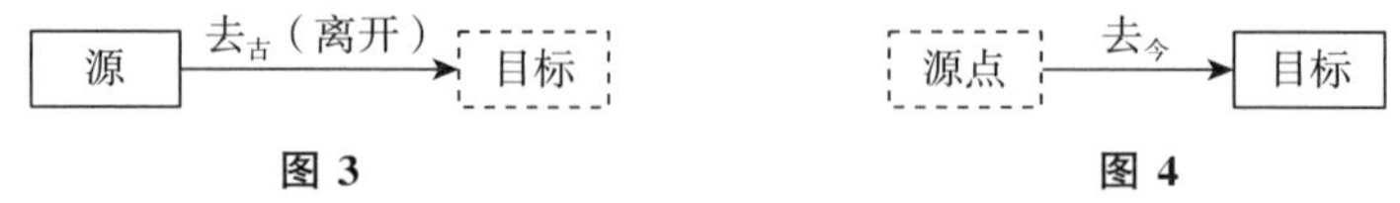

图 3　　**图 4**

该图式说明，古汉语的“去”以“源点”(出发地)为凸显面，从语用推理的角度来说，有始发源点就一定有终点目标，“离开”A 地意味着“去往”B 地，在一定的语境条件下,“去”的“离开”义会被重新分析(reanalysis)为“去往”义。“去”的重新分析过程说明意象图式具有极高的抽象性,强动作动词“抽”“吸”“去”的具体语义虽差异巨大,但在意象图式上却具有很多的相似性,这有助于启发我们从更深层次的认知角度探寻同类词的细微差异。

再看“吸钱”一词:

(14)此外,山寨手机还有可能安装了某种软件,通过专设按键对用户“吸钱”。

(15)银行也欠缺现代企业意识,不懂得尊重自己的上帝——储户,只知道收费、吸钱,却不舍得往外“吐钱”,哪怕这钱本来就是储户的。

以上两例表明,“钱”原来在哪儿不重要,重要的是“钱”进入了主体不期待的地方如“手机”(实则是移动、联通或其他公司和个人)和“银行”,正因为凸显的是目标容器,所以例(15)后用“吐钱”与“吸钱”对应。词语“吸尘器”等也同此理。

前面论述到“抽”和“吸”在[工具]和[容器]两个方面存在差异,但还有一点,对“吸”来说,其动作自身所借助的工具也常常就是目标容器,如“海绵”“抹布”“吸尘器”等,而“抽”所借助的工具通常不作为目标容器,如“抽油烟机”“抽水泵”等。所以,“抽”动作完成的要件可以概括为“[源点容器]—[工具]—[目标容器]”,三个要素分工较为明确,而“吸”动作完成的要件是“[源点容器]—[工具/目标容器]”,即有时工具和目标容器合二为一。

(五)[方向]

动词“抽”和“吸”在动作的方向性上也存在差异,这种差异实际上是由前述容器图式决定的。“抽”凸显的是源点容器,也就意味着内容物是前景焦点(focus),源点容器是背景信息。“吸”凸显目标容器,也就意味着内容物是前景信息,目标容器是背景信息。这样,“抽”以源点为参照系,表现在位移方向上就是“出”,而“吸”以目标点为参照系,表现在位移方向上就是“入”,这一点已在前一小节图式中用箭头标出。对该定性分析还可以通过语料库的数据统计来进一步佐证。如在北京大学中国语言学研究中心的CCL现代汉语语料库检索,得到如下结果:

表2

补动	出	出来	进	进去	入
抽	2244	259	7	1	20
吸	57	27	158	54	747

数据表明,“抽”与“出/出来”的搭配显著度明显高于“吸”,而“吸”在与“进/进去/入”的搭配显著度则明显高于“抽”。显然,“抽”凸显内容物离开源点,“吸”凸显内容物到达目标点,这是二者的差异。但是,人的思维和活动常常以自身为中心,如果说话人以“自身”为参照系,那么无论“抽”还是“吸”的位移方向都指向人,这时“抽”和“吸”的方向又具有一致性了,此时二者获得了近义词的关系,因此词典中常以“吸”来释“抽”,最典型的莫过基本词汇“抽烟/吸烟”。需要说明的是,上表数据没有将“抽”按照词典所分的“$抽_1$”和“$抽_2$”分别进行统计,通过观察真实语料,实际上“$抽_2$”的用例极为有限。王媛从动词方向性的角度将“$抽_1$”归为“外向动词”,将“$抽_2$”归为聚拢向动词。[①] 该文没有对“吸”进行方向分类,但将与“吸”类似的动作“吃”“叮”归为“里向动词”,这也说明“抽”动作的原型方向是“出”,不同于“吸”动作的原型方向“入”。再如科技名词“可吸入颗粒物”(inhalable particles)也表明了方向性。

三、“抽”与“吸”引申义层面的区别特征

由于“抽”和“吸”的本义不同,这就决定了二者在语义衍生过程中各自沿着自己的路径引申,或构词或搭配。《汉语大词典》(2.0 版)中“抽”列有 13 个义项,“吸”列有 8 个义项(去除了通假“翕”的 4 个义项)。《现代汉语词典》(第 5 版)和《现代汉语规范词典》(2004 年版)无论释义还是义项数基本一致,都是“抽”列有 7 个义项,“吸”列有 3 个义项,其中前者在“吸”字头下多列出了一个“姓”义项。可见,“抽”的语义相比“吸”而言更加复杂一些。

除了前述容器图式的差异,考察发现,“抽”所支配的对象即内容物与容器之间的关系相对复杂一些,即内容物和容器通常是异质的,这在基本义中的表现最为典型,如“抽水”中体现的便是“水”和“河(沟)”之间的异质关系,再如“抽奖”“抽芽”“抽穗”等。也可以是同质的,即“抽”的对象所在的容器实际上是由共同匀质成分构成的临时容器,“内容物—容器”是“部分—整体”的关系,如一摞作业本,可以从中抽出 5 本,5 本是部分。再如:

(16)湖南一学生获得 500 元捐款,学校抽 300 元当劳务费。(《湖南日报》2012—02—09)

---

① 王媛.现代汉语单音节动作动词的方向性研究[D].北京:北京语言大学,2007.

动宾关系词语如“抽丝”“抽税”“抽样”“抽空”“抽身”等，连动或状中关系的词语如“抽印”“抽查”“抽取”“抽调”等。但是“吸”的对象与容器之间却只能是异质关系，因此“吸丝”“吸样”等都是不可接受的。内容与容器的异质(图 5)和同质(图 6)关系可刻画为：

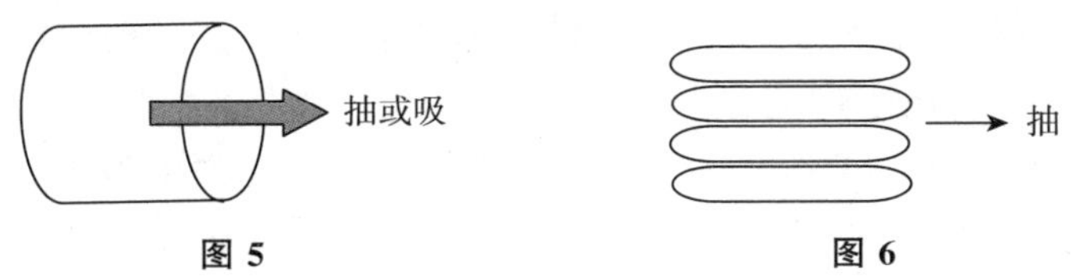

图 5　　　　图 6

在对名词的处置性方面“抽”和“吸”也有不同。“抽”的动作由“手”发出，动作性很强，这样“抽屉”“抽签”等词便顺理成章。“抽”的基本动作是引向主体，延续这条引申路径，当“抽”的对象无法拿取而只能对其进行某些方面或某种程度的处置时，“抽”便衍生出了“打”的语义。如：

(17)宋丹丹：你纯粹是没事找抽型的。

据此现代汉语中形成的复合词如“抽鞭子”“抽球”，不过二者内部的语义关系并不相同，前者是“动作一工具”，后者是“动作一对象”。“抽杀”则似可分析为状中关系。

就基本义来说，“抽”的动作是引向主体，且动作多是自主可控的，即动作的发出要受主体思想的控制。但是在语境中当“自主可控”这个特征不被凸显而只关注“引向主体”这一点时，“抽”便有了非自主的属性从而失去及物性，“抽”不再是述语成分(和宾语相对)，而是谓语成分(和主语相对)，如现代汉语复合词“抽筋$_2$[①]”“抽搐”“抽搭”等。如：

(18)这牛怎么越养越抽抽儿?

当“抽”的主体不再具有[生命]特征，“抽”的语义相应地进一步分化，逐渐衍生出了“缩水”的语义内容。如：

(19)刚买的衣服一洗就抽了。

需要注意的是，《现代汉语词典》和《现代汉语规范词典》都将“抽”分作两个字头单独释义，即“抽$_1$”对应的语义是：“取出；长出；吸”，“抽$_2$”对应的语义是：“收缩；打”。我们认为，“抽$_2$”和“抽$_1$”的引申关系还十分明显，应是多义词，将其看作同音词有失妥当。

---

① 抽筋$_2$：肌肉发生痉挛。

动词"抽"的另一个引申路径是转喻，通过动作本身转指完成动作所用的量从而产生量词的新用法，即"数词＋量词'抽'"。如：

(20)超市特卖：五月花180抽抽取式纸巾3包9.4元。

这里实际包含了两个新词，一个是量词"抽"，一个是复合词"抽纸"，目前最新版的《现代汉语词典》都还没用收录这两个词，值得关注。无论是量词"抽"还是复合词"抽纸"，都符合汉语词汇的一般生成规律。汉语中有相当一部分物量词就是由动词转喻而来的，如"捆""把""掐""捧""提""扎"等，此类多为集合量词，集合量词起到对名词性成分选择的范畴化作用。[①] 不过另一值得注意的问题是，目前量词"抽"的使用领域还十分受限，基本只用于"抽纸"，并且它也不像"捆""把""掐""捧""提"等量词那样可构成"一捆韭菜""一捧花生"等"数＋量＋名"结构，也就是"一抽纸"的说法至少目前还是不成立的。我们认为，这其中的原因可能是因为"捆""把""掐""捏""捧""提"等都是集合量词，表达模糊量，而"抽"虽通常情况下是集合量词，但该集合却是个十分准确的量(抽纸一般为2层或3层)，这个量在汉语词汇系统中又有非常典型的量词"张""层"与之对应，"抽"难与其抗衡。量词"抽"的进一步发展有待观察。

相比而言，"吸"的引申就简单明确得多。考察现代汉语"吸"类词汇，我们认为动词"吸"的引申可概括为三种路径。第一是由本义"内息"泛化生成的如"吸氧""吸储""吸毒""吸食""吸吮"等，遵循由具体到抽象的原则并在此基础上衍生出抽象义的"吸取""吸收"等。第二是从"吸"的方向角度着眼，引申生成"吸引""吸力"等。第三是从"吸"的依附特征发出，引申生成"吸附""吸盘""吸顶灯""吸住/吸不住"等。

四、"抽"与"吸"句法语义的历时演化

现代汉语中"抽"的语义很多在先秦时期就已经产生。早期释义为"引；拉"，动作方向指向主体。如：

(21)《庄子·天地》："凿木为机，后重前轻，挈水若抽。"陆德明释文引李颐曰："抽，引也。"

另有释义为"拔"，动作方向已泛化为"出"，如：

---

① 宗守云.论集合量词"把"对名词性成分选择的范畴化过程[J].语文研究，2009(4).

(22)《诗・郑风・清人》:“左旋右抽,中军作好。”毛传:“右抽,抽矢以射。”

由凸显动作方向引申为从整体中选择部分对象,义为“抽取;抽调”,如:

(23)《楚辞・王褒〈九怀・思忠〉》:“抽库娄兮酌醴,援爮瓜兮接粮。”

魏晋时期衍生出“萌发;长出”的语义,动作的发出者不再是具有生命特征和自主特征的人,而是仅有生命特征的生物。如:

(24)晋・束皙《补亡诗》:“木以秋零,草以春抽。”

动作“抽”的“打”义元代已较多见。如:

(25)元王实甫《西厢记》第四本第二折:“今日个嫩皮肤倒将粗棍抽。”

根据查考到的语料,动词“抽”衍生出“吸”和“收缩”义至迟在晚清时期已经完成。如:

(26)《儿女英雄传》第一回:“安老爷登时倒抽了一口气,凉了半截。”

(27)《红楼梦》第五二回:“晴雯听说,忙用指甲挑了些,抽入鼻中。”

(28)《儿女英雄传》第十五回:“不想到这样一个人竟自能屈能伸,有抽有长。”

现代汉语动词“吸”的语义在先秦时期也大都已经存在,古今变化不大,只是“吸引”义来得稍晚一些。如:

(29)明李时珍《本草纲目・金石四・慈石》〔集解〕引苏颂曰:“磁州者岁贡最佳,能吸铁虚连十数针,或一二斤刀器。”

由此可以看出,“抽”和“吸”形成近义词是因为动词“抽”的语义引申在某个节点上与动词“吸”形成了交集,是“抽”向“吸”靠拢,而不是相反。

五、以“抽”与“吸”原型为核心的语义网络衍生图

通过上述对“抽”和“吸”共时和历时语义特征的对比,至此我们可以将二者的语义衍生刻画为以下模式:

- 抽:引拉
  - 容器
    - 取出—他动 } 凸显源点容器
    - 长出—自动 } 凸显源点容器
    - 吸入　凸显终点容器
  - 方向 (趋同)
    - 收缩　由他动变自动
    - 打击　方向路径相似隐喻
    - 物量　动作转喻结果物量

吸：内息 {容器：吸收$_1$(具体：凸显终点容器)——吸收$_2$(抽象)
方向：吸引——依附：吸附}

从以上“抽”和“吸”对比中发现，手部动作动词“抽”发展出了口部动作动词的语义内容和用法，如此方使“抽”和“吸”成为一组近义词，但口部动作动词“吸”并没有发展出手部动作动词的语义和用法。实际上，由手部动作动词发展出口部动作动词的用法并不只是“抽”这一个孤例。董正存论述了词义演变过程中“手部动作动词”向“口部动作动词”的转移，并将其分为两类：一类是无言说特征的手部动作动词，如“抽、抿、揾、打、挨”等，一类是有言说特征的手部动作动词，如“提、扯、拉、批、拌、拍、扛、抢、举”等。[①] 手部动作动词从手到口的语义演变不仅在汉语中存在，在英语中也有，“手部动作〉口部动作〉言说”这一语义演变模式可能是人类语言语义演变的一个共性，具有类型学上的意义。具体研究每一组词汇词义的演变趋同过程都是十分重要的。

六、结语

本文重点描写分析了动作动词“抽”和“吸”的意象图式，得出几点结论：(1)动词“抽”和“吸”在容器图式的凸显度及[工具]、[量级]、[形态]、[方向]等方面存在不同；(2)动词“抽”的语义内容更加丰富，当代时期还新生出量词用法；(3)现代汉语层面动词“抽”和“吸”的语义大多在先秦时期已经形成，二者的搭界打通较晚，比较稳妥的语料表明在清代；(4)在语义衍生路径的大方向上动词“抽”和“吸”基本相同，但是“抽”在“大同”的背景下表现出更多的“小异”，对意象图式、隐喻和转喻等语言变化机制表现得更加淋漓尽致。

尹海良，2004 年 8 月至 2007 年 6 月师从葛本仪先生弟子盛玉麒教授攻读并获得语言学及应用语言学专业博士学位。

---

① 董正存.词义演变中手部动作到口部动作的转移[J].中国语文，2009(2).

媒体新词语中的戏谑色彩

山东师范大学　骆牛牛

色彩意义是词义内容的一部分,指词中所蕴含的某种独特的格调、韵味、倾向等。不同时期的新词语往往表现出不同的色彩特征,例如五四时期外来词大量产生,该时期的新词语就表现出强烈的外来色彩。改革开放以来的新时期,媒体上的新词语呈现出诸多不同以往的个性特征,其中一个重要特征是含有戏谑色彩的词语大量地、系统地出现。“戏谑色彩是新词语色彩意义的重要组成部分,也是本时期的新词语区别于既有词语的一个显著特征。”①

一、戏谑色彩的特点

戏谑是日常生活中常见的言语行为,是调节气氛、修饰语言的重要途径。在静态的语言中,有相当数量的新词语也显示了戏谑倾向,我们称之为戏谑色彩。戏谑色彩的特点主要表现在时代性、口语性和程度差异性三个方面。

(一)鲜明的时代性

戏谑色彩往往与新现象、新概念的出现密切相关。近年来,各种“事件词”频现:姜你军、棉花涨、范跑跑、郭跳跳、楼倒倒、楼歪歪、被自杀、睡觉死等,这些词语在调侃、讽刺某些社会现象的同时,也打上了深深的时代烙印。另外,一些新时期产生的新词反映的是既有概念,但被赋予了戏谑色彩。子女凭借父辈的权势与财富在社会上与人竞争并不是新时期独有的现象,但“拼爹”却是基于新时期的某些社会事件产生的,因此,“拼爹”便沾染上了时代气息。戏谑色彩之所以成为新词语区别于其他时期词语的重要标志,正是因为戏谑色彩具有鲜明的时代性。

① 杨振兰.论新时期新词语的色彩意义[J].山东大学学报(社会科学版),2009(2).

（二）强烈的口语性

开放的社会环境孕育出开放的思想意识，新时期的社会风尚整体趋于轻松活泼，人们在日常交际、网络聊天或浏览网络论坛时，普遍偏好幽默闲适的效果，甚至采取游戏心态，充分挖掘、发挥语言的娱乐性，玩文字游戏。新词语中的戏谑色彩正是由于人们思想意识和交流习惯的转变而产生的，其产生的直接目的就是为了满足人们“轻松搞笑”的言语需求。因此，它从创制之初就同口语而非书面语结成了紧密联系。语料显示，戏谑性词语普遍不具备庄重、典雅、藻丽等特点，不能用于严肃正式的语境。戏谑性词语是通俗的，有些甚至是粗俗的，这类词语在各类媒体上广泛运用，一定程度上影响了现阶段舆情语言的面貌。

（三）程度的差异性

可分为共时和历时两种。共时差异表现在相同时期不同词语的戏谑程度有高低之分，如“压力山大”“齐天大剩”“内牛满面”的戏谑程度较高，“拼命班（升学考试前的补习班）”“僵尸粉（微博上的虚假粉丝）”的戏谑程度相对较低。共时层面上的差异当然受主体意识对客观事体反映方式的影响，但根本上是由客观事体自身的多样性决定的。戏谑色彩是对客观事体附带属性的反映，客观事体千差万别，由此产生的戏谑色彩必然不会均等统一，而是有所差别的。

历时差异指同一词语在不同时期的戏谑程度不同，主要由色彩意义的淡化导致。淡化是新词语色彩意义主流的变化形式，但不同的色彩类聚以及同一色彩类聚内部不同小类的淡化层次和速度参差不齐，其中戏谑色彩的淡化速度相对较快。戏谑色彩的效果主要在于使人感受到幽默诙谐，而幽默诙谐会随着词语使用频率的提高、使用范围的扩大而迅速磨损。这就像相声演员“抖包袱”一样，同一个包袱，听众在初次听到时反应最强烈，次数越多反应越弱，最后失去逗笑作用。因此，当使用者心理上对某个词语的戏谑色彩习以为常后，该词语的戏谑色彩就开始淡化。

新词语的戏谑色彩淡化后有两种结果。第一，存留在词汇体系中继续使用，但使用者感受不到或较难感受到戏谑意味，如“男士”“老外”“烟龄”“炒鱿鱼”等。这些词语是否含有戏谑色彩需要借助相关工具书才能确定。第二，使用频率迅速下降甚至被淘汰，这类词语的数量较多。追求戏谑色彩是人们创制戏谑性词语的主要目的，一旦戏谑色彩被磨损，词语也就失去了价值，没有存留意义。一些曾经使用频率很高的词，如大虾（大侠）、烘焙鸡（home page）的戏谑性音译，指网站的主页)，以及“版主”的各种谐音词“斑竹”“版猪”等，一旦渡过高频使用期便极少使用。

二、戏谑色彩的生成途径

戏谑色彩的生成与人们的造词活动直接相关。造词就是创制新词，它是人们利用现有的语言材料，通过一定方法给新事物、新现象命名的活动。造词总是建立在造词主体对客观事体进行体验的基础之上，体验角度不同，造词结果也不尽相同，而戏谑色彩则是人们体验客观事体的一种特殊角度在词义中的体现。

从戏谑的角度，或者以戏谑的手法对某种现象进行描绘说明，使造词结果含有戏谑色彩。某些建筑在施工过程中偷工减料出现质量问题，人们称它们为“桥裂裂”“楼歪歪”。某教师在地震来临时不顾学生安危自己先逃离，被称作“范跑跑”，随后某主持人在电视节目中与之辩论时情绪失控，反应过激，被称为“郭跳跳”。这些引起重大反响的社会事件，本应以严正的态度面对，造词主体却故意使用在儿童语言中常见的重叠形式，以随意的口吻表达出对这些现象和行为的不齿。而面对一些贪腐严重的官员尽管屡遭揭发却依然仕途顺畅，或者标明不添加任何防腐剂的食物，放置数年却不变质的荒诞现象，造词主体又故意使用“坚强”来描绘二者的共同“品质”，造出“腐坚强”和“饼坚强”。这些词语的戏谑色彩均来自造词主体有意识的戏谑性描绘说明。

用比喻法创制新词时有意识地选择戏谑性的喻体，使造词结果含有戏谑色彩。例如“备胎”的本义是备用轮胎，当汽车轮胎损坏后可以方便地取下替换。而在男女恋爱过程中，一些人已经有了固定对象，但依然同其他异性保持暧昧关系，万一分手了就可以迅速“替换”。人们便把这些处于“备用”状态的人称为“备胎”。近年来，有些学者在电视讲坛上以通俗的语言解读经典并迅速走红，获得了“学术超男”“学术超女”的名号。一般来说，比喻造词与形象色彩相关联，木耳、龙眼、喇叭花等词均具有鲜明的形象色彩。但新时期的比喻造词在立足形象特征的基础上，还力求喻体打破常规、突破想象，体现出戏谑色彩。造词主体不仅要找出不同事体之间外在的、明显的相似点，还要从独特的视角出发寻找内藏的、隐蔽的相似点，甚至通过丰富的想象力来“创造”不同事体之间的相似性。

仿拟法是新词语戏谑色彩形成的重要途径。模仿本身就是一种常用的逗笑手段，对语言中既有的词语进行模仿，可以创制出含有戏谑色彩的新词语，例如老大男(老大难)、官心病(冠心病)、床头跪(床头柜)、奖吃金(奖学金)、尿点(笑点)、堵城(赌城)、言塞湖(堰塞湖)、餐见(参见)、宴收(验收)、院仕(院士)、创伪(创卫),等等。

类推法是和仿拟法比较接近,但存在差异的一种造词法。二者的差异在于,仿拟是在既有词的基础上,通过更换单个或多个词素创制新词,新旧词语通常含有共同词素。从产生时间上看,仿拟源词与仿拟新词有明显的先后之分,而类推法的速度快、产量高,在较短的时间内可以产生词群。词群中成员出现的时间先后难以确切判断。此外,类推的心理基础是联想,有些联想基于深层的语义相似而不是表层的结构相似,如"蒜你狠""葱击波""腐不起""煤超疯"等由类推产生的词并不包含共同词素。

通过谐音法创制的新词大多含有戏谑色彩。谐音法分两种。第一种是当人们在书写某个词语时,有意识地不使用该词本来的书写形式,而选用与本来的书写形式读音相同或相近的其他汉字来改写该词。谐音造词的结果使既存事物或现象产生了新名称,新旧名称的理性义相同,例如杯具(悲剧)、餐具(惨剧)、洗具(喜剧)、海龟(海归)、擒人节(情人节)、神马(什么)、肿马(怎么)、围脖(微博)、蛋定(淡定)。第二种是人们在指称新事物、新现象时有意识地选择词汇系统中的既有词来表示,例如用"白骨精"表示"白领、骨干、精英","北大荒"表示"北京、大龄青年、荒着(单身)","蛋白质"表示"笨蛋、白痴、神经质"。需要说明的是,谐音新词不同于既有词义项增多,谐音新义并不是在旧义的基础上引申得来的,而是"旧瓶装新酒",利用旧词的音和形来表达与旧义没有联系的新义,实际上是生成了同音同形词。①

谐音法具有"隐实示虚、设难成趣"的特点。谐音新词和源词之间没有明显的意义关联,这种意义上的无关联和读音上的近似性造成了冲突,形成了强烈的戏谑色彩。有学者认为谐音词的出现是中文输入法不够智能的结果,例如用拼音输入"版主"时,"斑竹"排在备选词第一位,输入者出于方便省事选择了后者。这种看法当然有一定根据。然而,随着中文拼音输入法的改进,备选词的排序已经越来越智能化,但谐音词并没有因此消失,反而有增多的趋势。此外,有些网络谐音词本身并不是首选备选词,如"泥嚎(你好)""魂淡(混蛋)""涨姿势(长知识)"等,这些谐音新词并非输入时最经济的选择。输入者需要花费更多时间,以输入过程复杂化为代价创制并使用谐音新词,说明谐音是一种造词方法,赋予新词语戏谑色彩是其重要目的。

戏谑色彩的形成是一个复杂的过程,新词语中的戏谑色彩往往是在多种造词

---

① 刘瑞明.谐音造词法研究是提高辞书质量的一大途径[J].辞书研究,2005(1).

法的综合作用下形成的。有些词语的创制甚至运用了汉字的形体特点，例如“土豪”的新义（经济能力较强，喜欢消费并热衷展示的人）可以用“壕”来标记，由此又产生了“壕爷”。另外，部分外来词也带有较强的戏谑色彩，如“毒舌”“中二病”源自日语，“灵猫六国”“欧猪五国”源自英语。多种造词法的综合使用丰富了词义内涵，使造词理据进一步复杂化。

三、戏谑色彩的存在方式

戏谑色彩生成后，还需要依靠一定载体固定在词义中，这种固定形式就是其存在方式。有些新词语的戏谑色彩由词汇意义或词汇意义的组成部分承载，理解了词汇意义就能体味出其中蕴含的戏谑色彩。这类载体是显露在词汇意义中的，属于显性载体。有些新词语的戏谑色彩是由词语的使用背景，或者新词与既有词的联系来承载的，它们隐藏在词汇意义背后，属于隐性载体。

单义词的整个词义承载戏谑色彩，载体为显性。通过说明法和整体比喻法创制的新词语多属于这种类型。如“楼歪歪”表达了由于偷工减料导致楼宇歪斜的概念，“连环宰”表达了商业社会中由于商业道德败坏，导致参与者的利益都遭受损害的概念。这些词语的词汇意义本身即显示了鲜明的戏谑色彩。词语的一个义项承载戏谑色彩，载体为显性。既有词通过引申、比喻等方法派生出含有戏谑色彩的新义项属于这种类型。例如“灌水”本来指给田地浇水或向容器里注水，喻指在网上发布没有实质内容的帖子。与整体比喻法创制新词不同，这里的引申和比喻并没有产生新词，而是给既有词增加了新义项。

词语中的部分词素承载戏谑色彩，载体为显性。通过部分比喻创制的词语，以及词素的色彩意义转化后构成的词语多属于这种类型。例如“裸”的本义是“露出，没有遮盖”。但在“裸考”“裸捐”等词中，“裸”没有“缺乏遮盖物而暴露于外”的意义，而是抽象为“人或物不包括或完全除去附加部分”。显然，这些词的戏谑色彩是由词素“裸”来承载的。类似的“标题党”“表情帝”的戏谑色彩主要落在词素“党”和“帝”上。词素承载的色彩意义能够融合到词义中，使词义整体沾染上戏谑色彩。

词语的使用背景承载戏谑色彩，载体为隐性。以“凡客体”“蓝精灵体”“元芳体”等“体”族词为例，每一种“体”都有其原始模板，原始模板本身并不含有戏谑色彩。随着众多网友基于原始模板，以身边或社会上的某些事件、现象为内容，创制出大量类似的话语，或者在无关语境中反复运用原始模板，“体”族词语的戏谑色彩开始显现。例如“凡客体”原始模板：爱网络，爱自由，爱晚起，爱夜间大排档，爱赛车；也爱59元的帆布鞋，我不是什么旗手，不是谁的代言，我是韩寒，我只代表我自己。我和你一样，我是凡客。再如“城管版”的爱逛街，爱扫货，爱赛跑，爱环境，爱杯具，爱擦皮鞋，所有人看到我们都会尖叫，我们是城管，我们要把世界制服。还有“元芳体”在无关语境中反复使用：

别人过年成双成对，哥还是光混一枚。元芳，你怎么看？

昨夜烟花爆竹扰得我彻夜未眠。元芳，你怎么看？

如此疲软的大盘，我是“割肉”呢，还是不动呢？元芳，你怎么看？

由此可见，承载“体”族词戏谑色彩的既不是词汇意义，也不是原始模板，而是“高频率、大规模的戏谑化运用或在无关语境中的反复使用”①。“体”族词的戏谑色彩在广泛使用中逐渐产生并汇聚成形，人们只有对“体”族词进行百科式的了解，包括原始模板、改编方式、运用语境等背景资料，才能够体味出蕴含其中的戏谑色彩。对于不了解使用背景的人来说，这些词语可能是毫无道理的，甚至是荒诞离奇的。

既有词与新词的联系承载戏谑色彩，载体为隐性。绝大部分谐音词属于这种类型。例如“压力山大”的词汇意义是“压力像山一样大”。但是要体味出蕴含其中的戏谑色彩，不仅需要掌握词汇意义，还必须知道“压力山大”和人名“亚历山大”存在谐音关系。因此，对那些不知道“亚历山大”是人名的人而言，“压力山大”就没有戏谑色彩。同样的道理，如果不了解“北约”和“华约”是“北大西洋公约组织”和“华沙条约组织”的简称，就不会理解为何把“北京大学等多所高校组成的高考自主招生联盟”“清华大学等多所高校组成的高考自主招生联盟”称为“北约”“华约”是一种戏谑性表述。谐音词的戏谑色彩不能由新词或者既有词中的某一方独立承载，它必须由新词和既有词之间的联系来承载。主体意识认识谐音新词的戏谑色彩必须以同时掌握新词和既有词为前提，离开既有词，谐音新词的意义就不能得到完整表达。谐音词不完全独立的特点是部分谐音词语迅速淘汰的重要原因，有些甚至来不及获得新词的资格，只在言语活动中昙花一现便消失了。

戏谑色彩存在形式的复杂化与新时期造词活动的分散化、私人化、随意化有关，也与新时期传播媒介的发展更迭有关。特别是网络自媒体发展壮大后，社会话语权从集中走向分散，每个人都可以是造词主体，创制出来的每个新词都可能受到关注并“走红”。因此，戏谑色彩不仅存在于狭义的语言要素中，还存在于媒体传

① 李松林.日语外来语造词的形式与方法[J].日语学习与研究，1995(4).

播、文化背景等非语言要素中。戏谑色彩存在形式的复杂化，实际上是新时期社会心理、社会结构复杂化在语言中的间接体现。

四、戏谑色彩的风行原因

戏谑性词语的风行有多方面原因，主体意识和主体追求是其产生的主导因素，社会心理的变化为接纳此类词语提供了条件。同时，互联网的推动和传统媒体的支持也不容忽视。

(一)造词主体年轻化

创制新词语的主力是年轻人，他们敢于打破常规，在语言创制和使用上更加标新立异，戏谑色彩是他们用来标榜自我，彰显个性的一种手段。这种现象并非汉语独有，日本语言学家米川明彦说过："只要年轻人是自由的，新词就会源源不断地出现。新词的遣词力就是年轻人突破规范的自由之力。"①

(二)社会宽容度增强，对戏谑色彩的接纳程度提高

当社会心理集体偏于严肃，社会宽容度较低时，戏谑性词语即使被创制出来，也难以得到认可。这些词语往往被打上"油嘴滑舌""轻浮"的标签，被主流社会抛弃。新时期的社会心理有了很大转变，轻松随意的生活方式成为大众追求的风尚。在大量、频繁的语言交际中，人们逐渐形成相近的表达方式和思维模式，对戏谑性词语并不抱有反感，反而乐于接受。

(三)大众审美的要求

新时期经济飞速发展，各方面的压力也逐渐增大，用语言开玩笑成了人们舒缓压力的惯常做法。轻松闲适是主流大众的审美需求，戏谑性词语幽默诙谐，能给人带来愉悦和满足。从传播学的角度看，新词语属于传播符号的一种，含有戏谑色彩的传播符号更容易激起受众的兴趣，易于广泛传播。

---

① 徐默凡.流行语的游戏心态和游戏成分——以无关指称为例[J].当代修辞学，2012(1).

(四)互联网的推动

笔者统计了1978—2012年间含有戏谑色彩的新词语数量。结果显示,含有戏谑色彩的新词语在2000年大量出现,与网络在我国的发展态势相吻合。网络尽管不是戏谑性词语产生的唯一渠道,但却是最重要的渠道。网络拥有迅捷的传播速度和低廉的传播成本,它承载的海量信息为戏谑性词语的创制提供了源源不断的素材,它的匿名性给造词主体提供了无拘束的想象和创新空间。同时它又把新生的词语记录下来,供人们查看、学习和使用,为新一轮的传播做准备。因此,网络兼具戏谑色彩的孕育土壤和传播平台双重职能。

(五)传统媒体的接纳

所谓传统媒体指的是网络以外的媒体,如报纸、杂志、书籍、广播、电视等。尽管传统媒体对待新词的态度较之网络更为审慎,但总体趋势是积极接纳而不是消极抗拒。随着网络传播效能的日益增强,许多传统媒体纷纷架设网站,开通论坛、微博等途径与读者交流,传统媒体与网络实际上形成了两位一体的关系。这些做法打通了网络和传统媒体的壁垒,给产生于网络上的戏谑性新词铺设了通往传统媒体的桥梁。相对于网络媒体,传统媒体在大众中的权威性更高,它们对戏谑性词语的接纳,一方面巩固了既有戏谑性词语的地位,另一方面也刺激了更多同类词语的产生。

戏谑色彩的产生是造词者主观追求的结果,人们不仅追求由戏谑带来的娱乐性,也借此表达对种种社会现象的意见和看法。可以说,戏谑色彩实际上反映了源自个体的话语表达倾向。具体来说,含有戏谑色彩的新词语往往始创于网络媒体,而后被传统媒体接纳,并进一步广泛传播。因此,此类词语在各类媒体上广受欢迎,与大众心理的转变和传播媒介的发展直接相关。也可以说,戏谑色彩之所以受到大众欢迎,是因为它迎合了时下的游戏心态,符合现代交际需求。

戏谑色彩是娱乐至上、去神圣化、去中心化等心态在新词语中的反映,是通过词语创制表达对传统规则的反抗。此外,标榜个性、拉近距离也是戏谑色彩风行的原因之一。然而,“它也在一定程度上起到宣泄情绪的作用,提高了大众的社会参与意识。适当运用此类新词,可以起到吸引公众注意,贴近民众生活的效果,从而提高传播效率，增强社会参与和互动"[①]，但是，过度的戏谑可能导致无止境的解构，陷入虚无主义，这是戏谑色彩可能带来的负面效应。

互联网自媒体逐渐成为新媒体的代表，这种新媒体对传统媒体的影响力越来越明显。戏谑色彩根源于新媒体，并逐渐被传统媒体接纳和推广，实际上表明年轻一代审美取向的变化正在逐渐变成主流审美。戏谑色彩能够唤起人们对社会事件的关注，发挥媒体的导向作用，但过度戏谑也可能导致消费主义下媒体语言的庸俗化。谐谑色彩这一"双刃剑"的作用，是值得我们进一步探讨的。

参考文献：

[1]杨振兰.论新时期新词语的色彩意义[J].山东大学学报(社会科学版)，2009(2).

[2]刘瑞明.谐音造词法研究是提高辞书质量的一大途径[J].辞书研究，2005(1).

[3]李松林.日语外来语造词的形式与方法[J].日语学习与研究，1995(4).

[4]徐默凡.流行语的游戏心态和游戏成分——以无关指称为例[J].当代修辞学，2012(1).

[5]郑满宁."戏谑化"：社会化媒体中草根话语方式的嬗变研究[J].中国人民大学学报，2013(5).

骆牛牛，2012—2015年跟随葛本仪先生弟子杨振兰老师攻读博士研究生。

① 郑满宁."戏谑化"：社会化媒体中草根话语方式的嬗变研究[J].中国人民大学学报，2013(5).

今文《尚书》和《史记》异文同义替换词举隅*

山东大学　王砚文

一、引言

近年来,关于《史记》引古书的异文研究成果逐年增加,研究向深入对比、总结分类异文类型发展。关于异文中有同义关系的替换词的研究,特别是以今文《尚书》和《史记》异文为语料的同义替换研究目前比较少见。郭在贻在《训诂学》第五章"训诂的方法"中提到了"考异文"一类,以《汉书》和《史记》中"堕心肝"和"输心肝"的异文为例,指出利用异文可确定词义①。黄金贵在著作《古汉语同义词辨释论》中提到,古汉语典籍中的异文现象可以用来比较同义词之异,其学生池昌海在《〈史记〉同义词研究》中又进一步指出,"大量的古代文献中的异文现象可以为同义词的确立提供条件,如《尚书》《周易》《春秋》三传,以及《战国策》《国语》等与《史记》在内容上有明显的传承关系"②,李娟、钱玉蓉等对古籍中的异文同义词的本义与引申义的关系做出了研究,简要分析了形成因素③④。笔者从今文《尚书》和《史记》异文同义词替换词中选取了三组做具体演变分析。研究同义替换现象可以揭示西周至西汉时期的词汇使用差异,为汉语史研究提供翔实的语言材料,成为研究词汇历时替换现象的有力佐证。

---

* 本文原刊发于《汉语史学报》第20辑,收入本书时有部分改动。

① 郭在贻.训诂学[M].北京:中华书局,2005:61.

② 池昌海.《史记》同义词研究[M].上海:上海古籍出版社,2002.

③ 李娟.《史记》《汉书》异文中的同义词研究[J].语文学刊,2011(15).

④ 钱玉蓉.《史记》引《书》同义语料研究[D].扬州:扬州大学,2010.

二、异文替换词情况简述

笔者对《史记》和今文《尚书》进行了全文对比[①],对比后发现,《史记》中含有词语替换现象的篇目共有15篇,今文《尚书》有16篇被《史记》称引。全部异文字词替换共455组,同义替换词共计246组,超过总体数量的一半。笔者整理了246组同义替换词,去掉重复出现的、合并有对应关系的替换组之后,共得到91组今文《尚书》和《史记》的同义替换组。

在一组发生同义替换关系的构组中,今文《尚书》中使用的词为"原词",《史记》中替换原词的词为"替换词"。本文选取"作—为""祇、钦、寅—敬""绩—功、继"三组替换词,将先秦至魏晋南北朝时期具有代表性的文献《诗经》《楚辞》《左传》《战国策》《论衡》《世说新语》作为语料库,检索含有原词和替换词的语句,通过总结其意义和语法功能的变化,探索词汇更替演变情况。

三、"作—为"替换分析

"作—为"的替换在今文《尚书》和《史记》异文中共10见,主要集中在《尧典》和《五帝本纪》,《禹贡》和《夏本纪》的异文中。替换句如下:

(1)佥曰:"伯禹作司空。"(《尧典》)

皆曰:"伯禹为司空,可美帝功。"(《五帝本纪》)

(2)帝曰:"契,百姓不亲,五品不逊,汝作司徒,敬敷五教在宽。"(《尧典》)

舜曰:"契,百姓不亲,五品不驯,汝为司徒,而敬敷五教,在宽。"(《五帝本纪》)

(3)咨伯:"汝作秩宗,夙夜惟寅,直哉惟清。"(《尧典》)

舜曰:"嗟,伯夷,以汝为秩宗,夙夜维敬,直哉维静絜。"(《五帝本纪》)

(4)帝曰:"龙,朕堲谗说殄行,震惊朕师,命汝作纳言,夙夜出纳朕命,惟允。"(《尧典》)

---

① 今文《尚书》文本依据:顾颉刚,刘起釪.尚书校释译论[M].北京:中华书局,2005.《史记》文本依据:司马迁.史记[M].韩兆琦,注.北京:中华书局,2013.

帝曰："龙，朕畏忌谗说殄伪，振惊朕众，命汝为纳言，夙夜出入朕命，惟信。"(《五帝本纪》)

(5)恒卫既从，大陆既作。(《禹贡》)

常卫既从，大陆既为。(《夏本纪》)

(6)厥贡：盐、𫄨、海物、惟错，岱畎丝、枲、铅、松、怪石、莱夷作牧，厥篚压丝。(《禹贡》)

厥贡：盐、𫄨、海物、维错，岱畎丝、枲、铅、松、怪石、莱夷为牧，其篚酓丝。(《夏本纪》)

(7)江汉朝宗于海，九江孔殷，沱潜既道，云土梦作乂。(《禹贡》)

江汉朝宗於海，九江甚中，沱涔已道，云土梦为治。(《夏本纪》)

(8)立时人作卜筮。(《洪范》)

立时人为卜筮。(《宋微子世家》)

(9)暨稷播奏庶艰食、鲜食，懋迁有无化居，烝民乃粒，万邦作乂。(《皋陶谟》)

与稷予众庶艰得之食，食少，调有余补不足，徙居。众民乃定，万国为治。(《五帝本纪》)

(10)皋陶拜手稽首飏言曰："念哉！率作兴事。"(《皋陶谟》)

皋陶拜手稽首扬言曰："念哉！率为兴事。"(《五帝本纪》)

《说文解字·人部》："作，起也。"《尔雅·释诂》："作，为也。皆一义相生。"可见"作"在较早时期表示"开始、兴起"。"作"在以上替换例句中表示三个义项：①作为、担任。搭配对象一般为尧舜时期设置的职位、职务，如"司徒""司徒""秩宗""纳言""卜筮"等；②耕作。如"大陆既作"，意思是"大陆泽(湖泊名)周围的土地可以耕作了"；③得到、获得。如"万邦作乂""云土梦作乂"意思是"国家/水域得到治理"。

"作"在今文《尚书》全篇中出现95次，除上文提到的"作为、担任""耕作"和"获得、得到"义，还有4个义项。

①始也。

(11)殷降大虐，先王不怀厥攸作，视民利用迁。(《盘庚》)

②兴起。

(12)厥既命殷庶，庶殷丕作。(《召诰》)

③通"则"，作承接连词，与"即""就"意义相近。

(13)润下作咸，炎上作苦，曲直作酸，从革作辛，稼穑作甘。(《洪范》)

④使也。

(14)公曰:“前人敷乃心,乃悉命汝,作汝民极。”(《君奭》)

表示这4个义项的词,在《史记》称引今文《尚书》的异文中没有发生替换。

“为”在今文《尚书》中共29见,共有5个义项。一般做谓语或宾语。

①作为。

(15)帝曰:“臣作朕股肱耳目。予欲左右有民,汝翼;予欲宣力四方,汝为。”(《皋陶谟》)

(16)人之有能有为,使羞其行,而邦其昌。(《洪范》)

②耕作。

(17)申命羲叔宅南交,平秩南为,敬致。(《尧典》)

③作为、担任。

(18)商今其有灾,我兴受其败;商其沦丧,我罔为臣仆。(《微子》)

④称作。

(19)嶓冢导漾,东流为汉,又东为沧浪之水。(《禹贡》)

⑤行为

(20)乃胥惟虐于民,至于百为,大不克开。(《多方》)

与“作”相比,“为”在今文《尚书》中的使用频率较低,表示“作为”的有9处,而“作”的使用次数较多,表示“作为”义的有16处。表1统计了“作”“为”表示“作为、担任”义时在各时期文献中的使用情况。(说明:表中文献简称自上而下依次代表今文《尚书》《周易》《诗经》《左传》《史记》《论衡》《世说新语》,后面表格使用相同简称。)

表1

文献数据 同义词	作			为		
	总数	担任、作为	比例	总数	担任、作为	比例
书	95	16	22%	29	6	20%
易	20	0	0%	47	0	0%
诗	48	0	0%	107	0	0%
左	99	9	9%	801	160	21%
史	443	10	2%	2760	1502	52%
衡	152	0	0%	804	395	49%
世	200	70	35%	401	288	53%

“作”在《诗经》和《周易》中常用义项是“兴起”，如《周易·乾》中的“圣人作”，《诗经·小雅·瞻彼洛矣》中的“以作六师”等，但使用次数仅是“为”的一半。由此看来，在此时期，“作”“为”还没有完成替换。然而在战国至西汉时期的文献中，“为”的使用频率已经远远超过“作”，尤其在“作为、担任”这个义项方面，“作”已经有明显降低使用频率的趋势，“为”成为表达此义项的常用词，平均使用比例占据语料总数的50%。可以推断，“为”替代“作”表示“担任”“作为”义不会晚于春秋时期。因此，司马迁撰写《史记》在引用今文《尚书》原句时，用“为”替换了“作”。二者对应关系见下表：

表 2

概念	名称
作为、担任	作 —同义关系→ 为

四、“祇、钦、寅—敬”替换分析

今文《尚书》中“钦”“寅”“祇”在《史记》中被“敬”替换，它们表示的义项是“尊敬”。

“钦—敬”的替换有6处，包含两个义项——动词性义项“尊敬”和形容词性义项“尊敬的、敬畏的”。被尊敬的对象有“昊天”“民时”“辅臣”等。

(21)乃命羲和，钦偌昊天，历象日月星辰，敬授民时。(《尧典》)

乃命羲和，敬顺昊天，数法日月星辰，敬授民时。(《五帝本纪》)

(22)帝曰：“咨汝二十有二人，钦哉！惟时亮天功。”(《尧典》)

舜曰：“嗟！女二十有二人，敬哉！惟时相天事。”(《五帝本纪》)

(23)皋陶拜手稽首飏言曰：“念哉！率作兴事。慎乃宪，钦哉！屡省乃成，钦哉！”(《皋陶谟》)

皋陶拜手稽首扬言曰：“念哉！率为兴事。慎乃宪，敬哉！”(《夏本纪》)

(24)汝无面从，退有后言。钦四邻。(《皋陶谟》)

女无面谀，退而谤予。敬四辅臣。(《夏本纪》)

“钦”在今文《尚书》中共18见，两例出现在形容帝尧的句子中，其余都出现在帝尧、帝舜对臣民的训诫中。在《诗经》中，出现两处以叠音词，“钦钦”。其中一例表示“忧惧”，一例为拟声词。如下：

(25)未见君子，忧心钦钦。如何如何！忘我实多。(《诗经·召南·草虫》)

(26)鼓钟钦钦，鼓瑟鼓琴，笙磬同音。以雅以南，以龠不僭。(《诗经·小雅·鼓钟》)

“钦”在《左传》《楚辞》《战国策》中均未出现。笔者推测，从这一时期开始，“钦”已不再常用。《史记》中除了有两处引自今文《尚书》，其余两处表示形容词义“恭敬的”。

(27)钦哉，符瑞臻兹，犹以为薄，不敢道封禅。(《司马相如列传》)

(28)“……至于余乎，钦念哉！钦念哉！”罔罗天下放佚旧闻，王迹所兴，原始察终，见盛观衰……(《太史公自序》)

《论衡》中出现一处。

(29)褒颂纪载，鸿德乃彰，万世乃闻。问说《书》者：“‘钦明文思’以下，谁所言也？”(《论衡》)

《世说新语》中仅出现4处，两处为人名，另外两处表示动词“尊敬”义。

(30)王戎目山巨源：“如璞玉浑金，人皆钦其宝，莫知名其器。”(《世说新语·赏誉》)

(31)闻皇京多才，钦羡弥至。(《世说新语·赏誉》)

表 3

例字	义项	《尚书》	《诗经》	《楚辞》	《左传》	《战国策》	《史记》	《论衡》	《世说新语》
钦	尊敬(动)	6	0	0	0	0	0	0	2
	恭敬的(形)	10	0	0	0	0	4	1	0
	钦钦	1	2	0	0	0	0	0	0

表3为“钦”的义项在各时期代表文献中使用次数对比表。根据以上语料分析可知，“钦”在西周时期与“敬”是同义词，共同用于表示“恭敬的、敬畏的”，固定组合“钦哉”出现较多，有强调语气的作用。然而，“敬”的使用频率相对更高，用法和搭配组合也更加丰富。春秋、战国乃至西汉、六朝时期，“钦”仅在引文中零星出现，说明在当时的语言中已逐渐隐退。

“寅—敬”的替换有3处，表示“恭敬的”。

(32)分命羲仲宅嵎夷曰旸谷，寅宾出日，平秩东作。(《尧典》)

分命羲仲，居郁夷，曰旸谷。敬道日出，便程东作。(《五帝本纪》)

(33)帝曰:"俞!"咨伯:"汝作秩宗,夙夜惟寅,直哉惟清。"(《尧典》)

舜曰:"嗟,伯夷,以汝为秩宗,夙夜惟敬,直哉维静絜。"(《五帝本纪》)

(34)分命和仲宅西曰昧谷,寅饯纳日,平秩西成。(《皋陶谟》)

命和仲居西土曰昧谷。敬道日入,便程西成。(《夏本纪》)

"寅"在今文《尚书》中不常用,除上面3见外还有4见。1处表示时间,其余3处均表示"恭敬的"。

(35)天秩有礼,自我五礼有庸哉!同寅协恭和衷哉!(《皋陶谟》)

(36)越三日庚戌,太保乃以庶殷攻位于洛汭。越五日甲寅,位成。(《召诰》)

(37)周公曰:"呜呼!我闻曰:'昔在殷王中宗,严恭寅畏,天命自度,治民祗惧,不敢荒宁'。"(《无逸》)

(38)洪惟图天之命,弗永寅念于祀,惟帝降格于夏。(《多方》)

《说文解字集注》:"寅,髌也。正月,阳气动,去黄泉,欲上出,除尚疆。《徐笺》:《易·艮》九三,裂其夤;虞翻云,夤,脊肉,释文引马融云,夹脊肉也。盖寅即古夤字,借为辰名。《通训定声》:按即夤字之古文,因寅为借义所专,又制寅字。"《尔雅》:"寅,敬也。""寅"最初有"正月阳气上升万物复苏的样子"义,之后也用来表示地支、时辰。根据笔者考察的语料,其"恭敬"义仅在今文《尚书》中出现,春秋至魏晋时期的文献中此义项消失,不再使用,其保留下来的常用义项为表示干支、时辰或者五行的义项。

"寅"的义项在各时期代表文献中的使用频率如下表:

表4

例字	义项	《尚书》	《诗经》	《楚辞》	《左传》	《战国策》	《史记》	《论衡》	《世说新语》
寅	恭敬的(形)	3	0	0	0	0	0	0	0
	干支、时辰	1	0	1	44	0	18	13	0

"祗—敬"的替换发生了2处。表示的义项是动词义"尊敬"。

(39)帝曰:"迪朕德,时乃功惟叙。皋陶方祗厥叙,方施象刑惟明。"(《皋陶谟》)

皋陶于是敬禹之德,令民皆则禹。(《夏本纪》)

(40)乃命于帝庭,敷佑四方,用能定尔子孙于下地,四方之民罔不祗畏。(《金滕》)

乃命于帝庭,敷佑四方,用能定汝子孙于下地,四方之民罔不敬畏。(《鲁

周公世家》)

“祇”在今文《尚书》中共 16 见。除 3 例是通假字,一例通“振”、两例通“哉”外,其余包含 3 个义项,以①②最为常用。可以与“敬”连用,如“日严祇敬六德,亮采有邦”,也可以对举,如“祇若兹,往敬用治”。

①尊敬(动词)

(41)爰制百姓于刑之中,以教祇德。(《吕刑》)

②恭敬地(副词)

(42)马牛其风,臣妾逋逃,勿敢越逐,祇复之,我商赉汝。(《费誓》)

③谨慎地(副词)

(43)公曰:“呜呼!君!惟乃知民德亦罔不能厥初,惟其终。祇若兹,往敬用治。”(《君奭》)

“祇”的义项在各时期代表文献中的使用频率如下表:

表 5

例字	义项	《尚书》	《诗经》	《楚辞》	《左传》	《战国策》	《史记》	《论衡》	《世说新语》
祇	尊敬(动)	7	0	0	1	0	0	0	0
	恭敬地(副)	5	0	0	0	0	3	0	0
	谨慎地(副)	1	0	0	0	0	0	0	0

“祇”在今文《尚书》中表示动词“尊敬”的义项比较常用,与“敬”构成此时期的同义词,但其意偏重于敬天、敬神。它在我们考察的西周之后的文献中没有出现,在《史记》中有 3 处单用,表示副词义“恭敬地”,用于描写祭祀活动,如“祇诵功德”“祇诵圣烈”,其余 4 见则出现在“肃祇”一词中,同义连用,表示“恭敬”,含有服从性较强的感情色彩。

“敬”在今文《尚书》中共 51 见,在数量上已经远远多于“钦”“寅”和“祇”。可以做宾语、谓语,可“敬德”“敬刑”“敬天”“敬天威”“敬上帝”等,仅“敬德”就出现了 6 处。并且可以组成“敬哉”“敬之哉”,表示语气的强调。其中较为常用的义项如下:

①恭敬的

(44)尔乃尚有尔土,尔用尚宁干止,尔克敬,天惟畀矜尔;尔不克敬,尔不啻不有尔土,予亦致天之罚于尔躬!(《多士》)

(45)朕及笃敬,恭承民命,用永地于新邑。(《盘庚》)

②谨慎地

(46)今王敬之哉!(《顾命》)

(47)王曰:“呜呼!敬之哉!官伯族姓,朕言多惧。朕敬于刑,有德惟刑。”(《吕刑》)

③重视、注意

(48)呜呼!今予告汝不易!永敬大恤,无婿绝远!(《盘庚》)

(49)呜呼!天亦哀于四方民,其眷命用懋。王其疾敬德!(《召诰》)

⑥尊敬

(50)哀敬折狱,明启刑书婿占,咸庶中正。(《吕刑》)

(51)周公若曰:“太史、司寇苏公,式敬尔由狱,以长我王国,兹式有慎,以列用中罚。”(《立政》)

“敬”在各时期代表文献中使用频率如下表:

表 6

例字	义项	《尚书》	《诗经》	《楚辞》	《左传》	《战国策》	《史记》	《论衡》	《世说新语》
敬	尊敬(动)	4	6	1	15	4	33	8	2
	恭敬的(形)	20	8	1	36	15	61	10	8
	谨慎地(副)	12	4	0	5	0	0	1	0
	重视(动)	8	0	0	3	0	0	0	0
	通“警”	1	1	0	0	0	0	0	0

总体看来,“敬”在今文《尚书》中使用范围广、使用频率高。“敬”在《诗经》中共19见,比“钦”“寅”“祗”更常用,其搭配对象有“威仪”“天之渝”“天之怒”“德”“刑”等,体现了当时社会敬畏上天、自然和德行的意识形态。《左传》中,有“敬尔君事”“敬服王命”“敬主”“敬奉德义”“敬其使”“敬共父命”等搭配,《战国策》中,“敬诺”出现较多,用作对话之间的应答词,如《触龙说赵太后》中触龙提到其子“愿令得补黑衣之数,以卫王宫,没死以闻”,太后回答:“敬诺。年几何矣?”等,这些用例凸显了春秋时期重视君臣、父子关系的社会观念。在此时期,“敬”前还可以加否定副词组成“不敬”,《左传》中就有16见。《史记》中,“敬”的搭配对象更为广泛,有“敬士”“敬吊先生”“敬父兄”“敬劳将军”“敬老”“敬民”等,施事对象也不仅限于帝王。从春秋时期起,其“重视、注意”和“敬忌”的义项渐渐消失,副词“恭敬地”和动词“尊敬”的义项作为高频率常用义项保留了下来,替代了“寅”“祗”和“钦”。下表更加清晰地展示了“敬”对“钦”“寅”“祗”的替换。

表 7 “钦”“寅”“祗”“敬”在各时期文献中使用情况对比

文献例词数据 义项	尊敬(动词)				恭敬的(副词)			
	钦	寅	祗	敬	钦	寅	祗	敬
书	6	0	7	4	10	3	5	20
诗	0	0	0	6	0	0	0	8
楚	0	0	0	1	0	0	0	1
左	0	0	1	15	0	0	0	36
战	0	0	0	4	0	0	0	15
史	0	0	0	33	4	0	3	61
衡	0	0	0	8	1	0	0	10
世	3	0	0	2	0	0	0	8

“钦”“祗”“寅”的对应关系可用下表表示：

表 8

概念	名称		
尊敬(动词)	钦、祗(西周)	同义关系	敬(西汉)
恭敬的(副词、形容词)	钦、寅(西周)	同义关系	敬(西汉)

五、“绩—功、继”替换分析

“绩—功”的替换共5见。除1处双音节词“厎绩”表示“取得功绩”外，其余4处皆表示“国家的政事、事业”。

(52)允厘百工，庶绩咸熙。(《尧典》)

信敕百官，众功皆兴。(《五帝本纪》)

(53)九载，绩用弗成。(《尧典》)

九岁，功用不成。(《五帝本纪》)

(54)三载考绩，三考，黜陟幽明，庶绩咸熙。(《尧典》)

三岁一考功，三考黜陟，远近众功咸兴。(《五帝本纪》)

(55)覃怀厎绩，至于衡漳。(《禹贡》)

覃怀致功，至于衡漳。(《夏本纪》)

“绩”在今文《尚书》中共出现13处，其中3处为双音节词“厎绩”。其余10处共含有两个义项。

①国家的政事、事业。

(56)百僚、师师、百工惟时,抚于五长,庶绩其凝。(《皋陶谟》)

(57)用降我凶,德嘉绩于朕邦。(《盘庚》)

②功绩。

(58)万邦咸休,惟王有成绩。(《洛诰》)

以上语料表明,“绩”在今文《尚书》中对应的施事主语一般为“舜”“禹”“皋陶”“百工”“王”等统治阶级的人员。笔者推测,“绩”在西周时期,其描写对象似限于指贵族,有特定的使用对象,“众”“庶”等被统治阶级所完成的事情不称“绩”。下表展示了“绩”在各时期代表文献中的使用情况。

表 9

例字	义项	《尚书》	《诗经》	《楚辞》	《左传》	《战国策》	《史记》	《论衡》	《世说新语》
绩	缉麻	0	2	0	0	0	10	2	0
	政事	5	0	0	0	0	0	0	0
	功绩	7	2	0	5	0	4	0	0
	“败绩”	0	0	1	20	0	7	3	1

从语料统计我们可推断,“绩”的“功绩”“政事”的义项从战国时期就已经逐渐不再常用,《史记》中的 4 处,两处为“厎绩”,两处为“厎绩”的异文。常用的义项为其本义“缉麻”。在《左传》中,“败绩”有 20 见,表示“事业失败”,引申为“军队失利”。

“绩—继”在今文《尚书》和《史记》的异文中仅出现了一处。表示的义项为“功绩”。

(59)曰惟祖惟父,其伊恤朕躬!呜呼!有绩予一人永绥在位。(《文侯之命》)

恤朕身,继予一人永其在位。(《晋世家》)

《说文解字》:“继,续也。”“继”本义为“连续、接续”。“继”在今文《尚书》中出现了 6 处。另外 5 处皆表示“相接、承接”的意思。

(60)今尔惟时宅尔邑,继尔居;尔厥有干有年于兹洛。(《多士》)

(61)周公曰:“呜呼!继自今嗣王,则其无淫于观、于逸、于游、于田,以万民惟正之供。”(《无逸》)

(62)呜呼!孺子王矣。继自今我其立政:立事、准人、牧夫。(《立政》)

(63)呜呼！予旦已受人之徽言，咸告孺子王矣，继自今文子文孙，其勿误于庶狱庶慎，惟正是乂之。(《立政》)

(64)呜呼！继自今后王立政，其惟克用常人。(《立政》)

"绩"的本义是"把麻线析成细缕连接起来"，"积短为长，积少为多"，因此有"动作不停"的隐含意义，因此也引申为"继续、继承"。在此原句的意思是"有了功绩，寡人我将永远在位"，司马迁在此改换"继"，以为是"继续"或"继承"之"绩"，应该是对文意理解有误。

"功"在今文《尚书》共32见。共表示3个义项。

① 功绩。

(65)欢兜曰："都！共工方鸠僝功。"(《尧典》)

(66)我咸成文王功于不怠，丕冒海隅出日，罔不率俾。(《君奭》)

② 事业。

(67)义尔邦君越尔多士、尹氏、御事绥予曰："无毖于恤，不可不成乃宁考图功！"(《大诰》)

(68)帝曰："咨汝二十有二人，钦哉！惟时亮天功。"(《尧典》)

③抵押。

(69)公乃自以为功：为三坛，同墠。(《金縢》)

(70)王与大夫尽弁，以启金縢之书，乃得周公所自以为功代武王之说。(《金縢》)

表10 "功"在各时期代表文献中的使用情况

例字	义项	《尚书》	《诗经》	《楚辞》	《左传》	《战国策》	《史记》	《论衡》	《世说新语》
功	功绩	14	7	8	43	20	398	20	5
	事业	13	3	3	3	6	6	8	0
	抵押	2	0	0	1	0	1	1	0

"功"在今文《尚书》中已比"绩"使用得更为广泛，"绩"在《左传》中常出现在"败绩"一词当中，表示"军队失利"，如"狐毛、狐偃以上军夹攻子西，楚左师溃，楚师败绩""马逸不能止，师从之，齐师败绩"等。《史记》中，"功"的使用次数已经是"绩"的28倍，并且其使用对象十分广泛，除表示君王和贵族的功绩之外，还可以描述将军、士兵的军功以及谋士、鬼神、天地之功。相比于西周时期，社会的发展进步，新生事物的出现，人的思想内容的极大丰富，使"功"的使用范围扩大化。

"绩""继"和"功"的对应关系如下：

表 11

概念	名称		
功绩	绩(西周)	同义关系	功(西汉)
	绩(西周)	同义关系	继(西汉)

六、结语

今文《尚书》和《史记》异文中的同义替换现象虽为作者司马迁主观造成,但绝大部分符合语言历史的发展规律。同义替换组的存在表明两点:第一,司马迁的写作风格严谨性、客观性较强,词语替换符合汉代通语的使用习惯;第二,它们从侧面为词语替换的考察提供了有力的佐证。总体来说,异文中的同义替换现象值得我们深入挖掘和研究。

异文同义替换现象的成因包括社会发展和词汇内部调整两个方面。本文通过对“作—为”“祗、钦、寅—敬”和“绩—功、继”的详细分析发现,引起同义替换现象产生的因素呈现出相互交织的状态,随着社会的发展,一个词所承担的义项增多,有的义项扩大或者转移,有的分化出部分义项由另一个同义词承担,有的则是承担了生僻词的义项。社会形态的变化,风俗习惯的推移也促使词汇发生替换,如同样表示“尊敬”义的“钦”“祗”和“寅”有搭配对象的区分,三者被替换为“敬”后,其搭配对象的范围扩大了。又如“功”和“绩”,“绩”在西周时期表示“帝王”“贵族”和“大臣”的功劳,发展到战国乃至西汉时期被“功”替换;“功”的指称范围逐渐扩大,增加了“将军”“士兵”“谋士”“天地”等。社会发展推动语言内部的变化,语言变化体现了时代的更迭。

异文中的同义替换现象对古汉语词汇研究有一定的现实意义,为发现词汇更替演变的脉络提供了思路。王力曾在《汉语词汇史》中提出一种词汇发展变化的形式,即“概念换了名称”①。然而,我们想要研究这种变化,却没有一种囊括所有替换词现象的词典或词表供我们参考,王凤阳的《古辞辨》将 4000 多个常用词按意义的共性类聚为 1400 余组,并分析了各组词的意义差异和色彩变化,为词义变化、词语替换方面的研究提供了很大的帮助,然而此书有一定疏漏,也不能穷尽全部的概

① 王力.汉语词汇史[M].北京:中华书局,2013:109-123.

念更换名称的变化现象。异文中的替换词可以为研究者提供更多的思路和实例。同样，不仅仅是异文，通过后世文献中对古书的内容进行称引的语句、标题，我们甚至可以推测表达某个概念的名称从古至今的变化轨迹。

除研究词汇的历时演变，本文的研究对确立古书版本及写作年代有一定的帮助。汪维辉曾指出“从词汇的时代差异可以论证古籍的成书年代，在汉语史学界已成为共识，而且有了不少成功的研究”[①]，对于今文《尚书》各篇的成书年代，各位专家学者观点不一，比如蒋善国在《尚书综述》中提出，虞夏书中的《尧典》《禹贡》等篇目都是春秋甚至战国时期整编和追记的。[②] 根据我们对同义替换词的检索，发现某些在周书中出现并被司马迁替换的古语词，在虞夏书的篇目中却没有使用，我们认为，这些线索可从侧面为推测写作的大致时期提供一些佐证，而这种研究方法也同样适用于判定其他古书版本的年代问题。

王砚文，2011 年 9 月至 2014 年 6 月于中国海洋大学跟从葛本仪先生弟子刘中富教授学习，获硕士学位；2014 年 9 月至今于山东大学文学院跟从葛本仪先生弟子唐子恒教授学习，攻读博士学位。

① 汪维辉.“遐—迩”与“远—近”[J].语言研究，2009(2).

② 蒋善国.尚书综述[M].上海：上海古籍出版社，1988：167.

现代汉语词素义研究综观

济南大学 张小平　天津市图书馆 宋丙秀

一、前言

20 世纪 30 年代末 40 年代初的"文法革新"讨论中，我国汉语语言学研究引入美国描写语言学派的"morpheme"概念，译为"词素"或"语素"，并逐渐取代传统语言学中的"字"成为语言中最小的音义结合体和最小的语言单位。自从"morpheme"这一概念被纳入到汉语研究中，汉语语言单位的区分进一步精确化，吕叔湘、朱德熙、葛本仪、高更生、陆志韦、胡裕树、黄伯荣、廖旭东、张静、张志公等著名语言学家都对词素[①]进行了深入细致的研究。不过这些研究主要限制在早期构词法的研究范围内，集中于对词素的称名、定义、判定、分类及其构词能力等方面的研究，对词素意义研究较少。

自 20 世纪 80 年代以来，学术界开始从词汇学角度关注到词素义的问题，并从不同侧面、运用不同的理论方法展开了广泛的讨论。本文拟对现代汉语词素义的研究作一简单的梳理和介绍，并指出现代汉语词素义研究中所存在的问题，以期能在前人研究的基础上，将词素义研究推进一步。

现代汉语词素义研究分为本体研究和应用研究两方面。其中本体研究主要包括词素义与词义的关系、词素义的性质与分类、造词构词与词素义的生成、具体词素义的发展演变等四个方面的研究；应用研究主要涉及对外汉语词汇教学、字书编纂、文字信息处理等方面问题。

① 关于"词素"与"语素"的术语名称，学界多有争议，学者的选用也各不相同；为了称说方便和行文简洁，在文中我们一律用"词素"来称说。

二、现代汉语词素义的本体研究

具体说来，从 20 世纪 80 年代至今，汉语词素义的本体研究主要集中在以下几个方面：

(一)词素义与词义的关系研究

学术界对词素义的关注最早源于语义角度的构词法研究。为了更深入地探讨合成词内部的语法语义关系，学者们开始注意到词义及其组成成分词素义的关系。关于复合词词义及词素义之间的关系研究综述，潘文国等和郑厚尧都有研究。潘文的综述相对简略，只讨论了高本汉、王力、张拱贵、符淮青、张清源等人对此问题的研究。[①] 郑文相对详细，认为当前对词义与词素义关系的研究“散论不少，专论不多，创新性研究很少，重复性研究很多”[②]。但其分析仍不够全面，未涉及词义与词素义关系的最新研究进展。

较早讨论复合词及其组成成分的意义之间关系的是王力。他对“对立语构成的复合词”进行分析时，涉及了词素义与词义的关系问题。[③] 符淮青首次从语义学角度以词素义为基点对词素义与词义的关系作了较为详尽的分析。[④] 此后，符氏对此问题进行了系列探讨，把合成词词义与其构成成分词素义的关系高度概括为六种类型：(1)词义是词素义按照构词方式所确定的关系组合起来的意义；(2)词义同组成它的两个词素相同、相近，这些都是并列结构的合成词；(3)合成词的词素义表示了词义的某些内容；(4)合成词的词义是词素义的比喻用法；(5)合成词的词义是词素义的借代用法；(6)合成词中有的词素失落原义。[⑤] 在符先生之后，学界对词素义与词义关系的关注度越来越高，研究成果颇丰；其中以武占坤、王勤、王树斋、孙银新为代表。武占坤、王勤把词义和词素义之间的关系归纳为一致和不一致

---

① 潘文国，叶步青，韩洋.汉语的构词法研究[M].上海：华东师范大学出版社，2004：282-283.

② 郑厚尧.当前对词义与语素义关系的研究[J].辽宁行政学院学报，2007(2).

③ 王力.中国现代语法[M].北京：商务印书馆，1985：1943-1944.

④ 符淮青.词义和构成词的语素义的关系[J].辞书研究，1981(3).

⑤ 符淮青.构成成分分析和词的释义[J].辞书研究，1988(1).

两种情况。[①] 王树斋把词素义与词义的关系分为三类:(1)词素义反映的内容基本上就是词义的内容;(2)词素义表达词义,但二者在量上不一致,或者词义大于词素义,或者词素义提供的信息量大于词义;(3)词素义不直接表达词义,即词义不能直接从词素义得出。[②] 孙银新则分为(1)直接实现式;(2)直接加和式;(3)直接增补式;(4)直接减损式;(5)间接转移式等五类,其分类更为具体和全面。[③]

此外,有些学者从不同侧面对词义和词素义的关系进行了更为细致和深入的多角度研究。曹炜从词义演变的角度探讨了词义与词素义关系的两种情况:(1)词义和词素义的一致性和不一致性;(2)词义和词素义的同步连动和非同步连动。[④] 李晋霞着眼于"词义透明度"分析词素义与词义的关系,并分为完全透明、比较透明、比较隐晦、完全隐晦等四个等级。[⑤] 刘缙讨论了词的褒贬义与构词词素义之间的关系,[⑥]这是目前唯一一篇从感情色彩方面讨论词与词素义关系的文章。

除了对词素义和词义关系进行具体的描写研究外,还有学者对词义和词素义的关系进行了理论阐释,使词素义和词义关系研究更加深入。杨振兰反对词义是由词素义生成的这种笼统的说法,将词义与词素义在语言中的表现形式分为单纯词义与单纯词素义、混合词义与混合词素义、兼职词义与兼职词素义三种,并在此基础上讨论词义和词素义之间错综复杂的交叉关系。[⑦] 贾宝书主要从历时角度探讨了单纯词词义、合成词词义及其词素义之间的关系,认为词义影响制约着词素义,但二者又呈现不同步性,在单纯词和合成词中具有各自不同的表现。[⑧]

从现阶段的研究成果来看,学界对词素义与词义之关系研究,既有宏观研究,也有微观探讨;既有描写研究,也有理论阐释。结论尽管各有不同,但在某种程度上存有共性。综而观之,现代汉语中,词素义与词义关系大致可以分为三类:构成词素义之和等于词义、词素义部分地反映词义、词素义与词义无直接关系。

① 武占坤,王勤.现代汉语词汇概要[M].呼和浩特:内蒙古人民出版社,1983:38.
② 王树斋.汉语复合词词素义和词义的关系[J].汉语学习,1993(2).
③ 孙银新.现代汉语词素研究[M].北京:中国文史出版社,2003:158-163.
④ 曹炜.现代汉语词义学[M].北京:学林出版社,2001:41-45.
⑤ 李晋霞.《现代汉语词典》的词义透明度考察[J].汉语学报,2001(3).
⑥ 刘缙.谈词的褒贬义与构词语素义之关系[J].中国人民大学学报,1993(4).
⑦ 杨振兰.试论词义与语素义[J].汉语学习,1993(6).
⑧ 贾宝书.词义与词素义关系的理论阐释[J].青岛海洋大学学报,1995(4).

(二)词素义的性质与分类研究

随着对词义和词素义关系研究的逐步深化和细化,词素义研究逐渐脱离对词义研究的依附,学者开始把词素义作为独立的研究对象,关注词素义自身的性质和分类问题。

较早从理论上提出把词素义作为独立的研究对象的是苏宝荣,他提出汉语语义研究的基本单位应分为词素和词两个层级。① 邱震强也认为,词素义应是汉语语义研究的基本单位,也是语义系统的最小单位。②

事实上,在 20 世纪 90 年代中期,学者们已经把词素义作为研究的着眼点,开始注意到词素义的性质问题。谭永康曾经探讨了词素义的多义性和模糊性。③ 对词素义的性质研究较为系统的则是杨锡彭和孙银新。杨锡彭指出词素义具有多义性、模糊性和复杂性的特点。④ 孙银新分别从静态和动态两个角度讨论了词素义的性质。他再对词素义的概念进行明确界定的基础上,把词素义的特征归纳为:社会性、客观性、主观性、概括性、模糊性、民族性、发展性和多元性等九点;此外,孙氏还对词素义进行了分类,把词素义具体区分为词汇意义、色彩意义和语法意义三类,并在此基础上对词素义进行了再分类。⑤ 可以说这是迄今为止关于词素义性质与分类最为详尽和深入的研究。

(三)造词构词与词素义生成关系研究

进入 21 世纪以后,词素义研究继续深入,逐渐有学者开始注意到造词构词与词素义生成之间的关系问题。

1.造词法与词素义生成关系研究

在造词法与词素义生成方面,相关研究主要集中于比喻和简缩两种造词方法对词素义生成的影响。

较早探讨比喻造词与词素义生成之间关系的应属杨润陆,他指出,只有半喻造词才能形成新的词素义,并结合《现代汉语词典》的释义,分析了半喻式复合词中喻

---

① 苏宝荣.汉语语义研究的基本单位应分为语素和词两个层级[J].河北学刊,1999(6).

② 邱震强.论汉语语素义[J].广西社会科学,2006(2).

③ 谭永康.汉语语素意义分析[J].重庆商学院学报,1995(2).

④ 杨锡彭.汉语语素论[M].南京:南京大学出版社,2003:174-176.

⑤ 孙银新.现代汉语词素研究[M].北京:中国文史出版社,2003:116-148.

指词素的比喻用法形成新词素义的情况和条件。[①] 这是在比喻造词对词素义形成方面研究较为全面和深入的成果。在此基础上，吴汉江探讨了前喻式和后喻式造词中形状喻指词素义的形成，进一步深入和细化了比喻造词法与词素义生成之间的关系。[②] 史厚敏对英汉半喻式复合词的喻指词素形成的词素义进行了对比研究，[③]拓展了此类问题的研究空间。

刘晓梅指出简缩造词是产生当代词素新义的途径之一，如“企”的“企业”义的生成，是源于“国企、外企、企管”等简缩词。[④] 唐子恒把“两个组合成分的意义合并后由其中一个成分表示，从而形成另外一种意义”称为“横向合并”，并指出这种横向合并经常发生在双音合成词的两个词素之间。[⑤] 宋晓红将一个词素有了整个组合体(词)意义的现象称为词素义感染，实际上是一种简称替代，并梳理了词素义感染和造词、双音化以及词义存在的隐藏关系。[⑥] 这两篇文章虽然没有直接指出简缩造词与词素义生成之间的关系，但研究内容都涉及了这一主题。

就我们所掌握的材料来看，学界对简缩与词素义生成之间的关系关注较早，但至今未达成一致的认识；提及或涉及简缩与词素义衍生的成果不少，但真正针对简缩造词对词素义生成进行深入而系统探讨的专题性研究还未出现。

2.构词与词素义生成关系研究

近年来，有些学者开始从构词的角度，探讨汉语复合词的结构义及其对词素义的影响。谭景春指出：“结构义是结构本身表示的意义，是因词和词组合而产生的。结构义可分为可类推的和不可类推的两种，不可类推的结构义在一定的条件下有可能转化为词义。”[⑦]尽管文章讨论的多是词组结构义对词义的影响，但由于汉语词组与复合词的结构基本一致，文章也关涉到了词的结构义对词素义的影响。这应是学术界首次探讨结构义对词义或词素义生成的影响，对此问题的研究具有开创之功。

苏宝荣重点研究了与词(素)义的结构义，以及结构义转化为词素义的条件；其研究对象更加明确和细化。苏氏指出，“所谓词(词素)的结构义，是指词(词素)在

---

① 杨润陆.由比喻造词法形成的语素义[J].中国语文，2004(6).

② 吴汉江.关于半喻造词形成的形状喻指语素义的思考[J].辞书研究，2012(6).

③ 史厚敏.英汉半喻造词形成的语素义比较研究[J].西安外国语大学学报，2010(1).

④ 刘晓梅.当代新词语对汉语语素系统的影响[J].暨南大学学报，2005(1).

⑤ 唐子恒.词素间意义的横向合并[J].山东大学学报，2006(5).

⑥ 宋晓红.现代汉语词素义“感染”现象探析[J].东岳论丛，2010(12).

⑦ 谭景春.词的意义、结构的意义与词典释义[J].中国语文，2000(1).

特定的组合结构(包括语法结构与语义结构、句法结构与复合词结构)中所显示的临时意义,这种结构义具有对特定语言结构的依赖性与附加性。"并提出了结构义转化为词(词素)义的条件:"如果在特定结构中,结构反作用于语义,造成语义的变化(或者说其义位发生了移动),并且有相对的稳定性,脱离特定结构这种意义仍可以存在并为语言使用者所认识,则应认为结构义已转化为词(词素)义,在语文辞书中则需设置独立的义项。"①②毋庸置疑,这是学界首次明确提出结构义对词素义生成影响的有关问题,进一步丰富了词素义的研究内容,拓展了词素义的研究空间。任敏在讨论非受事动宾式双音复合词时,指出构式对复合词构成词素义的影响主要表现为构式义加到动词素的意义上,使动词素的意义发生变化;这种变化主要有两种表现:一是使动词素形成新义,二是使动词素的意义发生游移。③ 这篇文章较为具体地探讨非受事动宾双音复合词中构式义对动词素意义的影响,是对苏先生研究成果的细化探讨。苏宝荣把研究焦点锁定在词素义上。他在对复合词结构义进行明确定义的基础上,从语法和语义相结合的视角,把影响构成复合词的词素意义变化的具体表现形式分为"结构性迁移""结构紧缩""语义融合""语义相关传递"四种。④ 这是迄今为止对此类问题进行的最为深入和系统的描写和分析。此外,宋作艳用构式强迫理论分析了定中复合名词中心词素意义的三种变化:名化、泛化和词素化,并对其进行了相应的理论解释。⑤ 这是运用新理论来讨论构词对词素义影响的研究成果。

由此看来,造词构词对词素义生成影响的研究已经开始起步,并且呈现多角度多视角的研究特点。但从另一方面讲,其描写和分析还不充分,研究也较为零散,缺少较为系统全面和深入的研究成果。

3.具体词素义发展及认知动因研究

新世纪以来,对具体词素义发展变化的研究成果开始大量出现,主要包括对某类词素义和某个词素义的个案研究。

随着学术界对语法化、词汇化研究的兴起,一些探讨类词缀、词缀化的成果也开始出现,这些成果也涉及某类和某个词素义的发展演变。关于类词缀的成果很

---

① 苏宝荣.结构义及其在语文辞书编纂中的处理原则[J].辞书研究,2010(7).

② 苏宝荣.词(语素)义与结构义[J].语文研究,2011(1).

③ 任敏.现代汉语非受事动宾式双音复合词研究[D].石家庄:河北师范大学,2010.

④ 苏宝荣.汉语复合词结构义对构词语素意义的影响[J].语文研究,2013(1).

⑤ 宋作艳.定中复合名词中的构式强迫[J].世界汉语教学,2014(4).

多。其中，王洪君等提到了现代汉语类词缀意义的泛化问题；[①]苏宝荣、沈光浩讨论了改革开放以来汉语类词缀的语义特征和识别方法，建议用"类化（泛化）术语说明'类词缀'的语义特征"；[②]刁晏斌讨论了旧有类词缀在当代的发展。[③] 杨晓黎主要针对传承词素进行研究，把传承词素的义项分为传承义与后起义两种。[④] 卜师霞则探讨了汉语传承复合词中词素意义变化的方式以及影响因素。文章把传承复合词词素意义的变化归纳为词素意义的改变和词素意义脱落两种形式；指出影响词素意义变化的直接因素主要有词义、词素的语义地位、词素的类推造词能力等三个方面；复合词的理据重构是这些影响因素的潜在动力。[⑤] 这是针对汉语传承复合词中词素义变化进行的较为宏观的描写与分析。朱彦以"收"为例，对动作性词素义分析进行了新的尝试，主张在词素的使用语境（包括构词词素与句子语境）下进行动作词素的语义分析，并把实义义位的语义构成概括为公式：S＝核心成分＋（别义成分）。[⑥] 这是对动词性词素义分析较为深入和细致，研究过程操作性和客观型较强的研究。

除了对某类词素义的描写和分析外，很多研究某个具体词素义发展演变的论文也不断涌现。如：张谊生的系列论文[⑦⑧⑨⑩⑪⑫]、冯凌宇[⑬]等学者的论文。此外，胡斌彬也涉及了词素义认知动因的研究。[⑭] 这类论文与前面的共时研究不同，大都是从历时层面探讨具体词素义的发展演变，为现代汉语词素义的系统研究积累

① 王洪君，富丽.试论现代汉语的类词缀[J].语言科学，2005(5).

② 苏宝荣，沈光浩.类词缀的语义特征和识别方法[J].语文研究，2014(4).

③ 刁晏斌.论旧有类词缀在当代的发展变化[J].励耘语言学刊，2018(2).

④ 杨晓黎.传承语素与语素义的继承[J].江淮论坛，2014(1).

⑤ 卜师霞.汉语传承复合词语素意义的变化[J].北京师范大学学报，2014(1).

⑥ 朱彦.核心成分、别义成分与动作语素义分析——以"收"为例[J].中国语文，2006(4).

⑦ 张谊生.说"X式"——兼论汉语词汇的语法化过程[J].上海师范大学学报.2002(3).

⑧ 张谊生.当代新词"零X"词族探微——兼论当代汉语构词方式演化动因[J].语言文字应用，2003(1).

⑨ 张谊生.从量词到助词——量词"个"语法化过程个案分析[J].当代语言学，2003(3).

⑩ 张谊生.附缀式新词"X门"试析[J].语言文字应用，2007(4).

⑪ 张谊生.当代汉语摹状式"X状"探微[J].语言教学与研究，2008(1).

⑫ 张谊生.网络新词"败"的形成与发展：汉语同形语素的感染生成与修辞解释[J].福建师范大学学报，2009(2).

⑬ 冯凌宇.汉语"面"的词缀化考察[J].古汉语研究，2008(3).

⑭ 胡斌彬.当代"裸X"词族的语义衍生及认知模型[J].语言教学与研究，2010(3).

了大量个案研究资料。

三、现代汉语词素义的应用研究

词素义的应用研究主要集中于对外汉语教学、词典编纂、文字信息处理等领域,其中,对外汉语教学方面的研究成果较为突出。

(一)对外汉语教学领域的词素义研究

受汉语语法理论研究中"字本位"思想的影响,在对外汉语词汇教学中逐渐出现"字本位教学法",也有专家提出"词素教学法"。与此同时,有不少论文从不同角度论述了词素教学的重要性。伴随着本体语言学词义和词素义研究的不断深入,从词义和词素义的关系出发来探讨词素或词素义教学的研究成果也逐渐出现,其中研究较为深入的当属郭胜春、王娟和邢红兵、王意颖等,他们都针对词素义在留学生词义获得中的作用进行了实证研究,在研究方法上比他人更进一步,结论也相对更加科学和令人信服。郭胜春提出对外汉语教学中,词素教学法使用度的问题,指出词素教学的作用有限,教学中要把握词素分析的"度",使学生能够从整体上理解和学习词义。① 王娟、邢红兵也针对留学生单音节多义词素构词习得问题进行了实验研究,认为词素的多义性对留学生词汇习得的影响很大,词素教学要有针对性,要根据多义词素自身的不同特征及家族成员的特点采取相应的教学对策。② 王意颖通过实验考察语素义常用度对中级水平留学生习得语义透明词的影响,③ 这是针对词素教学更为细化的研究。

综上,这些研究已经关注到对外汉语词汇教学中词素或词素义教学的重要性,并开始运用实证和实验的方法进行相对细化和深入的研究;但如何针对不同教学对象、教学内容进行词素义教学,哪些词语适合采用词素义教学法,以及相应教材的编写等一些深入细致的系统研究,尚未充分展开。

---

① 郭胜春.汉语语素义在留学生词义获得中的作用[J].语言教学与研究,2004(6).

② 王娟,邢红兵.留学生单音节多义语素构词习得过程的实验研究[J].语言教学与研究,2010(2).

③ 王意颖.语素义常用度影响留学生语义透明词习得的实证研究[J].语言文字应用,2017(3).

(二)字书编纂、文字信息处理等领域的词素义研究

词素义的应用研究在字书编纂和文字信息处理领域也有所体现,但学界对这两方面的关注度不高,研究成果较少。

在字书编纂方面,研究成果主要集中于词素的释义和立项方面。随着字书编纂研究的深入,除了继续沿袭重视词义的分析和描写之外,词素义研究也渐渐受到重视。《现代汉语词典》《现代汉语学习词典》《现代汉语规范字典》《古今汉语词典》等语文辞书,在词素义义项的归纳和说解上都取得了较高的成就。此外,也有不少学者撰文讨论词素义的立项和释义问题。胡中文研讨了同素族词语对归纳词素义义项的作用和重要性,指出,"考察同素族词语,可以归纳出目标语素的全部词语素义,纠正某些语文辞书字头的语素义项的缺失"[①]。吴汉江对单音节意译词素的立项问题进行了研究,建议采取分立条目和新增义项的办法来处理目前词典中的衍生性单音节意译词素。[②] 黄冬丽讨论了语典释义中重点词素义对语义描写的影响,并认为探讨词素义,特别是重点词素义与语义的关系,对准确描写语义有重要作用。[③]

在文字信息处理方面,几乎没有专门针对词素义进行研究的成果,相关研究成果也不多。就我们掌握的资料来看,这方面的成果只有北京大学和清华大学分别建立的汉语语素库,并在此基础上进行的相关研究。北京大学计算语言学研究所开发的是单音节语素库,登录的都是不成词的词素,主要目的在于研究文本信息处理中无可避免的未登录词的识别以及现代汉语复合词的构造规律问题。不过,此语素库重在不成词词素的登录,对词素义涉及不多,仅仅止于简单释义。清华大学建立的汉语语素数据库,它对覆盖 6373 个汉字的汉语词素及其所构二字词、三字词及四字词进行了穷举描述。在语素库中,一个词素的一个义项(即词素项)构成一个独立的记录,为词素义的研究提供了一定的便利。苑春法、黄昌宁也对词素在构成二字复合词时意义的转化进行了研究,并对词素义组合特性进行了精确的数据统计,结论是词素在构词时,一般总是保持原来的意义不变,只有很少一部分的词素在构词时意义发生了变化。[④] 在研究词素义和词义关系的成果中,这是建立

---

① 胡中文.同素族词语与语素义义项的归纳[J].辞书研究,2001(3).

② 吴汉江.《现代汉语词典》单音节意译语素义立项的考察[J].辞书研究,2007(4).

③ 黄冬丽.试谈重点语素义对语义描写的影响[J].辞书研究,2009(1).

④ 苑春法,黄昌宁.基于语素数据库的汉语语素及构词研究[J].世界汉语教学,1998(2).

在大量数据统计基础之上得出的较为科学和精确的结论。

四、余论

综上所述，自 20 世纪三四十年代以来，现代汉语词素义的研究经历了从无到有、由浅入深、由窄至宽的发展过程，取得了一批有价值的研究成果。但由于对词素义研究的时间较短，无论从研究内容，还是研究方法上看，汉语词素义的本体和应用研究都还处于摸索阶段，还有一些研究内容需要继续强化甚至某些领域尚未触及。这无疑为我们今后的研究留下了广阔的空间。

张小平，2000－2003 年跟从葛本仪先生学习，获博士学位。宋丙秀，2012－2015 年跟从张小平学习，获硕士学位。

寺院首脑称谓词“住持”与“主持”考辨

大连外国语大学　毛民生

一、引言

现代汉语中，当表示寺院首脑时“住持”与“主持”二词仍存在混用情况。[①] 我们以“寺院主持”为关键词，输入“百度”“搜狗”“中新网”“新浪”等网站后检索发现，在2819335条检索结果[②]中，名词“住持”和“主持”、动词“主持”的用例皆有，其中表寺院首脑时“主持”用例居多。据“搜狗知识”检索结果显示，包含“寺院主持”的用例就有66034个，其余各检索网站所得用例屡见不鲜。例如：

(1)寺庙中主持与方丈的区别？(百度知道，2017-09-16)

(2)学诚被免去龙泉寺主持(方丈)职务(《新京报》，2018-08-30)

(3)太漂亮！三个老公一个比一个牛：寺庙主持、银行家、民国国父(搜狐网，2018-09-11)

(4)【小故事】一富人来寺院捐很多钱，见一乞丐把手里仅有的一块铜板捐了出来，很不屑一顾，心想这一块钱功德几何？便问寺院主持，答：你的很多钱只是你财富的一部分，他的一块钱却是他的全部，功德大小怎以钱的多少来衡量？钱多或少最重要的是一颗善心。富人豁然醒悟，对那乞丐恭敬赞叹。(新

---

① 根据《现代汉语词典》(第7版)释义，名词“住持”的词义为“主持一个佛寺或道观的僧尼或道士”。因此，名词“住持”既表示寺院首脑，又指代管理道观的道士。而本文仅讨论表示寺院首脑的“住持”，以区别于管理道观的“住持”(道士)，具体参见中国社会科学院语言研究所词典编辑室.现代汉语词典[M].第7版.北京：商务印书馆，2016：1714.

② 因为网络信息会不断更新变化，所以我们的检索截至2018年11月11日。同时，检索数据为各大检索网站所得结果的累计相加，可能会造成检索结果的重复，但并不影响本文对于问题的分析和最终的结论。

浪微博,2018-10-31)

(5)寺庙主持斩获 G—Mark Grand Award 大奖,怎样的作品震撼了设计界?(中国美术报网,2018-11-07)

由于表示"寺院首脑"时,"住持"与"主持"混用的用例较多,所以造成探讨"住持"与"主持"关系问题的情况出现:

(6)寺院里到底叫"主持"还是"住持"? 有什么区别?(百度知道,2017-09-15)

(7)寺庙有主持和住持是一回事吗?(百度知道,2017-12-16)

除此之外,我们利用北京大学 CCL 语料库检索系统(网络版)、北京语言大学 BCC 语料库和华中师范大学现代汉语语料库,对"寺院主持"和"寺庙主持"进行检索,共获得涉及报纸杂志、微博、小说作品等方面的 25 条用例。例如:

(8)恰扎活佛说,第一阶段,扎什伦布寺民管会,已向西藏各大寺庙及区外主要佛教寺庙发放了布施,多次举行诵经祈祷活动,同时派出了德高望重的堪布,即寺庙主持和活佛,前往日喀则仁布县境内的雍普则列湖和山南地区加查县境内的拉莫拉错湖进行了三次朝湖仪式,两个神湖已显示了灵童转世方向。(《人民日报》,1993-09)

(9)良卿法师来到屋里,先是从木箱里找出了那件平时很少舍得穿的五色木棉袈裟,这是一件只有寺院主持才能拥有的具有象征意义的特殊法物。(《作家文摘》,1997 年)

(10)他强调,在西藏传统的节日藏历木猴新年来临之际,希望包括宗教界在内的社会各界继续加强民族团结、维护祖国统一、反对分裂,各寺庙主持带好头,认真执行党的宗教政策,严格遵守国家的法律法规。(新华社,2004-01)

(11)陕西历史博物馆所藏隋代寺院主持墓出土的琉璃围棋子,可能是采用西方工艺的本地作品,反映了西方外来文明与中国传统文化的融合。(《人民日报》(海外版),2015-10-31)

(12)葛利菲斯他一路上缓缓而行,最后到了莱斯特,住在当地的寺院里,寺院主持带领全寺僧众恭敬地接待了他。(莎士比亚《亨利八世》)

(13)不然怎会平白的击钟召集各寺院主持?(云中岳《亡魂客》)

(14)主持说我们寺庙目前相当于正处级单位,不是什么人都能随便收的。(方方《白雾》)

甚至有的辞书将"寺院首脑"作为"主持"的一个义项加以说明,例如中国台湾的《重修国语辞典修订本》(2015 网络版)对名词"主持"其中一个义项"管理者、主宰者”进行解释时，所用一例取自《红楼梦·第四十八回》：“店房也有个主人，庙里也有个主持”，将名词“主持”作为寺院首脑称谓词来使用。

无论是网络媒体、报纸杂志，还是文学作品、辞书释义，都存在“主持”用作寺院首脑称谓词的较多用例。为了词典编纂与实际运用中“住持”和“主持”使用的规范化，本文基于“住持”与“主持”词性和意义的历史演变过程，结合前人研究，对“住持”与“主持”作以严格区分。

二、合成词“主持”词性与词义的演变历程

《现代汉语词典》(第7版)列有“主持”三个义项：“①动词。负责掌管或处理：～人|～会议。②动词。主张；维护：～公道|～正义。③名词。负责掌管、处理某项活动的人。”[①]表明合成词“主持”由动词向名词演变的发展轨迹。对此，我们立足于历时维度，对合成词“主持”词性与词义的演变过程作以梳理。

根据北京大学CCL语料库检索系统(网络版)和汉籍全文检索系统(第二版)检索结果，合成词“主持”最早见于《难经·本义卷下》[②]，仅一例：

(15)三十八难曰：藏唯有五，府独有六者，何也？然：所以府有六者，谓三焦也，有原气之别焉，主持诸气，有名而无形，其经属手少阳，此外府也，故言府有六焉。(战国/汉·扁鹊《难经·本义卷下》)

其中，“主持诸气”为典型的述宾词组，“主持”为动词作谓语，表示“掌管、处理”之义，而“掌管、处理”即为“主持”本义。

自东汉以后，动词“主持”用例逐渐增多，我们对古代汉语中动词“主持”的用例做如下统计：

表1　动词“主持”

东汉	南北朝	唐	五代	两宋	元	明	清	民国
3	1	8	7	43	2	73	184	174

① 中国社会科学院语言研究所词典编辑室.现代汉语词典[M].第7版.北京：商务印书馆，2016：1710.

② 关于《难经》的作者与成书年代历来有不同的看法，一般认为其成书不晚于东汉，内容可能与秦越人(扁鹊)有一定关系。

据表1显示，自两宋始，除元代用例较少[①]外，明、清两代用例增幅加快，民国用例有所减少，但仍可表明动词“主持”得以广泛运用，并且以本义“掌管、处理”为主。

同时，我们发现，动词“主持”在发展演变过程中，至唐代逐渐引申出“主张、维护”之义。例如：

(16)主持正念大艰辛，一失人身为异类。(《全唐诗·窑头坯歌》)

唐以后表“主张、维护”之义的用例逐渐增多。例如：

(17)除省司主持回图败阙军将及诸色人等见别指挥三司商量或有情可矜悯。(北宋·王钦若《册府元龟·卷九十三》)

(18)【尾声】〔老旦〕临行更有言相寄，〔低唱介〕丞相主持和为贵，可对老爷说，凡百事切须防后悔。(明末·冯梦龙修订《精忠旗·第八折 银瓶绣袍》)

随着社会历史的发展，本义“掌管、管理”及其引申义“主张、维护”成为动词“主持”的主要义项，并一直保留至今，例如“主持会议”“主持公道”等。

通过语料分析，我们也发现，自北宋起，表“掌管、管理”义的动词“主持”后面，常跟表“人”名词“者、人”，表示“负责掌管、处理某项活动的人”。例如：

(19)私下债负征利及一倍者并放，主持者不在此限。(宋初《旧五代史·卷八十·晋书六》)

(20)诸镇欠少过军准备粮草等，据主持人见在家业勒收纳外馀放所欠。(北宋·王钦若《册府元龟·卷九十三》)

(21)赵南星长会推名虽公，主持者止一二人，余皆不敢言。(清·赵翼《廿二史劄记·卷三十三》)

直至现代，“主持者、主持人”依然有所使用，且用例较多。例如：

(22)汉代，一次傩祭是牵动朝野上下的全民性活动，主持者和演出者数以百计，皇帝、大臣、一品至六品的官员都要观看，市井百姓也允许参与。(余秋雨《文化苦旅》)

(23)青云谱原是个道院，主持者当然是个道士，但原先他却做过10多年和尚，做和尚之前他还年轻，是堂堂明朝王室的后裔。(余秋雨《文化苦旅》)

(24)小镇上的人们似乎都没有经过这样的世面，一个个睁着眼、张着嘴，看着尸首，看着怀孕的寡妇，看着滔滔不绝地宣讲着什么的会议主持者，小声地议论。(戴厚英《流泪的淮河》)

---

① 很有可能是语料不足所致，但不影响合成词“主持”的发展趋势。

但是现代汉语“主持者”中的“者”已经虚化为一个名词词缀，并且本文主要讨论“主持”的历史演变过程，所以对于现代汉语中关于“主持者”“主持人”的问题不作赘述。

由于表“掌管处理”义的动词“主持”在转喻机制作用下指代“负责掌管、处理某项活动的人”，所以古代汉语中“主持者”“主持人”的用例两宋以后逐渐减少，而表示“负责掌管、处理某项活动的人”（即“掌管者、管理者”）之义的名词“主持”的用例逐渐增多。尤其是明代以后，表示掌管者、管理者的“主持”逐渐广泛运用。例如：

(25)【沽美酒】多谢你大恩人做主持，这本性不难移。也只为莺花寨声名非是美，情愿做从良正妻，结婚姻要成对。（元《全元杂剧·贾仲明·李素兰风月玉壶春》）

(26)今八门虽布得整齐，只是中间通欠主持。（明初洪武年间·罗贯中《三国演义·第三十六回 玄德用计袭樊城 元直走马荐诸葛》）

(27)太祖大悦，便道：“我国正少一个文馆的主持，劳你任了此责，参赞军机。”（民国·蔡东藩《清史演义》）

(28)炀帝道：“昨天虞世基奏道：‘苑圃已是落成，内有十六个院落，须选择佳丽谨厚的淑媛，作为每院的主持，分拨各院。’爱卿你看可好?”（民国·张恂子《隋代宫闱史》）

同时，表“主张、维护”义的名词“主持”的用例开始出现。例如：

(29)语云：水荡舟行，风扬幡动。人若内有主持，外欲何缘得人？昔日赵婆设计，黎氏奸淫，由师兄一念之差，彼方投隙而入。（明·方汝浩《禅真逸史·第三十八回 土地争位动阴兵 孽虎改邪皈释教》）

(30)及议上，帝不悦曰：“朕闻卿士大夫私议，咸谓不当兴师。尔等职司邦政，漫无主持，悉委之会议。既不协心谋国，其已之。鸾、伯温别用。”（清《明史·卷三二一 列传第二〇九》）

(31)时其爵署乌撒知府，其禄署沾益知州，虽懦稚颇忠顺，其母亦颇有主持，能得众。（清《明史·卷三一一 列传第一九九》）

正因为表掌管者、管理者的“主持”使用频率不断增强，所以表管理者的“主持”也常用来指代寺院管理者——寺院首脑。据语料统计，从明代至民国，指代“寺院首脑”的“主持”共93例。例如：

(32)寺院主持轩辕翁，是个有道之人，看到元自实经常往来，日子长了，就同他答话，因此彼此就熟悉了。（明初·瞿佑《剪灯新话·卷一 水宫庆会录》）

(33)幸而天无绝人之路，有个运粮的赵指挥，要请个门馆先生同往北京，

一则陪话,二则代笔,偶与承恩寺主持商议。(明末·冯梦龙《警世通言·第十七卷 钝秀才一朝交泰》)

(34)和尚扒起来,说道:"僧人本是这寺中主持,十年前来了这怀义,在寺中挂锡,当时因他是个游方和尚,将他留下。"(晚清·佚名《狄公案·第四十一回 入山门老衲说真情 寻暗室道婆行秽事》)

(35)元璋答道:"以我的愚见,此城非里应外合不可,然一时却没有内线;昨日我巡视周围,见西堞最低,可以爬过城去。待我扮作西番僧的模样儿,赚进了城,那里西觉寺的主持,也和我认识的,到了那时,组织起和尚兵,把城门偷开,大队就好进城了。"(民国·许啸天《明代宫闱史》)

其中,就晚清小说《狄公案》这一作品来说,"主持"用例颇多,但是在作品中,"主持"只包含两个义项:①动词时,表示掌管、处理;②名词时,表示寺院首脑。例如:

(36)却说怀义见狄公说了一番言语,吓得浑身乱抖,乃道:"僧人奉旨命在此主持,何得谓之钦犯?王毓书媳妇是谁骗来?大人何能听一面之词,以为信谳。"……狄公道:"……他既为寺中主持,为何闻声不救?照此论来,也不能置身事外。……本院又是奉旨的钦差,他虽是敕赐的主持,乃敕赐他在这寺中修行,非敕赐他在此犯法。……"怀义忙道:"……自从僧人奉旨主持,便命他在山门前看守,平日挟仇怀恨,已非一朝一夕。……"(晚清《狄公案·第四十五回 搜地窖李氏尽节 升大堂怀义拷供》)

而清代以后的其他小说作品中也存在类似的情况。由此,我们推断,清以后"寺院首脑"逐渐成为名词"主持"的主要义项。同时,据语料统计,指称"寺院首脑"的"主持"的用例明代只有 6 例,而清代已达到 49 例,更证明了我们的推断。自此,"主持"的"寺院首脑"义完全形成。

三、寺院首脑称谓词"住持"的形成

关于寺院首脑"住持"来源的问题,只有《关于"住持"的释义》和《寺院"住持"称谓考》两篇文章作专门阐释,而我们更倾向于王荣湟的观点。

王荣湟认为,佛教经典中"住持"的本义为护持、传承佛法,使正法常住,产生于根本佛教时代(即释迦牟尼在世时期),到北宋中后期,"住持"的名词化、职位化已基本形成,开始成为寺院首脑职位的称谓。南宋初年,在政府政令的影响下,同时在转喻机制的作用下，表寺院首脑职位的称谓词“住持”，开始指代寺院首脑主体本身，即“住持”完全成为寺院首脑称谓词在两宋之际。① 王荣湟引《云麓漫钞》中的史料记载证明自己的观点：

(37)汉明帝梦金人而摩腾、竺法兰始以白马驮经入中国。明帝处之鸿胪寺，后造白马寺居之，取鸿胪寺之义。隋曰道场，唐曰寺，本朝则大曰寺，次曰院。在法，寺有寺主，郡有僧首，总称主首。宣和三年，禁称主字，改曰管勾院门、同管勾院门事，供养主作知事，庵主作住持。建炎初，避御名，并改曰住持。(南宋·赵彦卫《云麓漫钞·卷六》)

我们在进行语料检索分析时，也证明了王荣湟观点的正确性。例如：

(38)苏州荐福院绍明禅师，州将钱仁奉请住持，乃问：“如何是和尚家风?”师曰：“一切处看取。”(南宋·普济《五灯会元》)

(39)忠懿王建六和寺，延请住持，聚徒说法。(南宋·普济《五灯会元》)

(40)若是新入众底人。也须究理始得。莫趁者边三百五百一千傍边二众。丛林称道好个住持。(南宋·颐藏主《古尊宿语录》)

四、“住持”与“主持”的混用

明清以后，有的文献中只出现“主持”指代寺院首脑，有的文献只出现“住持”指代寺院首脑，但有的文献中“住持”与“主持”混用。例如：

(41)老僧是万法寺住持觉圆，有个徒弟叫做去非，今年二十六岁，专一不学长俊，老僧管他不下。(明末·冯梦龙《醒世恒言·第十五卷 赫大卿遗恨鸳鸯绦》)

(42)神宗道：“卿既为僧，即委卿协理斋事。异日精严戒律，便可作本寺主持。勿得玷辱宗门，有负朕意。”(明末·冯梦龙《醒世恒言·第十二卷 佛印师四调琴娘》)

(43)狄公梳洗之后，洪亮已将行李包裹起来，交与住持，以便派人来取。然后又招呼他，不许在外面走露风声，住持一一遵命。这才与狄公两人回街而去。(清末·佚名《狄公案·第十二回 说对联猜疑徐姓 得形影巧遇马荣》)

(44)狄公当时喝道：“汝是何人，竟敢与钦差对坐。即此一端，可知目无法

① 王荣湟.寺院“住持”称谓考[J].五台山研究，2017(2).

纪。平日因汝是敕建的主持，稍为宽待，胆敢将良家妇女骗困在寺中。本院奉旨查办，汝便是为首的钦犯，还不向我跪下，从实供来。王毓书媳妇现在何处？山门外两人汝何时所杀？”（清末·佚名《狄公案·第四十四回 金銮殿狄仁杰直言 白马寺武三思受窘》）

甚至在同一语段中就存在混用情况。例如：

（45）这庙亦系敕建的丛林，从前所有主持僧，皆是道德高深，惯守清规。三年前忽然从外方来了个行脚僧，到这庙来挂单。这庙内住持名唤静性，看那行脚僧倒也甚好，就将他留在寺中供职。那行脚僧名唤无量，却生得一表非俗。以外面看起来，是个有德行的样子。那知他奸淫邪盗，无所不为。有一身绝妙武艺，惯使一条禅杖，有一百余斤，他出外云游，只拿这禅杖担着物件，外人却不在意。静性将他留在寺中，起先他还循规蹈矩，渐渐就有些不端，却还不敢在住持面前放肆，不料静性一病奄奄，当因寺内无可靠之人使之住持，又看这无量外场又好，气概又好，即将寺内所有一切的事物，尽交付他掌管，他即做了主持。（清·佚名《施公案·第三百五十八回 贺人杰初入婿乡 施贤臣经过神庙》）

通过分析，我们也发现，“主持”指代寺院首脑是在明代以后出现的，而“住持”成为寺院首脑称谓词是在两宋之际，恰好“主持”晚于“住持”。同时，依王荣湟观点，后代的“住持僧”“住持方丈”等称谓是前代的遗留，但明清以后的文献中也有相对应的“主持僧”“主持方丈”的说法。例如：

（46）这庙亦系敕建的丛林，从前所有主持僧，皆是道德高深，惯守清规。（清·佚名《施公案·第三百五十八回 贺人杰初入婿乡 施贤臣经过神庙》）

（47）再说云南白鹤洞五枚尼姑，素与粤省西关龙庆坊龙庆庵主持尼姑小唐十分深厚，每三两年间，不是你来探我，就是我来访你，断不失约，真可谓如胶似漆，胜如管鲍。（晚清·佚名《乾隆南巡记·第十七回 下武当道德报仇 游羊城五枚解急》）

（48）那主持方丈便合掌念道：“阿弥陀佛！我们早就知道这小法师是个神僧了。”（民国·徐哲身《汉代宫廷艳史》）

这似乎会使我们陷入“住持”还是“主持”的选择困境，难以区分。若要准确区分“住持”与“主持”，我们须要弄清表示寺院首脑时，“住持”与“主持”混用的内在原因。

五、“住持”与“主持”混用的内在原因

(一)本义交搭

本义交搭,是指不同词的词义之间存在交叉重合的关系,即存在相同的基本义项。[①]“住持”与“主持”皆有“掌管、处理”之义,基本义项有重合之处,所以在使用时就用表管理者的“主持”指代寺院首脑,这是造成二者混用的根本原因。

(二)语音近似

根据《宋本广韵》,“住”的读音为“持遇切,去遇澄。候部”。“主”的读音为“之庾切,上麌章。候部”。“住”与“主”韵部相同,但“持”属舌音知组澄母,“之”属齿音章组章母,因此,声母有别,“住”与“主”在中古汉语时期读音不同。

唐作藩在《音韵学教程》中指出,从中原雅音(官话)来看,大约到南宋(公元13世纪)的时候,由于发音部位的变化,《广韵》的“知”“章”“庄”三组音,逐渐合流为现代卷舌音“zh”“ch”“sh”,而其中的“zh”来自舌上清音知母,舌上全浊澄母仄声字,正齿清音章母。[②] 所以“住”与“主”的声母最终合流,至此声韵一致。这是造成二者混用的直接原因。

综上所述,本义交搭和语音近似是导致“住持”与“主持”二词在表示寺院首脑时混用的内在原因。但结合上述例证,我们可以看出,“主持”表寺院首脑出现于寺院首脑称谓词“住持”形成之后,因而所谓混用,实为“主持”对“住持”的假借之误,是对“住持”与“主持”因本义交搭、语音近似而导致的误判。只有准确区分“住持”与“主持”,才能明确对于“住持”与“主持”关系的认识,进而促进词典编纂与实际运用中“住持”和“主持”使用的规范化。

---

① 本文所谈论的“本义交搭”,有别于孙常叙提出的“本义交搭”。孙常叙所说的“本义交搭”是一种促成同义词产生的关系,而这种“交搭关系是不变更原词基本意义,只就其中某一相同点(不一定是本质的),在一定的情形下,来替换使用的”。参见孙常叙:《汉语词汇》(重排本),商务印书馆2010年版,第235页。

② 唐作藩.音韵学教程[M].第四版.北京:北京大学出版社,2014:91.

六、余论

通过研究，我们得出本义交搭和语音近似是造成“住持”与“主持”混用的内在原因，从而清楚区分了“住持”与“主持”，有利于词典编纂与“住持”和“主持”使用的规范化。但在研究过程中依然存在一些需要我们深入讨论的问题。例如：在语料统计过程中，元代和民国时期的用例偏少，是因为资料不全面还是实际用例少，需要我们进一步调查研究；中古及以前，汉语存在言文脱节、时空错位的现象，有时文献语料并不能真实而全面地反映当时当地的口语面貌；本文只讨论了合成词“住持”与“主持”的相关问题，却并未涉及它们成词之前的情况和词汇化历程，这对于一个词的历史演变过程来说是不完整的。这些问题本文并未探讨和说明，是否影响所得结论的正确性，亟须我们后续进一步分析证明，为更准确地区分“住持”与“主持”、促进辞书编纂和实际运用的规范化提供更有力的证据。

参考文献：

[1]孙常叙.汉语词汇[M].重排本.北京：商务印书馆，2010.

[2]陈彭年等.宋本广韵[M].北京：中国书店，1982.

[3]唐作藩.音韵学教程[M].第4版.北京：北京大学出版社，2014.

[4]中国社会科学院语言研究所词典编辑室.现代汉语词典[M].第7版.北京：商务印书馆，2016.

[5]谢重光.关于“住持”的释义[J].辞书研究，1989(5).

[6]王荣湟.寺院“住持”称谓考[J].五台山研究，2017(2).

毛民生，2017年至2020年，师从葛本仪先生弟子周玉琨教授学习，攻读硕士学位。

汉语动植物名词指人现象的隐喻认知研究

山西省社会科学院　安志伟

汉语词汇中存在着一批原是动植物名称后用来指称人的词语。比如"老狐狸""比喻诡计多端的人","冷血动物"是"变温动物的俗称,比喻没有感情的人","苗子"的第二个义项是"比喻继承某种事业的年轻人"。[①] 用动植物名词来指人,是一种比较特殊的词汇现象,但历来很少有人关注。

长期以来,在涉及指人型动植物名词时,人们把这一小类的词的意义看作比喻义,从修辞造词的角度进行研究。周荐认为这类词是通过比喻形成的比喻词语,不同于一般的比喻义,并且和其他类型喻体的比喻词语放在一起进行了研究。[②] 但是目前还缺少对这类词语的专门论述。认知语言学引进到中国以后,逐步有人开始利用认知语义学中的隐喻理论来分析语言中存在的动植物名词,这类研究有两种范式。一种是动植物名词的拟人化现象,即探讨给动植物命名是如何为它们赋予人的特点的。比如把表示"有血缘关系之亲属的合称"的"族"拟人化,用到"水族""芳草族化合物"等词语中,再比如"美人蕉""含羞草"等词中的"美人""含羞"显然是拟人的说法,英语中的"king"(国王)和"queen"(王后)被频繁地用于动植物,有 the king of beast(野兽之王)、the queen of bees(蜜蜂王后——蜂王)、the king of the forest(森林之王)、the queen of roses(玫瑰王后——特大玫瑰)等一系列说法就属于这种情况。[③] 另一种是动植物名词的指人现象,即本文的论题,不过大都集中在对英语词的研究,比如对以下英语词指人现象及文化含义的揭示:ferry(雪貂——搜索者,侦察员)、cat(猫——邪恶的女人)、magpie(喜鹊——多嘴的人,饶

---

① 本文对词义的解释均来自《现代汉语词典》(中国社会科学院语言研究所词典编辑室.现代汉语词典[M].第5版.北京:商务印书馆,2006.)。因数量较多,不在文中一一注明。

② 周荐.比喻词语和词的比喻义[C]//周荐.词汇学词典学研究.北京:商务印书馆,2006:125-134.

③ 李国南.辞格与词汇[M].上海:上海外语教育出版社,2001:114-115.

舌的人)、wolf(狼——凶残的人，色鬼)、chicken(小鸡——胆小的人，懦夫)、ass(驴——傻瓜，蠢人)、bird(鸟——人，家伙，姑娘)。[①] 还有部分俄语词的研究。[②]有许多研究主要是从汉外对比的角度进行，重点在于分析汉语和其他语言动植物名词指人过程中显示的不同的文化因素，[③]没有对汉语词语做更为深入的研究。

可见，对汉语动植物名词指人现象的研究还很薄弱。本文以《现代汉语词典》(第5版)中收录的148个词语为研究对象，[④]它们都是表示动植物名称的名词性词语，通过隐喻指人。本文不严格区分名词和名词性短语，一律统称为名词，这一是因为它们可以视为性质相同的单位，二是为了称说时的便利。

一、汉语动植物名词指人现象的隐喻机制

莱考夫等语言学家从认知语言学的角度出发，“认为隐喻不是语言的表面现象，它是深层的认知机制”，“认为隐喻植根于人类的认知结构”[⑤]。概念隐喻是一种系统性的认知方式，以一个概念为基础，通过一个认知域向另一个认知域的投射来认识外部世界。汉语中用动植物的名称来指称人的现象，典型地体现了汉语社团的隐喻思维特点，是概念隐喻在指人名词方面的体现。

隐喻的本质是“用一种事情或经验理解和经历”[⑥]。具体地说是通过人类的认知和推理将一个概念域系统地、对应地投射到另一个概念域，从而建立不同概念之间的相互联系。[⑦] 如在“人生如戏”这个概念隐喻中，汉语社团的人用“演戏”这个熟悉的图式来理解和描绘“人生”的方方面面。比如，做事可能成功叫“有戏”，成功的可能性不大叫“没戏”；比较擅长的事情叫“拿手好戏”，善于搞笑逗乐被称为“插科打诨”。隐喻将源域中“演戏”的框架投射到目标域“人生”之中。人们的思维

---

① 寥光蓉.英语动物词的喻义[J].语言与翻译研究，1999(2).

② 丁益军.俄汉语中表示相应动作特征的表人名词[J].长安大学学报(社会科学版)，2002(3).

③ 郑述谱.俄汉语中表动物词转指人现象之比较[J].外语研究，2001(3).

④ 中国社会科学院语言研究所词典编辑室.现代汉语词典[M].第5版.北京：商务印书馆，2006.

⑤ 胡壮麟.认知隐喻学[M].北京：北京大学出版社，2004：71.

⑥ 刘宁生.我们所依存的隐喻(部分章节)[J].修辞学习，1992(3).

⑦ 唐燕萍.试论英语植物词汇的隐喻认知意义[J].山东外语教学，2002(5).

之所以会不自觉地将两个概念域相提并论，并且以具体的、清晰的概念去认知和理解那些相对抽象的、缺乏内部关联的概念，使后者似乎具有具体事物的特征，正是利用了两个概念域在某些方面的相似性，形成了一个不同概念之间的相互关联的认知方式。[①] 如“演戏”和“人生”分别是两个不同的事物，相似性将两者联系起来。通过隐喻——语言——认知这根链条，我们就在这三者之间发现了某种内存的有机关联。[②] 动植物名词指人现象就是通过“动物”和“植物”概念域分别投射到“人类”概念域的结果。

从认知功能角度来看，隐喻分为根隐喻和派生隐喻。在一个概念隐喻中，根隐喻指的是一个作为中心概念的隐喻，由此而派生出来的隐喻，就叫作派生隐喻。[③] 语言中动植物名词指人的隐喻现象，可以概括为“人是动物”[④]和“人是植物”[⑤]两个概念隐喻，其他具体的隐喻词语就是从这两个根隐喻派生出来的派生隐喻。对于大量的动植物名词指人现象，应该引入根隐喻和派生隐喻的概念来进行分析。因为孤立的一个隐喻过程形成的隐喻词可以作为一个独立的隐喻，但是如果同一个领域内的大量词语形成隐喻，必然是同概念相关的群体性的隐喻现象。动植物指人现象的隐喻词语数量丰富，不仅仅存在于指人的名词性词语中。下面是一些包含指人的动植物名称作为构成成分的词语，或者是本来专用于动植物的词语被用来指人：

与动物有关的：

动词：反哺、反刍、鸟瞰、鱼贯、驯服、雀跃、虎视、换马、豢养

名词性词语：水蛇腰、虎气、虎势、虎威

副词性词语：一窝蜂

成语：一鸣惊人、打草惊蛇、对牛弹琴、饿虎扑羊、鳄鱼眼泪、飞蛾扑火（飞蛾投火）、吠形吠声、狗胆包天、狗苟蝇营、狗仗人势、虎视眈眈、鸡犬升天、狡兔三窟、桀犬吠尧、鸠形鹄面、鸠占鹊巢

谚语、惯用语、歇后语：打鸭子上架（赶鸭子上架）、东风吹马耳朵、狗嘴里

① 赵艳芳.语言的隐喻和认知结构——《我们赖以生存的隐喻》评介[J].外语教学与研究，1995(3).

② 唐燕萍.试论英语植物词汇的隐喻认知意义[J].山东外语教学，2002(5).

③ 束定芳.隐喻学研究[M].上海：上海外语教育出版社，2000.

④ A 格特力.人类、动物与隐喻[J].国外社会科学，2007(1).

⑤ 胡壮麟.认知隐喻学[M].北京：北京大学出版社，2004：80.

吐不出象牙、挂羊头卖狗肉、猴儿急、老鼠过街，人人喊打、枪打出头鸟、树倒猢狲散、蚂蚁搬泰山、蚂蚁啃骨头、猫哭老鼠、一人得道，鸡犬升天、羊毛出在羊身上、捅马蜂窝、捋虎须、狗急跳墙、狗咬狗、打落水狗、笨鸟先飞

与植物有关的：

名词：人种、高枝儿、花季

动词：栖居、栖身、收获、荫蔽、攀高枝儿、培植、培育、培养、根植、耕耘、茁壮、植皮、栽培

成语：桑榆暮景、李代桃僵、大材小用、独木难支、封妻荫子、豆蔻年华、硕果仅存、惹花拈草、良莠不齐、斩草除根、植党营私、指桑骂槐

谚语、惯用语：桃李不言，下自成蹊、十年树木，百年树人、独木不成林、倒栽葱

在汉语指人型动植物词语中，植物词语指人现象远远不如动物词语指人现象普遍，最明显的表现就是指人的植物词语数量比较少，动物词汇指人占到了我们检索到的全部指人的动植物词语的 74.6%（见表 1）。

表 1　指人型动植物词语的数量比较

类　型	和动物相关的词语		和植物相关的词语		总计
	指人名词	含指人成分	指人名词	含指人成分	
数　量	114	86	34	34	268
百分比	42.5%	32.1%	12.7%	12.7%	100%

* 两处的“含有指人成分”包括含有指人成分的和原只用于动植物，后来也可用来指人的词语。

这是因为，隐喻的基本认知原理是事物的相似性。“相似性的程度与隐喻的隐喻性有密切关系。相似性的程度大小与事物的本质和它们之间的距离有关。”[①]世界上的事物可以按照这样的方式进行分类：

① 束定芳.隐喻学研究[M].上海：上海外语教育出版社，2000：117.

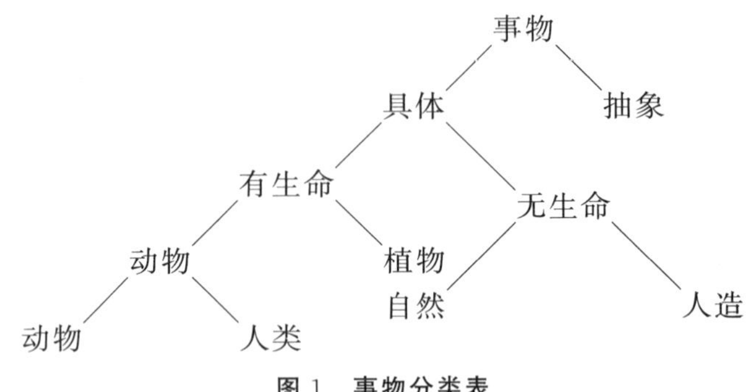

图1 事物分类表

资料来源：束定芳.隐喻学研究[M].上海：上海外语教育出版社，2000：117.

在事物分类的节点上，动物与人类的上层是包括了人类的"动物"，更为接近，而人类和植物在节点上的位置相对更远一些。离得越远，相似性的程度就越低，建立隐喻联系的可能性就越小。所以和动物词汇相比，植物词汇构成指人词语的数量要少一些。

二、汉语指人型动植物名词隐喻性的文化制约

世界上动植物的物种丰富，但是并不是所有的动植物名词都可以成为隐喻的意象。动植物名词被提取为隐喻意象的条件就是文化制约。"人们对动物的了解并不仅仅局限于它们生物属性的自然范畴。随着动物走入人们的生活，并成为社会生活的一个有机组成部分，一批新的社会化了的动物词及有关的词也都出现了。"[①]植物词也属于这种情况。指人的动植物词语涉及的动物名称比植物名称多。

与动物有关的有：

蛇、狗、鸭、马（骥）、鳖、牛、虎、羊、鳄鱼、飞蛾、蝇、猴、虎、兔、鸠、鸽、鹊、狼、狈、豕、燕、蚂蚁、猫、乌、龙、凤、蜻蜓、鱼、鹬、蚌、鹦鹉、蜂、猢狲、驴、马蜂、鹤、狐

与植物有关的有：

桃、李、木、桑、榆、花、枝、莠、草、根、槐、材、林、豆蔻、葱、硕果、苗

① 苏新春.汉语词义学[M].北京：外语教学与研究出版社，2008：259.

这些词语中,有的能在许多场合中频繁出现,构成一个意象群;有的只在特定的环境中出现,具有唯一性。比如"虎",在汉语中具有褒义和贬义两个方面的文化意象。[①] 在"虎威""虎视眈眈""虎气""虎视""虎势"等词语中都是对人的褒称,而在"狼吞虎咽""捋虎须""饿虎扑羊""纸老虎""死老虎"等词语中则是贬义的。在多种场合出现的还有"牛""狼""马""龙""凤"等。还有一些则是在某一个特定场合,因为切合其特定的活动方式而建立的隐喻,只有唯一性,比如"蜻蜓(蜻蜓点水)""猢狲(树倒猢狲散)""鳌(独占鳌头)"等。

可见,不管是"人是动物"还是"人是植物",两个概念隐喻的成立都必须以汉族社团的思维习惯为基础,这种思维习惯明显会受到汉族社团社会文化的制约。在148个指人的动植物名词中,少量来自历史典故和熟语,还有一部分是对外交流过程中吸收了外来文化的因素,但是被汉族社团所接纳。更多的是通过临时性的隐喻过程而逐渐形成的。这种临时性的隐喻过程是在隐喻思维的制约下产生的。这148个词语的来源情况见表2。

表2 汉语指人型动植物名词的来源类型

来　源	典故词语	汉语熟语	外来文化	临时隐喻过程	总计
数　量	18	5	6	119	148
百分比	12.2%	3.4%	4%	80.4%	100%

1.来源于古代典故

中国古代有好古崇经的传统。一些古代的典籍成为读书人乃至社会共同推崇的经典,人们对书中的典故非常熟悉。所以一些古书当中的典故很容易被人们熟练地运用到语言生活中,利用典故巧妙地把与典故相关的动植物词语通过隐喻认知的方式变成隐喻型指人动植物名词。[②] 比如:

孺子牛:春秋时,齐景公与儿子嬉戏,景公叼着绳子当牛,让儿子牵着走。后来用"孺子牛"比喻甘愿为人民大众服务的人。(见于《左传·哀公六年》)

丧家之犬:比喻失去靠山、到处乱窜、无处投奔的人。也说丧家之狗。出处:"东门有人,其颡似尧,其项类皋陶,其肩类子产,然自要以下不及禹三寸,累累若丧家之狗。"(见于《史记·孔子世家》)

中山狼:古代寓言,赵简子在中山打猎,一只狼中箭而逃,赵在后追捕。东

① 常敬宇.汉语词汇与文化[M].北京:北京大学出版社,1995:85-87.

② 此处解释典故词语参考了《汉语大词典》(电子版)的解释。

郭先生从那儿走过，狼向他求救。东郭先生动了怜悯之心，把狼藏在书囊中，骗过了赵简子。狼活命后却要吃救命恩人东郭先生。比喻恩将仇报、没有良心的人。（见于明·马中锡《东田集·中山狼传》）

另外，“涸辙之鲋”见于《庄子·外物》，“惊弓之鸟”来源于《战国策》，“害群之马”来源于《庄子·徐无鬼》，“螟蛉”来源于《诗经·小雅·小宛》，“独眼龙”来源于后唐李克用百步穿杨的典故，“鸿鹄”来源于《史记·陈涉世家》。来源于历史典故的词语是汉语社团所特有的，这些词语典型地代表了指人的动植物名词受到的民族文化制约。

2.来源于汉语熟语

汉语中“相当于词的作用的固定结构的总汇”，一般也可以称作熟语，[①]也称为语汇。[②]“汉语语汇和词汇一样是语言的建筑材料，是语言的构成要素。也是词汇大家族中的成员。语汇深深植根于人民群众中，是历代人民群众创造的语言财富，为群众所喜闻乐见。”[③]鉴于各种熟语的常用性，一些熟语的某些组成部分会在长期的语用中被人们所熟悉，逐渐脱离原来的熟语后也还能表达相同的意思。比如“地头蛇”来源于“强龙不压地头蛇”这个谚语，现在“指当地的强横无赖、欺压人民的坏人”。“墙头草”来源于“墙头草，随风倒”这个歇后语，现在“比喻善于随情势而改变立场的人”。再比如“出头鸟”来源于“枪打出头鸟”，“比喻出面的或带头做事的人，也比喻才能出众或表现突出的人”。“初生之犊”来源于“初生之犊不畏虎”。“过街老鼠”来源于“老鼠过街，人人喊打”。

3.来源于外来文化

在不断与外族人接触的过程中，汉语吸收了许多外族语的词语来丰富汉语的表达。其中，也吸收了一些动物词语来指称人。比如“黑马”，意译自英语“black horse”，“比喻在比赛或选举等活动中出人意料获胜的竞争者”；“丑小鸭”，出自丹麦童话作家安徒生的童话作品，“比喻不被关注的小孩子或者年轻人，有时也指刚刚出现、不大为人注意的事物”；再比如“变色龙”来源于苏联著名作家契诃夫的小说《变色龙》，原本是一种能随时变成不同的保护色的脊椎动物，现在“比喻在政治上善于变化和伪装的人”。夜猫子的第一个义项是“猫头鹰”，第二个义项“比喻喜欢晚睡的人（含戏谑意）”，则是来自英语国家。“色狼”的意思是“指贪色并且凶恶

① 葛本仪.现代汉语词汇学[M].修订本.济南：山东人民出版社，2001：20.

② 温端政.汉语语汇学[M].北京：商务印书馆，2006：47.

③ 温端政.汉语语汇学[M].北京：商务印书馆，2006：47.

地对女性进行性侵害的坏人”,“白马王子”的意思是“指少女倾慕的理想的青年男子”,同样来自外来文化。

来源于外来文化的指人的动物名词,一旦在汉语中被接受,就融入到了汉语的词汇成员中,为人们所习用,但是依旧可以看到它们的外来色彩。比如,汉族人以龙为图腾,汉语中有关“龙”的词语一般来说都是褒义的。与皇帝有关的都加一个“龙”字,大部分的词语中“龙”也是祥瑞的象征,这样的词语有“龙凤呈祥”“龙盘虎踞”“生龙活虎”等。[①] 而“变色龙”却是个贬义词,不符合汉语固有的文化。此处“龙”用于贬义的原因就是外来色彩。

4.来源于临时隐喻过程

其实来源于古代典故、汉语熟语和外来文化,最初也是来源于临时性的隐喻过程,只是我们可以推知它们的准确来源所以做出了更为准确的文化说解。其余的词语,我们无法准确地查明它们的具体来源,但是从这些词语中还是能够感受到文化的制约。中国自古就是一个以农耕为主的国家,和农业生产有关的动植物就最容易出现在“人是动物”和“人是植物”的概念隐喻中成为具体的派生性隐喻,与牛、羊、牲、畜、鸡、苗等相关的隐喻词语就出现了。在古代社会人们经常受到蛇和狼等动物的侵害,与这些动物有关的隐喻词语多带有凶狠、残暴的含义。

指人的汉语动植物名词中,动物词语大部分是贬义词,植物词语则大部分是褒义词。其这一方面是“人是动物”这个概念隐喻本身决定的,另一方面也和文化因素有关。古人的观念中认为“人,天地之性最贵者也”(《说文解字》),自然界的万事万物都是从属于人的。所以将人隐喻为动物和植物,自然就包含着受人支配、约束和控制的认知了。有的动物受人饲养、捕杀,有的对人造成侵害,所以在人类的认知过程中,一旦动物词语用来指人,往往视为贬义。但也有一些词语不是贬义的,这些不含贬义的词语都可以从文化的角度获得解释。比如牛是农耕社会的主要牲畜劳动力,是人所倚重的动物,所以“老黄牛”用来“比喻老老实实勤勤恳恳工作的人”,是褒义的。而植物,虽然也是人培育的,但是往往会成为人生存的依靠,所以植物词语指人容易被视为褒义。比如“新苗”“独苗”等都属于褒义,这显然也和中国的农耕文化有密切关系。“连理枝”“比翼鸟”“并蒂莲”这些词语的褒义性和人们对婚姻生活的认知有关系,在成双成对方面的相似性决定了它们是褒义词。

① 常敬宇.汉语词汇与文化[M].北京:北京大学出版社,1995:85-87.

三、汉语动植物名词指人的表现形式

动植物名词指人现象的认知原理就在于通过相似性特征把“动物”“植物”两个源域映射到了“人类”目的域，由此而产生许多派生隐喻词语。这些隐喻词语往往会突出事物的某方面特点，赵艳芳将其称为“突显属性”，并认为“对事物突显属性的认识来源于人的心理上识别事物的突显原则”。[①] “人类对周围事物的认知是受到显著程度的影响的。人类在认识一类事物时，容易注意到事物中的显著事物；人在认识某一事物时，最先注意到的是它的显著特征，事物最显著的特征也最容易被人关注并进一步记住。”[②]

在汉语中，往往通过多种形式来实现这种映射和突显：(1)表示动植物名称的构成成分居前充当修饰成分，记为“$N_{动植物}+N_{被修饰成分}$型”，通过提取式来实现语义突显。(2)直接使用动植物名称指人，记为“$N_{动植物}$型”，通过融合式来实现语义突显。(3)表示动植物名称的构成成分充任被修饰成分，前面的修饰成分性质多样，记为“$X_{修饰成分}+N_{动植物}$型”，通过限制式实现语义突显。三种形式的具体情况如表3：

表3　汉语指人型动植物名词结构比较

类　型	$N_{动植物}+N_{被修饰成分}$型	$N_{动植物}$型	$X_{修饰成分}+N_{动植物}$型	总计
数　量	31	33	84	148
百分比	20.9%	22.3%	56.8%	100%

上面的分类是汉语动植物名词指人的结构分类。通过这样的结构分类，按照组成成分的字面意义去理解词义意义，展现出来的只是这些词语的字面意义。比如“植物人”属于$N_{动植物}+N_{被修饰成分}$型，通过结构分析，只是“植物”与“人”两个组成成分的简单相加，得不到词的隐喻义。“字面意义只是作为一种普遍存在的、不言而喻的思维方式，语言学家指出字面意义，旨在研究令人头痛的比喻意义。”[③]虽然结构分析不能直接反映意义，但是我们可以通过对这些词语结构的剖析，从语义突

① 赵艳芳.认知语言学概论[M].上海：上海外语教育出版社，2000：6.

② 梁芳.现代汉语词典全喻指人词语探析[D].曲阜：曲阜师范大学，2008.

③ 谢之君.隐喻认知功能探索[M].上海：复旦大学出版社，2007：123.

显的角度去发现其中的规律，从而揭示它们的隐喻意义。

1. $N_{动植物}+N_{被修饰成分}$型

$N_{动植物}+N_{被修饰成分}$型的特点是表示动植物名称的构成成分居前充当修饰语，后面的中心成分都可以指人，但来源各不相同。这种结构有多种变式，比如“虾兵蟹将”“狐朋狗友”其实是两个$N_{动植物}+N_{被修饰成分}$的组合，“狗头军师”则是$(N_{动植物}+N_{被修饰成分})+N_{被修饰成分}$型，属于$N_{动植物}+N_{被修饰成分}$型的套嵌。我们认为它们在功能上和普通的$N_{动植物}+N_{被修饰成分}$型是一样的。

在这种结构的词语中，后面的$N_{被修饰成分}$可以是人，比如“狗头军师”中的“军师”，“黄花女儿”中的“女儿”，有的本身就是一个隐喻性成分，比如白虎星中的“星”，“狐狸精”“猴儿精”中的“精”，“狗腿子”中的“腿子”。不管是直指还是隐喻，它们在词语中都被概念化为“……的人”。而前面的$N_{动植物}$，则在认知过程中被简单化或者具体化，只突显其部分意义内容。“我们对某一特定类别事物的知识经常是非常丰富而且多层面的，涉及许多领域，其显著程度、详细程度和复杂程度各不相同。”[①]人们对$N_{动植物}$的认知，则是将其丰富的内涵剥离，只提取人们从自己的主观认知角度显著感受到的部分，而舍弃其他无关的内容，我们将其称为提取式语义突显。比如“草民”“草包”“草寇”中的“草”，都是“山野、民间”的意思，在“草民”一词中，突显的是“卑贱”义，在“草包”中突显的是“无用”义，在“草寇”中突显的是“出没山林”义。

词典释义能够很好地诠释人们对这类词语的认知特点。比如：

猴儿精：①比喻机灵或顽皮的人。

狐朋狗友：比喻品行不端的朋友。

熊包：〈方〉懦弱、无能的人。

虾兵蟹将：神话中龙王的兵将，比喻不中用的兵将或帮凶、爪牙。

“猴儿”突显其“机灵”和“顽皮”的特点，“狐”和“狗”突显“品行不端”，“熊包”突显“怯懦无用”，“虾兵蟹将”则是在解释其语源意义的基础上，突显其“不中用”的特点，对$N_{动植物}$突显的内容成为释义中的修饰性成分，$N_{被修饰成分}$则被解释为“……的人(朋友、兵将等)”。除了上面提到的，这类词语还有“蛇头”“犬儒”“花魁”“黄花女儿”“鼠辈”“芝麻官”“雁行”[②]“牛头马面”“白虎星”“噍类”“狼主”“白马王子”“鸨母”“凤毛麟角”“马蜂窝”“龙头”等。

---

① 束定芳.认知语义学[M].上海：上海外语教育出版社，2008：77.

② “行”在此读“háng”。

2. $N_{动植物}$型

$N_{动植物}$型大部分是双音节词语，只有“雏儿”是单音节（儿化），“麟凤龟龙”是四音节。“苗子”“秧子”和“老虎”是词根与词缀结合而成的，可以记为$N_{动植物}$型。“蠹虫”“蛆虫”中的“虫”是附加表义，整体上来说也是$N_{动植物}$型而非$X_{修饰成分}+N_{动植物}$型。“阿猫阿狗”是两个“词缀加词根”式的构成成分的并列，可以记为$N_{动植物}+N_{动植物}$。其他的都是双音节并列式，也是$N_{动植物}+N_{动植物}$，功能与$N_{动植物}$一致。其中“人蛇”“人马”“鸾俦”（“俦”指“伴侣”）和“金兰”不是纯粹的动植物词语。

并列的两个表示动植物名称的词素之间往往存在着某种联系。这种联系是通过人们的认知经验建立起来的。比如“蛇”和“蝎”都是有毒的动物，“豺”和“狼”都是凶狠残忍的动物，它们都会经常伤害到人类，人类在长期的社会实践中发现了它们的特性。“鸾”和“凤”都是凤凰一类的鸟，是想象中的鸟类。“桃”和“李”是人们经常食用的两种水果。人们利用这些词语指人时就充分利用了人类自身对这些动物植物的认知，$N_{动植物}$型隐喻词语所突显的正是人类的这种认知或者在此基础上形成的隐喻意义。比如人们认为雌雄鸳鸯鸟成对生活在水边，因此常常用来比喻夫妻。“鸳鸯”比喻夫妻的意义就是在人们的这种认知的基础上形成的。

作为隐喻词语，$N_{动植物}$型指人时常常是作为一个整体来参与到隐喻过程中的，对于并列的两个成分，通常提取人们认知体验中的共同特性，不再加以分别，体现出一种融合性，即融合式的语义突显。突显的意义则是人们通过自身对动植物界的观察和与之相处过程中获得的认知体验。伴随着这种融合的，是这些词语的词汇化过程。

这些词语首先在“人是动物”和“人是植物”的概念隐喻的制约之下，表示“……的人”，人的认知经验则被置于这个指人框架内。词典释义很好地表现了这种认知特点：

牛马：比喻为生活所迫供人驱使从事艰苦劳动的人。

鹰犬：打猎所用的鹰和狗，比喻受驱使、做爪牙的人。

“……的人”是“人是动物”这个概念隐喻在“牛马”“鹰犬”这两个词语中的反映，“为生活所迫供人驱使从事艰苦劳动”和“受驱使、做爪牙”则是人们的认知经验。

除了上面提到的外，这类词语还有“良莠”“畜生”“禽兽”“犬马”“鹰隼”“蝼蚁”“貔虎”“貔貅”“螟蛉”“鸿鹄”“狗熊”“饕餮”“鹣鲽”等。

3. $X_{修饰成分}+N_{动植物}$型

$X_{修饰成分}+N_{动植物}$型词语的认知特点是以动植物名称为核心成分，前面通过修饰成分实现语义突显。突显的内容可以多种多样(见表 4)。

表 4　$X_{修饰成分}+N_{动植物}$型词语语义突显情况

突显内容	自身特性	生　长	处　所	材　质	状态处境	人类相关	合　计
数　量	13	10	9	4	11	37	84
百分比	15.5%	11.9%	10.7%	4.8%	13.1%	44%	100%

动植物自身的某些特性可以作为突显内容。“瘦猴儿”“哈巴狗”突显的是形体特征,“冷血动物”“变色龙”突显的是动物的生理特性,“白眼儿狼”“独眼龙”“癞皮狗”“比翼鸟”突显的是动物的身体部位特点,“千里马”“夜猫子”突显的是动物的习性。“连理枝”和“并蒂莲”突出的是树枝和花朵成双的样子。动植物的这些自身的特性构成了词语适用对象的限制。“瘦猴儿”只适用于身材很瘦的人,“独眼龙”只适用于一只眼睛有残疾的人,“夜猫子”只适用于喜欢熬夜的人。

“新苗”“独苗”“根苗”“初生之犊”“老狐狸”“老黄牛”“羔羊”“丑小鸭”等词语则是从“生长”的角度突显语义,生长特性决定了适用对象的特性。“新苗”突出其新出现,“独苗”突出其唯一性。

“中山狼”“涸辙之鲋”“地头蛇”“井底之蛙”“瓮中之鳖”“过街老鼠”“墙头草”等与处所有关的词语,共同特点是来自典籍中的典故或者是熟语。对它们的理解往往需要语境还原。《现代汉语词典》(第 5 版)在解释这些词语时就是这样做的。

突显材质的“金枝玉叶”“纸老虎”“铁公鸡”“瓷公鸡”几个词语突出地体现了隐喻词语的语义矛盾性,“枝”“叶”“老虎”和“公鸡”本来就包含+[生命]语义特征的,前面加了 $X_{修饰成分}$ 从字面意义上消除了+[生命]的语义特征,但是隐喻义依然含有+[生命]特征,通过这种语义矛盾性突显人的身份特征和性格特征,“铁公鸡”和“瓷公鸡”是一毛不拔的人,+[生命]的语义特征依然存在,只是突显了“抠门”的性格特征。

与状态、处境有关的词语,突显的 $X_{修饰成分}$ 一般都是与动植物的习性或者固有性质相违背的。比如狗和鸡本来生活在陆地上,突显其“落水”(落水狗、落汤鸡);鸭子本来生活在水中,而突显其“旱”(旱鸭子);活着的老虎才有威力,但是突显其“死”(死老虎)。这也是语义矛盾,通过这种矛盾表现对某种固有习性的消解。

与人的活动有关的词语,有的突显人的活动,比如“走狗”“漏网之鱼”“笼中鸟”“惊弓之鸟”“看家狗”“孺子牛”“色狼”“电老虎”,有的突显的部分是一种拟人化,比如“笑面虎”“衣冠禽兽”“害人虫”“丧家之犬”“替罪羊”“跟屁虫”“可怜虫”“应声虫”等。$X_{修饰成分}$ 是词汇意义的适用范围,如“害人虫”“比喻害人的人”,“应声虫”“比喻随声附和的人”,“虫”的意义不显豁,构成一种指人并含贬义的框架,$X_{修饰成分}$“害人”“应声”是其适用范围。

安志伟,2000—2003年、2007—2010年在山东师范大学跟随葛本仪先生弟子刘中富教授攻读硕士、博士学位。

词汇应用

根词相关性与两岸汉语格式词语知识挖掘研究

山东大学　盛玉麒

一、解题

（一）什么是词语“格式”

“格式”一词顾名思义就是“规格和样式”。从系统理论看，所有系统得以维系和发展的内在信息都以某种“格式”发挥着复制和生成的模板作用。例如单音谓词（动词和形容词）的正反重叠用法“去不去、看不看、吃不吃”，“热不热、快不快、好不好”之类，所有的单音谓词都可以照此办理，这就是一种重叠“模式”或“格式”。又如双音谓词的重叠，虽然动词和形容词表现出不同特征，双音动词采用“ABAB”式、双音形容词采用“AABB”式，但是，对于各自的类聚来说，也是具有“普适性”的“规则”，即“格式”。这些格式可以生成短语，因此，可以称之为“短语格式”。

附加式造词法采用词缀和准词缀，可以产生出大量多字词。如《现汉》6 版就收入了“存储＋卡、电话＋卡、记忆＋卡、借记＋卡、上网＋卡、社保＋卡、显示＋卡、信用＋卡、银行＋卡、智能＋卡”等带“卡”的三音节词。这种根据词缀或类词缀类推产生多音词的“格式”，可以称之为“构词格式”。

（二）什么是“格式词语”

上述情况都不是本文所研究的对象。本文所说的“格式词语”是指成对使用的具有格式定位功能特征的两个单音词。

例如，收词 8822 条的《汉语水平考试词汇大纲》（老 HSK）中就有：

“边……边……”“从……到……”“非……才……”“既……也……”“既……又……”“连……带……”

“连……都……”“连……也……”“一……就……”“一……也……”“愈……愈……”“越……越……”

这些相互关联的单音词，形成了一个框架格式。空位可以用具有共同句法语义功能特征的词替换从而形成新的句法语义单位。如“边说边笑、边走边看，从古到今、从东到西”等等。将这类能够生成词语的“格式”提取出来，作为一个特殊的“词语”来学习，可以得到举一反三的效果。

(三)根词相关性

“根词”是语言词汇系统结构层级中的核心单位，具有“数量少、频率高、功能强”的特点。

根据词法句法一致性的特点，从多音节词语中切分出来的高能产性成分，包括高频单音词、词缀和类词缀。从这个意义上说，构成“格式词语”的都是高产性根词，而这些格式恰恰反映了“根词相关性”在语言词汇系统中的生成性、类推性、系联性、标记性的功能价值。

(四)意义和价值

汉语是词根孤立语，没有形态，依靠虚词和语序表达句法功能和范畴。因此是“根词本位”的语言。整个词汇系统建立在“词根语素”相关性的基础上：最能产的构词方式(复合式和附加式)恰恰反映了这一点。而“词法与句法的一致性”，保证了汉语词汇短语句子的无限生成能力——这或许正是这个问题的一体两面。

自然语言是一个自足性的复杂性系统。无论是形式主义关于语言能力来自先天遗传的假说，还是功能主义关于语用功能与语境互动优化的主张，都从不同的角度对自然语言的自足性达成共识。

我们并不追究自足性背后的原因，而是基于实证主义的路线，力图从语言材料中寻找“显性”和“隐性”的格式词语，让它们在语言教育与研究、辞书编纂智能化信息处理等方面，发挥应有的作用。

二、静态系统“格式词”知识抽取

(一)《现汉》6版所收格式词语

词典工具书等所收入的词语,处于备用状态,是词汇的“静态系统”。

《现代汉语词典》是通用型语文工具书的代表,也是静态系统格式词语知识提取的重要和基础资源。

作为“格式词语”被收入到《现汉》6版的有如下28组:

爱……不……、半……半……、半……不……、不……不……、不……而……、大……大……、大……特……、道……不……、东……西……、非……非……、非……即……、三……五……、说……道……、四……八……、似……非……、随……随……、无……无……、现……现……、一……半……、一……不……、一……而……、一……二……、一……就……、一……一……、一……再……、有……无……、有……有……、左……右……

为了便于了解静态格式词语的情况,谨将词典释义和举例列表如下:

表1 《现汉》6所收格式词语的释义举例样表

序号	格式词	《现汉》6 释义	《现汉》6 举例
01	爱……不……	用在同一动词前,表随便选择哪一种	爱管不管|爱说不说|爱来不来
02	半……半……	分别用在意义相反的两个词或词素前,表示两种性质或状态同时存在	～文～白|～明～暗|～信～疑|～吞～吐|～推～就
03	半……不……	略同“半……半……”(多含厌恶意)	～明～暗|～新～旧|～生～熟|～死～活

续表

序号	格式词	《现汉》6 释义	《现汉》6 举例
04	不……不……	①用在意思相同或相近的词或词素的前面,表示否定(稍强调)	～干～净｜～明～白｜～清～楚｜～偏～倚｜～慌～忙｜～痛～痒｜～知～觉｜～言～语
		②用在同类而意思相对的词或词素的前面,表示“既不……也不……”	表示适中,恰到好处:～多～少｜～大～小
		③用在同类而意思相对的词或词素的前面,表示“如果不……就不……”	表示尴尬的中间状态:～方～圆｜～明～暗
			～见～散｜～破～立｜～塞～流｜～止～行
05	不……而……	表示虽不具有某条件或原因而产生某结果	～寒～栗｜～劳～获｜～谋～合｜～期～遇｜～言～喻｜～约～同｜～翼～飞｜～胫～走
06	大……大……	分别用在单音名词、动词或形容词的前面,表示规模大,程度深	～手～脚｜～鱼～肉｜～吵～闹｜～吃～喝｜～摇～摆｜～红～绿
07	大……特……	分别用在同一个动词前面,表示规模大,程度深	～书～书｜～吃～吃｜老一套的工作方法非～改～改不可
08	道……不……	〈方〉嵌入意义相反的两个单音的形容词,表示“既不……也不……”的意思	～长～短｜～高～矮｜～大～小｜～多～少
09	东……西……	表示“这里……那里……”的意思	～奔～跑｜～张～望｜～拼～凑｜～倒～歪
10	非……非……	既不是……又不是……	～亲～故｜～驴～马
11	非……即……	不是……就是……	～此～彼｜～亲～友｜～打～骂
12	三……五……	①表示次数多	～番～次｜～令～申
		②表示不太大的大概数量	～年～载
13	说……道……	分别嵌用相对或相类的形容词、数词等表示各种性质的说话	～长～短｜～三～四｜～黑～白｜～东～西｜～亲～热｜～千～万

续表

序号	格式词	《现汉》6 释义	《现汉》6 举例
14	四…… 八……	分别用在两个意义相近的词或词素前面，表示各方面	～面～方｜～通～达｜～平～稳
15	似…… 非……	嵌用同一个单音名词、形容词或动词，表示又像又不像的意思	～绸～绸｜～蓝～蓝｜～笑～笑｜～懂～懂
16	随…… 随……	用在两个动词或动词性词组前面，表示后一动作紧接着前一动作而发生	～叫～到｜～到～吃｜文件～印～发
17	无…… 无……	分别用在两个意义相同或相近的词或词素前面，强调没有	～影～踪｜～缘～故｜～拳～勇｜～依～靠｜～穷～尽
18	现…… 现……	嵌用两个动词，表示为了某个目的而临时采取某种行动	～编～唱｜～趸～卖｜～用～买｜～吃～做
19	一…… 半……	分别用在同义词或近义词前边，表示不多或不久	～鳞～爪｜～年～载｜～时～刻｜～星～点儿｜～知～解
20	一…… 不……	①分别用在两个动作前面，表示动作或情况一经发生就不改变	～定～易｜～去～返｜～蹶～振
		②分别用在一个名词和一个动词前面，表示强调或夸张	～言～发｜～字～漏｜～钱～值｜～毛～拔
21	一…… 而……	分别用在两个动词前面，表示前一个动作很快产生了结果	～哄～散｜～怒～去｜～望～知｜～扫～光｜～挥～就
22	一…… 二……	分别加在某些双音节形容词的两个词素前面，表示强调	～干～净｜～清～楚｜～清～白
23	一…… 就……	表示两事时间上前后紧接	同一主语：～学～会｜～开～谢｜～吃～吐
			不同主语：～教～懂｜～请～到｜～说～成

续表

序号	格式词	《现汉》6 释义	《现汉》6 举例
24	一…… 一……	①分别用在两个同类的名词前面	A 表示整个：～心～意｜～生～世 B 表数量极少：～针～线｜～草～木
		②分别用在不同类的名词前面	A 用相对的名词表前后事物对比：～薰～莸 B 用相关的名词表示事物的关系：～本～利
		③用在同类动词前，表示动作连续	～瘸～拐｜～歪～扭
		④用在相对的动词前面，表示行动协调配合或动作交替进行	～问～答｜～唱～和｜～起～落｜～张～弛
		⑤分别用在相反的方位词、形容词等前面，表示相反的方位或情况	～上～下｜～东～西｜～长～短
25	一…… 再……	用在同一动词前，表该动作多次重复	～误～误｜～错～错｜～拖～拖
26	有…… 无……	①表示只有前者而没有后者	～行～市｜～己～人｜～口～心｜～利～弊｜～名～实｜～始～终｜～头～尾
		②表示有前者没有后者（强调）	～过之～不及｜～加～已｜～增～减
		③表示有了前者就可以没有后者	～备～患｜～恃～恐
		④表示似有似无	～意～意
27	有…… 有……	①用在意思相反或相对的两个词前，表示既有这个又有那个	～利～弊｜～头～尾｜～赏～罚｜～多～少
		②用在意思相同或相近的两个词前面，表示强调	～板～眼｜～鼻子～眼儿｜～棱～角｜～情～义｜～声～色｜～说～笑｜～凭～据
28	左…… 右……	强调同类行为的反复	～说～说｜～思～想｜～一趟～一趟地去请

(二)对外汉语词汇大纲(老 HSK)所见格式词语

收词 8822 条的《老 HSK》中有 20 条格式词语,其中只有“一……就……”被收入《现汉》。其余 19 条都没有被收入。

这 19 条词典外(以下未收入词典的称“典外”,否则称“典内”)的格式词语中,有 6 条含有双音词,分别是:

从……出发、从……看来、到……为止、对……来说、非……不可、拿……来说

还有一条“当……的时候”,实际上是“复杂短语格式”,因为这类格式通常都是结构复杂的表示时间短语甚至单句,如:

例 1:当这件事情真实发生的时候,大家都会有一个合理的解释,(新闻会客厅—徐静蕾专访)

例 2:当我们看到一个什么样的东西的时候,要知道保护自己,远离那个东西,它有可能是放射源?(新闻会客厅—郭永吉专访)

排除含有双音词以上的“格式词语”,还有 11 条是单音词与单音词构成的,它们分别是:

边……边……、从……到……、从……起、非……才……、既……又……、连……带……、连……都……、连……也……、一……也……、愈……愈……、越……越……

上列“单音+单音”的“典外”格式词语中,除了“从……起”是只含一个替换位之外,从形式上看,其余 10 条都与《现汉》6 版所收格式词语相类似:都是两个单音词间隔两个替换位。

我们尝试从功能和用法上加以分析,看看究竟有无不同之处。主要是与《现汉》6 版释义和举例类型方面进行比较。现将老 HSK 收入而《现汉》未收到 11 条格式词语,列表如下:

表 2 老 HSK 所收“典外”格式词语例样表

序号	格式词语	单音替换举例	多音词语替换举例	类型
01	边……边……	边看边笑、边看边哭	边吃饭边看报纸	紧缩复句
02	从……到……	从春到夏、从里到外	从去年 3 月到现在	短语
03	非……才……		非弄明白了才罢休	紧缩复句
04	既……又……		他既爱游泳,又爱爬山	紧缩复句
05	连……带……	连哭带闹、连跑带跳		短语

续表

序号	格式词语	单音替换举例	多音词语替换举例	类型
06	连……都……		他连小孩都不如	紧缩复句
07	连……也……		这个问题连孩子也能回答	紧缩复句
08	一……也……		一天也没休息	紧缩复句
09	愈……愈……	愈来愈热	愈来愈重视	紧缩复句
10	越……越……	越来越好	越来越活泼	紧缩复句

从表内替换项的词长可以看出，这些格式词语中除了“从……到……”和“连……带……”之外，多数都可以用多音节词语替换并且生成“紧缩复句”。这是与“典内”格式词语明显不同的地方。典内格式词语所举的例子，除了极个别的之外，几乎都是清一色的四字格。而老 HSK 所收的格式词语替换单位不限于单音节，常有单双音节混搭，甚至可以插入复杂短语，因此生成形式具有“广谱”特点，不限于四字格甚至多数超过四字格。

这既证明了“典内”格式词的严谨规范，也证明了格式词具有跨“语/句”的生成能力。

三、动态系统“格式词”知识挖掘

（一）《莫言全集》语料库“格式词”抽取

20 世纪哲学的语言学转向为语言学及应用语言学研究打开了与多学科交叉结合的通道。文学作品以其独特的组织加工形式构成了知识挖掘的重要资源载体。“文学语言”曾经是结构主义语言学领域的专业术语，因为经过作家个人深思熟虑创造出来的话语世界图式，既有书面语的现实可操作性，又有自然语言高级形态的通顺、流畅和规范等特点。

作为大陆本土原生的现代文学家莫言能够成为国际文学诺奖得主，既是对其已然作品成就和贡献的充分肯定，又是对其作品语言包括艺术、风格、审美等多维要素影响力的最好宣传。因此，先以《莫言全集》（以下称《莫集》）语料库为例，进行根词相关性的格式词语知识挖掘，作为动态系统格式词语知识挖掘的样本，应该是很有意思和价值的一件事。

(二)动态分析的思路和方法

一个假设就是,格式词语并不是古已有之、一成不变的,而是一个发展过程中的产物。类似所谓的"连续统"。因此,如果把"典内"格式词语看作是规范化程度最高的"语言"单位的话,那么"典外"格式词语就是规范化程度不够高的"言语"单位。二者之间并无严格的界限。至多存在"显性""隐性"程度上的差别,还有词典编纂者个人的取舍差异。

首先是验证前述"典内"格式词语在《莫集》中的使用情况,然后尝试挖掘可以类推的"隐性"格式词语,或者叫"疑似"格式词语。

(三)《莫集》语料库规模

收入《莫集》的莫言作品共 24 种,数字化文本文件长度累计 5216 K 字节,大约 260 万字符。详见下表:

表 3 《莫集》作品文本数据表

作品名称	长度 KB	作品名称	长度 KB
倒立	10	师傅越来越幽默	51
儿子的敌人	26	食草家族	449
红高粱	102	透明的红萝卜	67
红蝗	167	生死疲劳	775
红树林	186	白狗秋千架	26
蝗虫奇谈	16	丰乳肥臀	442
良心作证	90	红高粱家族	99
散文集——会唱歌的墙	306	酒国	363
拇指铐	27	四拾壹炮	544
难忘那戴着口罩接吻的爱	8	檀香刑	546
牛	94	天堂蒜薹之歌	360
三十年前的一次长跑比赛	69	蛙	393
		合计	5216

采用中科院计算所的自动分词软件处理后,建立数据库,共得 603228 词次(使用次数),44402 词种(不同的词)。其中双字词种最多,为 28960 条,其余按数量降

幂排列分别是：单字词 7105 条，三字词 4462 条，四字词 3666 条，五字及以上词 209 条。

四字词以成语、熟语、专有名词等为主，其中成语、熟语具有格式词语挖掘的重要价值。

(四)《莫集》所用四字格"典内"格式词

主要以四字格为对象搜索，《莫集》四字格成语、熟语中，"爱"字打头的只有 7 条，其中：

成语 5 条：爱不释手、爱财如命、爱民如子、爱莫能助、爱憎分明

熟语 1 条：爱理不理

名词 1 条：爱国主义

只有"爱理不理"符合"爱……不……"格式。因此，有必要对"典内"格式词的使用情况做充分描写。下面将符合"格式词"条件用例的统计结果列表如下：

表 4 《莫集》所见"典内"格式词四字格用例表

格式词	四字格	频数	频度%	格式词	四字格	频数	频度%
爱……不……	爱理不理	1	0	大……大……	大摇大摆	26	0.0012
半……半……	半真半假	14	0.0007		大模大样	12	0.0006
	半信半疑	6	0.0003		大吃大喝	6	0.0003
	半醒半睡	1	0		大慈大悲	5	0.0002
半……不……	半死不活	15	0.0007		大恩大德	5	0.0002
	半生不熟	7	0.0003		大喊大叫	3	0.0001
	半文不武	1	0		大吉大利	3	0.0001
不……不……	不知不觉	39	0.0019		大起大落	2	0.0001
	不慌不忙	14	0.0007		大风大浪	2	0.0001
	不卑不亢	9	0.0004		大红大绿	2	0.0001
	不偏不倚	6	0.0003		大智大勇	2	0.0001
	不折不扣	6	0.0003		大吹大擂	1	0
	不伦不类	5	0.0002		大风大浪	1	0
	不冷不热	5	0.0002		大手大脚	1	0
	不大不小	4	0.0002		大吵大闹	1	0

续表

格式词	四字格	频数	频度%	格式词	四字格	频数	频度%
	不明不白	3	0.0001		大忠大勇	1	0
	不屈不挠	3	0.0001	一……一……	一模一样	38	0.0018
	不声不响	3	0.0001		一丝一毫	22	0.0011
	不言不语	3	0.0001		一点一点	8	0.0004
	不依不饶	3	0.0001		一草一木	3	0.0001
	不干不净	2	0.0001		一招一式	3	0.0001
	不死不活	1	0		一唱一和	2	0.0001
	不痛不痒	1	0		一家一户	2	0.0001
	不管不顾	1	0		一举一动	2	0.0001
	不破不立	1	0		一心一意	2	0.0001
	不阴不阳	1	0		一板一眼	1	0
不……而……	不约而同	10	0.0005		一点一滴	1	0
	不寒而栗	9	0.0004		一年一度	1	0
	不翼而飞	5	0.0002		一千一万	1	0
	不得而知	5	0.0002		一勺一勺	1	0
	不期而遇	4	0.0002		一五一十	1	0
	不胫而走	2	0.0001		一言一行	1	0
	不辞而别	1	0		一针一线	1	0
	不言而喻	1	0		一颦一笑	1	0
非……非……	非驴非马	1	0	有……有……	有板有眼	7	0.0003
随……随……	随时随地	1	0		有声有色	5	0.0002
无……无……	无声无息	53	0.0025		有头有脸	5	0.0002
	无影无踪	33	0.0016		有滋有味	5	0.0002
	无穷无尽	10	0.0005		有说有笑	2	0.0001
	无法无天	8	0.0004		有条有理	2	0.0001
	无边无际	7	0.0003		有血有肉	2	0.0001
	无忧无虑	6	0.0003		有凭有据	1	0

续表

格式词	四字格	频数	频度%	格式词	四字格	频数	频度%
	无缘无故	6	0.0003		有头有尾	1	0
	无拘无束	3	0.0001		有勇有谋	1	0
	无依无靠	3	0.0001	合计	91 条	522	0.0229
	无时无刻	2	0.0001				
	无冤无仇	2	0.0001				

上表可见《莫集》使用了 11 个“典内”格式词，共生成四字格 91 条，累计使用 522 词次，累计覆盖率仅为 0.023%。平均每个格式词生成 8.27 个四字格，每个四字格平均使用 5.74 次。使用的格式词分别是：

爱……不……、半……半……、半……不……、不……不……、不……而……、大……大……、非……非……、随……随……、无……无……、一……一……、有……有……

《莫集》未使用的 17 个“典内”格式词分别是：

大……特……、道……不……、东……西……、非……即……、三……五……、说……道……、四……八……、似……非……、现……现……、一……半……、一……不……、一……而……、一……二……、一……就……、一……再……、有……无……、左……右……

(五)《莫集》根词相关性组合所见“典内”格式词

分析发现，《莫集》中有四个单音词连用构成的短语组合，暗合了“典内”格式词模式。我们称之为“根词相关性组合”，简称“根词相关组”。例如：

“爱/v 信/v 不/d 信/v”

例见“毛驴的叫声比黄牛的叫声好听多啦。爱信不信，不信咱俩打个赌：你输了你就是小四眼狗，我输了我是小四眼狗”(《食草家族》)。

文内的“爱信不信”并不是一个固定短语，所以被自动切分为四个单音词。按照这个思路，建立四级隐马模型根词相关链组，深入挖掘符合典内格式词模式组合。结果如下表：

表5 《莫集》所见4词相关组典内格式词例样表

词1	词2	词3	词4	次	频度	词1	词2	词3	词4	次	频度
爱/v	信/v	不/d	信/v	1	0	无/v	痛/a	无/v	乐/a	1	0
半/m	疯/v	半/m	狂/a	6	0.0003	无/v	遮/v	无/v	拦/v	1	0
半/m	青/a	半/m	红/a	2	0.0001	一/m	红/a	一/m	绿/a	4	0.0002
半/m	神/n	半/m	妖/d	2	0.0001	一/m	呼/o	一/m	应/v	2	0.0001
半/m	睡/v	半/m	醒/v	4	0.0002	一/m	景/ng	一/m	物/ng	6	0.0003
半/m	抬/v	半/m	拖/v	2	0.0001	一/m	俊/a	一/m	丑/a	1	0
半/m	拖/v	半/m	拉/v	2	0.0001	一/m	蓝/a	一/m	黄/a	1	0
半/m	遮/v	半/m	掩/v	6	0.0003	一/m	喷/v	一/m	溜/q	1	0
不/d	呆/a	不/d	傻/a	1	0	一/m	屁/n	一/m	屁/n	2	0.0001
不/d	肥/a	不/d	瘦/a	5	0.0002	一/m	行/v	一/m	动/v	1	0
不/d	紧/a	不/d	慢/a	23	0.0011	一/m	左/a	一/m	右/a	1	0
不/d	偏/a	不/d	斜/a	2	0.0001	有/v	根/n	有/v	后/n	1	0
不/d	镶/v	不/d	嵌/v	1	0	有/v	骨/ng	有/v	刺/o	1	0
无/v	恨/v	无/v	怨/v	3	0.0001	有/v	节/n	有/v	奏/n	1	0
无/v	牵/v	无/v	挂/v	5	0.0002						

表中可见莫言在使用格式词语方面具有得心应手的创造力，像“半疯半狂、半抬半拖、半拖半拉、不呆不傻、一景一物、有根有后、有骨有刺、有节有奏”等，都很富有表现力。

四、台湾《中央日报》抽样语料库格式词挖掘

(一)台湾《中央日报》语料库与隐马模型数据库的建立

台湾《中央日报》(以下称“台报”)是岛内发行量和影响力都靠前的一份报纸，内容丰富，语言规范，是建立岛内流通语料库的代表性文本素材。针对网络版《中央日报》，采用按比例和随机抽样相结合的方法，抽取2008年以来的新闻、政经、聚

焦、体育等栏目计约 2817K 字节的文本、140 万字符。经过预处理、分词和标注词性建立了数据库。

“台报”语料数据库实际字符数共计 1395509 个,统计得到词种 47994 个。其中非汉字符号词 5864 条,汉字词种 42130 条。

为了便于格式词知识挖掘,特别建立了 4 级隐马模式根词相关性数据库,抽取关键词位信息作为搜索挖掘格式词的字段。

(二)“典内”格式词与台报四字格结构模式的比较

先将《现汉》6 版所收“典内”格式词与“台报”语料库统计所得四字格进行比对,抽取“典内”格式词在“台报”四字格中对应的数据,以此分析两岸格式词使用情况。比较发现,《现汉》典内格式词有些在台报抽样语料中没有发现四字格用例。具体数据见下表:

表 6 《现汉》典内格式词与台报四字格结构模式比较表

序号	典内格式词	台报频级	台报频数	序号	典内格式词	台报频级	台报频数
1	大……大……	9	24	15	爱……不……	0	0
2	不……而……	23	15	16	半……不……	0	0
3	无……无……	154	6	17	四……八……	0	0
4	有……无……	159	6	18	三……五……	0	0
5	一……不……	216	5	19	非……非……	0	0
6	半……半……	226	4	20	说……道……	0	0
7	一……而……	457	3	21	似……非……	0	0
8	有……有……	699	2	22	随……随……	0	0
9	东……西……	542	2	23	现……现……	0	0
10	左……右……	1450	1	24	一……就……	0	0
11	一……半……	1352	1	25	一……再……	0	0
12	不……不……	0	0	26	非……即……	0	0
13	一……一……	0	0	27	道……不……	0	0
14	一……二……	0	0	28	大……特……	0	0

说明:表中序号是按“台报频数”降幂排列的。因为没被使用的格式词标记为 0,所以如果按“台报频级”升幂排列。标记为 0 的会被排到 1 的前面。

表内可见，只有 11 个典内格式词在台报抽样语料中有用例，其余 17 个没有发现用例。其中，除了“道……不……”是方言（道长不短）、“大……特……”有文革色彩（如“大干特干、大将特讲”）可以理解外，其他 15 个没有用例的典内格式词很值得深入探究。

（三）台报四字格结构分析

抽取台报四字格结构中 1～3 位作为关键字段，统计分析其高频格式词情况。

表 7　台报四字格结构分析所得格式词降频例样表

序	格式词	数	频度	举例	类	序	格式词	数	频度	举例	类
1	中……民	143	0.0105	中华民国	n	12	第……夫	23	0.0025	第一夫人	n
2	立……委	57	0.0061	立法委员	n	13	财……法	21	0.0023	财团法人	n
3	越……越	57	0.0001	越陈越香	l	14	大……小	21	0.0006	大街小巷	i
4	高……公	46	0.0049	高速公路	n	15	前……未	20	0.0005	前所未见	l
5	大……初	35	0.0038	大年初一	t	16	风……人	17	0.0018	风云人物	i
6	中……企	30	0.0032	中小企业	j	17	截……不	17	0.0018	截然不同	i
7	通……膨	26	0.0027	通货膨胀	l	18	无……如	16	0.0017	无论如何	l
8	百……公	26	0.0028	百货公司	n	19	无……徒	16	0.0017	无期徒刑	l
9	大……大	24	0.0004	大吃大喝	l	20	另……方	15	0.0016	另一方面	c
10	中……阶	24	0.0026	中产阶级	l	21	何……何	15	0.0016	何去何从	i
11	有……以	23	0.0025	有史以来	l	22	异……突	15	0.0016	异军突起	i
						合	22	687	0.0648		

说明：“格式词”中所列是抽取台报四字格 1、3 位作为关键字段进行统计分析的结果。“数”是该格式词所构四字格使用频数的总和。

降频表前 22 位中只有 9 号“大……大……”一个典内格式词，另有 3 号“越……越……”和 14 号“大……小……”是典外格式词。其余 19 例几乎都是因为该四字格是台报高频词所致排列靠前，与生成能力无关。加之 1～3 位格式词统计时会和三字格相混，因此还要加以甄别。

分析发现，“越……越……”57 次，三字格的“越来越”有 56 次，“越陈越香”只有 1 次。

又如“大……大……”24 次中，大吃大喝 4 次、大风大浪 5 次、大起大落 7 次，大哥大 8 次。四字格的只有三个累计 16 次。

“大……小……”21 次中，大街小巷 13 次、大大小小 6 次、大中小学 1 次，大中小 1 次。四字格 3 个累计使用 20 次。

五、余论：动态系统“典外”格式词挖掘

(一)动态系统“典外”格式词挖掘的思路

《现汉》6 版是权威的通用语文工具书，在收词的严谨和规范化程度方面享有较高的信誉指标。本研究就以《现汉》6 版所收格式词语为参照，从动态系统中挖掘没被收入的“疑似”格式词语用例。称之为“典外”格式词挖掘。

通过分析“典内”格式词的结构，抽取“典内”四字格 1～3 位字组作为“准”格式词进行统计，现将构成四字格 10 个以上的“准”格式词列表如下：

表 8 《现汉》6 版所见“准”格式词构词量降频样表

序	格式	四字格数	举例	序	格式	四字格数	举例
1	不……不……	19	不卑不亢	12	一……不……	9	一尘不染
2	天……地……	16	天崩地坼	13	一……千……	8	一发千钧
3	一……之……	15	一臂之力	14	有……有……	8	有板有眼
4	大……大……	14	大包大揽	15	自……其……	6	自得其乐
5	不……之……	13	不白之冤	16	前……后……	6	前俯后合
6	不……而……	12	不一而足	17	难……难……	6	难分难解
7	有……无……	11	有备无患	18	明……暗……	5	明察暗访
8	无……无……	11	无大无小	19	没……没……	5	没大没小
9	无……不……	10	无恶不作	20	千……一……	5	千钧一发
10	一……一……	10	一板一眼	21	千……百……	5	千疮百孔
11	自……自……	10	自暴自弃	22	里……外……	5	里出外进
				合	22 条	209	

上表所列 22 条高频“准”格式词中 1 号“不……不……”、4 号“大……大……”以及 6、7、8 号“不……而……、有……无……、无……无……”和 14 号“有……有……”等 6 条都被作为格式词收入《现汉》6 版，累计构词 84 个，平均构词量 14 个。

其余 16 条则属“典外格式词”，累计构词 125 个，平均构词 7.8 个。这 16 条典外格式词应该是具有潜质的格式词。尤其是与其他典内格式词的构词量相比，更能看出这一点。下面给出所有“典内”格式词的构词量表：

表 9 “典内”格式词构词量表

序号	格式词	频级	构词量	序号	格式词	频级	构词量
1	不……不……	1	19	15	三……五……	52	4
2	大……大……	4	14	16	一……半……	104	3
3	不……而……	6	12	17	一……而……	107	3
4	有……无……	7	11	18	非……非……	125	3
5	无……无……	8	11	19	半……半……	156	2
6	一……一……	10	10	20	说……道……	327	2
7	一……不……	12	9	21	似……非……	2707	1
8	有……有……	14	8	22	随……随……	2727	1
9	左……右……	29	5	23	现……现……	3302	1
10	一……二……	30	5	24	一……就……	3659	1
11	东……西……	40	4	25	一……再……	3695	1
12	爱……不……	43	4	26	非……即……	3968	1
13	半……不……	44	4	27	道……不……	4798	1
14	四……八……	48	4	28	大……特……	5298	1
				合计	28		145

说明：上表按“频级”升序排列，实际上是降频表的序列号。因此，高频区与构词量降频排列一致，低频区特别是等频级区的格式词也保留了与原表一致的序号。

表内“构词量”指的是构成《现汉》典内词目的四字格数量。通过对表 8 频级和构词量的对比不难发现，28 个“典内”格式词累积构词 145 个，平均构词量仅为 5.2 个。

因此，对于平均构词量为 7.8 个的典外格式词知识挖掘，具有巨大的想象空间，这也正是本选题充满诱惑之处。

限于时间和篇幅，典外格式词知识挖掘只好留待另文阐述。

盛玉麒，1998 年在职考入葛本仪教授门下攻读博士学位。

《义务教育常用词表（草案）》研制报告

厦门大学　苏新春

《义务教育常用词表(草案)》服务于我国中小学校义务教育阶段的语文教学，以提高语文教学的科学性和学习效果。由教育部语言文字信息管理司组编，厦门大学国家语言资源监测与研究教育教材中心承担研制，苏新春教授主编。下面就研制背景与过程、词表内容、收词标准、研制方法、词表性质与功能等问题做简要说明。

一、研制背景与过程

(一)研制背景

《义务教育语文课程标准(2011 年版)》对小学和初中的语文教学中词汇的学习和使用有明确要求。现行各种教材也设有名称不同而功能相同的“识字组词”“字词积累”“读一读，写一写”“词语比较”等词汇学习栏目，但对词汇学习的数量一直没有明确要求。不同教材之间的词汇状况差异很大，调查报告显示不同教材之间的共有词只有 40%，生词的共用部分比例更低。① 长期以来，中小学语文教学界对常用词表的出台表示出了很高的期盼，叶圣陶、吕叔湘、张志公等前辈学者以及一线教师，都表达了对学习性词表研制的期待。② 语文教学界也曾有过研制学习性词表的尝试，但因各种原因或是没有公布，或是没有进入中小学实际教学中。从

① 苏新春.基础教育新课标语文教材语言状况调查[C]//国家语言文字工作委员会.中国语言生活状况报告 2007.北京：商务印书馆，2008.

② 赖华强.语文词汇定量研究：一项不能再耽搁的工程[J].语文建设，2006(7).

20世纪中期起，有关政府部门、相关单位陆续研制、公布的汉语词表有20多种。[①]这些词表主要分为三类：一是对外汉语教学用词表，二是中文信息处理用词表，三是面向社会一般应用的通用词表。由于义务教育学习性词表有其独特的性质与功能，决定了它不可能照搬面向社会大众的一般应用的通用性词表。为了加强义务教育阶段语文教学的科学性与针对性，提高中小学语文教学水平，为我国语文应用及有关语文教育政策的制定提供科学依据，促进汉语规范化和普通话推广，推行汉语国际教育，服务中文信息处理及辞书编纂等工作，国家语委决定开展基础教育常用词表的研制，并先后设立了两个课题："基础教育学习性词表的研制"（编号YB125－29，2011年）、"基础教育学习性词表的分级、验证及推广"（编号HQ135－1，2016年），均由厦门大学国家语言资源监测与研究教育教材中心承担，主持人为苏新春教授。

（二）研制过程

词表研制工作经历了两个阶段。第一阶段为2011年10月至2016年3月。所做的工作主要有：第一，确定中小学生学习性词表的性质与特点；第二，探索基础教育语文与其他学科教材的语言状况、特点及规律，包括当前使用的新课标语文教材，历史、地理、数学、物理、化学等学科教材，之前使用的义务教育语文教材，以及香港、台湾地区的语文教材；第三，比较不同词表的研制方法，分析各自的价值、作用、特点及对词表的影响；第四，比较儿童阅读与词汇应用、中小学校词汇教学与测试等方面的数据。第二阶段为2016年3月至2017年8月。所做的工作主要有：第一，词目的调整；第二，词语的分级；第三，到中小学进行学生识读测试。

二、词表内容

（一）词表内容

《义务教育常用词表（草案）》共有音序词目15114个，义类词目17092个。多义词的不同义项如有明显难易差别的则标为不同的词级。词级分为四级，分别对应第一学段（小学1～2年级）、第二学段（小学3～4年级）、第三学段（小学5～6年

① 苏新春.词汇计量及实现[M].北京：商务印书馆，2010.

级)、第四学段(初中1～3年级)。一级词目有2001条,二级词目5503条,三级词目5975条,四级词目3613条。按词长统计,单字词目1651条,双字词目10498条,三字词目387条,四字词目2578条。《义务教育常用词表(草案)》包括"音序表"与"义类表"。"音序表"为主表。所有词条按音序排列。每个词条后带有5个信息:(1)词语,(2)拼音,(3)词级,(4)词性,(5)义类码。义类码由数目字和字母组成,据此可以查询到它在"义类表"中的语义类属。多义词则对各个义项分别标注读音、词性与义类。多义词的多个义项如读音相同,则列于同一个词目之下。拼音依据《汉语拼音正词法基本规则》,[①]具体参考了《现代汉语词典》(第7版)。《现代汉语词典》未收的词语,也依照《现代汉语词典》的注音原则标注了拼音。"义类表"为辅表。参照的语义分类系统为《现代汉语分类词典》。[②]《现代汉语分类词典》按五级语义层划分,收录现代汉语通用词83000余条。《义务教育常用词表(草案)》的词语在其中能关联到的词条有18200多个,经人工干预甄别,排除了不太适合中小学生学习的难僻义项,另增加了若干常用义项。词语后的数字表示词级。同一个五级类中的词语按词级排序,词级低的排前,词级高的排后;词级相同的,按词语的音节数的多少排序。"义类表"的作用在于将词条按语义的相同相近或相关就近排列,"以类显义","就近关联",以方便词汇的教学、掌握与拓展。

(二)词表分级

所有词语共分四级,分别对应义务教育阶段的四个学段,以体现词汇学习中的易难、浅深、先后的要求。词级划分的依据主要有:

1.词汇的认知规律

一级词以基本词、基本语义类为主,词级增长在扩大语义类范围的同时,以深化、细化、详化同一语义类的传情表意能力。后一级词比前一级词的变化主要表现在词语数量的增加,新增语义类的并不多。如"危险"语义类,所收词语在不同的词级分布情况如下:一级词:"危险";二级词:"惊险";三级词:"危急、险恶、凶险、千钧一发、枪林弹雨、生死存亡、危在旦夕、摇摇欲坠、朝不保夕";四级词:"悬、不绝如缕、刀光剑影、岌岌可危、危如累卵"。

2.长期以来语文教学与语文教材使用的经验

如本词表研制中使用位序法得到的前100个词是:"我们、座、要、对、说、着、

① 教育部语言文字信息管理司.汉语拼音正词法基本规则[M].北京:语文出版社,2013.

② 苏新春.现代汉语分类词典[M].北京:商务印书馆,2013.

间、住、家、红、鸟、的、摘、成、梅花、鱼、好看、祖国、星星、头、落、望、山、朵、说话、放、跳、快、找、种、就、船、滴、春风、前、秋天、三、旁边、漂亮、当、蓝天、世界、树、圆、一定、紫、还、床、盖、树木、黑、哪里、瞧、画、这么、跟、爬、颜色、多少、满、许多、能、还是、有趣、只、吗、高兴、一、雪白、阳光、写、有、岁、喝、回来、流、数、了、四、人、收、外、东、下面、嘴、西、给、大家、走、有的、早晨、老、冬天、更、爷爷、玩、送、蓝、办法、啊”。这些词语完全符合小学生的使用习惯。称其为位序法,是着眼于词在教材中出现的先后顺序;又可称为经验法,是着眼于在位序背后显示的语义习惯;还可称为认知法,是显示这种形式能反映出中小学生的词汇认知习惯。

3.频率高低的排列顺序

频率高的词,往往词义明白浅近,贴近日常生活,简单易学。频率高、较为常用的词排在前面,频率低、不太常用的词排在后面。如“强烈”义类的“激烈 2、强烈 2、热烈 2、剧烈 3、猛烈 3、浓烈 3、炽烈 4、急剧 4、凌厉 4”就体现了这样的等级差异。

4.《义务教育语文课程常用字表》

本词表努力做到与《义务教育语文课程常用字表》相衔接,以体现汉字与词汇的繁衍关系,并依据“以字带词”“词不越字”“以词促字”的原则加以调整。具体表现为:

(1)收录能独立成词的字。本词表从《义务教育语文课程常用字表》3500 常用字中选用了 1556 个能完整表意、可以独立使用的汉字。

(2)“以字带词”。《义务教育语文课程标准(2011 年版)》列有“300 个基本字”。“这些字构形简单,重现率高,其中的大多数能成为其他字的结构成分……这些字应作为第一学段教科书识字、写字教学的重要内容”。300 个基本字在本词表的一级词表中作为单音词出现的有 246 个,另外 54 个汉字出现在复合词中。在研制的初稿中一级词中没有“军”“卫”“业”“舌”4 个字。为了与“300 基本字”相对接,将含有这 4 个字的“军人”“作业”“舌头”“卫生”安排在了一级词中。

(3)“词不越字”。对《义务教育语文课程常用字表》中要求初中才学的二级常用字,一般不会出现在小学阶段的一、二、三级词语中。如“蠢”属二级常用字,故“蠢事、蠢笨”就没出现在小学阶段的词表中。对《义务教育语文课程常用字表》以外的,也即《通用规范汉字表》3500 个一级常用字以外的字所构成的词一般也不予收录。如“窠、裘、涓、遐”不在这 3500 常用字中,故不收“不落窠臼、集腋成裘、涓涓细流、遐迩闻名”。这样便于与字表形成对接,形成有效的字词序列,保持字词教学的层次关系。

(4)“以词促字”。“以词促字”是对“词不越字”的灵活运用。有一些使用了二级常用字的日常生活常用词，出现得太晚也不合常理，对字表的运用有生硬套用之嫌，也不利于今后对字表在结合表意、认知特点做进一步的完善。如一级词有2103个词，使用了汉字1033个，这些汉字中有“饺、姥、馒、乒、乓、屎、柿、宵、澡”等9个属二级常用字。如严格参照汉字分级的要求，就会导致“饺子、姥姥、馒头、乒乓球、西红柿、元宵、洗澡”这些很常用的词要到初中才出现，这显然不合适。考虑字级，但又不拘泥于字级，这样才能更好地发挥字词学习的特点与长处。如：“旷”是二级字，“旷野”为四级词，但“旷课”为二级词；“诵”属二级字，“吟诵”为四级词，“诵读”为二级词；“澡”是二级字，“洗澡”为一级词。这是因为“旷课、诵读、洗澡”已是小学生学习与生活中不可或缺的常用词。提前学习既满足了日常生活的需要，又能起到“以词促字”的作用。“以字带词”“词不越字”“以词促字”，使得中小学的词汇学习与汉字学习能做到有机结合、互相促进。

(三)词表规模

本词表在确定收词规模时主要考虑了以下几方面的因素：

1.义务教育阶段语文学习任务所应掌握的语义表达范畴

本表选词时主要参考的是语义类而不是具体词语。一个语义域可以用很多词来表示；词语是语义域的表达形式，表达同一语义域的词形稍有不同，就可以成为不同的词。词表选词的关键是同义词的选择。对同义词是严选还是宽选，会直接影响词表的收词数量。《现代汉语分类词典》反映了整个现代汉语词汇语义系统。本词表收词量虽然只有《现代汉语分类词典》词量的18%，但语义类却覆盖了所有的一级类和二级类，以及三、四级类的90%以上，基本上反映了现代汉语语义的大概面貌。而在以等义词、同义词为主的五级类中覆盖率为56%左右。

2.现有语文教材及长期教学经验中总结出的词汇教学量

对学生词汇学习及词汇能力的认知在长期的教学实践中已经积累了一定的经验。在所调查的样本教材中，各教材的词语总数在2.3万～2.9万条之间，除去各类专名及搭配结构外，稳定的通用语文词占各教材词语总数的40%左右，约1万～1.5万条。各教材选用的生词，数量在2000～4000条不等。本词表收录的不是生词，而是在词汇学习“知”“晓”“用”三个层次中“晓”与“用”的程度。要掌握这个程度上的词语，并不是都要通过专门的教学环节来实现，而是可以通过“由字及词”“对称类推”“语境联想”等方式来实现。

3.教材词汇的常用频率

本词表所收词语在用来调查的样本教材中，大都处于常用与较常用的范围。

在词语总数比例只占 28%的情况下，使用频率占到教材总语料的 81.9%。在 96 亿字的现代汉语通用语料中，在词语总数比例只占 6.8%的情况下，使用频率占到 96 亿字总语料的 76.9%。

三、收词标准

本词表所收应是普通话中的通用词，它们应具有通用性、常用性、基础性、语文性、规范性等特点。具体的收词原则如下：

（一）收录普通话的通用词

普通话词具有通用、普遍、稳定的特点。如：收了“爸爸、父亲”，不收带方言色彩的“阿爸、爹爹、老子”；收了“手腕”，不收“腕子、手腕子”；收了“拇指”，不收“大拇哥、拇哥、大指”；收了“富裕、富庶”，不收“肥实、裕如、活络”；收了“发火、发怒、发脾气”，不收“光火、来火、来气”；收了“讨厌、嫌弃、厌倦”，不收“腻烦、腻味、厌恨、嫌恶”；收了“北斗星”，不收“天罡”；收了“随从”，不收“随扈、侍从、随员”；收了“宣誓、盟誓”，不收“歃血”；收了“满意、惬意、遂心”，不收“可心”。

（二）选取高频、有代表性的指物类名词，不追求全面收录

语文词具有很好的通用性、常用性、普遍性。对指物类名词则从中选取部分高频、有代表性的词，以起到以名概类、示范类推的作用，并不追求全面收录。

如《现代汉语分类词典》中的“虫类”词有 252 个，本词表只收了“虫、昆虫、害虫、甲虫、益虫、蝉、知了、蟋蟀、萤火虫、蚯蚓、蜈蚣、蜜蜂、蚕、春蚕、蝴蝶、蜻蜓、蛾子、蜘蛛、蚊子、苍蝇、蚂蚁、蝗虫、蚂蚱”等 23 个。又如在一级词中收录了若干表示我国政权、政党象征或代表的词语，如“中国、五星红旗、北京”，二级词中有“共产党、解放军、天安门”等，但作为学习性词表，重点还是收录“国家、国旗、国歌、首都”类语文词。

（三）注重收录词的原形，不收重叠、无别意作用的儿化词、变换语素等变形词

如收“摇头、点头、看”，不收“摇摇头、点点头、看看”；收“船”，不收“船儿”；收“胸有成竹、别出心裁”，不收“成竹在胸、独出心裁”。

(四)一般不收组合叠加词

如"口渴、心想、长大、白兔、浇水、你好、瓶口、小熊、水桶、小刀、葡萄架、清香袅袅、色彩明丽、受用不尽、思潮起伏、物产丰富、消磨时光、雪花飞舞"等。

(五)适当收录当代产生、稳定性强、已进入普通话的词

如"硬件、软件、数码、摄像、驾照、互动、高铁、峰会、多媒体、盗版、研发、网址、网吧、发言人"。

(六)收录单音词的词义,不收不成词语素义

如"克"只收量词义,不收"能""克服"义;"离"只收"相距""离婚"义,而不收"离去"义。由于汉字与汉语词的独特关系,还会遇到单字词与复音词的问题。如"爸"与"爸爸"、"妈"与"妈妈"、"筷"与"筷子"、"窗"与"窗户"、"厕"与"厕所",二者之间基本意义相同,但在风格的庄谐、语义的广狭、语气的轻重等有所不同。在来自真实语料的描写性词表中,二者并收是正常的。但本词表为保证在有限的规模中能使每个词都能起到专门的语义表达作用,更好地与字表保持互补作用,故收录的是更接近当今语言使用习惯、符合书面语特点的双音词。

(七)适当收录有较强表现力、较高稳定性、较广使用范围的成语

成语是汉语词汇中富于表现力的成分,是中小学生词汇学习的重点。对少数含有 3500 常用字以外的字且常用度高的成语如"韬光养晦、吹毛求疵、神采奕奕、东施效颦、虎视眈眈"等,也适当收录,以体现"以词促字"的作用。词表没有收录谚语和歇后语,这是因为这类语的数量大,独立性强,地域性和文化性鲜明,意义内涵和语用功能丰富灵活,对语境依赖性高,不宜作为中小学生词汇学习的重点。

(八)有多种词形的,只收规定的词形

收录《第一批异形词整理表(草案)》[①]以及《264 组异形词整理表(草案)》[②]等国家试行规范标准及行业规范标准中已做出判断的推荐词。如收"一塌糊涂、黏

① 中华人民共和国教育部,国家语言文字工作委员会.第一批异形词整理表(草案)[M].北京:语文出版社,2001.

② 国家语委异形词研究课题组.264 组异形词整理表(草案)[J].咬文嚼字,2003(11).

稠”，不收“一蹋糊涂、粘稠”。上述规范没有规定的，则参考权威辞书选择推荐词形。如收“做证、啰唆”，不收“作证、啰嗦”。

四、研制方法

本词表研制采用了频率、语境分布、语义分布、相对词频、位序等多种方法。

（一）频率

频率统计法调查词语在一定语料范围中出现次数的多少。频率法用于了解词的常用程度。词频主要来自三种语料：中小学语文教材、现代汉语通用语料库、国家语言资源库。词表的收词应在常用与次常用词的范围。

（二）语境分布

语境分布统计法调查词语在语料中分布范围的大小。语境分布法通过了解词在文本中的分布数量来认识词的普遍性和通用性。语境分布主要使用了篇章和领域两种计算单位。在单一语料范围中以篇章为单位，在多种语料中以领域为单位。词表所收词语应具有通用、普遍的特点。

（三）语义分布

语义分布统计法调查词语的意义分布范围的广狭。本词表的语义分布借助的是《现代汉语分类词典》的语义分类系统。本词表的收词量虽然不大，但具有较广的语义分布范围。本词表的收词占《现代汉语分类词典》比例最高的前 20 个四级类中，有 10 个属一级类“辅助词”，7 个属一级类“性质与状态”，2 个属一级类“运动与变化”，有 1 个属一级类“具体物”（概称事物/代称/单指）。这样的语义类分布特点，与词表的性质与功能是相吻合的，即注重收录语文词、描写词、修饰词、关联词，以达到增强语言表达准确、周全、细腻的效果。

（四）相对词频

相对词频比较法调查同一个语义类中所有词语在使用频率中表现出的相对高频与低频。相对词频比较法可以保证在一个语义类中遴选出有代表性的词语。比较法是本词表研制中很注重的一个方法。除了词频比较外，在同一个语义类中还可以比较词的语义状况、语义特征、语用特征，以选取相对较高者优先入表与定级。比较法比较的范围较小，参照系明显，甄别力强，能够避免单纯靠大语料统计中的绝对词频来定取舍的“只顾一点，不及其余”的缺憾。如“藏躲”类收了10个词，也综合了多种因素将“躲”归入一级词；“藏、隐藏”归为二级词；“躲藏、潜伏、掩藏”归入三级词；“隐蔽、隐匿、逃匿、龟缩”归入四级词。

(五)位序

位序统计法调查词语在教材中首次出现的状况。根据首次出现的册次、一册中的课文的先后顺序、一篇课文中的先后词序，来统计出一个词的首现位置。位序统计法是教材语言分布状况的经验式体现。位序一定程度上能反映出词语的难易差别及认知顺序。与个人的经验判断相比，位序法能反映长期以来的教材编纂经验与教材语言的使用习惯。位序法虽然容易受到语料的主题与具体文意的影响，但调查的教材数量愈多，常态的、规律性的东西会表现得愈稳定。

五、词表的性质与功能

(一)词表性质

本词表具有以下几项属性：

1.是词表而非词集

词表的容量有限，对收词有仔细考量，有内在的序列结构，并根据不同的需要进行等级划分。而词集只是对调查语料内所有词的汇集，排列时往往是按无理据性的音序、笔画顺序，或是单一的频序来排列。

2.是学习性词表而非通用性词表

学习性词表反映了对学习内容与教学标准的要求，要在一定条件下通过一定教学手段以达到预定的教学目的，其收词及分级要符合词表使用者的认知需求和认知特点。而通用性词表，反映的是社会普通成员在一般言语交际活动中使用的通用性词语。它一般是按使用状况来排列，如频率、分布率或综合二者而成的使用度。

3.是面向母语学习者的基础教育词表

仅就"学习性"来看,《义务教育常用词表(草案)》与《汉语水平词汇与汉字等级大纲》[①]《汉语国际教育用音节汉字词汇等级划分》[②]是相同的。但从学习者的身份、特点及学习目的来看,二者有着巨大差异。"对外汉语""汉语国际教育"面向的是第二语言学习者,他们已经具备了一定的母语能力,而基础教育面向的是正在进行母语学习的学习者。前者已经完成了第一语言能力和"第一认知世界"的塑形,这时需要完成的是第二语言能力和"第二认知世界"的学习,功能目标明确;而后者要完成的是第一语言和"第一认知世界"的塑形,语言学习与语言能力、逻辑能力、对世界的认知是紧密联系在一起的。

(二)词表功能

1.书面语词汇系统的学习功能

进入小学接受启蒙学习的儿童,已经具有了较好的口语能力,语言思维、语言表达、语言交际的能力都已不弱。进入学校还要长时间地学习语文,从识字、组词、造句,到修辞、炼句、作文,再到谋篇布局,学习内容已经由口语扩展到了书面语,从口头的话进到了书面的文,从口语的短词短句进到了书面的长句完篇。因此,书面语成为学生在校语文学习的主要内容。表现在词汇上,要学习的就应是书面语词汇而非口语词汇,是承载着思想观念、历史现实、政治经济、文化社会等的通用性规范性词汇,而非"捉蝈蝈儿玩家家""拿笸箕淘米,拿火钳夹炭"这样的生活俚语俗词。

2.对母语社会的认知功能

母语学习者学习语言的过程就是认知世界的过程。他们通过语言学习来认识整个世界。他们生存于其中的自然环境、社会环境和文化环境,都是通过语言来承载和传递的。一个人的文化身份、文化认知、文化认同正是在长期的语言浸润中才获得的。义务教育阶段需要学习的正是能体现中小学生认知需求与认知特点的

① 国家对外汉语教学领导小组办公室汉语水平考试部.汉语水平词汇与汉字等级大纲[M].北京:北京语言学院出版社,1992.

② 中华人民共和国教育部,国家语言文字工作委员会.汉语国际教育用音节汉字词汇等级划分[M].北京:北京语言大学出版社,2010.

词，能反映中小学生生于斯长于斯的生活、学习的社会存在环境，有利于进一步掌握语言文字知识的必需储备。这与仅仅把汉语作为交际工具的“汉语国际教学”的二语学习有很大的不同。如对外汉语教材中的“麻婆豆腐”位于中国饮食文化类词的首位，这是经特意挑选而获得了极为显著的文化代表义；在义务教育语文教材中却无一例，因为中小学生从小由“豆”到“豆浆”“豆腐”，再到“麻婆豆腐”，是一种自然生活积累所得。同样是“语言学习”，同样是“文化获得”，二语学习者是“定向”“任务”式，母语学习者是“熟视无睹”“潜移默化”“润物无声”式。小学生一进校就要学习“五星红旗”，要学习“天安门”，这里体现的是国家意识的教育。这并非始于当代中国，如民国的小学国语教材里就有不少课文充盈着“民生”“民权”“民族”的思想，也有直接介绍政体、政治人物的课文。[①] 又如二十四节气，在中国传统文化的生产、生活、知识，甚至文学创作中都有重要位置，词表将它们收进来，就是在词的背后建立起了完整的节气文化语境。

3.体现词汇的习得规律

词汇的学习有“知”“晓”“用”三个层次。“知”为知道，指听过、见过这个词，但还不能准确理解它的意义，一般不会用到它；“晓”是懂得、理解，它比“知”进了一层，不仅知道还能较为准确地说出它的意思，有了特定语境或许会使用到；“用”是运用，即不仅知晓理解，还会在个人的话语与写作中熟练自如地使用。“知”“晓”“用”三个层次就是“知道”“懂得”“使用”的差别。《义务教育常用词表（草案）》的分层分级是与通用性词表很大的一个不同点。前者要体现出学习与认知的难易与学习的阶段性，后者主要考虑使用频次的多少、分布范围的广狭。对一个语义类中多个词的掌握，前者呈圆圈式扩大，即先掌握表示核心义基本义的词，再逐渐以表意丰满、深入、细腻的方式来扩大词量；后者则在掌握通用词达到一定数量的时候，主要以扩大话题、领域、板块的方式来增加词量。如“害怕”类，本词表从一至四级的收词分别是：“怕、害怕”；“生怕”；“唯恐、大惊失色、面如土色、提心吊胆、闻风丧胆”；“忌惮、惧怕、畏惧、不寒而栗、谈虎色变、魂不附体、魂飞魄散、毛骨悚然、望而却步、望而生畏、战战兢兢”。语义由浅至深，语体由口语至书语，表义由指称至描绘。该语义类没收入词表的词还有不少，如“惧怯、畏惮、畏怯、畏难、可怖、疑惧、骇惧、骇怕、怵头、忌惮、狼顾、惶惑、失容、戒惧、心悸、震悚、打怵、犯怵、发怵、悚然、丧

① 苏新春，李娜.民国时期基础教育语文教材语言研究[M].广州：广东教育出版社，2018.

魂落魄、魄散魂飞、惊魂未定、心胆俱裂、视为畏途”等，这些词可归入“知”的范围甚至更远。本词表大体按“晓”的程度来设定词汇的收录范围。

苏新春，2003 年从葛本仪先生学习词汇学，获博士学位。博士学位论文为《汉语释义元语言研究》。

词汇函数理论在现代汉语词际关系分析中的应用

北京师范大学　刘兰民

一、引言

在汉语作为第二语言教学中，我们发现，学习者常常混淆“可怕”与“害怕”。例如，我们在HSK动态作文语料库中检索到以下两个句子①：

(1)因为那时候，我的年龄太小，而且第一次离开{CD了}家，感觉非常害怕{CC可怕}。

(2)因为为了产量的提高，使用很多化肥和农药的话，现在是可以的，能{CQ不}挨饿，但是想想将来和自己的孩子、孙子们，将来一定是可怕{CC害怕}的，肯定引起很坏的后果。

显而易见，在例句(1)中，当用“害怕”，学生误用为“可怕”；而在例句(2)中的情况则相反，当用“可怕”，学生误用为“害怕”。从汉语作为第二语言学习者角度来看，这两个词可以归入“易混淆词”。而且，“害怕”与“可怕”这对“易混淆词”属于双向混淆，即“害怕↔可怕”②。

但是从汉语本体来看，“害怕”与“可怕”之间在语义上有没有关系呢？我们先来看一下《现代汉语词典》第6版(下称《现汉》6版)对这两个词的释义：

害怕 hài//pà [动]遇到困难、危险等而心中不安或发慌。(配例略，下同)

可怕 kěpà [形]使人害怕。

---

① 为了准确记录学生的错误，我们保留了语料库中例句的原貌，包括语料库中所用的符号。其中大括号{ }里的“CC”，代表错词。

② 张博《同义词、近义词、易混淆词：从汉语到中介语的视角转移》一文称之为“双向误用”。

从对动词“害怕”的释义中，我们似乎看不出二者的语义关系。但是从对形容词“可怕”的释义中，显而易见，这两个词在语义上是有关系的，“使人害怕”即为“可怕”。然而这种语义关系属于什么类型呢？这种语义关系类型是否带有一些规律性呢？这是传统词汇学理论无法解答的问题。传统词汇学在涉及词汇中词与词的关系（下称“词际关系”）时，常常从聚合层面和组合层面两个角度来概括。聚合层面包括同义（近义）、反义、上下位、同音、类义等，组合层面则主要是指词与词搭配的语法规则和语义条件等。然而，这些概括过于笼统，难以细致而深入地揭示纷繁复杂的词际关系，特别是语义关系。例如，从传统词汇学的角度，难以解释“可怕”与“害怕”的语义关系，因为这两个词从聚合的角度来看难以类聚，不存在所谓的“同义（近义）、反义、上下位、同音、类义”；从组合的角度来看，也不存在搭配关系，也就谈不上组合搭配的语法规则和语义条件。而学界公认的莫斯科语义学派的“词汇函数”理论，“将一种语言学界此前完全陌生的、新的词汇语义关系引入人们的视野”，[①]能够较好地解释与解决这个问题。本文尝试运用莫斯科语义学派的“词汇函数”理论，对“可怕”与“害怕”类的词际关系，重点是语义关系进行探索，并力图提供一个将该理论用于解决汉语实际问题的例子。

二、词汇函数的建立

“词汇函数”（лексическая функция）是莫斯科语义学派“意思↔文本”转换模式的核心概念之一，指一组词汇语义单位 X（X1 ，X2...Xn）与另一组词汇语义单位 Y（Y1 ，Y2 ...Yn）之间的特定抽象语义关系 f。X 与 Y 的语义关系可以用函数表示为 Y=f(X)。其中，f 是词汇函数的名称项，代表特定的抽象语义类型，如：“同义”“ 反义”“使出现”等 70 余种，用相应拉丁语词的缩略形式标记：Syn，Anti，Caus。X 为自变项；Y 为因变项，针对特定的抽象语义关系 f，因 X 的不同而异。例如：特定的抽象语义关系 f 为“使出现”（Caus），X 为“可怕”，Y 的取值应为“害怕”；X 为“可惜”，Y 的取值应为“惋惜”；X 为“吃惊”，Y 的取值应为“惊人”。f“使出现”（Caus）是一个大的抽象语义类，可以包括“使人产生某种感觉、情绪，出现某种动作”等。由此可见，“可怕”与“害怕”、“可惜”与“惋惜”、“吃惊”与“惊人”几组词，存在着相似的抽象语义函数关系，即 f 为“使人产生某种感觉、情绪，出现某

① 张家骅.“词汇函数”的理论和应用[J].外语学刊，2004 (4).

种动作”。二者的函数关系可以描述为 Y= f(X)(f=使人产生某种感觉、情绪,出现某种动作)。那么,这样一种词汇函数在现代汉语词汇系统中是否具有一定的普遍性呢?

为了运用词汇函数理论对这一函数进行深入而细致的研究,我们对《现汉》6版进行了查找。在对《现汉》6 版查找过程中,我们将词汇函数“Y= f(X)(f=使人产生某种感觉、情绪,出现某种动作)”中的“Y”对应不同的词条,等号“=”后面的部分,即“f(X)(f=使人产生某种感觉、情绪,出现某种动作)”为释义。其中“X”为函数的自变项,也是函数中的关键词;“Y”为因变项,随着“X”的变化而变化;f 表示抽象的语义关系“使人产生某种感觉、情绪,出现某种动作”。查找中使用的标志词为“使人(让人、叫人、令人)……[①]”。例如,我们借助标志词“使人”,查找到词条及释义:

打动 dǎdòng 动 使人感动。

在这个词条及释义中,Y 为“打动”, f 为“使人……”,X 为“感动”。

经过查找,我们得到有效词条 72 个,[②]需要说明的是,在选取词条时,不包括以下几种情况:

1.典故性释义词。这类词的释义,是对典故和词的理据的说明,而不是对词义本身的说明,因此释义中的“使人(让人、叫人、令人)……”不具有函数意义。例如:

鸣鞭 míngbiān ②形古代皇帝仪仗中的一种,鞭形,挥动发出响声,使人肃静。也叫静鞭。

2.包含释义提示词“形容”的词条。因为“形容”是对事物的形状、性质进行描述,而不是对词义本身的解释,“使人(让人、叫人、令人)……”不具有函数意义。例如:

呶呶 náonáo〈书〉形形容说起话来没完没了使人讨厌。

3. 包含释义提示词“指”的词条。因为这个提示词是“指明词义范围”(于石,1996)的,并不是对词义内涵的解释,“使人(让人、叫人、令人)……”不具有函数意义。例如:

① “让人、叫人、令人”为“使人”的同义结构。

② 有些词之间实际上也存在着 Y= f(X)(f=使人产生某种感觉、情绪,出现某种动作)的函数关系,例如“可疑”与“怀疑”。但是在词典释义中并未出现标志词“使人(让人、叫人、令人)”,笔者将另文讨论。

成功 chénggōng ③形 指事情的结果令人满意。

4.被释部分为语素的。虽然这类词汇单位释义中有“使人(让人、叫人、令人)……”,但是因为被释部分为语素,不是一个独立运用的词,谈不上词际关系。例如:

间(間、閒) jiàn④挑拨使人不和;离间。

5.释义部分核心词不唯一的。在函数 Y= f(X)(f=使人产生某种感觉、情绪,出现某种动作)中,一般来说,X 为唯一核心词[①],否则无从研究词际关系。例如:

恼人 nǎorén 形令人感觉焦急烦恼。

在这个词例中,释义部分的核心词为两个词“焦急烦恼”,因此我们将它排除在外。

三、词汇函数中 X 的提取

如上文所述,在词汇函数“Y= f(X)(f=使人产生某种感觉、情绪,出现某种动作)”中,因变项 Y 对应的是具体词条,f 为“使人产生某种感觉、情绪,出现某种动作”。接下来的问题是从释义部分提取出自变项(也叫关键词)X,唯其如此才能发现 Y 与 X 这两个词的语义关系。

我们通过对上述 72 个词条释义部分的观察发现,23 个采用“并用释词”[②]方式,50 个采用单一释词方式[③]。分别举例如下:

a.魅人 mèirén 形使人陶醉;吸引人。

b.可恶 kěwù 形令人厌恶;使人恼恨。

c.惊人 jīngrén 形使人吃惊。

a、b 两个词的释义成分包括两个并列的部分,中间用分号隔开,属于并用释词

① “并用释词”的情况例外,下文将展开论述。

② 张博《并用释词的释义角色及其与被释词的语义对应关系》一文指出,语文词典中有时在一个词目或义项号后并列两个(或多个)词进行释义,并列的释词通常用分号隔开,本文称这类释词为“并用释词”。

③ 本文中的“单一释词方式”与“并用释词”相对,是指释义中只有一个部分,不含分号的释义方式。

方式;c 的释义只有一个部分,就是单一释词方式。从单一释词释义方式中提取 X,相对简单一些,比如从 c 的释义“使人吃惊”中,很容易地提取出 X“吃惊”; b 采用的是并用释词方式,含有两个并列的 f 项“令人……”与“使人……”,X 为两个词:“厌恶”“恼恨”; a“魅人”虽然也采用并用释词的方式,但是后一部分“吸引人”不含标志词“使人(让人、叫人、令人)……”,X 只能从前一部分“使人陶醉”中提取为“陶醉”。这样,我们就得出以下三组具有函数关系的词:魅人/陶醉,可恶/厌恶、恼恨,惊人/吃惊。

从词条的释义部分提取词汇函数中 X 时,我们还特别注意到抓住释义关键词的问题。因为在全部 72 个词条的释义中,并不是每一条释义都与“Y= f(X)(f=使人产生某种感觉、情绪,出现某种动作)”的函数式完全相符。有些释义中含有一些函数的附加成分。比如:

> 暗示 ànshì 动 ①不明白表示意思,而用含蓄的言语或示意的举动使人领会。

释义中的关键词是“领会”,f 为“使人……”,其前面的部分“不明白表示意思,而用含蓄的言语或示意的举动”用来表示方法、手段,是附加部分。这样的话,我们就可以提取“领会”作为函数中的 X。

按照上述方法,我们对 72 个词条释义中的 X 逐一进行了提取。提取之后,我们发现在 72 个词条中,有 65 个词条 Y 与 X 是一对一的关系,这些词条如下:

暗示/领会、标明/知道、吹风/知道、刺激/激动、打动/感动、骀荡/舒畅、点明/知道、刁难/为难、毒害/受害、烦人/心烦、告诉/知道、拱火/发火、够受的/受不了、裹胁/跟从、加害/受害、尖酸/难受、将军[①]/为难、搅扰/不安、惊人/吃惊、撅/难堪、可怕/害怕、可人/满意、来劲/振奋、麻烦/费事、魅人/陶醉、蒙蔽/上当、难人/为难、难为/为难、怕人/害怕、骗/上当、欺骗/上当、气/生气、劝/听从、瘆/害怕、示警/注意、耸动/震动、威胁/屈服、无聊/讨厌、奚落/难堪、吓人/害怕、耀眼/眼花、怡人/舒适、娱乐/快乐、招/来、征服/信服、指点/知道、嘴乖/爱听、醉人/陶醉、惊爆/震惊、怄人/生气、使唤/做事、招考/应考、召唤/来、悲惨/伤心、恶心/厌恶、可爱/喜爱、可鄙/鄙视、可气/气愤、可惜/惋惜、可喜/高兴、可笑/耻笑、可憎/厌恶、良好/满意、讨厌/心烦、堪忧/担忧

在 72 个词条中,只有 7 个是一对二的关系,除了上文中的“可恶/厌恶、恼恨”以外,还有:可悲/悲伤、痛心,可恨/痛恨、憎恨,迷人/陶醉、迷恋,喜人/喜爱、高兴,

---

① 此处为“jiāngjūn”,而非“jiāng · jun”。

恨人/生气、怨恨，可叹/叹息、感叹。Y 与 X 这种一对二的关系中，自变项 X 从不同的角度对应于 Y。比如“可恶/厌恶、恼恨”中，“厌恶”是从态度上对应于“可恶”，而“恼恨”是从情绪方面对应于“可恶”。

四、Y= f（X）的反函数为 X = f（Y）

上文所述的函数式 Y= f(X)（f=使人产生某种感觉、情绪，出现某种动作）中，X 为自变项，Y 为因变项，f 为抽象的语义关系“使人产生某种感觉、情绪，出现某种动作”。如果换一个角度，将 X 与 Y 的函数角色调换一下，即将 Y 换为自变项，X 换为因变项，则构成了反函数 X = f(Y)。当然 f 表达的抽象语义关系也相应地会发生变化，表示“某种原因”。例如：

嘴乖 zuǐ//guāi〈口〉[形]说话使人爱听（多指小孩儿）。

难为 nán・wei [动]①使人为难。

迷人 mírén [形]使人陶醉；使人迷恋。

在上述释义中，X 分别为“爱听”“为难”“陶醉、迷恋”。Y 是被释词“嘴乖”“难为”“迷人”。从反函数 X = f(Y)的角度来看，“爱听”是因为“嘴乖”，“为难”是因为“难为”，“陶醉、迷恋”的原因是“迷人”。显而易见，Y 是 X 的动因，f 表示“某种原因”，或者说 f=某种原因。

如果从反函数 X = f(Y)的角度来观察 72 个词条中 X 与 Y 的数量对应关系，我们发现与函数 Y= f(X)中 Y 与 X 的数量对应关系截然不同。72 个词条中有 35[①] 个词条中，X 与 Y 不是一对一的关系，最多的是 1∶5，最少的是 1∶2。具体情况如下：

知道　标明/吹风/点明/指点/告诉

为难　刁难/将军/难人/难为

害怕　可怕/怕人/瘆/吓人

上当　蒙蔽/骗/欺骗

陶醉　魅人/醉人，生气　气/怄人，厌恶　恶心/可憎，受害　毒害/加害，心烦

① “喜人”的释义为“[形]使人喜爱；令人高兴”，有两个并释词“喜爱、高兴”，但属于一个词条。

烦人/讨厌，满意　可人/良好，来　招/召唤，喜爱　可爱/喜人，高兴　可喜/喜人，难堪　撅/奚落

在上述各组对应关系中，从反函数 X = f(Y)来看，自变项 Y 的取值变化(Y1，Y2，Y3，Y4，Y5)，并未引起因变项 X 的变化，Y 的不同取值 (Y1，Y2，Y3，Y4，Y5)之间必然有这样那样的联系。如，对应关系"为难　刁难/将军/难人/难为"中的"刁难/将军/难人/难为"为近义词，"害怕　可怕/怕人/瘆/吓人"中的"可怕/怕人/瘆/吓人"、"上当　蒙蔽/骗/欺骗"中的"蒙蔽/骗/欺骗"，也都是近义词。有的组别 Y 的不同取值虽非近义关系，但是也存在语义方面的关联。如，"知道　标明/吹风/点明/指点/告诉"中的"标明/吹风/点明/指点/告诉"，虽然不是近义词，但是它们都是从不同的角度，用不同的方法"使人知道"。因此，从反函数的角度，不仅可以看清 X 与 Y 的关系，还可以在 Y 为多项时，看清 Y 的不同取值 (Y1，Y2，Y3，Y4，Y5)之间的关系。

五、余论

作为莫斯科语义学派"意思↔文本"转换模式的核心概念和基本理论之一的"词汇函数"，主要用于揭示纷繁复杂的词际关系，最终目的是应用于机器翻译。该理论对于探究词汇的系统性，发现新型的词际关系，无疑具有重要的价值。但是由于这种理论难度高、词汇函数关系复杂(70 余种关系)、研究成果多集中在俄语方面等原因，我国目前鲜有学者真正将该理论应用于汉语词汇系统的分析。本文结合"可怕"与"害怕"类的函数关系分析，尝试将该理论具体运用于汉语词汇研究，希望能够建立一个应用实例。

通过研究"可怕"与"害怕"类的函数关系，我们发现，"可怕"与"害怕"类的函数关系是有规律可循的。我们所要解决的不是"可怕"与"害怕"这一对易混淆词的关系，而是这一类词的关系类型，不仅有助于深化词汇系统性研究，也有助于解决对外汉语教学中的这类难题。

本文语料来源于《现汉》6 版，依据的标志词限于"使人(让人、叫人、令人)……"。但是仍有一些不带上述标志词、但存在类似函数关系的语料纳入本文的范围，比如：

可疑 kěyí [形] 值得怀疑。

"可疑"的释义为"值得怀疑"。"值得怀疑"当然也会"使人(让人、叫人、令人)

怀疑”。因此“可疑”与“怀疑”之间，也存在着类似的函数关系。这样一些问题，有待于进一步深入研究。

参考文献：

[1]于石.关于释义中置前的提示词[J].辞书研究，1996(2).

[2]张博.同义词、近义词、易混淆词：从汉语到中介语的视角转移[J].世界汉语教学，2007(3).

[3]张博.并用释词的释义角色及其与被释词的语义对应关系[J].语言文字应用，2010(4).

[4]张家骅.“词汇函数”的理论和应用[J].外语学刊，2004(4).

[5]中国社会科学院语言研究所词典编辑室.现代汉语词典(第6版)[M].北京：商务印书馆，2012.

[6]HSK动态作文语料库课题组(2008)“HSK动态作文语料库”说明，http://202.112.195.192/hsk/index.asp.

刘兰民，1999年9月至2002年6月，师从葛本仪先生研究现代汉语词汇学，攻读博士学位。博士学位论文《汉语修辞造词研究》。

基于第二语言流利度与复杂度目标的汉语口语语块资源建设

山东大学　王军

一、引言

复杂度、准确度和流利度(CAF, complexity, accuracy and fluency)是衡量第二语言输出质量的三个目标。[①] 准确度指词汇语法运用正确、少有偏误;流利度指在语言输出时从思考到表达用时短、停顿少;复杂度既指内容的多容量和多层次,也指表达形式的多元性与得体性。这三个目标体现了对语言能力的全面理解。欧美重要的语言能力标准都将准确度、流利度与复杂度作为第二语言熟巧水平的评价指标。例如,《美国21世纪外语学习标准》的"5C"标准,特别增加"connection(贯连)"这一要素,要求学习者可以用外语进行其他学科的学习与表达,大大提高了语言学习的复杂度;再如,《欧洲语言共同参考框架》在制定最高级(C2)口语表达自我评估标准时,三个评价指标分别与准确度、复杂度和流利度有关:

我可以轻松地加入任何谈话或讨论,对习语和俗话很熟悉。(复杂度)

我可以流利准确地表达自己(流利度、准确度),并能准确表达一些微妙的语义变化。(复杂度)

如果确实遇到问题,我可以在别人没有察觉的情况下重新组织语言。(流利度)

由此可见,准确度、复杂度和流利度是语言能力特别是语言输出能力不可或缺的三项标准。但在二语学习者实际语言产出时,三者往往存在不平衡性发展。在传统的二语教学中,准确度是首要目标,无论发音还是词汇、语法,均以规则为先,

① Skehan P, P Foster. Task type and task processing conditions as influences on foreign language performance[J]. Language Teaching Research, 1997(3): 185-211.

学习者进行语言输出时，可以用大量时间自我监控、斟酌正误，追求准确度的同时必然一定程度上牺牲流利度，考试无敌而张口哑巴的学习者大有人在。近些年来，随着交际法、任务型教学法的盛行，鼓励开口、“能说即是成功”成为二语习得的主流导向，教师往往从语音学习阶段就急于让学习者开口表达，虽然学习者口语交际能力的流利度明显提升，但也导致另一种“后果”：发音基本功不扎实，虽然可以较为流利地开口，但句子停留在简单层面，准确度与复杂度无从培养与体现。下面这段话是一位达到 HSK6 级的外国学生的口语表达：

他没有看准备的文章，但是发言的时候突然说别的话，完全没有问题，他一直讲了一个小时。

相对于学生的整体汉语水平来说，上面的口语表达所用词汇级别偏低、语法之间连贯度不够，语言形式上不能体现复杂度。而母语者则可能呈现如下表达：

提前准备的稿子他看都没看，到发言时张嘴就来，一讲讲了一个小时/一讲就是一个小时。

相比而言，在流利度上二者无差，但后者的语言复杂度明显高于前者。

随着汉语作为第二语言学习需求在世界范围内的持续扩大，越来越多的汉语学习者不再满足于应付日常会话和通过外语考级，而是希望成为用语地道精准的“汉语通”。高级汉语人才的培养目标中，准确度、流利度、复杂度均不可偏废。准确度一直是语言输出的“金标准”，受到的关注最多，这里抛开不谈。那么，二语习得者有没有途径可以实现流利度和复杂度两个相互掣肘的目标？解决这一课题需要找到教学模式和汉语本体两个角度的研究突破口。

很多研究逐渐开始支持这一观点：影响语言输出流利度和复杂度的关键因素，在于语言习得者是否可以整体储存记忆并提取大于词的预制语言模块——“语块”。本文即是从语块理论入手，探讨如何提炼并生成汉语口语语块库，在功能分级分类及构式语法分析的支持下，为二语教学与习得者提供预制语言材料，以此促进与达成学习者语言输出的流利度和复杂度目标。

二、面向二语教学需求的“语块”研究焦点

预制语块由 Becker 于 1975 年首先提出，Michael Lewis 于 1993 年在其著作中首次提及“chunk”这一术语，并逐步引起人们的重视。语块是由两个或两个以上词构成的、连续的或不连续的序列，整体储存在记忆中，使用时整体提取，是一种

预制的语言单位。[①] 语义较为固定的各类形式的语块在自然语言中占90%的比例，大部分话语是通过语块来实现的。

语块理论近年来在第二语言习得领域受到广泛关注。研究表明，二语学习者通过规则学习(rule-based learning)和范例学习(examplar-based learning)两种途径发展中介语，在语言输出时，规则学习方式倾向于根据规则临时组织语言，而范例学习方式则是将平时构建的现成的预制语块(prefabricated chunks)整体输出。基于规则的模式在线处理和运用规则的负担较重，基于范例的模式则有助于语言表达的流利度。人们使用语言的流利程度不取决于学习者大脑中存储了多少生成语法规则，而在于存储了多少预制语块。后者在输出流利度上大大优于前者，而且预制语块的原汁原味也保证了语言准确度和复杂度。

国内对语块理论的引进首先发端于英语教学界，黄强[②]、濮建忠[③]、王立非和张岩[④]等学者调查了学生语块知识的掌握情况；文秋芳、丁言仁和王文宇[⑤]、原萍和郭粉绒[⑥]等学者的研究意在揭示语块知识与书面话语或口语流利度之间的关系；廉洁[⑦]、严维华[⑧]等学者则多方面强调语块学习在二语习得中的重要地位。

对外汉语教学界也在近年来关注到了语块理论及其在教学中的应用，周健[⑨]、翟汛和秦艳萍[⑩]、亓文香[⑪]等都较早关注和论证了语块在汉语教学中的价值与作

---

① Wray A. Formulaic language and the lexicon[M]. Cambridge: Cambridge University Press, 2002:9.

② 黄强.高年级英语学生词汇搭配习得的实证性研究[J].解放军外国语学院学报，2002(4).

③ 濮建忠.英语词汇教学中的类联接、搭配及词块[J].外语教学与研究，2003(6).

④ 王立非，张岩.基于语料库的大学生英语议论文中的语块使用模式研究[J].外语电化教学，2006(4).

⑤ 文秋芳，丁言仁，王文宇.中国大学生英语书面语中的口语化倾向——高水平英语学习者语料对比分析[J].外语教学与研究，2003(4).

⑥ 原萍，郭粉绒.语块与二语口语流利性的相关性研究[J].外语界，2010(1).

⑦ 廉洁.词汇短语对第二语言习得的作用[J].外语界，2001(4).

⑧ 严维华.语块对基本词汇习得的作用[J].解放军外国语学院学报，2003(6).

⑨ 周健.语块在对外汉语教学中的价值与作用[J].暨南学报(哲学社会科学版)，2007(1).

⑩ 翟汛，秦艳萍.词块在二语习得中的价值与作用[J].长江学术，2008(3).

⑪ 亓文香.语块理论在对外汉语教学中的应用[J].语言教学与研究，2008(4).

用;钱旭菁[①]、杨金华[②]、薛小芳和施春宏[③]等学者就汉语语块的分类提出了自己的观点,近几年孔令跃[④]、郑航[⑤]、房艳霞[⑥]等研究者又开始将关注点逐渐转向二语学习者的汉语语块加工与提取过程,但总的说来仍处于理论推介期及概念梳理期,缺乏对不同类型汉语语块的系统整理与认定,指导教学的思路尚未落地。

根据不同学者观点的归纳,我们把汉语语块分为四大类别:

第一类是高频词语搭配语块,如"改革开放、稳步提升、下决心、出主意"等;

第二类是凝固性的惯用和惯用表达形式,包括熟语(成语、谚语、惯用语)和套语等,如"人来人往""走后门""女大十八变""总而言之""话不能这么说"等;

第三类是半凝固型结构,亦即短语框架结构,包括词语容量固定的词语框架结构,如"左……右……"(左思右想)、"有……无……"(有惊无险),以及可以填空替换的短语框架形式,如"一 VV 了……"(一说说了俩小时)、"V 着也是 V 着"(闲着也是闲着)等;

第四类是连接句子之间的固定结构,即句型框架。如:"不仅不……,反而……""宁肯……也不……"。

语块概念提出之前,传统语言研究中早已涉及某几类语块的研究,比如,对熟语的研究、对书面语篇标志词、插入语的研究等,实际研究对象就是第二类惯用语块;复句关联词语的研究对象则等同于第四类句型框架语块。因此,虽然理论出发点不同,但作为传统语言研究成果的语法工具书、成语词典、常用词语搭配词典等都可视为语块研究的先期成果,也因此可不视其为语块研究的重点。

汉语作为第二语言的本体研究,以下课题更亟待解决或值得关注:区别于相对成熟的书面语块研究,口语语块的整体面貌及具体形态如何?区别于对结构语块的关注,汉语的功能语块呈现哪些分布?区别于相对固定的习语语块,半凝固的、框架式的弹性语块如何进行构式分析?简言之,对二语习得而言,从口语语体、功能类型、生成性角度进行的汉语语块研究更具有针对性和实用性。

---

① 钱旭菁.汉语语块研究初探[J].北京大学学报(哲学社会科学版),2008(5).

② 杨金华.论语块的特点、性质认定及作用[J].暨南大学华文学院学报,2009(2).

③ 薛小芳,施春宏.语块的性质及汉语语块系统的层级关系[J].当代修辞学,2013(3).

④ 孔令跃.高级汉语口语教学:问题、研究与对策[J].汉语学习,2013(5).

⑤ 郑航,李慧,王一一.语境中语块的加工及其影响因素——以中级汉语学习者为例[J].世界汉语教学,2016(3).

⑥ 房艳霞.提高语块意识的教学对汉语第二语言学习者口语产出的影响[J].世界汉语教学,2018(1).

基于以上分析，本文将汉语口语语块作为研究切入点，尝试建立一个可不断补充完善的汉语口语语块资源库。因为汉语口语语块是语言中最常用也最难把握的一类语言形式，属于“体系外语法”[①]，是存在于实际言语中的相对固定而又不被收入词汇与语法体系的格式，具有表达生动、数量开放等特征，掌握口语语块对提高二语习得者语言输出的复杂度和语体准确度作用显著。目前对口语语块/口语格式的研究成果较为零散，虽然出现了专门面向第二语言学习者编写的《汉语口语常用句式例解》（刘德联、刘晓雨编写）、《汉语口语常用格式例释》（张建新编写）等实用类工具书，但所列语块基本上还是依靠编写者的随机搜集，从语块的提取程序到分类标准上都还不够周密。因此，根据第二语言教学的需要，建立一个标准相对统一、根据二语需要加工的口语语块资源库，是一项极具价值的基础性工作和应用研究项目。

通过搜集大量真实的口语语料，获得尽可能多的口语语块表达格式，从语块及构式理论角度对这些汉语口语常用表达格式进行较为充分的描写与解释，再根据二语教学中的实际标准进行筛选与加工，就可以形成经过语料库检验、使用频度检验、功能匹配检验的汉语常用口语语块库，为一线教师的对外汉语语块教学模式探索提供本体支持。同时，针对个体语块的深入研究也可以为汉语口语语法及教学语法提供小类研究成果。

三、汉语口语语块资源库的建设路径

汉语口语语块资源库的建设依循以下途径：以第二语言教学为判断坐标，依托较为丰富的口语语料库进行汉语口语语块的搜集，形成语块初选库；以习得需求与难度为原则，筛选确定教学语块及其习得等级。然后对语块库进行深加工，以交际功能目标为原则，进行语块的功能话题属性分类；最后选择若干类功能的语块集合，进行构式分析，总结口语语块的基本规律及语用特点。

（一）自建口语语料库

目前较为成熟的汉语语料库多为书面语料库，即使语料来源中有部分口语风

① 李泉.体系内语法与体系外语法——兼谈大语法教学观[J].国际汉语教学研究，2015(1).

格的小说、戏剧和报告文学,也难以完全满足口语语料的标准。为了体现口语语料的当代性、生活化、即时性和互动性,我们决定自建小型口语语料库,将媒体公开传播的有声资料和口语体小说作为两类原始语料收入库中。有声语料的选取范围划定为生活类电视剧、谈话类电视节目两种类型,如电视剧《裸婚时代》《家有儿女》《媳妇的美好时代》《爱情公寓》《小别离》《欢乐颂》等;谈话类节目包括《鲁豫有约》《静距离》《奇葩说》等;口语体小说包括《手机》《我不是潘金莲》(刘震云)、《贫嘴张大民的幸福生活》(刘恒)等。

(二)口语语块的提取

首先确定语块提取标准。按照前述四类语块的划分,我们将提取重点放在前三类,即高频词语搭配语块、凝固性惯用表达语块(套语)和半凝固型框架语块。考虑到前期研究成果的成熟程度,其中的凝固性惯用表达语块中不包括熟语语块(如成语),半凝固型框架语块不包括词语框架语块(如"左……右……");第四大类句型框架语块也不做重点提取。

其次确定语块提取方式。口语体小说直接从文本中搜集提取语料;有声语料通过两种渠道提取语块,一是直接在有声语料中结合字幕视听抓取相关语块,二是在购买的部分文本转写语料中逐句阅读提取语块。由于语料的提取过程由多人分工完成,对口语语料标准的个人判断存在主观偏差,因此,初期试操作阶段采用的是多人提取同一段语料的方法,经过讨论和调整后最终确定较为统一的语块典型形式和取舍依据。

以下是我们从电视剧《家有儿女》《欢乐颂》中提取的口语语块示例:

1.高频词语搭配语块

(不)长记性 综合素质

吃了一惊

出手大方

凑热闹

大高个儿

倒时差

赶紧走人

顾不上

家庭暴力

开发票

看花了眼
看上了
拉近距离
连锁反应
留下心理阴影
落下毛病
满世界
手头紧
送上门
头一回
托关系
小矮个儿
一门心思
2.短语框架语块
趁……不备 （趁人不备逃了出来）
大不了V （大不了辞职）
该不会是……吧？（她该不会是怀孕了吧）
跟……拼了！（我跟你拼了！）
能V还是V吧 （能去还是去吧）
你给我V （你给我站住）
……算我的 （酒钱算我的）
要多A有多A （要多恶心有多恶心/要多舒服有多舒服）
一……一个准 （一猜一个准/一摸一个准）
……又不是不知道 （老爸最怕丢面子，你又不是不知道）
再……不过了 （您担任评委再合适不过了）
……着呢 （别看他是个孩子，心里明白着呢/别急，早着呢）
这不，…… （夫妻俩整天吵架，这不，为了一句话又打起来了）
这么说来，…… （这么说来，我今天不该来了？）
这你就……了 （这你就不懂了……/这你就多心了）
真够……的 （这人可真够狠心的/真够人受的/真够你应付的）
总不能……吧 （房间贵就贵点儿吧，总不能睡在大街上吧）
3.套语类语块

(不)吃这一套
别往心里去
不在状态
多大点儿事啊
多了去了
鬼才相信
豁出去了
脸上挂不住
没事儿找事
你敢!
去你的!
事关重大
说(不)到点子上
说到做到
死定了
眼不见心不烦
至于吗
总有个先来后到(吧)

(三)语块的二次筛选

汉语中的语块数量呈开放状态,难以穷尽,加之不少语块特别是框架语块存在变体,语块使用频率及习惯存在个体差异,习得时间及条件受限,因此不应也不必将繁杂的各类语块全盘交由二语学习者接受,面向第二语言教学的常用语块以及适用语块的二次筛选是必要环节。

第二语言教学的时间限制与需求特点,决定了汉语教学视角下的语块筛选主要以高频率、交际需求及正向性为主要标准。我们以这三个标准为尺度,通过语料库频度统计、功能偏向调查及习得效果调查,建立起适量、适当、适用的汉语口语语块库,为第二语言教学提供基础成果。在筛选过程中,像“你给我……(站住)!”“怎么着?”“去你的!”这样的负向性语块、“……算谁的?”“难不成(还)……?”等低频语块就被筛除在第二语言语块库之外。

(四)语块资源的深加工

1.功能分类

影响二语习得效果的主要因素不是结构而是功能。我们参考牛津英语功能分类、《高等学校外国留学生汉语教学大纲》功能分类、《中高级阶段汉语教学大纲》(赵贤洲)等功能分类标准,对口语框架语块进行诸如“抱怨(见表 1)、无奈、反对、认可……”等功能属性标注与分类,便于学习者根据交际需要储存与提取语块。

表 1 表达“抱怨”功能的框架语块示例

口语框架语块	例句
……,现在倒好,……	过去这些钱能吃一个月,现在倒好,也就点个佛跳墙。
这还是……吗?	气温这么高,这还是冬天吗?
A……,哪像 B……(啊),……	我姐多舒服,哪像我啊,一天到头累得要死。
V 个……V 半天	你怎么上个厕所上半天?
没(一)个……的	孩子好几个,没个顶用的。
(还)让不让人 V 了?	半夜三更的这么吵,还让不让人睡觉了!
这都 V 的什么……呀	这都交的什么朋友啊,一遇到事儿都这么不靠谱。
大……的,……	大过年的,有什么事不能好好说?
就知道……	赶紧想想办法呀! 就知道哭!

2.等级建议

语块的等级划分并非只有难度这一个标准,我们从“理解性”/“复用性”、“受限性”/“灵活性”以及词汇语法难度三个维度提供口语语块的等级建议,便于第二语言学习者与教学者确定学习顺序。

(1)目标维度:理解性 /复用性

词汇可分为理解性词汇和复用性词汇,前者的目标是达成语言输入过程中的理解即可,后者的目标则是习得者可以通过语言输出重现这一语言形式。语块繁杂,也可以根据目标分为以上两类。如“AA 的(阿姨阿姨的叫得多亲)”属于理解性语块,而“至于吗?”“能 V 还是 V 吧”则属于复用性语块。这一过程中,语块的频率高低与情景适切性是主要的判断依据。

(2)弹性维度:受限性/灵活性

这一维度主要针对框架语块而言。如“找 A 算账”可以嵌入的 A 一般是人,而且多以第二和第三人称为主，灵活性有限，规定性较强；而“……算得了什么？”可嵌入的成分则宽泛得多，如“钱算得了什么、吃这点儿苦算得了什么、发烧38度算得了什么？”等等，灵活性较大，适用范围更广。

(3)大纲维度：词语等级/语法等级

语块中所含词汇与语法结构在汉语结构大纲（如“HSK大纲”和“汉语国际教育通用课程大纲”）中的等级，也会影响习得时的理解难度，所以要综合考虑其功能、常用度和等级系数。如“凑热闹”的等级难度高于“头一回”。

(五)语块的描写与解释

基于语法学方法对口语语块进行个体研究，为语块提供语义、功能、语用方面的研究成果，是语块库服务于二语教学的核心功能。包括用短语学的分析方法分析框架语块的透明度；用功能语法学的角度确定语块的言语功能；用认知语法学的角度进行语块的构式研究，通过分析构式义、主观量、功能等，从习语性的、边缘的语言现象入手，揭示口语某些规律。因此，这一过程不仅为二语教学提供可鉴成果，更具有理论探索价值。

(六)语块的教学支持

基于第二语言教学的需要，汉语口语语块库的建设应从理论观点回到教学实践。作为教学资源的语块库，在为语块提供描写与解释的同时，还应为使用者提供有声语境链接、例句文本，并呈现口语语块教学的建议模式及教学样本。

四、结语

汉语口语语块资源库的建设采取“自建语料库——界定语块——提取语块——筛选语块——语块功能分类——语块分级建议——语块分析——语块教学”的研究路径，从概念到语料，从实践到理论，从本体到教学层层推进。建成后的汉语口语语块资源库具备几大特点：一是开创性地创建一个针对二语学习者的“语块池”，为教材编写、教学内容的补充以及解决教学难题提供工具参考；二是语块库经过加工，功能分类、等级等属性标注清楚，是一个可操作性强的熟库；三是语块库充分考虑口语语境对语块的制约作用，为每一个语块配上视频语境，提供给教师和学习者真实而自然的情景、例句。

需要指出的是，语块资源库不是大纲，它是开放的、可持续建设的。语块资源库的建立关键不在工作量问题，而在于对语块的判断与定性，因此标准与规范建设至关重要。语块资源库既可以服务于第二语言教学，也可以成为构式语法研究者的课题来源，希望可以得到更多研究者的关注与参与。

王军，1990 年考取葛本仪教授的硕士研究生，1993 年获得硕士学位；1995 年考取葛本仪教授的博士研究生，1999 年获得博士学位。

对中高级对外汉语成语教学的调查与反思

山东师范大学　刘艳平

一、引言

成语记载并传承了中华民族的历史和文化，是展示中国文化的窗口。在汉语国际推广背景下，越来越多的外国人开始学习汉语和中国文化，成语教学成为对外汉语教学的一项重要内容。成功的成语教学能把词汇、文化诸要素的教学有机结合起来，培养留学生的跨文化交际能力，给传统对外汉语教学增添活力。为了能够深入理解中国文化、促进书面表达的典雅化，中高级阶段留学生极为重视成语的学习与运用，然而成语不同于一般词汇的特点也相应地增加了学习难度，加之汉语"三教"(教材、教师、教法)问题和学生母语文化负迁移、学习态度、学习时间、外向型汉语辞书的欠缺等因素影响，多数留学生学习成语只知其形而不知其义更不知其用，成语教学也就成了对外汉语课堂教学的突出难点。

此外，在新 HSK、汉语桥等国际型汉语考试、比赛中，成语测试也占有一定比例，参与者多为中高级水平留学生，其成绩直接反映了成语教学效果。以汉语桥为例，笔试"成语"部分测试类型灵活多样，有根据文字介绍和图画写出成语、按箭头方向填成语、选词填空、看图猜成语、说出两个含有任意一个生肖动物的成语等类型，从成语书写、意义理解、传统文化等角度测试参赛者对成语的掌握程度。笔者所教留学生(高级)曾参加过汉语桥比赛，他们普遍反映成语部分较难，且通过参加比赛，他们也真正意识到了成语学习的重要性。

当前有关留学生成语教学的研究可以归纳为三大方面：成语偏误研究、成语教学研究、成语词典编纂研究。成语偏误研究涉及语法、语义、语用等方面，如张永芳总结了留学生成语语法偏误类型并从学生角度找出偏误原因,[①]魏庭新从语法、语义、语用多角度分析中高级留学生成语偏误,[②]郭圣林通过分析 HSK 动态作文语料库,认为外国学生成语偏误主要是语义偏误。[③] 成语教学方面,杨晓黎提出了"由表及里、形具神生"的成语教学方法,[④]潘先军从学习者、成语本身两个角度探讨中高级阶段留学生成语教学的层次性,并提出语义、语法、语用三个层面的教学策略,[⑤]石慧敏从中韩成语异同对照入手,提出中高级阶段韩国留学生成语教学对策:对比教学法、集中教学法、现代活用法。[⑥] 成语词典编纂方面,王若江结合留学生成语偏误,说明外国人使用中国人的成语词典是产生偏误的一大原因,并就成语偏误推测出适合外国人需求的成语词典的基本框架。[⑦] 杨玉玲从对外汉语教学角度分析了留学生使用成语的语法偏误和语义偏误,在此基础上提出编写《留学生多功能成语词典》的必要性和基本设想。[⑧]

以上成果都非常重视定量研究方法的运用,在分析 HSK 动态作文语料库、《汉语水平词汇与汉字等级大纲》、问卷调查的基础上进行各自研究,为本文的研究提供了有价值的借鉴。但以上研究并未对实际教学用成语进行定量调查、统计、分析,也未从教师与学生两个视角分析成语教学中的问题。基于此,我们从两部《大纲》、8 部中高级汉语精读教材、31 份问卷调查所得语料入手,对中高级对外汉语成语教学现状进行深入调查,并针对调查结果提出教学建议。

---

① 张永芳.外国留学生使用汉语成语的偏误分析[J].语言文字应用,1999(3).

② 魏庭新.外国学生学习汉语成语的难点分析及对策[J].云南师范大学学报(对外汉语教学与研究版),2007(2).

③ 郭圣林.基于"HSK 动态作文语料库"的外国学生成语语义偏误初探[J].语言与翻译,2011(3).

④ 杨晓黎.由表及里,形具神生——对外汉语成语教学探论[J].安徽大学学报,1996(1).

⑤ 潘先军.简论对外汉语教学中的成语问题[J].汉字文化,2006(1).

⑥ 石慧敏.论中高级阶段韩国留学生的成语教学[J].云南师范大学学报(对外汉语教学与研究版),2007(4).

⑦ 王若江.留学生成语偏误诱因分析——词典篇[J].暨南大学华文学院学报,2001(3).

⑧ 杨玉玲.留学生成语偏误及《留学生多功能成语词典》的编写[J].辞书研究,2011(1).

二、对中高级留学生成语教学的调查

中高级阶段的对外汉语成语教学究竟要教多少成语，教师们的认识并不清晰。因此本文首先对《汉语水平词汇与汉字等级大纲》《新汉语水平考试大纲》及8部常用中高级汉语精读教材生词表中收录的成语进行全面地统计分析，用数据具体直观地说明留学生成语教学现状。

成语实际义与字面义之间的关系一般有三种：相同、引申、比喻。本部分以此为基点，对两部《大纲》、8部中高级汉语精读教材所收成语进行分析，以便清楚了解留学生习得这三类成语的数量及应遵循的基本顺序。

(一)《汉语水平词汇与汉字等级大纲》收录的成语

《汉语水平词汇与汉字等级大纲》共收录词语8822个，我们从中统计出成语144个，其中甲级0个，乙级2个，丙级18个，丁级124个。从乙级到丙级再到丁级，成语收录量陡然增加。像"暴风骤雨、不知不觉、层出不穷、诚心诚意、川流不息、从容不迫"等成语属于丁级。

表1

级别	共收词语	共收成语
甲级	1033	0
乙级	2018	2
丙级	2202	18
丁级	3569	124

144个成语中，实际义与字面义相同的60个，实际义是字面义引申义的52个，实际义是字面义比喻义的32个。

(二)《新汉语水平考试大纲》收录的成语

新汉语水平考试笔试分6个等级，收录词语5000个，其中包括成语116个，数量与《汉语水平词汇与汉字等级大纲》相差无几。考虑到海外汉语学习者实际情况，1～4级难度较低，成语不在测试范围；5级收录2个成语"名胜古迹、一路平安”；6级成语数量明显增多，共收录114个，如“爱不释手、安居乐业、拔苗助长、半途而废、饱经沧桑、波涛汹涌、博大精深、不屑一顾”等。

表2

级别	共收词语	共收成语
1级	150	0
2级	150	0
3级	300	0
4级	600	0
5级	1300	2
6级	2500	114

116个成语中，实际义与字面义相同的53个，实际义是字面义引申义的39个，实际义是字面义比喻义的24个。

(三)8部常用中高级汉语精读教材收录的成语

本文选取当前对外汉语教学界代表性汉语精读教材8部，中级、高级教材各4部。[①] 对“生词表”收录的词语(专名除外)进行了穷尽式调查、统计，共得到成语647个，其中中级103个，高级544个。

表3

教材	课数	共收词语	共收成语
桥梁(中级·上)	15	909	22
桥梁(中级·下)	15	1165	60
发展汉语(中级·上)	15	932	4
发展汉语(中级·下)	15	985	17

① 8部教材中，中级教材分别是：陈灼.桥梁(上、下)[M].北京：北京语言大学出版社，2000；徐桂梅，牟云峰.发展汉语(上)[M].北京：北京语言大学出版社，2005；武惠华.发展汉语(下)[M].北京：北京语言大学出版社，2005。高级教材分别是：马树德.现代汉语高级教程(上)[M].北京：北京语言大学出版社，2002；马树德.现代汉语高级教程(下)[M].北京：北京语言大学出版社，2003；岑玉珍.发展汉语(上)[M].北京：北京语言大学出版社，2005；杨存田.发展汉语(下)[M].北京：北京语言大学出版社，2005.

表 4

教材	课数	共收词语	共收成语
发展汉语(高级·上)	15	865	135
发展汉语(高级·下)	15	1185	165
现代汉语高级教程(上)	10	802	94
现代汉语高级教程(下)	10	840	150

中级精读教材《桥梁》(上、下)共收成语82个,实际义与字面义相同的23个,实际义是字面义引申义的51个,实际义是字面义比喻义的8个。《发展汉语》(上、下)共收成语21个,实际义与字面义相同的6个,实际义是字面义引申义的11个,实际义是字面义比喻义的4个。

高级精读教材《发展汉语》(上、下)共收成语300个,实际义与字面义相同的89个,实际义是字面义引申义的170个,实际义是字面义比喻义的41个。《现代汉语高级教程》(上、下)共收成语244个,实际义与字面义相同的65个,实际义是字面义引申义的154个,实际义是字面义比喻义的25个。

(四)分析结果

从以上四个列表可以看出:

第一,仅从数量多少看,精读教材成语数量远远多于两部《大纲》,而且高级阶段精读教材中的文章多是直接选自文学名著,成语数量又明显多于中级。留学生若想真正理解文章,必须学习其中的成语,因此我们应加大高级阶段成语教与学的力度。传统教学认为中级阶段是留学生扩充词汇的关键期,但我们认为中级阶段应加强的是语素教学、近义词辨析、词语搭配与扩展等知识的学习,本文数据表明高级阶段留学生接触、运用成语的机会更多,成语的最佳扩充期应是在高级阶段。

第二,按照数量由多到少排列,两部《大纲》收录的成语都呈现出相同的顺序:实际义是字面义>实际义是字面义引申义>实际义是字面义比喻义。而中高级教材中的成语则都呈现出与两部《大纲》不完全一致的顺序:实际义是字面义引申义>实际义是字面义>实际义是字面义比喻义。

实际义是字面义的成语易于讲解,实际义是字面义引申义的成语数量最大,实际义是字面义比喻义的成语数量虽少,可涉及的相关背景知识较多,不易讲解。后两者的实际义与字面义之间具有不同程度的间接性,不能从字面义直接推出成语义,再加上成语语用环境的复杂性,留学生出现偏误的可能性要高。如一位留学生在本国学过一段时间汉语,后来到了中国,发现自己的汉语不太好,结果用了这个句子表达:“这时候的我只是井底之蛙,连一句简单的话也说不出。”因此教师在讲解后两类成语时要根据教学内容采取不同的教学方法,以加强“实际义”和“字面义”关系对学习的影响。

第三,从重合率看,以《汉语水平词汇与汉字等级大纲》为参考标准,《新汉语水平考试大纲》与之相同的成语有 48 个,中级精读教材《桥梁》(上、下)14 个,《发展汉语》(上、下)7 个;高级精读教材《发展汉语》(上、下)19 个,《现代汉语高级教程》(上、下)13 个。中高级精读教材中只有少量成语收录到了《汉语水平词汇与汉字等级大纲》中,实际对外汉语成语教学无论是数量还是类型都远超《大纲》要求,在这方面《大纲》根本起不到应有的纲领、指导作用。因此在《大纲》未修订之前,无论是教材中成语的收录还是实际成语教学,其范围都不应囿于《大纲》。

三、成语教学方面存在的问题

本部分结合问卷调查,从教与学(输入与输出)两个不同角度深入分析当前成语教学存在的主要问题。

本次问卷调查包括 21 个问题,主要涉及教师教和学生学两个方面。共发出问卷 31 份,收回 31 份。调查对象是中高级阶段留学生,其中韩国留学生 21 人,俄罗斯留学生 4 人,日本留学生 3 人,白俄罗斯、吉尔吉斯斯坦、塔吉克斯坦留学生各 1 人。在中国学习汉语的时间半年左右的 8 人,半年到一年的 5 人,一年到两年的 11 人,两年以上的 7 人。通过分析、统计调查问卷,我们发现在成语学习与教学方面以下问题值得注意。

(一)学的问题

主要涉及成语学习态度,认为/感觉成语难学、难用的具体表现,学习途径和方法。

1.成语学习态度

包括能否意识到成语学习的重要性和是否对成语感兴趣两个方面。

问卷调查显示,31 人中认为学习成语“没有必要”的 3 人,“应该学习一点成语”的 15 人,“很重要”的 13 人,至于“很重要”的原因,13 人中 5 人认为成语“有很多中国文化知识”，4 人认为成语“在交际中常常遇到”，2 人认为成语“在交际中常常遇到”且“HSK 考试常常有成语”，1 人认为成语“有很多中国文化知识”且“HSK 考试常常有成语”，1 人认为成语“很有意思”“有很多中国文化知识”且“HSK 考试常常有成语”。这些结果表明，超过 90%的被调查者对学习成语持肯定态度，且重点集中在成语自身文化意蕴及交际常用性两方面。

但是留学生意识到成语学习的重要性并不表明他们对成语感兴趣。在 31 个被调查者中，对成语“比较感兴趣”的 16 人，“不太感兴趣”的 10 人，“非常感兴趣”的 5 人，“不感兴趣”的 0 人。刚才指出，觉得成语“很重要”或“应该学习一点成语”的共 28 人，可是其中仍有 10 人对成语“不太感兴趣”。而且多数被调查者是对意思容易理解、含有中国文化的成语感兴趣，另有 2 个被调查者只对考试会用到的成语感兴趣，因此我们教学中应该选择富于中国文化色彩的、现代常用的成语，以便最大程度地激发学生学习兴趣，提高课堂教学效率。在此基础上逐渐教授富有书面语色彩的成语，以提高汉语学习者的书面语言表达水平，深化对文化的理解。

2.认为/感觉成语难学、难用的具体表现

关于难学之处，31 人中 12 人觉得是成语结构，9 人认为是从字面义不能得出整个成语的意思，7 人认为有的字不好记、音不好读，3 人觉得是成语的来源及其文化。由此看出，对大部分被调查者而言，由难到易依次是语法＞语义＞语形＞语源、文化。到了中高级阶段，由于留学生已经习得了数量可观的汉语词汇，对词语内部结构的掌握有助于理解词义和扩大词汇量，因此，他们对汉语词汇的结构也有了理性的、主动的归纳与认知，受此影响，在成语学习方面，为了掌握成语的意思，也会有意识地拆分成语内部结构。这是积极的一面，但是成语结构的凝练性又给学生分析成语结构带来一定困难，所以教师在教学中应向学生简要解释成语的结构特点以及构成成分与成语意义间的关系，如有需要，还应该介绍成语的文化历史来源等知识，以促进成语语法教学、语义教学、语用教学及识记教学。

学习的最终目的在于运用。调查发现，学习成语以后，31 人中 22 人不经常使用，6 人根本不用，3 人经常使用。至于“什么时候会用到成语”，在“不经常使用”和“经常使用”的 25 人中，17 人写文章时会用到成语，5 人平时说话会用，2 人写文章和平时说话都会用，1 人选择“其他”。可见大多数被调查者平时很少用或根本不用成语。关于成语难用的原因，15 人选择了平时不习惯用，13 人认为不知道应该把成语放在句中什么位置，3 人觉得不理解成语的意思。说明成语的难用主要体现在语用和语法方面。本人所教高级班留学生在课堂上能说出很多成语，但极少用于汉语写作，原因也在于此。

成语是书面语色彩极为浓厚的一类固定短语，多数留学生对成语学习持畏难情绪，除了汉语考试和课堂，使用成语的几率极低，加上不知道成语应出现于句中何种位置，就产生了“难以言说”的局面。因此，在讲解成语时教师不仅要解释意思，更要通过例句使学生掌握成语主要充当何种句法成分，以及它和一般词语在组句方面有何不同，比如动词和谓词性成语都可充当谓语，但大多数谓词性成语不能带宾语，并创设情境加强练习，这样可以有效降低或避免成语语法或语用偏误。

3.成语学习途径和方法

调查发现，31 名被调查者学习成语的途径依次是汉语教材（21 人）、报纸（5 人）、小说（5 人）。可见汉语教材或者说汉语课堂教学一直是留学生接触成语的最主要途径，学生习得成语的途径比较单一，缺乏课外主动获取成语的能力和意识。据此，我们应该充分利用已有的汉语教材和有限的课堂教学，同时根据学生的不同水平和需求，帮助学生适当扩展成语学习途径。

调查还表明，在报纸、网络、小说等课外阅读中遇到没有学过的成语，31 人中 12 人不知道是成语，19 人能判断出是成语，在判断出是成语后，14 人不知道该成语的意思，只能依靠查词典，只有 5 人认为自己能猜出成语的大概意思。这说明，经过中高级阶段的学习，多数学生对成语已经有了一定感性印象和判断标准，但因为阅读训练较少，还不能根据上下文有效地推测成语的意思，因此教师在指导学生阅读时一定要注重培养学生的阅读策略，避免断章取义。

能帮助学生记住成语的最好方法依次是通过故事（14 人）、老师的讲解（14 人）、死记硬背（3 人）。通过故事可以使学生了解成语的意思、来源和蕴含的文化。老师的讲解则会比较全面，一般要包括语形、语法、语义、语用四项内容，而且学生获得成语的最主要途径是汉语教材，因此教师的讲解对成语习得的好坏尤为关键。死记硬背对学习第二语言来说也不失为一种简单有效的学习方法。当然这些学习方法本身并无优劣之分，学生可根据自己的学习经验和成语本身的特点选择适合自身的学习方法。

（二）教的问题

主要指教师的讲解方式、教材生词表的编排与释义方式、课程设置。

1.教师对教材中的成语采取不同的讲解方式

对精读课中出现的成语，31 人中 15 人选择了教师会作简单讲解，6 人选择了教师详细讲解成语的来源、意思，10 人选择了教师详细讲解成语的来源、意思、用法，选择避而不讲的为 0。

这说明精读课教师都能有意识地把成语纳入精读课教学内容，但受教师个人对成语认识等主观因素影响，在课堂教学中又采取了不同的讲解方式。我们不能简单肯定或否定哪种讲解方式，根据自身教学经验，我们认为教师在课堂教学中应该结合成语特点、教材、课时安排等因素进行灵活处理，对于那些不能从字面义直接引出成语义的成语，在教材释义基础上，教师应该尽量向学生简要补充成语来源或理据以帮助学生最大程度地理解成语，而且，经过教师详细讲解，多数学生会对成语感兴趣并更加重视成语的学习。

以本人教学中遇到的问题为例，成语“井然有序”“井井有条”先后出现在《发展汉语》(高级・上)生词表中，教材仅直接解释成语意义。这种解释并不能帮助学生释疑解惑，因为依据已有汉语知识，他们根本不理解“井”的意思，而这恰恰是理解成语意义的关键所在。教师在解释了井田制后，学生便恍然大悟，彻底理解了成语意义且记忆深刻。

对非精读课中(指中级汉语听和说、报刊阅读、视听说)出现的成语，21 人选择了教师会作简单讲解，2 人选择了教师详细讲解成语来源、意思，8 人选择了教师详细讲解成语来源、意思、用法，选择避而不讲的为 0。通过进一步调查发现，对于以介绍成语或相关文化为主要内容的文章，教师大多会详细讲解成语来源、意思甚至用法，除此之外，多采取简单讲解方式一带而过。

总体来看，在具体讲解时教师通常的做法是只注重意义、不注重语法和语用；只注重整体意义，不注重分解释义、化整为零。由此导致学生只能囫囵吞枣地记忆成语，而不能化为己有、灵活运用。

2.教材生词表编排混淆、释义方式标准不一，有待完善

对汉语精读教材生词表中成语的解释，31 人中 4 人觉得很满意，22 人觉得基本满意，5 人觉得不满意，其中 2 人认为教材意思解释不清楚，3 人认为教材很少介绍成语文化背景。

教材的重要性无需多说，虽然约 70％的调查对象对教材释义基本满意，但是目前精读教材在成语收释上存在三大问题：选录上缺乏规划性；编排上与一般词语混编；释义上体例不一。就本文提到的 8 部汉语精读教材而言，收录的成语数量差别非常明显。同为中级精读教材，《桥梁》(上、下)共收成语 82 个，而《发展汉语》(上、下)只有 21 个。《现代汉语高级教程》(上)收成语 94 个，《现代汉语高级教程》(下)则收了 150 个。这与教材选取课文语料的随意性有关，因此编写者应参照教学大纲及成语本体研究成果，根据成语使用频率，确定留学生应掌握的成语数量及等级要求。

在编排方面，除了《现代汉语高级教程》（上、下）将词与成语（尽管有少部分不是成语）分列外，其他教材均将成语与一般词语混编，且未加注任何标明其为成语的标记。传统词汇学认为“词汇，又称语汇，是一种语言里所有的（或特定范围内的）词和固定短语的总和”，[①]成语便是固定短语之一种。进入21世纪，有些汉语本体研究者一致赞成将词汇与语汇分开考察，[②]李红印在对外汉语教学界明确表示应该区分“词汇”与“语汇”，把“语”从《汉语水平词汇与汉字等级大纲》词汇中提取出来，归入新增的“语汇大纲”，与已有的“汉字等级大纲”“词汇等级大纲”相照应。[③] 依此观点，对外汉语教材编写者在编排生词表时也应将成语与一般词语分列，以使留学生意识到“词”“语”是两个不同级的语言单位，从而重视成语的学习。

释义方式上，中级精读教材释义方式一般是：成语——拼音——英语翻译；《现代汉语高级教程》（上、下）则只收录成语，未作任何释义，其他高级精读教材释义方式一般是：成语——拼音——汉语翻译，且汉语翻译也多限于直接释义，很少解释成语构成成分的意义及成语来源等知识。如据前文统计，高级精读教材《发展汉语》（上、下）共收成语300个，实际义是字面义引申义或比喻义的共211个，但只对“分道扬镳”“无计可施”“别有洞天”三个成语中的构成成分“扬镳”“施”“洞天”作了解释，缺乏规律性，不能有效提高学生自学和教师教学的效率。

3.当前的课程设置体系不能较好满足学习需求

在“是否开设成语选修课”问题上，31人中16人觉得很有必要，15人觉得没有必要，这说明至少50%的学生希望通过专门课程来更深入学习、掌握成语。国内的留学生汉语教学，基本上采取精读课＋技能课的必修课性质的课程设置方式，以精读课为核心，每个院校根据自身情况开设不同技能课开展汉语教学。随着留学生国别的多样化、汉语学习目的的多元化，学习内容也逐渐细化、丰富化，因此开展留学生教育的院校应该适当开设不同类型的选修课，以更好满足学生学习需求。据调查，当前多数院校设置了武术、书法、剪纸、京剧等突出体现中国传统文化的选修课，深受学生欢迎，这的确是传播中华文化的一种途径。但我们从事的毕竟是汉语教学，应该在语言教学的大前提下进行文化教学。汉语成语语料丰富，文化意蕴深厚，对外汉语教师也大都受过系统的汉语成语本体知识教育，开展留学生教育的院校完全具备开设成语选修课的主客观条件。在具体实施过程中，我们可以结合

① 黄伯荣，廖序东.现代汉语[M].增订六版.北京：高等教育出版社，2017：200.

② 温端政.汉语语汇学[M].北京：商务印书馆，2005.

③ 李红印.《汉语水平词汇与汉字等级大纲》收“语”分析[J].语言文字应用，2005(4).

精读课教学内容，按照成语来源、结构、用法、文化等内容分专题进行，以系列讲座的方式帮助学生形象、多角度地了解汉语成语，从而达到熟练运用并提高留学生人文素养。

四、中高级阶段成语教学方面的建议

以上通过问卷调查对当前中高级对外汉语成语教学中存在的教与学方面的问题进行了全方位总结。目前对外汉语教学界多从语法、语义、语用等微观角度提出成语教学策略，前文指出，留学生在态度上已经意识到成语学习的重要性，但缺乏一定兴趣和有效学习方法，存在只学不用、用而不当、刻意回避等问题，这就要求教师将成语教学与一般词语教学区别对待，采取多种教学策略，并在课堂教学中加以落实。教学建议主要有：

(一)教学内容分级化

《大纲》对成语的分级不适合实际成语教学，对此唐雪凝借助语料库，以成语使用频率为参照，根据使用次数确定教学用常用成语 1992 条，其中甲级 49 条，乙级 115 条，丙级 212 条，丁级 672 条，剩下 944 条作为背景成语备用。[①] 我们对教学用成语进行分级应同时考虑使用率与认知规律两个因素。首先结合汉语本体研究成果，对现代汉语常用成语数量进行定量统计，可以利用现代汉语语料库，按照使用频率统计出前 300 个现代汉语常用成语，以明确教学内容，然后按照成语字面义与成语义的关系类型进行由低级到高级的分级教学。大致顺序为：实际义是字面义＞实际义是字面义引申义＞实际义是字面义比喻义，这样既掌握了常用成语，也符合人们由易到难的认知顺序，有助于提高学习效率。

(二)教学方法复合化

成语教学方法很多，如语素法、翻译法、视听法等，但在实际成语教学中教师都会遇到同样的困惑：究竟哪种方法可以使留学生最大程度地理解成语、最恰当贴切地运用成语？

在传统教学法的基础上，库马创立了后教学法(the Postmethod Paradigm)，

---

① 唐雪凝.现代汉语常用成语的语义认知研究[M].北京：社会科学文献出版社，2010.

认为不存在一个最好的语言教学法。关于成语教学,我们亦不能找到一个万能的教学法,其实最好的教学方法应是根据教学对象的不同随时调整教学法,即教学方法的复合化。如对于实际义是字面义引申义的成语,教师应注重语素教学,帮助学生搭建起字面语素义与成语义联系的桥梁。留学生若理解了成语“有条不紊”“一丝不苟”“一曝十寒”“如释重负”“腰缠万贯”“杀一儆百”中“紊”“苟”“曝”“释”“贯”“儆”的意思,也就会为理解成语义提供一些帮助。

通过问卷调查,我们了解到留学生对富于中国文化色彩的成语比较感兴趣,针对这部分文化负载成语,我们可以综合运用基于图式理论(schemata theory)的教学法和交际法进行教学。

图式是指围绕某一个主题组织起来的知识的表征和贮存方式。图式理论认为人们在理解新事物的时候,需要充分调动自己已知的背景知识即图式。比如一提到饭店,大家都会想起菜单、点菜、餐具、买单、服务员等很多相关知识。图式理论常用于阅读教学、听力教学、翻译领域,近年来又有学者探索将之运用于词汇教学。汉语很多成语源自典故或实际义是字面义的比喻义,理解这类成语需要相关文化背景知识即文化图式。我们可以尝试将图式理论应用于成语语义、语用的教学。如果留学生头脑中已存在与成语有关的背景知识,教师直接利用或激活这一已有图式,以已知带未知,学生便能够正确理解成语所传达的信息。如果留学生由于文化背景的不同缺乏有关成语的文化图式或文化图式存在差异,教师需要通过讲解成语来源等方式,使学生了解成语产生背景,帮助留学生构建新的文化图式,从而加深对成语的理解。如母语为英语的留学生学习成语“一石二鸟”时能比较容易地激活已有文化图式,因为其母语中有相应表达式“kill two birds with one stone”,对这类成语留学生能够很快地“见形知义”。而对于同义成语“一箭双雕”,留学生就很难调动已有文化图式来理解成语义,因为留学生大脑中缺乏与之相关的文化图式。再如“井底之蛙”“画蛇添足”“滥竽充数”“缘木求鱼”“塞翁失马”“门当户对”“望子成龙”“生龙活虎”等成语也是如此。教师应向学生简要介绍其中的寓言故事、风俗文化,以使学生构建新的文化图式,解决文化图式缺省或冲突造成的成语理解困难。

在图式理论教学的基础上,教师可以再运用交际法,鼓励学生将所学成语以看图说话、对话、表演、讲故事等交际性形式形象地阐述出来,使学生置身于交际场景中,最大程度地激发学习兴趣,刺激学生积极主动地用语言去学,学会用语言,以学用结合的形式达到学有所用的目的。

(三)练习方式多样化

1.安排课前故事

自主学习将成为主流,要从以学生为中心转为以学生为主体,培养学习自主性,使学习机会最大化。中高级对外汉语成语教学中采取安排课前故事的学习方法是这一理念的具体化,而且如前文所述,讲故事是帮助学生记住成语的最好方法之一,因此这种方式具有一定的科学性、可行性。

教师在开始一堂汉语课时首先用大概 5 分钟的时间让学生讲一个成语故事,学生自选成语或教师指定均可。学生通过自己课下的准备、理解和课堂讲解,能更加全面、立体地掌握成语语音、语法、语义、语用等内容。实践证明,与被动、单一接受教师讲解相比,这种方式能调动学生积极主动性,激发学习兴趣,而且可以锻炼口语表达能力。条件是教师应在学期之初就要向学生讲明具体要求,让学生课下提前做好准备,严格要求并持之以恒。

2.调整练习方式

多数中高级精读教材采取了熟读成语、成语填空、用给定成语改写句子、用指定词语回答问题或完成句子、解释成语画线部分的意思、根据给出的句子写出相关成语、解释成语意思等练习形式,包括了成语音、形、义等内容。但受教师对待成语的态度、教学时间以及讲解方便等主客观因素限制,多数教师会选择熟读成语、成语填空、用给定成语改写句子或完成句子等练习,但是从学生角度看,这种处理方式会让他们把精力过多放在成语形式、语法上,而忽视了语义、语用等更重要的内容,这完全违背了成语学习的初衷。因此教师应该调整练习方式,加强成语语义、语用练习。比如汉语中包含数字的成语、含有颜色的成语、蕴含固定格式的成语以及具有褒贬色彩的成语等类聚比较丰富,留学生也很感兴趣,教师可以让学生搜集这些类聚并进行比较、归纳、讨论,这样学生能更感性、深刻地认识成语及其文化;再如教师可引导留学生用精读课中的成语进行写作,同时练习了成语音、形、义、用四方面的知识。

3.考试形式灵活化

通过语言测试,学生能够了解自己掌握汉语成语知识和能力的情况,发现学习中存在的问题;教师可以检查成语教学效果,发现教学薄弱环节并及时加以弥补和改进。据了解,中高级课程测试中涉及成语的方面少之又少,出现较多的形式是选词填空。这种只学不考、只学不用的做法根本无助于学生习得成语并正视成语在汉语中的作用。要改变这一现状,教师应该在汉语精读、口语、文化等考试中采取听写成语、用所给成语造句、解释成语的意思或来源、表演成语故事等形式，或者参照汉语桥考试，从多角度灵活、有意识地增加成语测试的比例，以最大限度地测试出学生实际的语言能力，提高成语测试的信度与效度，同时也培养了学生的跨文化交际能力。

五、结语

以上我们对两部《大纲》及8部中高级精读教材收录的成语进行了定量统计与定性分析，并结合问卷调查，发现了中高级对外汉语成语教学存在的主要问题，在此基础上从教学内容、方法及练习形式方面提出了具体教学建议，希望引起对外汉语教学界的重视，从广度和深度上提高成语教学效果。

刘艳平，2001至2004年，师从葛本仪先生弟子刘中富老师攻读硕士学位，2004至2007年，师从葛本仪先生弟子唐子恒老师攻读博士学位。

后 记

这本论文集是由全国知名语言学学者、山东大学文学院教授葛本仪先生门下弟子和再传弟子的词汇学论文汇编而成，共计29篇，创作时间横跨20年，最早有发表于1999年《中国语文》上的旧作(程娟论文)，最晚有2019年专门创作的新作(如刘中富论文)。这些文章葛先生的影响若隐若现，或直接由她命题，或受启发于她书中的某一观点，或研究方法和理念传承于她，实为葛先生学术思想之衍生；共有32位作者，年龄跨度43岁，最年幼者28岁(毛民生)，最年长者71岁(盛玉麒)，几乎清一色的博士，一大半为在各自工作岗位上取得一定成绩的社会人士，有大学校长、知名学者、出版社编审、教授、副教授、讲师、记者等，也有少部分尚在校学习的博硕士研究生。他们都曾于不同时期受教于葛先生，在治学思想、学术视野、事业理念、处事方式、生活态度等方面都潜移默化地受到葛先生的影响，与葛先生交往是他们打开学术之门、走向学术之路的重要际遇，也是他们人生路上最美好和温暖的记忆之一。

本书编纂缘起于葛门弟子历久弥深的全国汉语词汇学学术研讨会情结。1993年全国首届词汇学术研讨会在南开大学举行，葛本仪先生即是当时31个正式会员之一，与会诸位先生共同约定，汉语词汇学界不搞学会，不搞论资排辈，只设会议核心组管理会议日常事务，以学术会议的形式聚拢全国的词汇学研究力量，旨在追求真学术，探讨真学问，这和葛先生的学术理念和学者操守是高度契合的，从此，葛先生及其门下弟子都以参加和组织词汇学会为己任，至2018年为止共召开12届词汇学会议，其中由葛门师生带头承办的就有3届(第3、7和9届)，历届会议葛门弟子都积极参加，少则五六人，多则近20人，大家因学而聚，其乐融融，在历届会议上几乎都是让人羡慕的学术团队。会后核心组组织编审组，遴选出部分参会论文出版会议论文集，先后由语文出版社和商务印书馆出版，至今已连续出版10期，每期约20篇论文。它在词汇学人的心目中的地位远超一般的会议论文集，学人们都以论文入选该论文集为荣，葛门弟子每期均有论文入选，累计入选41篇，入选情况详见表1。可以说葛门师生为召开词汇学会议和繁荣词汇学研究用力良多,贡献巨大,这样的团队在全国范围内都是不多见的。

表1 葛本仪先生及其弟子论文入选词汇学会议论文集情况统计表

<table>
<tr><th>届数</th><th>论文集名称</th><th>出版社</th><th>出版年份</th><th>作者</th><th>论文名</th><th>论文数量</th></tr>
<tr><td rowspan="3">第一届</td><td rowspan="3">《词汇学新研究》</td><td rowspan="3">语文出版社</td><td rowspan="3">1996</td><td>葛本仪</td><td>论汉语合成词形成的有理性</td><td rowspan="3">3</td></tr>
<tr><td>杨振兰</td><td>色彩意义的语用分析</td></tr>
<tr><td>苏新春</td><td>词语的结构类型与表义功能(与许鸿合作)</td></tr>
<tr><td>第二届</td><td colspan="6">因故未能出版</td></tr>
<tr><td rowspan="3">第三届</td><td rowspan="3">《词汇学理论与实践》</td><td rowspan="3">商务印书馆</td><td rowspan="3">2001</td><td>苏新春</td><td>关于《现代汉语词典》词汇计量问题的思考</td><td rowspan="3">3</td></tr>
<tr><td>杨振兰</td><td>词语搭配的色彩意义选择</td></tr>
<tr><td>刘中富</td><td>关于现代汉语词典收释外来词的几个问题</td></tr>
<tr><td rowspan="5">第四届</td><td rowspan="5">《词汇学理论与应用(二)》</td><td rowspan="5">商务印书馆</td><td rowspan="5">2004</td><td>苏新春</td><td>常用双音释词词量及提取方法(与孙茂松合作)</td><td rowspan="5">5</td></tr>
<tr><td>杨振兰</td><td>词的色彩意义的动态运动形式研究</td></tr>
<tr><td>贾宝书</td><td>词语释义中的系统性与逻辑性</td></tr>
<tr><td>葛本仪</td><td>词汇的动态研究与词汇规范</td></tr>
<tr><td>叶军</td><td>从色彩词的规范谈规划化工作中的语用原则</td></tr>
<tr><td>第五届</td><td>《词汇学理论与应用(三)》</td><td>商务印书馆</td><td>2006</td><td>苏新春</td><td>《现汉》的语法、语用释义及其对释义元语言提取的影响</td><td>1</td></tr>
</table>

续表

届数	论文集名称	出版社	出版年份	作者	论文名	论文数量
第六届	《词汇学理论与应用(四)》	商务印书馆	2008	苏新春	年度汉语词汇统计的分析与思考(与杨尔弘合作)	2
				叶军	词典例句的类型学表现	
第七届	《词汇学理论与应用(五)》	商务印书馆	2010	张莉	对现代汉语多义词地位的认识——基于《现代汉语词典》和《现代汉语流通频度词典》的多义词计量研究	8
				叶军	谈词典释义中的括注“区别于……”	
				盛玉麒	香港书面汉语常见自造词语研究(与石定栩、刘艺合作)	
				魏慧萍	现代汉语中的俄源外来词(与关洪侠合作)	
				苏新春	语文教材词语的“摊饼式”分布态——兼谈基础教育基本词的提取方法(与顾江萍合作)	
				郭伏良	对外汉语教学中的同义词及其他易混淆词的研究(与刘晓颖合作)	
				孙银新	现代汉语单义词素的确定及其类型系统	
				陈长书	《国语》首见复音词研究	

续表

届数	论文集名称	出版社	出版年份	作者	论文名	论文数量
第八届	《词汇学理论与应用(六)》	商务印书馆	2012	杨同用	“被”字结构与“被”的词缀化倾向	4
				郭伏良	词义构成视角下的当代汉语词义演变类型研究(与白云霜合作)	
				刘冬青	“望文生义”及其他	
				苏新春	位序调查法与学习性字表	
第九届	《词汇学理论与应用(七)》	商务印书馆	2014	唐子恒	论典故词语的表义特征	7
				孙银新	现代汉语合成词素研究	
				刘中富	现代汉语三音节词的判定问题	
				陈长书	试论汉语种属型复合词的结构特点和规律	
				郭伏良	词汇语用充实的语境层级及类型研究(与叶慧君合作)	
				张晓传	论语气副词“是必”的词汇化及其隐退和再现	
				吕艳辉	由“玩转”“玩得转”“玩不转”谈方言词进入普通话	

续表

届数	论文集名称	出版社	出版年份	作者	论文名	论文数量
第十届	《词汇学理论与应用(八)》	商务印书馆	2016	苏新春	"资政"与"咨政"辨	5
				郭伏良	从词汇对比的角度阐释"动物+不吃了"的歧义问题(与李开明合作)	
				刘兰民	《现代汉语词典》(第 6 版)收释的离合形容词考察	
				唐子恒	从"守株待兔"和"差强人意"看典故词语的发展趋势	
				陈长书	现代汉语歇后语结构的动态考察	
第十一届	《词汇学理论与应用(九)》	商务印书馆	2018	孙银新	现代汉语常用词构词理据的特点和类型	3
				叶军	谈汉语抽象色彩词特殊的语义表达功能——从"缩"的训释说起	
				陈长书	歇后语语义结构的形成机制和动态特点	

注:表中每期文章顺序依照原书中文章的先后顺序排列。

2018 年 11 月 8 日苏新春老师应邀到山东师范大学做学术报告,按照原定计划,苏老师 9 日上午前往山东大学看望葛本仪先生,中午坐飞机回厦门,由于中午同门聚餐,临时将机票改签到当天下午 4 点;碰巧当天晚上 7 点卞成林老师出差从南宁到济南,于是苏老师将机票又一次改签到晚上 10 点,同门聚餐也顺延至晚上举行。那天卞老师飞机提前半小时抵达,聚餐顺利举行。这期间大家回忆了以前参加词汇学会的很多事情,有人突然提起在山东大学举办的第 9 届词汇学会上葛门弟子联合出版了《葛本仪汉语词汇理论体系研究》一书,并且取得了不错的反响,于是苏老师顺势提议在第 13 届词汇学会议召开以前葛门弟子再出一本论文集,作为献礼在 13 届词汇学会议上隆重推出,最终得到大家的一致同意。苏老师为一次相聚,任性地两次改签,整出一本论文集,之后一直在师门内传为美谈。

2018 年 11 月 16 日至 18 日在华中师范大学召开的第 12 届全国汉语词汇学

学术研讨会上,我代表山东师范大学向会议核心小组正式提出承办第13届研讨会的申请。核心小组经过认真研究,接受了山东师范大学的申请,这是葛门第4次带头承办全国汉语词汇学会议。从那时起葛本仪先生及其门下弟子就开始为参加会议做准备。会后不久决定由苏新春老师和我负责论文集的组稿工作,论文集的名称定为《现代汉语词汇学理论探索》,并面向全体葛门弟子进行了征稿,于2019年10月底完成汇总和编辑后交出版社,当时87岁高龄的葛先生精神矍铄,抽空浏览了全稿并提出了修改意见,记得当时由于疏忽遗漏了一篇论文,被她发现,她立即打电话提醒了我。

2020年1月初出版社将一校稿返回作者修改。正当论文集一切进展顺利之际,1月16日中午葛本仪先生在家中安详离世。葛门弟子闻此噩耗急忙从世界各地飞回济南,并于1月19日晚召开会议讨论善后事宜,其间一度考虑将本书改为葛先生的追思集,经讨论决定按照原计划继续以论文集的形式出版,算是对葛先生学术和思想的纪念,追思集另行编辑出版。

本书原本只是词汇学会议献礼之作,中间葛先生不幸离世,于是又有了纪念文集的性质。编纂过程中我的硕士研究生董庆进同学进行了文章汇总和文字编辑的工作;葛门弟子在接到征稿通知后第一时间提供了论文,并在这之后不厌其烦地反复修改;厦门大学出版社曾妍妍老师,硕士期间师从苏新春老师,同样是葛门桃李,作为责任编辑全程参与了本书的编辑出版工作;苏新春老师多方筹集了资金,确保本书得以顺利出版。因此本书的作者、编者都与葛老师有着渊源,一起在不同的位置上为论文集的出版努力着。这里一并致谢!

直到今天我仍觉得葛先生还在那里,一直没有离开过,以至于在生活和工作的无数个瞬间心头都会闪过她的身影,也许这种感觉会相伴一生。其实对葛先生这样的学者而言,真正的怀念应不只如此,更应该是对其学术的继承和发展。这本论文集是过去20年葛门弟子和再传弟子学习和发展先生词汇学思想的成果,我们将继续努力,不断地去发展葛先生的学术思想,推陈出新,创造出更多、更有价值的学术之作。正如葛老师经常说的:“衡量学者的学术,不仅要当代人说你好,对你尊敬,更要在学术史上有成绩。”

永远怀念敬爱的葛本仪先生!

陈长书

2020年3月25日于山东师大新村半山堂